JUS PUBLICUM

Beiträge zum Öffentlichen Recht

Band 297

Johanna Wolff

Anreize im Recht

Ein Beitrag zur Systembildung und Dogmatik im Öffentlichen Recht und darüber hinaus

Mohr Siebeck

Johanna Wolff, geboren 1980; Studium der Rechtswissenschaft an den Universitäten in Bielefeld und Frankfurt am Main; 2004 Erstes juristisches Staatsexamen; journalistisches Zeitungsvolontariat; 2008 Master of Laws, London; 2009 Promotion; 2010 Zweites juristisches Staatsexamen; 2020 Habilitation; seit 2017 Juniorprofessur für Öffentliches Recht an der Freien Universität Berlin.

ISBN 978-3-16-159530-1 / eISBN 978-3-16-159531-8
DOI 10.1628/978-3-16-159531-8

ISSN 0941-0503 / eISSN 2568-8480 (Jus Publicum)

Die Deutsche Nationalbibliothek verzeichnet diese Publikation in der Deutschen Nationalbibliographie; detaillierte bibliographische Daten sind über *http://dnb.dnb.de* abrufbar.

Das Buch wurde von Gulde Druck in Tübingen aus der Garamond gesetzt, auf alterungsbeständiges Werkdruckpapier gedruckt und von der Buchbinderei Spinner in Ottersweier gebunden.

Printed in Germany.

Für Theo

Vorwort

Die vorliegende Arbeit wurde im Wintersemester 2019/2020 von der Deutschen Universität für Verwaltungswissenschaften Speyer als Habilitationsschrift angenommen. An dieser Stelle möchte ich mich bei den vielen Menschen bedanken, die für das hiermit beendete Projekt wichtig waren.

An erster Stelle ist dies Herr Prof. Dr. *Joachim Wieland*, LL.M. An seinem Lehrstuhl, seinerzeit an der Goethe-Universität Frankfurt am Main, habe ich vor etwa 20 Jahren als studentische Hilfskraft begonnen, und seitdem ist er für mich ein akademischer Lehrer, wie man ihn sich nur wünschen kann. Vielen Dank für alles! Auch Herrn Prof. Dr. Dr. h.c. *Karl-Peter Sommermann* danke ich herzlich, insbesondere für die zügige Erstellung des Zweitgutachtens, die dazu beigetragen hat, dass die letzte Phase des Habilitationsverfahrens schnell abgeschlossen werden konnte. Das Habilitationsprojekt vielleicht gar nicht erst begonnen hätte ich, wenn ich nicht am Ende meines Referendariats in Berlin meine damalige Mitreferendarin (heute Prof.) Dr. *Angela Schwerdtfeger* kennengelernt hätte, die mir einen wichtigen Anstoß gab, wofür ich sehr dankbar bin. Zusammen haben wir den Habilitandenkreis RW gegründet, bei dessen übrigen Mitgliedern ich mich ebenfalls herzlich bedanke. Dankbar bin ich, neben Prof. Dr. *Angela Schwerdtfeger*, auch Prof. Dr. *Sigrid Boysen* und PD Dr. *Enrico Peuker* für viele schöne gemeinsame Arbeitstage und Arbeitspausen und meinen Kolleginnen und Kollegen am Fachbereich Rechtswissenschaft der Freien Universität (FU) Berlin, die mir ein bereicherndes akademisches und schönes persönliches Umfeld bieten und mir die nötigen Freiräume zur Fertigstellung dieser Arbeit gelassen haben.

Gar nicht genug danken kann ich schließlich meiner Familie und meinen Freundinnen und Freunden, die zum Abschluss dieser Arbeit beigetragen haben, indem sie mir den Rücken frei- und/oder meine Stimmung hochgehalten haben. Neben meinen Eltern seien meine Schwester *Antonia*, meine Cousine *Lisa*, meine Tante *Weyma* sowie *Tanja*, *Erol*, *Hanna*, *Julia*, *Mounir*, *Wencke*, *Yorck* und, auch hier ganz wichtig, *Angela* besonders genannt. Gewidmet ist diese Arbeit meinem Sohn.

Finanziell gefördert wurde mein Habilitationsprojekt durch die Deutsche Forschungsgemeinschaft, die auch einen Teil der Druckkosten für dieses Buch getragen hat. Einen weiteren Druckkostenzuschuss habe ich aus Frauenfördermitteln der FU erhalten. Auch für diese Unterstützung bin ich dankbar.

Berlin, im November 2020 *Johanna Wolff*

Inhaltsverzeichnis

Einführung und Grundlegungen

Die Zeiten, in denen eine Untersuchung zu Anreizen im Recht mit der Feststellung hätte beginnen können, dass es sich bei diesen um ein neuartiges Phänomen handelt, sind längst vorbei. Steuergesetze, die dem Einzelnen ein bestimmtes wirtschaftliches Verhalten nahelegen sollen, ohne ihn dazu rechtlich zu zwingen, hat es seit je gegeben.[1] „(I)n der modernen Industriegesellschaft", so das Bundesverfassungsgericht schon vor Jahrzehnten, sind sie gar „ein *zentrales* Lenkungsinstrument aktiver staatlicher Wirtschafts- und Gesellschaftspolitik geworden".[2] Die Idee, Wenn-Dann-Koppelungen auch außerhalb des Steuer- und Abgabenrechts einzusetzen, um politische Ziele zu erreichen, konnte man vielleicht in den 1960er Jahren als modern bezeichnen[3] – heute aber gehören sie zum gesetzgeberischen Standardrepertoire. Obwohl allerdings schon sehr lange die Tendenz zu beobachten ist, dass „zwingende Instrumente in Reinform eher auf dem Rückzug" sind, „während persuasive Instrumente an Bedeutung gewinnen",[4] tut sich die dogmatisch arbeitende Rechtswissenschaft, die klassische, insbesondere verfassungsrechtliche, Rechtsfragen zu Anreizen zu beantworten hat, mit diesen nach wie vor schwer.

Die Feststellung *Wolfgang Hoffmann-Riems*, wonach sich „(i)m rechtlichen Umgang mit ihnen (...) immer noch eine gewisse Hilflosigkeit" zeigt,[5] ist fast drei Jahrzehnte alt, trifft aber noch immer zu. Denn selbst zu den grundlegendsten Fragen gibt es keine anerkannten dogmatischen Lösungen. Auffällig

---

1 Vgl. BVerfGE 16, 147 (161).

2 BVerfGE 55, 274 (298), Hervorhebung nur hier.

3 Vgl. *Hennis*, Aufgaben einer modernen Regierungslehre, PVS 6 (1965), S. 431.

4 *Fürst*, Diversifikation staatlicher Steuerungsinstrumente, in: Ellwein/Hesse, Staatswissenschaften, 1990, S. 291 (294). Vgl. auch zwei Jahre später *Eckhoff*, Der Grundrechtseingriff, 1992, S. 185: „Die Steuerungsmittel des Staates bestehen jedenfalls heute nur noch in geringem Ausmaß in der Einwirkung durch Befehl und Zwang, in weit größerem Ausmaß dagegen in der Steuerung durch Anreize mittelbarer Art, durch Beeinflussung von Rahmenbedingungen und durch schlichte Information."

5 Diese, insbesondere auf Anreize im Steuer- und Abgabenrecht bezogene, Feststellung stammt bereits aus dem Jahr 1993, siehe *Hoffmann-Riem*, Verwaltungsrechtsreform, in: ders./Schmidt-Aßmann/Schuppert, Reform des Allgemeinen Verwaltungsrechts, 1993, S. 115 (138). Siehe auch die etwa zeitgleiche Feststellung von *Herzog*, Steuerrecht und Verfassungsrecht, in: 75 Jahre Reichsfinanzhof – Bundesfinanzhof, 1993, S. 105 (113), wonach die verfassungsrechtliche Judikatur zu den von *Herzog* a. a. O. aufgeworfenen Fragen „bisher noch keine wirklich handhabbaren Lösungen entwickelt" hat.

ist insofern, dass sich zwar eine schier unendliche Zahl von Beiträgen mit solchen Fragen beschäftigt, dass diese Beiträge aber nur sehr bedingt Bezug aufeinander nehmen und kaum übergreifende Diskussionen stattfinden. Dass gerade die klassische rechtswissenschaftliche Arbeitsweise der Begriffs- und Kategorienbildung im Hinblick auf Anreize bisher nicht angewendet wird, ist schon insofern mit den Händen zu greifen, als das zu behandelnde Phänomen nicht einmal einen anerkannten Namen hat. Im Rahmen der vorliegenden Untersuchung bekommt es einen: Mit dem Begriff der Anreize werden hier rechtliche Instrumente zusammengefasst, die, so der dieser Untersuchung zugrunde liegende Gedanke, aufgrund ihrer Gemeinsamkeiten und im Hinblick auf diese eine gemeinsame rechtswissenschaftliche Behandlung erfordern und erlauben.

§ 1 Ausgangsbeobachtung

Anreize werden, ihrer großen Bedeutung in der rechtlichen Praxis entsprechend, in der rechtswissenschaftlichen Literatur regelmäßig behandelt. Im Mittelpunkt stehen dabei verfassungsrechtliche Fragen, wobei vor allem die Vereinbarkeit von Anreizen mit den Grundrechten derjenigen, deren Verhalten durch sie beeinflusst werden soll, regelmäßig problematisiert wird. Auch wenn aber jeweils Anreize behandelt und immer wieder die im Wesentlichen gleichen Rechtsfragen behandelt werden, werden die entsprechenden Beiträge kaum aufeinander bezogen. Diskussionen über Anreize finden allenfalls in abgeschlossenen „Diskussionsblasen" statt, die sich beispielsweise auf Anreize im Steuerrecht oder auf Anreize im Vergaberecht konzentrieren. Einzelne Anreize, die keinem klassischen Rechtsgebiet zugeordnet werden können, wie etwa die wachsende Zahl entsprechender Instrumente, mit denen der Gesetzgeber auf den Lebensbereich Familie einwirkt, werden häufig sogar ohne jegliche Bezugnahmen auf Untersuchungen zu anderen Anreizen behandelt. Lösungsansätze für sie betreffende Verfassungsrechtsfragen werden vielmehr völlig „freihändig" entwickelt. Dass Anreize ein rechtsgebietsübergreifendes Phänomen sind, dass sie rechtsgebietsübergreifende Fragen aufwerfen, dass zu solchen Fragen bereits viele Antworten im Raum stehen und dass daher übergreifend Argumente auszutauschen und Meinungsstreits zu führen wären, wird nicht registriert. Im Ergebnis stehen die unterschiedlichsten dogmatischen Ansätze zu anreizbezogenen Verfassungsrechtsfragen isoliert nebeneinander.

Diese Beobachtung bezieht sich nicht nur auf komplizierte Detailfragen, sondern auch auf die grundlegendsten Fragen. So muss selbst die besonders naheliegende und für die Lösung vieler Folgeprobleme entscheidende Frage, ob bzw. unter welchen Bedingungen Anreize mit den Grundrechten derjenigen vereinbar sind, deren Verhalten unmittelbar beeinflusst werden soll, als völlig unbeantwortet gelten. Uneinigkeit herrscht schon insofern, als bereits unterschiedliche grundrechtliche Maßstäbe herangezogen werden.[1] Während Anreize teilweise vor allem als gleichheitsrechtlich problematisch angesehen werden, gelten anderenorts die Freiheitsrechte als ihre zentralen Maßstäbe, wobei insofern weitere Unterschiede in der Herangehensweise zu beobachten sind, wenn es um die Bestimmung des im konkreten Einzelfall einschlägigen Freiheitsgrund-

---

[1] Dazu unten, S. 150 f.

rechts geht.[2] Noch inkohärenter ist das Bild, wenn es darum geht, im Rahmen der Prüfung von Anreizen am Maßstab von Freiheitsrechten deren Eingriffsqualität zu beurteilen:[3] Während teilweise nicht einmal ausgeschlossen wird, dass alle Anreize klassische Grundrechtseingriffe sind, finden sich auf der anderen Seite Stimmen, die in „bloßen Anreizen" gar kein Grundrechtsproblem erkennen. Im Übrigen wird vornehmlich von Eingriffen im weiteren Sinne ausgegangen, wobei diese, mit jeweils unterschiedlichen Begründungen, als faktisch, indirekt, mittelbar oder mittelbar-faktisch charakterisiert werden. Teilweise werden dabei nicht alle Anreize als Eingriffe angesehen, sondern nur solche, die bestimmte Eigenschaften aufweisen. So geht beispielsweise ein Teil der Literatur mit jeweils unterschiedlichen Begründungen davon aus, dass positive und negative Anreize gleichermaßen in Grundrechte eingreifen, während ein anderer Teil nur negative Anreize als Eingriffe ansieht und wieder andere gerade in positiven Anreizen eine besonders perfide Art des Grundrechtseingriffs sehen.[4] Um die Wirrnis komplett zu machen, kommt hinzu, dass keine Einigkeit darüber besteht, ob und ggf. wie positive und negative Anreize überhaupt voneinander unterschieden werden können.

Dass so viel Uneinigkeit herrscht, dass eigene Ansätze anderen, bereits vorhandenen Ansätzen widersprechen, dass Argumente auszutauschen und Meinungsstreits zu führen wären, wird mangels übergreifender Diskussionsbasis allerdings gar nicht registriert. Und auch soweit sich im Rahmen parallel geführter Diskussionen ähnliche Erkenntnisse durchgesetzt haben, soweit also im Hinblick auf bestimmte Fragen womöglich bereits eine Art herrschende Meinung besteht, wird dies, weil ein übergreifender Diskurs, den die Meinung beherrschen könnte, nicht stattfindet, gar nicht zur Kenntnis genommen.

Da sich innerhalb der verschiedenen Diskussionszirkel im Laufe der Zeit nicht nur unterschiedliche dogmatische Ansätze, sondern damit einhergehend auch unterschiedliche Terminologien herausgebildet haben, stellt die Ermittlung von Meinungs- und Streitständen zu Anreizen selbst dann noch eine große Herausforderung dar, wenn man aktiv nach diesen sucht. Denn Datenbanken und Stichwortverzeichnisse können ihre Zwecke nur begrenzt erfüllen, wenn für ein Phänomen kein allgemein anerkannter Begriff existiert, sondern dieses beispielsweise im Steuerrecht unter dem Begriff der Lenkungsnormen, im Vergaberecht dagegen unter dem Schlagwort der „vergabefremden Zwecke" verhandelt wird.

Dieses Problem stellte sich auch bei der Erstellung der vorliegenden Arbeit, für die in der Folge mit großer Sicherheit gesagt werden kann, dass sie eine beachtliche Zahl relevanter Diskussionsbeiträge nicht berücksichtigt. Ein damit

---

[2] Dazu unten, S. 152 ff.
[3] Dazu unten, S. 156 ff.
[4] Dazu unten, S. 183 ff.

zusammenhängendes und noch darüber hinaus gehendes Problem bestand darin, dass sich Beiträge und Ansichten, die ohne Bezugnahme aufeinander entwickelt werden, nicht ohne Weiteres zueinander in Bezug setzen lassen. So war mit ähnlichen Herausforderungen umzugehen, wie sie sich bei der Übersetzung von Texten in eine andere Sprache ergeben können: Manchmal gibt es in zwei Sprachen zwei Worte, die exakt dasselbe bedeuten, man muss sie nur kennen; manchmal aber stellt der Übersetzer fest, dass es ein Pendant nicht gibt, und er muss sich mit Umschreibungen behelfen – und manchmal übersieht der Übersetzer bestimmte Bedeutungen, die mit Worten verbunden sind, oder er liest in Worte Bedeutungen hinein, die sie in einer Sprache haben mögen, in einer anderen aber nicht. Es ist – dies sei allem Weiteren vorangestellt – nicht ausgeschlossen, sondern wahrscheinlich, dass im Rahmen der vorliegenden Untersuchung entsprechende „Übersetzungsfehler“ enthalten sind.

§ 2 Ein juristischer Anreizbegriff

Als Anreize werden hier Rechtsakte, insbesondere Gesetze, betrachtet, soweit diese staatlicherseits als Instrumente eingesetzt werden, die unmittelbar Verhalten beeinflussen sollen, ohne dass ein entsprechender Rechtsbefehl ausgesprochen wird.[1] Dieser Anreizbegriff ist zugleich Ausgangspunkt und ein wesentliches Ergebnis der vorliegenden Untersuchung. Denn zum einen wird durch „Anreize" der Gegenstand der Untersuchung bezeichnet. Zum anderen zeigt erst die Untersuchung als ganze, dass und inwieweit unter der Bezeichnung „Anreize" etwas zusammengefasst und benannt wird, das zusammenzufassen und zu benennen im Hinblick auf rechtswissenschaftliche Erkenntnisinteressen zweckmäßig ist.

I. Anreizbegriff als Rechtsbegriff

Wenn im Rahmen dieser Untersuchung von Anreizen die Rede ist, wird damit kein feststehender Begriff aufgegriffen. Es wurde vielmehr ein Anreizbegriff gebildet, der im Hinblick auf die hier interessierenden Rechtsfragen zweckmäßig erscheint. Er knüpft an die Bedeutung an, die das Wort Anreiz im allgemeinen Sprachgebrauch hat, und ist zugleich auf spezifisch rechtswissenschaftliche Erkenntnisinteressen zugeschnitten: Während das Wort im allgemeinen Sprachgebrauch für alle möglichen Faktoren verwendet wird, die Verhalten beeinflussen sollen oder können, ohne dass aber ein Zwang zu diesem Verhalten besteht,[2] werden als Anreize vorliegend *Rechtsakte* betrachtet, soweit diese Verhalten

---

[1] Ähnlich *Sacksofsky*, Anreize, in: GVwR II, 2012, § 40 Rn. 6. Nach dem von ihr verwendeten Anreizbegriff werden Anreize „als Formen der Steuerung durch Recht verstanden, die erwünschtes Verhalten nicht als Rechtspflichten (verbunden mit Sanktionen) anordnen, sondern den Adressaten durch die Anknüpfung positiver oder negativer Folgen zum erwünschten Verhalten bringen sollen".

[2] Nach dem Duden, Universalwörterbuch, 2019, ist ein Anreiz „etwas, was jemandes Interesse erregt, ihn motiviert, etwas zu tun". Das Duden Synonymwörterbuch, 2019, nennt als sinnverwandte Wörter Anlass, Anregung, Ansporn, Anstoß, Antrieb, sowie Anziehungskraft, Attraktivität, Beweggrund, Motivation, Reiz, Verlockung, Zugkraft, Stimulanz und Stimulus. Die Synonyme zeigen, dass das Wort Anreiz häufig positiv konnotiert ist. Mit Bedeutungen wie Anlass, Anstoß und Beweggrund kann es aber durchaus auch in neutraler Weise verwendet und verstanden werden.

beeinflussen sollen, ohne dass das Verhalten aber *rechtlich* zwingend vorgegeben wird.

In der Rechtswissenschaft hat bisher allein *Ute Sacksofsky* das Wort Anreiz als Rechtsbegriff verwendet und Anreize dezidiert als eine „Form der Steuerung durch Recht“[3] behandelt. Sehr viel häufiger ist dagegen von Anreizen als „ökonomische Instrumente“ die Rede,[4] oder es wird gleich von „ökonomischen Anreizen“ gesprochen.

Auch wenn allerdings verbreitet ein entsprechender Eindruck zu herrschen scheint, ist der Begriff des Anreizes keineswegs abschließend ökonomisch besetzt. Im Gegenteil: Weder bei *Adam Smith* noch in anderen Klassikern der Wirtschaftswissenschaften ist, soweit ersichtlich, von Anreizen (bzw. incentives) die Rede.[5] Man kann an dieser Stelle, soweit ersichtlich, niemanden zitieren, der in der Ökonomie mehr als andere für Anreize steht, und nicht den oder die grundlegenden Texte zu Anreizen anführen; und auch heute gibt es keine, etwa in Lehrbüchern angeführte, etablierte Definition ‚des‘ ökonomischen Anreizbegriffs. Stattdessen wird von Anreizen in ökonomischen Texten, dem alltagssprachlichen Bedeutungskern des Wortes entsprechend, gesprochen, um alle möglichen Faktoren zu bezeichnen, mit denen *ex ante* die Erwartung eines Verhaltens verbunden ist, und/oder mit denen man sich *ex post* ein Verhalten (auch) erklärt. Häufig sind diese Faktoren in ökonomischen Texten Geld, daneben aber auch (geldwerte) Zeitersparnis und (geldwerter) Imagegewinn; und da sich die Ökonomie längst über die Wirtschaftswissenschaft im engeren Sinne hinaus entwickelt hat und sich inzwischen als Verhaltenswissenschaft begreift, behandelt sie heute außerdem auch alle möglichen immateriellen Motivationsfaktoren (etwa Anerkennung) als Anreize.

Dagegen, dass das Wort Anreiz für Ökonomisches quasi reserviert ist, spricht außerdem, dass das Wort Anreiz mit einer im Kern ähnlichen, aber doch jeweils unterschiedlichen Bedeutung auch Eingang in die Fachsprachen anderer Wissenschaftsdisziplinen gefunden hat. So kann beispielsweise aus psychologischer Sicht in Aussicht gestellte Anerkennung, Aufmerksamkeit usw. einen Anreiz darstellen. Speziell in der Arbeitspsychologie werden das Betriebsklima und das Führungsverhalten der Vorgesetzten als Anreize behandelt usw.

Bestehen Unterschiede zwischen den fachspezifischen Anreizvorstellungen damit insbesondere insofern, als als Anreize unterschiedliche (potenziell) verhaltensbeeinflussende Faktoren bezeichnet werden, liegt es aus rechtswissen-

---

[3] *Sacksofsky*, Anreize, in: GVwR II, 2012, § 40 Rn. 6. Nur in diese Richtung gehend *Hoffmann-Riem*, Innovation und Recht – Recht und Innovation, 2016, S. 397, der feststellt, dass Anreize „rechtlich geprägt oder jedenfalls umhegt sein“ können, aber nicht müssen.

[4] Siehe beispielsweise *Kloepfer*, Umweltrecht, 2016, § 5 Rn. 802; *Rehbinder*, Ziele, Grundsätze, Strategien und Instrumente, in: ders./Schink, Grundzüge des Umweltrechts, 2018, § 3 Rn. 277 f.

[5] So auch die Feststellung bei *Sandel*, Was man für Geld nicht kaufen kann, 2012, S. 108 ff.

schaftlicher Sicht eigentlich nahe, das Wort Anreiz, wie im Rahmen dieser Arbeit, auf das Recht zu beziehen. Dass es stattdessen verbreitet als ökonomisch gilt, dürfte zum einen damit zu erklären sein, dass ein rechtswissenschaftliches Feld, in dem vergleichsweise häufig von Anreizen die Rede ist, das Umweltrecht ist und gerade viele umweltrechtliche Instrumente (wenn auch nicht gerade die, die hier als Anreize bezeichnet werden) von vornherein auf der Grundlage ökonomischer Forschungsarbeiten sowie überwiegend als Instrumente insbesondere zur Beeinflussung des Verhaltens von (Verantwortlichen in) Wirtschaftsunternehmen konzipiert worden sind.[6] Ein zweiter Grund dafür, dass das Wort Anreiz in der Rechtswissenschaft mit Ökonomischem assoziiert wird, dürfte darin liegen, dass unter Anreizgesichtspunkten häufig Instrumente behandelt werden, bei denen Verhalten dadurch gesteuert werden soll, dass den Adressaten Geldzahlungspflichten oder Geldzahlungsansprüche bzw. die Verschonung von Geldzahlungspflichten in Aussicht gestellt wird.[7] Auch viele der im Rahmen dieser Arbeit als Beispiele für Anreize behandelten Rechtsakte entsprechen diesem Muster, so etwa alle Anreize im Steuerrecht. Zwar sind rechtliche Zahlungsansprüche und rechtliche Zahlungspflichten eigentlich nicht in erster Linie ökonomisch, sondern – gerade aus juristischer Sicht – eben rechtlich. Wenn man diese Anreize im Vergleich mit dem klassischen rechtlichen Instrument des Rechtsbefehls sieht, ist es aber natürlich auch nicht falsch, sie als zumindest ökonomisch*er* anzusehen. Außerdem wird in der rechtswissenschaftlichen Literatur häufig gar nicht auf die Zahlungsansprüche und -pflichten abgestellt. Vielmehr wird – erstaunlich unjuristisch – als ein „Anreizinstrument" etwa auch „die Auszahlung von Geldbeträgen" aufgeführt.[8]

Zu Recht schreibt deshalb *Ferdinand Kirchhof*, mit Bezug auf Anreize im Steuerrecht, diese wirkten zwar zweifelsohne insofern marktwirtschaftlich, als sie „ökonomische Daten wie die Preise in der klassischen Marktwirtschaft" setzten und die Adressaten es gewohnt seien, „derartige ökonomische Daten zu beachten und in ihre Kalkulation einzustellen".[9] Betrachte man aber „ihre Genese, zählen lenkende Abgaben nicht zu den marktwirtschaftlichen Instrumenten"; sie entstünden vielmehr „aus dem Diktum des Gesetzgebers, der nicht als

---

[6] *Kloepfer*, Umweltrecht, 2016, § 5 Rn. 806 ff.; *Kloepfer*, Umweltschutzrecht, 2011, § 4 Rn. 79; *Franzius*, Die Herausbildung der Instrumente indirekter Verhaltenssteuerung im Umweltrecht der Bundesrepublik Deutschland, 2000, S. 102 f.; siehe auch *Lübbe-Wolff*, Instrumente des Umweltrechts – Leistungsfähigkeit und Leistungsgrenzen, NVwZ 2001, 481 (482).

[7] Kritisch: *Hoffmann-Riem*, Innovation und Recht – Recht und Innovation, 2016, S. 397, der sich gegen die „häufig übliche Verengung auf ökonomisch wirkende Anreize, wie Kosten- und Preisanreize" ausspricht. Seine Erweiterung allerdings geht so weit, dass ebenfalls kein zweckmäßiger Anreizbegriff entsteht, dazu noch unten, S. 31.

[8] *Waldhoff*, Abgabenrecht in: Ehlers/Fehling/Pünder, Besonderes Verwaltungsrecht III, 2013, § 67 Rn. 13.

[9] *F. Kirchhof*, Die Tauglichkeit von Abgaben zur Lenkung des Verhaltens, DVBl. 2000, 1166 (1168).

Wirtschaftssubjekt auf dem Markt, sondern als politischer Akteur in der Demokratie handelt".[10] Weil man mit dieser Sichtweise nicht nur auf lenkende Steuerrechtsnormen, sondern auf entsprechende Normen in allen möglichen Rechtsgebieten blicken kann – aus rechtswissenschaftlicher Sicht liegt dies eigentlich sogar nahe –, werden Anreize vorliegend nicht als ökonomische Instrumente, sondern als ein spezifischer Typ rechtlicher Instrumente begriffen.

II. Anreize als Gehalte von Rechtsakten

Als Anreize werden vorliegend Rechtsakte, insbesondere Gesetze, betrachtet, und zwar soweit sie als Instrumente eingesetzt werden, die unmittelbar Verhalten beeinflussen sollen, ohne dass aber ein entsprechender Rechtsbefehl ausgesprochen wird. Die Befassung mit Anreizen in diesem vergleichsweise engen[11], rechtlichen Sinne setzt voraus, dass die sie enthaltenden Rechtsakte, wenngleich sie phänomenologisch als Einheiten erscheinen, nicht als Einheiten betrachtet und behandelt werden.

Eine Betrachtungsweise von Rechtsakten, bei der diese stattdessen im Hinblick auf ihre Gehalte differenziert wahrgenommen werden, ist bisher unüblich. Üblich ist stattdessen, was sich im Rahmen der vorliegenden Untersuchung immer wieder als problematisch erweisen wird: Dass nämlich Anreize in Rechtsakten nicht isoliert, sondern Rechtsakte wie selbstverständlich als Einheiten betrachtet und untersucht werden. So wird beispielsweise gerade auch bei Grundrechtsprüfungen typischerweise pauschal gefragt, ob der jeweils zu überprüfende Rechtsakt Grundrechte verletzt. Diese Frage ist zwar nicht falsch. Im Gegenteil dürfte tatsächlich letztlich immer interessieren, ob ein Rechtsakt mit den Grundrechten vereinbar ist oder nicht. Denn ist er es nicht, ist es der Rechtsakt insgesamt und nicht nur einer seiner Gehalte, der verfassungswidrig ist. Die Frage ist aber ungenau, und Antworten gewinnen, wie im Rahmen dieser Untersuchung gezeigt werden soll, an Präzision, wenn man statt pauschal nach einer möglichen Grundrechtsbeeinträchtigung etwa durch ein Gesetz, präziser nach einer möglichen Grundrechtsbeeinträchtigung durch einen bestimmten Gehalt dieses Gesetzes fragt.

1. Maßstäbe und Instrumente, Rechtsbefehle und Anreize

Die Untersuchung von Anreizen in Gesetzen setzt eine Wahrnehmung dieser Rechtsakte voraus, bei der diese nicht als Einheiten erscheinen, sondern bei der

---

[10] *F. Kirchhof*, Die Tauglichkeit von Abgaben zur Lenkung des Verhaltens, DVBl. 2000, 1166 (1168).

[11] Zu einem weiteren Verständnis unten, S. 31.

innerhalb dieser mehrere Gehalte zu identifizieren sind. Unterschieden werden muss insbesondere zwischen ihrem stets vorhandenen und die Rechtsakte erst zu solchen machenden normativen und ihrem häufig hinzutretenden Anreizgehalt. Innerhalb des normativen Gehalts lässt sich zudem weiter differenzieren: Zum einen hat dieser eine Maßstabsdimension, die in den Blick zu nehmen ist, wenn anhand der Rechtsakte Urteile über die Rechtmäßigkeit vergangener oder als vergangen konstruierter, jedenfalls abgeschlossener, Gegebenheiten (Sachverhalte, Wirklichkeitsausschnitte) zu fällen sind. Zum anderen weist er eine instrumentelle Dimension auf.[12] Sie steht im Fokus, wenn man die Rechtsakte als Rechtsbefehle (Ge- oder Verbote) betrachtet, mit denen künftige Sachverhalte beeinflusst werden sollen.

Der Maßstabs- und der Befehlsgehalt eines Gesetzes, die gemeinsam seinen normativen Gehalt bilden, sind sehr eng miteinander verwandt. Denn Maßstab und Befehl beziehen dieselbe normative Aussage nur auf zwei unterschiedliche zeitliche Dimensionen, Zukunft und Vergangenheit. Im Unterschied zum normativen Gehalt ist der etwaige Anreizgehalt eines Rechtsaktes nur eindimensional. Denn der Anreiz ist ein reines Instrument, also nur auf die Beeinflussung künftiger Gegebenheiten gerichtet. Den Anreiz als Maßstab zur Beurteilung der Rechtmäßigkeit abgeschlossener Sachverhalte heranzuziehen, ist dagegen unmöglich oder jedenfalls sinnlos. Denn in seinem Anwendungsbereich sind definitionsgemäß stets alle Verhaltensalternativen rechtmäßig.[13]

Dass Rechtsakte mal als Instrumente und mal als Maßstäbe betrachtet und bezeichnet werden, ist in der Rechtswissenschaft zwar nicht völlig unüblich. Gelegentlich werden in Rechtsakten auch *Anreiz*instrumente gesehen und als solche zum Gegenstand einer Untersuchung gemacht. Dass diese zwischen verschiedenen Gehalten von Rechtsakten differenzierende Betrachtungsweise sich aber nicht nur im Einzelfall einmal aufdrängt, sondern systematisch angewendet werden kann, ist alles andere als selbstverständlich. Anhand von vier Beispielen, auf die im Laufe der Untersuchung immer wieder zurückgekommen werden wird, soll deshalb veranschaulicht werden, was gemeint ist:

§ 3d des Kraftfahrzeugsteuergesetzes (KraftStG)[14] sieht für das Halten von Elektrofahrzeugen eine befristete Steuerbefreiung vor[15] und lässt, wenn man

---

[12] Vgl. zur „Möglichkeit, das Recht als Instrument zu begreifen", unter Rückgriff auf so unterschiedliche Bezüge wie die Marxistische Rechtstheorie und die ökonomische Theorie des Rechts: *Baer*, Rechtssoziologie, 2017, § 4 Rn. 140 ff.; siehe auch *Hof*, Verhaltensgrundlagen des Rechts, in: Haft/Hof/Wesche, Bausteine zu einer Verhaltenstheorie des Rechts, 2001, S. 11: Als Instrument diene das Recht der Steuerung und Ordnung von Verhaltensabläufen. Siehe außerdem die Nachweise in Fn. 1 auf S. 67.

[13] Dazu noch ausführlich unten, S. 25 ff.

[14] KraftStG in der Fassung der Bekanntmachung v. 26. September 2002, BGBl. I, S. 3818, zuletzt geändert durch Art. 2 d. Gesetzes v. 6. Juni 2017, BGBl. I, S. 1491.

[15] Vorgesehen ist eine auf zehn Jahre befristete Steuerbefreiung für Elektrofahrzeuge, die im Zeitraum zwischen dem 18. Mai 2011 und dem 31. Dezember 2020 erstzugelassen wurden.

ihn nicht nur als einheitlichen Rechtsakt betrachtet, unterschiedliche Gehalte erkennen. Auf abgeschlossene (reale oder fiktive) Sachverhalte bezogen, stellt sich die Norm als Maßstab dar, anhand dessen Rechtmäßigkeitsurteile über diese Sachverhalte getroffen werden können. So lässt sich am Maßstab des § 3d KraftStG beurteilen, ob die vorgesehene Steuerbefreiung für einen bestimmten Fahrzeugtyp greift oder nicht und ob die Steuerverwaltung eine Steuerbefreiung insofern zu Recht oder zu Unrecht gewährt oder nicht gewährt hat. Bezieht man den normativen Gehalt des § 3d KraftStG dagegen auf die Zukunft, erscheint die Norm als Rechtsbefehl, der an die Steuerverwaltung adressiert ist und als Instrument dafür eingesetzt wird, dass die Steuer, die für das Halten von Kraftfahrzeugen grundsätzlich anfällt, bei Vorliegen der tatbestandlichen Voraussetzungen nicht erhoben wird. Darüber hinaus lässt sich § 3d KraftStG schließlich als Anreiz betrachten. Dieser adressiert nicht die Steuerverwaltung, sondern soll Personen zum Kauf, Leasing o. ä. von Elektrofahrzeugen bringen, ohne dass ein auf *dieses* Verhalten *dieser* Adressaten gerichteter Rechtsbefehl gelten würde. Tatsächlich wollte der Gesetzgeber ausweislich der Gesetzesbegründung mit § 3d KraftStG sogar *in erster Linie* einen Anreiz setzen. Denn geschaffen hat er die Norm, um die Elektromobilität vorantreiben, die er als „ein wichtiges Element klimagerechter Verkehrs- und Energiepolitik" ansieht.[16] Der neben dem Anreiz enthaltene, an die Steuerverwaltung gerichtete Rechtsbefehl hat insofern nur eine Art dienende Funktion. Er greift chronologisch gesehen nach dem Anreiz und soll sicherstellen, dass diejenigen, die dem Anreiz gefolgt sind, anschließend auch tatsächlich von dem in Aussicht gestellten Vorteil profitieren.

Die für die vorliegende Untersuchung elementare differenzierende Wahrnehmung der Gehalte von Rechtsakten lässt sich auch anhand der Regelung über die sog. Partnermonate beim Elterngeld veranschaulichen: § 4 Abs. 1 S. 1, Abs. 4 S. 1 des Bundeselterngeld- und Elternzeitgesetzes (BEEG)[17] verleiht Eltern innerhalb der ersten 14 Lebensmonate ihres Kindes einen Anspruch auf zwölf Monatsbeträge Elterngeld. Nach § 4 Abs. 4 S. 2 BEEG können sie, wenn nicht nur einer, sondern beide Elternteile innerhalb dieser Zeit ihre Berufstätigkeit für mindestens zwei Monate reduzieren oder unterbrechen, wenn also beide eine sog. Elternzeit nehmen, für weitere zwei Monate und damit insgesamt 14 Monate lang Elterngeld beanspruchen. Der normative Gehalt des § 4 Abs. 4 S. 2 BEEG besteht darin, dass die nach dem jeweiligen Landesrecht zuständigen Elterngeldstellen eine Auszahlungspflicht trifft, wenn die Voraussetzungen des Tatbestandes der Norm vorliegen. Als auf die Vergangenheit bezogener Maßstab für Rechtmäßigkeitsurteile betrachtet, kann man an § 4 Abs. 4 S. 2 BEEG

[16] BT-Drs. 18/8828, S. 12.

[17] In der Fassung der Bekanntmachung v. 27. Januar 2015, BGBl. I, S. 33, zuletzt geändert durch Art. 6 Abs. 9 d. Gesetzes v. 23. Mai 2017, BGBl. I, S. 1228.

also messen, ob beispielsweise eine Auszahlung zu Recht oder zu Unrecht stattgefunden hat und ob Antragsteller Auszahlungsansprüche hatten oder nicht. Der in der Norm ebenfalls enthaltene Rechtsbefehl bezieht dieselbe normative Aussage auf die Zukunft und ist als Instrument darauf gerichtet, die zuständigen Stellen dazu zu bringen, bei Vorliegen der Voraussetzungen die entsprechenden Geldbeträge auszuzahlen. Daneben enthält § 4 Abs. 4 S. 2 BEEG als weiteres Instrument einen Anreiz. Der Anreiz adressiert nicht die Elterngeldstellen, sondern Elternpaare, die die übrigen Anspruchsvoraussetzungen erfüllen, und soll diese (durch die Aussicht auf einen erhöhten Elterngeldanspruch) dazu motivieren, dass nicht nur ein Elternteil seine Berufstätigkeit reduziert oder unterbricht, sondern beide Elternteile mindestens zwei Monate Elternzeit nehmen. Der Anreiz, und überhaupt der Rechtsakt, verpflichtet die Eltern nicht zu diesem Verhalten, sondern soll nach der Vorstellung des Gesetzgebers nur „den bisherigen wirtschaftlichen, persönlichen und rechtlichen Argumenten für eine stärkere Rollenteilung eine klare Regelung an die Seite“ stellen, „die den Argumenten für eine partnerschaftliche Aufteilung mehr Gewicht verleiht“.[18] Aus der Sicht des Gesetzgebers ist auch § 4 Abs. 4 S. 2 BEEG *in erster Linie* Anreiz und nur in zweiter Linie Rechtsbefehl und Maßstab. Denn der neben dem Anreiz enthaltene, an die Elterngeldstellen gerichtete Rechtsbefehl, bei Vorliegen der Tatbestandsvoraussetzungen die entsprechenden Beträge auszuzahlen, hat nur dienende Funktion. Er greift chronologisch gesehen nach dem Anreiz und stellt sicher, dass diejenigen, die dem Anreiz gefolgt sind, anschließend auch tatsächlich von dem in Aussicht gestellten Vorteil profitieren.

Verschiedene Gehalte lassen sich auch in den §§ 4 und 6 der, auf der Grundlage von § 14 Abs. 2 des Landesgleichstellungsgesetzes Brandenburg (LGG Bbg)[19] erlassenen, Frauenförderverordnung des Landes Brandenburg (FrauFöV Bbg[20]) ausmachen. Diese Paragraphen seien hier als ein Beispiel dafür angeführt, dass Anreize auch auf untergesetzlicher Ebene angesiedelt sein können. § 4 der Verordnung bestimmt, dass Bieter, „die sich der Gleichstellung von Frauen im Erwerbsleben angenommen haben und im Verhältnis zu den übrigen Bietern im Zeitpunkt der Angebotsabgabe einen höheren Frauenanteil an den Beschäftigten (...) aufweisen und Frauen in höherem Maße in qualifizierten Positionen beschäftigen“, sog. „bevorzugte Bieter“ sind. Den Inhalt der Bevorzugung nennt § 6 FrauFöV Bbg: Er besteht darin, dass dem bevorzugten Bieter der Zuschlag erteilt werden soll, wenn sein Angebot mit dem wirtschaftlichsten oder

[18] BT-Drs. 16/1889, S. 24.

[19] Gesetz zur Gleichstellung von Frauen und Männern im öffentlichen Dienst im Land Brandenburg (LGG) v. 4. Juli 1994, GVBl. Bbg. I (Nr. 19), S. 254, zuletzt geändert durch Art. 21 d. Gesetzes v. 8. Mai 2018, GVBl. Bbg. I (Nr. 8), S. 18.

[20] Verordnung über die bevorzugte Berücksichtigung von Unternehmen bei der Vergabe öffentlicher Aufträge zur Förderung von Frauen im Erwerbsleben des Landes Brandenburg v. 25. April 1996, GVBl. Bbg. II/96 (Nr. 22), S. 354, zuletzt geändert durch d. Verordnung v. 18. Februar 2002, GVBl. Bbg. II/02 (Nr. 5), S. 139.

annehmbarsten Angebot eines anderen Bieters gleichwertig ist. Als Maßstab betrachtet, lässt sich anhand der §§ 4, 6 FrauFöV Bbg beurteilen, ob bestimmte Vergabeentscheidungen rechtmäßig waren und ob einzelne Bieter zu Recht oder zu Unrecht bevorzugt wurden. Als Rechtsbefehl adressiert die Regelung die Vergabestellen (§ 1 FrauFöV Bbg), die verpflichtet werden, die bevorzugten Bieter im Sinne des § 4 nach der Vorgabe des § 6 FrauFöV Bbg bei ihren Vergabeentscheidungen zu bevorzugen. Darüber hinaus enthalten die §§ 4, 6 FrauFöV Bbg einen Anreiz, der an (potenzielle) Bieter gerichtet ist und diese dazu bringen soll, sich der Gleichstellung von Frauen anzunehmen. Eine rechtliche Verpflichtung zu einem gleichstellungsfördernden Verhalten besteht nicht.

Schließlich sei an dieser Stelle noch § 289f Abs. 2 Nr. 4 des Handelsgesetzbuches (HGB[21]) angeführt. Nach diesem sind börsennotierte und mitbestimmte Aktiengesellschaften[22] dazu verpflichtet, die Zielgrößen für den Frauenanteil in Aufsichtsrat und Vorstand, zu deren Festlegung der Aufsichtsrat nach § 111 Abs. 5 Aktiengesetz (AktG[23]) verpflichtet ist, zu veröffentlichen.[24] § 289f Abs. 2 Nr. 4 HGB kann damit zum einen als Maßstab betrachtet werden, an dem die Rechtmäßigkeit des Verhaltens der Unternehmen gemessen werden kann. So handeln sie unrechtmäßig, wenn sie die Veröffentlichung unterlassen. Zum anderen lässt sich die Norm als zukunftsgerichteter Rechtsbefehl betrachten, der die (Verantwortlichen im) Unternehmen dazu bringen soll, die Veröffentlichung vorzunehmen. Schließlich hat die Norm auch einen Anreizgehalt: Als Anreiz adressiert § 289f Abs. 2 Nr. 4 HGB den Aufsichtsrat bzw. seine Mitglieder und soll diese dazu bringen, „sich ambitionierte Zielgrößen (...) zu setzen",[25] ohne dass ein auf *dieses* Verhalten gerichteter Rechtsbefehl gelten würde.[26]

---

[21] Handelsgesetzbuch in der im BGBl. III, Gliederungsnummer 4100-1, veröffentlichten bereinigten Fassung, zuletzt geändert durch Art. 3 d. Gesetzes v. 12. Dezember 2019, BGBl. I, S. 2637.

[22] Entsprechendes gilt nach § 289f Abs. 3 HGB für börsennotierte Kommanditgesellschaften auf Aktien sowie nach § 289f Abs. 4 HGB u.U. für andere Gesellschaften.

[23] Aktiengesetz v. 6. September 1965, BGBl. I, S. 1089, zuletzt geändert durch Art. 1 d. Gesetzes v. 12. Dezember 2019, BGBl. I, S. 2637.

[24] § 289f Abs. 2 Nr. 4 HGB verpflichtet zur Aufnahme entsprechender Angaben in eine Erklärung, die nach § 289f Abs. 1 HGB entweder in den, einer Publikationspflicht unterliegenden, Lagebericht der Gesellschaft aufzunehmen ist oder auf ihrer Internetseite öffentlich zugänglich gemacht werden muss.

[25] BT-Drs. 18/3784, S. 46.

[26] § 111 Abs. 5 AktG bestimmt nur, dass die Zielgröße, wenn der Frauenanteil bei Festlegung der Zielgröße unter 30 Prozent lag, nicht unter dem bereits erreichten Frauenanteil liegen darf. Grundsätzlich darf die Zielgröße daher nach h. M. auch „Null" betragen, vgl. *Drygala*, Harte Quote, weiche Quote und die Organpflichten von Vorstand und Aufsichtsrat, NZG 2015, 1129 (1132f.) m. w. N.; differenzierend: *Weller/Benz*, Frauenförderung als Leitungsaufgabe, AG 2015, 467 (471). Mit demselben Instrumententyp zielt der Gesetzgeber darauf, dass auch die Zielgrößen für die beiden Führungsebenen unterhalb des Vorstands, die der Vorstand nach § 76 Abs. 4 Nr. 2 AktG festlegen muss, möglichst hoch ausfallen. Auch insofern stellt § 289f Abs. 2 Nr. 4 HGB, der die entsprechende Veröffentlichungspflicht enthält, einen Anreiz dar.

Verknüpft wird der Anreiz zur Setzung ambitionierter Zielgrößen mit weiteren in § 289f Abs. 2 Nr. 4 HGB enthaltenen Instrumenten. Denn die Vorschrift bestimmt außerdem, dass die Unternehmen veröffentlichen müssen, ob sie die selbst gesetzten Zielgrößen auch erreicht haben. Auch insofern lässt sich der normative Gehalt (Rechtspflicht zur Veröffentlichung) von dem in der Norm enthaltenen Anreiz unterscheiden, der in diesem Fall darauf gerichtet ist, dass die Unternehmen die ambitionierten Zielgrößen auch tatsächlich erfüllen bzw. sie sich zumindest bemühen, wozu sie wiederum rechtlich nicht verpflichtet sind.[27]

Im Anschluss an eine entsprechende differenzierte Betrachtung der in Gesetzen enthaltenen Instrumente kann man auch deren Adressaten entsprechend benennen. Üblich ist es, undifferenziert von „den Normadressaten" oder von „den Adressaten" von Gesetzen zu sprechen und damit diejenigen zu meinen, an die der in dem jeweiligen Gesetz enthaltene Rechtsbefehl gerichtet ist. Bezeichnet man diese stattdessen als Befehlsadressaten, können sie von denjenigen Personen, deren Verhalten durch den jeweiligen Anreiz beeinflusst werden soll und die hier als Anreizadressaten bezeichnet werden,[28] unterschieden werden. Im Einzelfall kann es sich zwar, wie bei § 289f Abs. 2 Nr. 4 HGB, um dieselben Personenkreise handeln. Es ist aber auch in diesem Falle zweckmäßig, terminologisch eindeutig benennen zu können, ob es um diese in ihrer Eigenschaft als Befehls- oder als Anreizadressaten geht. Diejenigen, auf die der Gesetzgeber mit dem Instrument des Anreizes einwirkt, als Anreizadressaten zu bezeichnen, hat zudem den Vorteil, dass ihre spezifische Betroffenheit begrifflich erfasst wird, statt dass sie, wie alle möglichen in unspezifischer Weise von Normwirkungen Betroffenen, als Dritte behandelt werden.

---

[27] Laut Gesetzesbegründung hat der Gesetzgeber auf „scharfe gesetzliche Sanktionen" im Falle der Nichterreichung der Zielgrößen bewusst verzichtet; sie „wären kontraproduktiv, weil sie den Unternehmen Fehlanreize gäben, sich vorsichtige und wenig ehrgeizige Ziele zu setzen", BT-Drs. 18/3784, S. 120. Tatsächlich hat der Gesetzgeber nicht nur auf Sanktionen verzichtet, sondern vor allem darauf, die Unternehmen rechtlich zu einem bestimmten Verhalten zu verpflichten. Siehe zwar *Drygala*, Harte Quote, weiche Quote und die Organpflichten von Vorstand und Aufsichtsrat, NZG 2015, 1129 (1134), und *Weller/Benz*, Frauenförderung als Leitungsaufgabe, AG 2015, 467 (472), die darauf aufmerksam machen, dass grds. eine zivilrechtliche Pflicht (Organpflicht) der Gremien besteht, einen Reputationsverlust zu vermeiden. Wenn im Einzelfall mit einem Reputationsverlust ernsthaft zu rechnen ist, besteht danach eine Rechtspflicht, sich um die Erreichung der selbstgesetzten Zielgrößen zumindest zu bemühen. Eine Rechtspflicht zur Erreichung der Zielgrößen lässt sich allerdings auch so nicht konstruieren, so i. E. auch *Drygala*, a. a. O., 1134: Zielerreichung müsse „ein ernstzunehmendes unternehmerisches Ziel sein", aber keine „Pflicht zur Zielerreichung um jeden Preis"; *Weller/Benz*, a. a. O., 472.

[28] Ähnlich *Selmer*, Steuerinterventionismus und Verfassungsrecht, 1972, S. 216, der die Adressaten von Anreizen im Steuerrecht als „Lenkungsadressaten" bezeichnet.

2. Rechtsakte, Zwecke und Wirkungen

Die „verbreitete (…) Neigung, Maßnahmen, die äußerlich, phänomenologisch, eine Einheit bilden, auch rechtlich pauschal anstatt nach Maßgabe der unterschiedlichen rechtlich relevanten Gesichtspunkte aspektweise einzuordnen", wurde bereits vor gut 30 Jahren als „dogmatisch verhängnisvoll(…)" kritisiert.[29] Geändert hat sich seitdem, dass sowohl in der Verwaltungs- als auch in der Verfassungsrechtsdogmatik die mit ein und demselben Rechtsakt verfolgten unterschiedlichen Zwecke und die von ein und demselben Rechtsakt ausgehenden unterschiedlichen Wirkungen deutlich differenzierter wahrgenommen und entsprechend auch differenzierter beurteilt werden. Allerdings geht diese inzwischen grundsätzlich etablierte differenzierende Betrachtung der Zwecke und der Wirkungen von Rechtsakten nicht so weit wie die hier vorgestellte Betrachtungsweise, bei der die Differenzierung bereits auf der Ebene der Rechtsakte selbst ansetzt.

Die Unterscheidung verschiedener *Zwecke* von Rechtsakten ist schon deshalb nicht dasselbe wie die Unterscheidung verschiedener Gehalte derselben, weil die unmittelbare Beeinflussung individuellen Verhaltens – obgleich dies semantisch nicht ausgeschlossen wäre – in der Regel nicht als „Zweck" der Rechtsakte behandelt und diskutiert wird. Vielmehr ist es üblich (und dies soll hier keineswegs kritisiert, sondern übernommen werden), als Zwecke von Rechtsakten solche Ziele des jeweils Rechtsetzenden zu erörtern, deren Verwirklichung eine erfolgreiche Beeinflussung individuellen Verhaltens zwar voraussetzt, aber erst auf diese folgen soll, die also nicht unmittelbar, sondern mittelbar erreicht werden sollen.[30]

Dementsprechend besteht, um bei den oben genannten Beispielen zu bleiben, der Zweck des § 3d KraftStG darin, „die Elektromobilität voranzutreiben"[31]. Erreicht werden soll dieser Zweck zwar in einem ersten Schritt durch die entsprechende Beeinflussung des Verhaltens der Bürger hin zum Kauf, Leasing usw. von Elektrofahrzeugen. Diese Verhaltensbeeinflussung wird aber nicht selbst als Zweck der Norm behandelt. Ebenso ist es der Zweck des § 4 Abs. 4 S. 2 BEEG, „die partnerschaftliche Aufteilung von Erwerbs- und Familienarbeit zu erleichtern"[32] und „die einseitige Zuweisung der Betreuungsarbeit an die Frauen mit den diskriminierenden Folgen auf dem Arbeitsmarkt aufzubrechen"[33]. Einzelne Elternteile (in der Praxis insbesondere Väter) dazu zu bewegen, zwei Monate Elternzeit zu nehmen, ist zwar eine notwendige Voraussetzung dafür, wird aber nicht selbst als Zweck des Gesetzes diskutiert. Nach demselben Muster

---

[29] *Lübbe-Wolff*, Die Grundrechte als Eingriffsabwehrrechte, 1988, S. 47 (dort Fn. 116).
[30] Vgl. *Wischmeyer*, Zwecke im Recht des Verfassungsstaates, 2015, S. 1, 45 ff., 357 ff.
[31] BT-Drs. 18/8828, S. 12.
[32] BT-Drs. 16/1889, S. 14.
[33] BT-Drs. 16/1889, S. 13.

wird der Zweck der FrauFöV Bbg in der Frauenförderung und nicht darin gesehen, dass einzelne Bieter dazu gebracht werden, einzelne Frauen einzustellen bzw. zu befördern. Schließlich wird auch als Zweck des § 289f Abs. 2 Nr. 4 HGB die Frauenförderung und konkret die Erreichung von Geschlechterparität in Führungspositionen diskutiert, während das mit der Norm unmittelbar angestrebte Ziel, bestimmte Unternehmen zur Festlegung möglichst ambitionierter Zielgrößen zu bringen, zwar ein erster Schritt in diese Richtung sein soll, an sich aber nicht als Normzweck behandelt wird.

Was die von Rechtsakten ausgehenden *tatsächlichen Wirkungen* angeht, werden zwar heute bei weitem nicht mehr nur die Rechtsfolgen im Sinne der durch einen Rechtsakt verbindlich angeordneten Folgen[34], sondern auch die Realfolgen[35] und damit die Folgen von Recht insgesamt thematisiert. Insbesondere mit der sog. Rechtswirkungs- und Evaluationsforschung[36] und den (Behavioral) Law and Economics[37] bestehen ganze Forschungszweige, die sich mit den erwünschten und unerwünschten, erwarteten und unerwarteten, eingetretenen und ausgebliebenen Wirkungen von Recht befassen und an denen auch die Rechtswissenschaft beteiligt ist. Und auch die dogmatisch arbeitende, klassisch ausgerichtete Rechtswissenschaft ist heute grundsätzlich umfassend an Wir-

---

[34] Zum Begriff der Rechtsfolgen ausführlicher unten, S. 113 ff.

[35] *Lübbe-Wolff*, Rechtsfolgen und Realfolgen, 1981, S. 25: „Realfolgen sind die tatsächlichen Folgen der Geltung und Anwendung von Rechtssätzen."

[36] Siehe dazu die Beiträge in den drei Bänden *Hof/Lübbe-Wolff* (Hrsg.), Wirkungsforschung zum Recht I, 1999; *Hill/Hof* (Hrsg.), Wirkungsforschung zum Recht II, 2000; *Hof/Schulte* (Hrsg.), Wirkungsforschung zum Recht III, 2001; siehe auch die Beiträge in *Rodi* (Hrsg.), Recht und Wirkung, 2002, sowie in *Cottier/Estermann/Wrase* (Hrsg.), Wie wirkt Recht?, 2010. Zum aktuellen Stand *Seckelmann*, Evaluation und Recht 2018; *Raiser*, Grundlagen der Rechtssoziologie, 2013, S. 249 ff.; *Wrase/Scheiwe*, Rechtswirkungsforschung revisited, ZfRSoz 2018, 1 ff. Zur Evaluationsforschung ist auch die Gesetzesfolgenabschätzung zu zählen, soweit sie wissenschaftlich und nicht allein von der Ministerialverwaltung betrieben wird; grundlegend *Böhret/Konzendorf*, Handbuch Gesetzesfolgenabschätzung (GFA), 2001; zum aktuellen Stand *Ziekow*, Stand und Perspektiven der Gesetzesfolgenabschätzung, in: Montoro Chiner/Sommermann, Gute Rechtsetzung, 2015, S. 31 (34); siehe auch *Sommermann* (Hrsg.), Folgen von Folgenforschung, 2002; *Windoffer*, Verfahren der Folgenabschätzung, 2011, insb. S. 210 ff. Zum Verhältnis von Evaluationsforschung und Gesetzesfolgenabschätzung *Seckelmann*, Evaluation und Recht, 2018, S. 175 ff.

[37] Siehe hier nur diese einführenden Beiträge aus der deutschsprachigen Literatur: *Petersen/Towfigh*, Ökonomik in der Rechtswissenschaft, in: Towfigh/Petersen, Ökonomische Methoden im Recht, 2017, § 1; *Englerth*, Behavioral Law and Economics, in: Engel/Englerth/Lüdemann/Spiecker gen. Döhmann, Recht und Verhalten, 2007, S. 60 ff.; *Engel*, Verhaltenswissenschaftliche Analyse, in: ders./Englerth/Lüdemann/Spiecker gen. Döhmann, Recht und Verhalten, 2007, S. 363 ff. Zur Unterscheidung zwischen der hier gemeinten positiven Analyse und der normativen Analyse, bei der es um die Gestaltung des Rechts geht, *van Aaken*, Vom Nutzen der ökonomischen Theorie für das öffentliche Recht: Methode und Anwendungsmöglichkeiten, in: Bungenberg/Danz/Heinrich/Hünemörder/Schmidt/Schroeder/Sickert/Unkroth, Recht und Ökonomik, 2004, S. 1 ff.

kungen interessiert, was sich mit großer Deutlichkeit etwa in der Grundrechtsdogmatik an der wirkungsbezogenen Erweiterung des Eingriffs zeigt.[38]

Erforscht und rechtswissenschaftlich behandelt werden zwar durchaus auch die Wirkungen von Anreizen. Allerdings werden diese üblicherweise, anders als vorliegend, nicht als solche behandelt, sondern als Wirkungen von (als Einheiten wahrgenommenen) Rechtsakten. Man spricht bezeichnenderweise zwar von Anreizwirkungen,[39] nicht aber von Wirkungen von Anreizen. Gerade im Hinblick auf Anreizwirkungen kann man jedoch, wie oben vorgeschlagen, weiter gehen und mit der Differenzierung nicht erst bei den Wirkungen beginnen, sondern schon innerhalb der Rechtsakte. Dies zu tun, liegt eigentlich sogar nahe. Denn die Wirkungen von Anreizen sind parallel zu den Wirkungen von Rechtsbefehlen zu sehen, und Befehlswirkungen werden ebenfalls als solche benannt und dabei als unmittelbar in den Rechtsakten angelegt und abgebildet angesehen. Weniger haben die Wirkungen von Anreizen dagegen mit den mehr oder weniger entfernten möglichen und tatsächlich mittelbaren Wirkungen von Rechtsakten gemeinsam, mit denen sie üblicherweise gemeinsam behandelt werden[40]. Vor allem aber ist es einem besseren Verständnis der Anreize und insbesondere auch einer überzeugenderen anreizbezogenen Rechtsdogmatik zuträglich, wenn – entsprechend dem Umgang mit Rechtsbefehlen – nicht nur die Anreizwirkungen, sondern die Anreizinstrumente als solche zum Gegenstand der Untersuchung gemacht werden.

In diesem Sinne werden als Anreize vorliegend die spezifischen Gehalte von Rechtsakten angesehen, in denen Anreizwirkungen angelegt sind und die als Instrumente auf diese zielen. Ob und in welchem Umfang ein Anreiz diese Wirkungen *tatsächlich* hervorruft, ob er also Anreizwirkungen hat und, wie vom Rechtsetzenden intendiert, tatsächlich bewirkt, dass sich die Adressaten dem Anreiz entsprechend verhalten, ist dabei niemals leicht zu sagen.[41] Für die Frage, ob ein Anreiz vorliegt, ist es aber auch unerheblich. Insofern unterscheiden sich Anreize nicht von Rechtsbefehlen. Denn auch Rechtsbefehle bewirken keineswegs zwangsläufig, dass ihre Adressaten sich ihnen entsprechend verhalten.[42]

---

38 Zur Wirkungsorientierung in der modernen Grundrechtsdogmatik unten, S. 173 ff.

39 Siehe nur *Jarass*, Funktionen und Dimensionen der Grundrechte, in: HGR II, 2006, § 38 Rn. 20. Häufig wird auch von verhaltenssteuernden Wirkungen gesprochen, wobei mit diesen nicht unbedingt nur Anreizwirkungen, sondern auch mittelbare Wirkungen von Rechtsbefehlen gemeint sein können.

40 Vgl. *Hof*, Einführung, in: ders./Lübbe-Wolff, Wirkungsforschung zum Recht I, 1999, S. 15, der das breite Forschungsinteresses der Rechtswirkungsforschung an den „beabsichtigten und unerwünschten sowie erwartbaren Nah-, Fern-, Haupt-, Neben-, und Spätfolgen" beschreibt; vgl. auch *Gusy*, Was bewirken Gesetze?, in: Hof/Lübbe-Wolff, Wirkungsforschung zum Recht I, 1999, S. 289 (290), der die Länge der „Wirkungsketten" betont.

41 Dazu noch unten, S. 98 ff.

42 Siehe nur *Hilbert/Rauber,* Fragen nach der Rechtsbefolgung – Eine Einführung in: dies., Warum befolgen wir Recht?, 2019, S. 1 ff.

3. Die Steuerrechtswissenschaft als Referenz

Während die geschilderte Unterscheidung der Gehalte von Rechtakten, insbesondere die zwischen Rechtsbefehlen und Anreizen, in der Rechtswissenschaft weitgehend unüblich ist, finden sich zumindest Ansätze dafür in der Steuerrechtsdogmatik. Zwar gibt es auch in der Steuerrechtswissenschaft keine allgemeine Anreizlehre und keine Theorie einer differenzierenden Betrachtung der Gehalte von Rechtsakten. Auch Steuerrechtlerinnen und Steuerrechtler nehmen Steuernormen häufig als Einheiten wahr und unterscheiden erst auf der Ebene der Zwecke zwischen Fiskal- und Lenkungszwecken bzw. auf der Ebene der Wirkungen zwischen Belastungs- und Lenkungswirkungen.[43] Ebenso kommt es in der steuerrechtswissenschaftlichen Literatur aber vor, dass stattdessen bereits auf der Ebene der Normen selbst zwischen verschiedenen Gehalten differenziert wird und diese etwa im Hinblick auf ihre Vereinbarkeit mit Grundrechten eigenständig beurteilt werden.[44]

Dass eine Steuernorm als Anreiz betrachtet und behandelt wird, wird in der Steuerrechtswissenschaft durch die Bezeichnung des Betrachtungsgegenstandes als Lenkungsnorm, Lenkungssteuernorm oder auch als Sozialzwecknorm deutlich gemacht.[45] Da die als Lenkungsnormen betrachteten Steuernormen selbstverständlich nicht *nur* Lenkungsnormen sind, sondern, wie alle Rechtsnormen, auch einen normativen Gehalt haben, belegt der Begriff der Lenkungs*norm* ein in der Steuerrechtswissenschaft vorhandenes dogmatisches Verständnis, nach dem eine Norm als solche neben ihrem selbstverständlich vorhandenen normativen Gehalt auch einen nicht-normativen instrumentellen Gehalt haben kann und nach dem letzterer einer isolierten Betrachtung und Bewertung und daher auch einer eigenen Bezeichnung bedarf.

Dafür, dass sich diese Sichtweise auf breiterer Basis ausgerechnet in der Steuerrechtswissenschaft findet, dürfte es mehrere Gründe geben. Relevant ist sicher, dass die Verhaltenssteuerung durch Anreize im Steuerrecht eine besonders lange Tradition hat[46] und das Steuerrecht besonders reich an Anreizen ist. Dass das Steuerrecht vom Gesetzgeber als Instrument eingesetzt werden kann, um

---

[43] Siehe dazu S. 33 f.

[44] Siehe *Wernsmann*, Verhaltenslenkung in einem rationalen Steuersystem, 2005, S. 350 m.w.N.; *Wernsmann*, Steuerlenkung, in: Leitgedanken des Rechts II, 2013, § 152 Rn. 3 und 13 ff.

[45] Vertieft *Wernsmann*, Verhaltenslenkung in einem rationalen Steuersystem, 2005; siehe auch *Tipke*, Steuerrechtsordnung I, 2000, § 4 S. 77 ff.; *Hey*, Steuersystem und Steuerverfassungsrecht, in: Tipke/Lang, Steuerrecht, 2018, § 3 Rn. 21 f.; *D. Birk/Desens/Tappe*, Steuerrecht, 2018, § 2 Rn. 192 f. Teilweise wird von Lenkungsnormen auch gesprochen, wenn Normen Lenkungswirkungen schlicht haben, nicht aber auf diese zielen.

[46] Dazu vertieft *Wernsmann*, Verhaltenslenkung in einem rationalen Steuersystem, 2005, S. 19 ff. Siehe auch die einleitend (S. 1) angeführte Feststellung des BVerfG, nach der es Steuergesetze, die dem Einzelnen ein bestimmtes wirtschaftliches Verhalten nahelegen sollen, ohne ihn dazu rechtlich zu zwingen, „seit je" gegeben hat, BVerfGE 16, 147 (161).

unmittelbar Verhalten zu beeinflussen, ohne einen auf dieses Verhalten gerichteten Befehl auszusprechen, ist sogar im Gesetz verankert. Denn § 3 Abs. 1 der Abgabenordnung[47] bestimmt, dass Steuern „Geldleistungen (sind), die nicht eine Gegenleistung für eine besondere Leistung darstellen und von einem öffentlich-rechtlichen Gemeinwesen zur Erzielung von Einnahmen allen auferlegt werden, bei denen der Tatbestand zutrifft, an den das Gesetz die Leistungspflicht knüpft", und dass „die Erzielung von Einnahmen (...) Nebenzweck sein" kann. Darüber hinaus dürfte den besonderen steuerrechtlichen Blick für Anreize begünstigt haben, dass in der Steuerrechtswissenschaft die Grenze zwischen den Gebieten des einfachen Rechts und des Verfassungsrechts vergleichsweise permeabel ist. Denn die routinemäßige Zusammenschau des Verwaltungs- und Verfassungsrechts fördert aus Gründen, auf die noch einzugehen ist,[48] ein Bewusstsein für die Anreize im Recht.

Dass sich die Betrachtung von Rechtsnormen als Anreize über die Steuerrechtswissenschaft hinaus bisher nicht durchgesetzt hat und dass nicht in nennenswertem Umfang über „Lenkungsnormen" auch außerhalb des Steuerrechts diskutiert wird, wird man sich vor allem mit Pfadabhängigkeiten erklären können: So hat das Steuerrecht innerhalb des öffentlichen Rechts eine gewisse Sonderstellung inne, die vor allem darin zum Ausdruck kommt, dass steuerrechtliche Diskussionen tendenziell isoliert geführt werden. Insbesondere an der Entwicklung der allgemeinen verwaltungsrechtlichen Systembildung und Dogmatik ist die Steuerrechtswissenschaft im Wesentlichen nicht beteiligt. (Genauer muss man wohl sagen, dass sie vor allem nicht beteiligt *wird*, denn während von Seiten der Steuerrechtswissenschaft jedenfalls teilweise für deren „Anschlussfähigkeit in rechtswissenschaftlichen Diskursen" und die „Qualität ihrer Systematisierungsleistungen"[49] sowie für die Eignung des Steuerrechts als „Referenzgebiet in dogmatischen Diskursen des Verwaltungsrechts"[50] geworben und nachdrücklich dafür plädiert wird, das Steuerrecht (auch) als besonderes Verwaltungsrecht zu begreifen,[51] sucht man einen entsprechenden, inklusiven Ansatz auf Seiten der Verwaltungsrechtswissenschaft vergeblich.)

Im Kontext des vorliegenden Themas ist die Existenz geschlossener Diskussionskreise schon insofern offensichtlich, als die Beeinflussung von Verhalten bzw. der entsprechende Versuch in der Steuerrechtswissenschaft als „Len-

---

[47] Abgabenordnung in der Fassung der Bekanntmachung v. 1. Oktober 2002, BGBl. I, S. 3866; BGBl. 2003 I, S. 61, zuletzt geändert durch Art. 1 d. Gesetzes v. 21. Dezember 2019, BGBl. I, S. 2875.

[48] Siehe S. 57 ff.

[49] *Droege*, Eigenheiten der Steuerrechtswissenschaft, 2016, S. 85.

[50] *Droege*, Steuerrecht als besonderes Verwaltungsrecht, in: ders./Seiler, Eigenständigkeit des Steuerrechts, 2019, S. 127 (156).

[51] Ausführlich und mit zahlreichen Nachweisen zu dieser Position sowie zur Gegenansicht innerhalb der Steuerrechtswissenschaft (auch historisch) *Droege*, Steuerrecht als besonderes Verwaltungsrecht, in: ders./Seiler, Eigenständigkeit des Steuerrechts, 2019, S. 127 ff.

kung", im Übrigen dagegen in der Regel als „Steuerung" bezeichnet wird. Auch wenn es vor diesem Hintergrund nicht verwundert, dass zwischen den jeweiligen Erkenntnisbeständen bisher kaum Bezüge hergestellt wurden, gibt es keinen sachlichen Grund dafür, dass man die im Konzept der Lenkungsnorm zum Ausdruck kommende Differenzierung zwischen den Gehalten von Normen nicht auf Normen anderer Teilrechtsgebiete übertragen hat. Denn soweit steuerrechtliche Normen nicht Finanzierungsmittel sind, sondern als Instrumente zur Erreichung außerfiskalischer Zwecke eingesetzt werden, sind sie dem Verwaltungsrecht zuzuordnen,[52] und es ist insoweit nicht nur möglich, sondern auch gewinnbringend, das Steuerrecht als ein Gebiet zu begreifen, aus dem gerade im Hinblick auf seine Anreize induktiv allgemeine Lehren gewonnen werden können.[53]

4. Einordnung des sog. Nudging

Indem nach dem hier zugrunde gelegten Anreizbegriff ein Anreiz ein bestimmter instrumenteller Gehalt eines Rechtsakts ist, sind diejenigen Instrumente, die seit einigen Jahren auch in Deutschland[54] unter dem Schlagwort „Nudging" (auf Deutsch etwa „Anstoßen", „Stupsen", „Schubsen") diskutiert werden, keine Anreize. Denn zwar haben der Ökonom *Richard H. Thaler* und der Rechtswissenschaftler *Cass R. Sunstein* in ihrem Buch mit dem Titel „Nudge – Improving decisions about health, wealth, and happiness"[55] und vielen weiteren Publikationen[56] Instrumente beschrieben, die, wie Anreize, staatlicherseits eingesetzt werden können, um gezielt und unmittelbar Verhalten zu beeinflussen, ohne dass das erwünschte Verhalten rechtsverbindlich vorgegeben wird. Vor diesem Hintergrund werden sie in der Literatur teilweise auch unter dem Stichwort

---

[52] *P. Kirchhof*, Die Steuern, in: HStR V, 2007, § 118 Rn. 166; *D. Birk*, Das Leistungsfähigkeitsprinzip als Maßstab der Steuernormen, 1983, S. 74; siehe auch *Weber-Grellet*, Der Karlsruher Entwurf – ein Weg in die steuerstaatliche Vergangenheit?, ZRP 2003, 279 (284): „Das Steuerrecht ist doppelfunktional, es ist Fiskalrecht und Verwaltungsrecht."

[53] Grundlegend zum Zusammenhang zwischen den Gebieten des besonderen Verwaltungsrechts und den allgemeinen Lehren, zur Arbeit mit Referenzgebieten sowie zur Methode der Induktion: *Schmidt-Aßmann*, Das allgemeine Verwaltungsrecht als Ordnungsidee, 2004, Erstes Kap. Rn. 13. Konkret in Bezug auf Anreize siehe unten, S. 57 ff. und S. 84 ff.

[54] *Gerg*, Nudging, 2019; *Kemmerer/Möllers/Steinbeis/Wagner* (Hrsg.), Choice Architecture in Democracies, 2016; *Huster*, Selbstbestimmung, Gerechtigkeit und Gesundheit, 2015, S. 24 ff.; *J. Wolff*, Eine Annäherung an das Nudge-Konzept, Rechtswissenschaft 2/2015, S. 194 ff.; *G. Kirchhof*, Nudging – zu den rechtlichen Grenzen informalen Verwaltens, ZRP 2015, 136 ff.; *Smeddinck*, Der Nudge-Ansatz – eine Möglichkeit, wirksam zu regieren?, ZRP 2014, 245 f.

[55] *Thaler/Sunstein*, Nudge, 2008 (im Folgenden wird aus der deutschen Ausgabe zitiert: Nudge – Wie man kluge Entscheidungen anstößt, Berlin 2011).

[56] Siehe hier nur *Sunstein*, Choosing not to choose – Understanding the value of choice, 2015; *Sunstein*, Why Nudge?, 2014; *Sunstein*, Nudges.gov, in: Zamir/Teichman, The Oxford Handbook of Behavioral Economics and the Law, 2014, S. 719 ff.

Anreiz diskutiert.[57] Anders als Anreize im vorliegend zugrunde gelegten Sinne sind die als „Nudges“ diskutierten Instrumente allerdings regelmäßig Realakte. Ihr Einsatz kann also zwar in Gesetzen vorgesehen sein. Sie können aber aufgrund ihrer besonderen Wirkungsweise nicht selbst Rechtsakte sein.[58] Auf das „Nudging“ wird daher im Rahmen der vorliegenden Untersuchung nur zu Zwecken der Abgrenzung und damit nur am Rande eingegangen.[59]

III. Anreize als rechtsgebietsübergreifendes Phänomen

Wie bereits mehrfach betont, werden Rechtsakte üblicherweise als Einheiten betrachtet. Dies führt nicht nur dazu, dass ihr Anreizgehalt nicht oder jedenfalls nicht systematisch gesehen und untersucht wird, sondern es führt darüber hinaus dazu, dass sie einzelnen Rechtsgebieten pauschal und nicht gehaltsweise zugeordnet werden. Da die Rechtsakte bei dieser Zuordnung auf ihren normativen Gehalt reduziert werden, ist der Zuschnitt der klassischen Rechtsgebiete in Bezug auf die in den Normen enthaltenen Anreize im Ergebnis völlig willkürlich. Denn Anreize werden dabei ungesehen demjenigen Gebiet zugeschlagen, dem der normative Gehalt zugeordnet wird, mit dem sie in einem Rechtsakt verbunden sind.

Willkürlich verlaufen im Hinblick auf Anreize nicht nur die Grenzen zwischen den verschiedenen Gebieten des besonderen Verwaltungsrechts. Auch ob Anreize dem Öffentlichen Recht oder dem Privatrecht zugeordnet werden, ist reiner Zufall.[60] Dies ist im Hinblick auf das Bedürfnis nach einer systematischen rechtswissenschaftlichen Durchdringung der Anreize insofern fatal, als mit der Grenze zwischen Öffentlichem Recht und Privatrecht eine Grenzlinie innerhalb der Rechtswissenschaft korrespondiert, die, was die Diskurse betrifft, noch weniger permeabel ist als diejenige, die, wie beschrieben, zwischen der Steuer- und der Verwaltungsrechtswissenschaft verläuft[61].

Verantwortlich dafür, dass Anreize willkürlich dem einen oder dem anderen Regime zugeordnet werden, ist die Tatsache, dass bei der Abgrenzung zwischen

---

[57] Siehe z. B. *Hoffmann-Riem*, Innovation und Recht – Recht und Innovation, 2016, S. 395, für den „Nudges“ „durchaus vom Konzept der Anreizsteuerung erfasst“ sind; siehe auch *G. Kirchhof*, Nudging – zu den rechtlichen Grenzen informalen Verwaltens, ZRP 2015, 136 ff.: „halb bewusste oder unbewusste Anreize“.

[58] Siehe die Ansätze einer diesbezüglichen Typologie unten, S. 140 ff. Siehe auch *J. Wolff*, Dreidimensionale Zebrastreifen, weinende Kinder und musikalische Mülleimer, in: Hilbert/Rauber, Warum befolgen wir Recht?, 2019, S. 253 (260). Zu Standardvorgaben unten, S. 142 ff.

[59] Siehe insb. S. 96 ff. und 140 ff.

[60] Deutlich wird dies etwa in der Habilitationsschrift von *Hellgardt*, Regulierung und Privatrecht, 2016, die im Schwerpunkt Instrumente behandelt, die in Normen enthalten oder vorgesehen sind, die dem Privatrecht zugeordnet werden, in der aber regelmäßig auf Beispiele für Instrumente desselben Typs verwiesen wird, die sich im Öffentlichen Recht finden.

[61] Zu letzterer Grenze oben, S. 20.

dem Öffentlichen Recht und dem Privatrecht Rechtsakte schon vom Ansatz her, dem geschilderten überkommenen Muster folgend, einheitlich wahrgenommen und dabei auf ihren normativen Gehalt reduziert werden. Zwar knüpfen nicht alle Theorien ausdrücklich an den normativen Gehalt der Rechtsakte an. Letztlich wird die Zugehörigkeit einer Norm zum Öffentlichen Recht oder zum Privatrecht aber allein anhand ihres normativen Gehalts bestimmt und jeweils für die Norm als ganze angenommen bzw. abgelehnt. Die Norm wird also als ganze dem einen oder anderen Regime zugeordnet.

Die Anknüpfung an Normen statt an Normgehalte, die Reduzierung der Normen auf ihren normativen Gehalt und die daran anknüpfende pauschale Zuordnung zu einem Rechtsregime ist völlig angemessen, schadet jedenfalls nicht, solange auch die Fragestellung, im Hinblick auf die die Abgrenzung erfolgt, den normativen Gehalt der Norm betrifft. So ist gegen die überkommene Art der Abgrenzung nichts einzuwenden, wenn es etwa um die praktisch besonders wichtige Frage nach dem richtigen Rechtsweg für eine Streitigkeit geht. Denn auch wenn man bei der Bestimmung des Rechtswegs, es genau nehmend, auf die öffentlich-rechtliche oder privatrechtliche Natur des Maßstabsgehaltes der fraglichen Normen abstellen würde, käme man zu keinem anderen Ergebnis, als wenn man, wie üblich, auf die Natur der – unausgesprochen als Maßstab betrachteten – „streitentscheidenden Norm“ abstellt. Streitentscheidend können, da nur sie Urteile über die Rechtmäßigkeit abgeschlossener Sachverhalte erlauben, stets nur rechtliche Maßstäbe sein. Anreize dagegen, in deren Anwendungsbereich ja alle Verhaltensweisen rechtmäßig sind, sind als Maßstäbe für Rechtmäßigkeitsurteile ungeeignet und können daher niemals streitentscheidend sein.[62] Ob sie die öffentlich-rechtliche oder privatrechtliche Natur des Maßstabsgehalts teilen, mit dem sie in einer Norm verbunden sind, oder nicht, ist für die Frage des Rechtswegs daher nicht relevant, sodass man die Anreize bei dieser Frage getrost außer Betracht lassen kann.

Auch wenn die üblichen Theorien für die Abgrenzung zwischen Öffentlichem Recht und Privatrecht hier also keineswegs grundsätzlich in Frage gestellt werden sollen, ist doch festzustellen, dass die Vorgehensweise, bei der allein auf die normativen Gehalte von Rechtsakten gesehen wird, überhaupt nicht einleuchtet, wenn es um anreizbezogene Fragen und Forschungszuschnitte geht. Denn ob sich mit einem Anreiz die Privat- oder die Verwaltungsrechtswissenschaft befasst, folgt danach keinerlei Ratio, sondern ist reiner Zufall.

Zur Veranschaulichung dieser Zufälligkeit kann hier erneut der § 289f Abs. 2 Nr. 4 HGB herangezogen werden, der bereits oben als Beispiel angeführt wurde[63] und der, als Anreiz, (die verantwortlichen Personen in) Unternehmen dazu bringen soll, sich ambitionierte Zielgrößen im Hinblick auf den Frauenanteil bei

[62] Dazu bereits oben, S. 11.
[63] Erstmals oben, S. 14 f.

Führungskräften zu setzen. Ob sich für diesen Anreiz die Privat- oder die Verwaltungsrechtswissenschaft „zuständig“ fühlt, ob ihn Vertreterinnen und Vertreter der einen oder der anderen Richtung erforschen, ob Kommentare, in denen er behandelt wird, in der Bibliothek für Zivilrecht oder für Öffentliches Recht stehen, wird allerdings bestimmt, ohne dass es auf ihn selbst ankäme. Denn die Zuordnung erfolgt pauschal für „die Norm“ des § 289f HGB und richtet sich allein nach seinem normativen Gehalt. Im Ergebnis gilt „die Norm“ als privatrechtlich, weil der enthaltene Rechtsbefehl an private Unternehmen gerichtet ist: Er verpflichtet die Unternehmen, die selbstgesetzten Zielgrößen zu veröffentlichen. Dass dieses Ergebnis mit Blick auf den enthaltenen Anreiz willkürlich ist, verdeutlicht ein Kontrollgedanke: Würde statt des § 289f Abs. 2 Nr. 4 HGB ein fiktives Gesetz existieren, das eine fiktive Bundesgleichstellungsbehörde zur Veröffentlichung derselben Inhalte verpflichtet, würde man die Norm als öffentlich-rechtlich behandeln. Der in der Norm enthaltene Anreiz wäre zwar genau derselbe. Trotzdem wird er heute dem Zivilrecht zugeordnet, während er, wäre er in dem fiktiven Gesetz enthalten, als öffentlich-rechtlich gelten würden.

Die überkommene Art der Zuordnung von Anreizen zum Öffentlichen Recht oder zum Privatrecht ist nicht nur im Ergebnis willkürlich. Schon der Ansatz, überhaupt eine Trennungsperspektive[64] zugrunde zu legen, überzeugt, wenn es um Anreize geht, nicht. Denn ohne sachlichen Grund fragmentiert er die ohnehin schon fragmentierte rechtswissenschaftliche Diskussion um Anreize. Will man Anreize systematisch erforschen, müssen intra-disziplinäre „Abschottungstendenzen“[65] überwunden und Anreize als ein rechtsgebietsübergreifendes Phänomen und daher als „rechtsgebietsneutral“[66] angesehen werden. Bezugspunkt ihrer Erforschung muss die gesamte Rechtsordnung sein.[67]

Bezieht man in der Konsequenz die gängigen Abgrenzungstheorien nur auf den normativen Gehalt der jeweiligen Vorschriften und trennt man diesen von

64 *Burgi*, Rechtsregime, in: GVwR I, 2012, § 18 Rn. 5.

65 *Voßkuhle*, Neue Verwaltungsrechtswissenschaft, in: GVwR I, 2012, § 1 Rn. 38.

66 Vgl. *Appel*, Das Verwaltungsrecht zwischen klassischem dogmatischen Verständnis und steuerungswissenschaftlichem Anspruch, VVDStRL 67 (2008), S. 226 (247 f.), der nicht in Bezug auf Anreize, aber in Bezug auf „(n)ormative Verhaltensstandards im Verhältnis des Staates zu nicht-staatlichen Akteuren“ feststellt, diese längen „den Teilrechtsordnungen gleichsam voraus“ und seien „rechtsgebietsübergreifend und insoweit ‚rechtsgebietsneutral‘“.

67 Die Formulierung dieses Satzes ist angelehnt an eine Formulierung von *Appel*, Das Verwaltungsrecht zwischen klassischem dogmatischen Verständnis und steuerungswissenschaftlichem Anspruch, VVDStRL 67 (2008), S. 226 (249): „Denkt man den steuerungswissenschaftlichen Anspruch zu Ende, muss Bezugspunkt die gesamte Rechtsordnung sein.“ *Appel* geht es allerdings im Kontext dieser Aussage gerade nicht um Anreize, sondern um „normative Verhaltenssteuerung und Rechtsverwirklichung“. Zudem will er auch die Kategorien der Teilrechtsordnungen nicht verlassen, sondern sie nur einer übergreifenden Betrachtung unterziehen und sie als gegenseitige Auffangordnungen erfassen, dazu die Beiträge in *Hoffmann-Riem/Schmidt-Aßmann* (Hrsg.), Öffentliches Recht und Privatrecht als gegenseitige Auffangordnungen, 1996.

deren (rechtsgebietsneutralem) Anreizgehalt, verspricht im Übrigen die Grenze zwischen dem Öffentlichen und dem Privatrecht, soweit sie benötigt wird, wieder an Konturen zu gewinnen. Denn häufig sind es letztlich Anreize, die, wenn man sie nicht isoliert, Normen uneindeutig erscheinen und den verbreiteten Eindruck entstehen lassen, dass die Grenze zwischen den Regimen verschwimmt.[68]

IV. Normativität: Zwingende Befehle und nicht zwingende Anreize

Geschildert wurde bisher eine Betrachtungsweise von Rechtsakten, insbesondere Gesetzen, bei der zwischen ihrem normativen und ihrem Anreizgehalt unterschieden werden kann. Gezeigt wurde außerdem, dass innerhalb des normativen Gehalts weiter differenziert werden kann zwischen einer Maßstabs- und einer instrumentellen Dimension: Betrachtet man Normen als Maßstäbe, erlauben sie Urteile über die Rechtmäßigkeit abgeschlossener (realer oder fiktiver) Gegebenheiten; betrachtet man sie als Instrumente, erscheinen sie als Rechtsbefehle (Ge- oder Verbote), mit denen künftige Gegebenheiten beeinflusst werden sollen. Zum Anreizgehalt wurde dagegen festgestellt, dass dieser keine Maßstabsdimension aufweist, sondern rein instrumentellen Charakters ist. Schließlich wurde bereits angedeutet, dass Anreize insbesondere von Rechtsbefehlen abzugrenzen sind, mit denen Gemeinsamkeiten und Unterschiede bestehen: Gemeinsam haben Rechtsbefehle und Anreize, dass es sich bei beiden um in Rechtsakten enthaltene, zukunftsbezogene Instrumente handelt, die unmittelbar Verhalten beeinflussen sollen. Im Folgenden soll auf den, in rechtlicher Hinsicht fundamentalen, Unterschied zwischen beiden Instrumenten geblickt werden, der darin besteht, dass Rechtsbefehle rechtlich verpflichten, während Anreize rechtlich unverbindlich sind.

---

[68] Siehe etwa *Hoffmann-Riem*, Risiko- und Innovationsrecht im Verbund, DV 38 (2005), S. 145 (172), der von „weichen fließenden Übergängen" und einer „Verzahnung öffentlich-rechtlicher und privat-rechtlicher Instrumente" spricht. Er hat allerdings nicht unbedingt Anreize im Blick, sondern äußert sich „im Zusammenhang des Prozesses der Deregulierung und Privatisierung, aber auch des Aufbaus kooperativer Verantwortungsstrukturen zwischen Staat und Gesellschaft" und sieht die Ursache für das Verschwimmen der Grenze zwischen Öffentlichem Recht und Privatrecht nicht in einer mangelnden Differenzierung zwischen unterschiedlichen Rechtsgehalten, sondern darin, dass das Privatrecht „im Laufe der Zeit mit Gemeinwohlerwartungen aufgeladen worden" sei, „während das Öffentliche Recht sich durch die Reduktion eines Teils seiner Regelungsdichte auf eine nur regulative Umhegung gesellschaftlicher Selbstregulierung und damit auf die Nutzung der Wirkungsweise privatautonomer Gestaltungen eingelassen hat".

1. Rechtsverbindlichkeit und Rechtsunverbindlichkeit als genuin juristische Kategorien

Kategorial ist der Unterschied zwischen Rechtsbefehlen und Anreizen (nur) unter Zugrundelegung einer genuin juristischen, normativen Sichtweise[69]: Rechtsbefehle erscheinen dabei als zwingend, Anreize dagegen nicht.

Der zwingende Charakter der Rechtsbefehle besteht darin, dass sie festlegen, dass in ihrem Anwendungsbereich bestimmte Verhaltensalternativen rechtswidrig sind. Weil rechtswidriges Verhalten, normativ betrachtet, schlicht keine Option ist,[70] ist es im Umkehrschluss (normativ) zwingend, sich rechtmäßig zu verhalten und den Rechtsbefehlen zu entsprechen. Anreize sind dagegen nicht zwingend. Denn sie macht es im Unterschied zu Rechtsbefehlen gerade aus, dass in ihrem Anwendungsbereich jede Verhaltensalternative rechtmäßig ist. Dass sie hier als Anreize bezeichnet werden und diese Bezeichnung als eine Art Gegenbegriff zu Rechtsbefehlen verwendet wird, entspricht insofern der Bedeutung, die das Wort Anreiz im allgemeinen Sprachgebrauch hat. Denn mit dem Wort Anreiz werden, wie oben bereits erwähnt,[71] auch im allgemeinen Sprachgebrauch stets solche Faktoren bezeichnet, die potenziell Verhalten beeinflussen, die aber nicht zu einem Verhalten zwingen.

Wenn, um auf die bekannten Beispiele zurückzukommen, etwa § 289f Abs. 2 Nr. 4 HGB[72] unter anderem vorsieht, dass börsennotierte Aktiengesellschaften die Zielgrößen im Hinblick auf den Frauenanteil, zu deren Festlegung ihr Vorstand aufgrund des § 111 Abs. 5 AktG verpflichtet ist, veröffentlichen müssen, enthält die Norm neben einem auf die Vergangenheit bezogenen Maßstabsgehalt, auf den es hier zunächst nicht ankommt, zwei Instrumente, mit denen der Gesetzgeber gestaltend auf die Zukunft einwirken will: Zum einen enthält § 289f Abs. 2 Nr. 4 HGB einen an die (Verantwortlichen in den) Unternehmen gerichteten Rechtsbefehl, der diese dazu bringen soll, die Zielgrößen zu veröffentlichen. Folgen die Unternehmen dem Rechtsbefehl nicht, handeln sie rechtswidrig. Die Zielgrößen zu veröffentlichen, ist also rechtlich zwingend. Zum anderen enthält § 289f Abs. 2 Nr. 4 HGB einen Anreiz. Dieser adressiert die (Verantwortlichen in den) Unternehmen und soll diese dazu bringen, sich angesichts der Aussicht auf öffentliche Wahrnehmung und etwaige Reaktionen Dritter nicht nur irgendwelche, sondern ambitionierte Zielgrößen zu setzen. Insofern ist es, normativ betrachtet, allerdings einerlei, ob die Unternehmen dem folgen. Sie handeln, unabhängig davon, wie hoch oder niedrig sie ihre Ziel-

---

[69] Siehe etwa *Kloepfer*, Umweltrecht, 2016, § 5 Rn. 769: (Nur) bei einem Verstoß gegen ein Ge- oder Verbot werde „der Rubikon der Rechtswidrigkeit überschritten“.

[70] Siehe hier nur *Sachs*, Grundrechtseingriff und Grundrechtsbetroffenheit, in: Stern, Staatsrecht III/2, 1994, § 78 S. 110: Rechtswidriges Verhalten sei „im Rahmen einer funktionierenden Rechtsordnung keine akzeptable Handlungsalternative“.

[71] Siehe S. 7.

[72] Erstmals oben, S. 14 f.

größen ansetzen, stets rechtmäßig. Selbst wenn sie die Zielgröße „Null" festlegen, wählen sie eine rechtlich zulässige Verhaltensoption.[73]

Ein zwingender Rechtsbefehl und ein nicht zwingender Anreiz lassen sich auch innerhalb der Regelung über die Partnermonate beim Elterngeld unterscheiden: § 4 Abs. 4 S. 2 BEEG,[74] der bestimmt, dass Elternpaare statt zwölf Monate 14 Monate lang Elterngeld beanspruchen können, wenn nicht nur einer, sondern beide Elternteile innerhalb der ersten 14 Lebensmonate ihres Kindes mindestens zwei Monate in Elternzeit gehen, enthält zum einen einen Rechtsbefehl. Dieser adressiert die Elterngeldstellen und soll diese dazu bringen, bei Vorliegen der gesetzlichen Voraussetzungen entsprechende Geldbeträge auszuzahlen. Tut die Elterngeldstelle dies nicht, handelt sie rechtswidrig; sie ist also normativ betrachtet gezwungen, es zu tun. Der Anreiz in § 4 Abs. 4 S. 2 BEEG dagegen ist an Elternpaare gerichtet, die die übrigen Voraussetzungen erfüllen, und soll diese dazu bringen, dass beide Elternteile mindestens zwei Monate Elternzeit nehmen. Zur entsprechenden Aufgabenverteilung sind die Eltern rechtlich nicht gezwungen. Auch wenn sie sich für ein ganz anderes Modell entscheiden, handeln sie rechtmäßig.

Einen zwingenden Rechtsbefehl und einen nicht zwingenden Anreiz enthalten in instrumenteller Hinsicht auch die §§ 4 und 6 FrauFöV Bbg,[75] die bestimmen, dass Bieter in Vergabeverfahren, die sich in höherem Maße als ihre Konkurrenten für die Gleichstellung von Frauen im Erwerbsleben eingesetzt haben, bei der Zuschlagserteilung bevorzugt werden sollen. Als Rechtsbefehl adressieren die Normen die Vergabestellen, die zu entsprechenden Vergabeentscheidungen verpflichtet werden; als Anreiz richten sie sich an (potenzielle) Bieter, die dazu gebracht werden sollen, sich, ohne rechtlich dazu verpflichtet zu sein, der Gleichstellung von Frauen anzunehmen.

Schließlich enthält auch § 3d KraftStG[76] einen zwingenden Rechtsbefehl und einen nicht zwingenden Anreiz. Der Rechtsbefehl ist an die Steuerverwaltung gerichtet und soll diese dazu bringen, bei Vorliegen der tatbestandlichen Voraussetzungen die grundsätzlich anfallende Kraftfahrzeugsteuer nicht zu erheben. Der Anreiz dagegen soll Personen, die vor der Entscheidung stehen, möglicherweise Halter eines Elektrofahrzeugs zu werden, zum Kauf, Leasing o. ä. von Elektrofahrzeugen bringen, ohne dass das entsprechende Verhalten rechtlich zwingend vorgegeben wäre. Auch wenn sich die Personen für ein konventionelles Fahrzeug entscheiden, handeln sie rechtmäßig.

Der wesentliche Unterschied zwischen Rechtsbefehlen auf der einen und Anreizen auf der anderen Seite lässt sich, wie die Beispiele verdeutlicht haben sollten, also auch so beschreiben: Im Anwendungsbereich von Rechtsbefehlen gibt

---

[73] Siehe allerdings Fn. 26 auf S. 14.
[74] Erstmals oben, S. 12 f.
[75] Erstmals oben, S. 13 f.
[76] Erstmals oben, S. 11 f.

es rechtmäßige und rechtswidrige Verhaltensoptionen, während im Anwendungsbereich von Anreizen *alle* Verhaltensalternativen rechtmäßig sind. Relevant ist dieser Unterschied insbesondere im Hinblick auf die grundrechtliche Bewertung der Instrumente, konkret im Hinblick auf die Frage ihrer Eingriffsqualität. Denn wie noch ausführlich dargestellt wird,[77] lassen sich Rechtsbefehle als Eingriffe allein schon deswegen qualifizieren, weil sie ihren Adressaten normativ Verhaltensoptionen nehmen. So stellt § 289f Abs. 2 Nr. 4 HGB völlig unproblematisch insofern einen Eingriff in die Grundrechte der adressierten Unternehmen dar, als diese rechtlich gezwungen sind, Zielgrößen zu veröffentlichen, und für sie damit das Unterlassen der Veröffentlichung als rechtmäßige Option entfällt. Für die Feststellung, dass § 289f Abs. 2 Nr. 4 HGB insofern als Grundrechtseingriff zu qualifizieren ist, ist es dabei unerheblich, ob die Unternehmen bei Nichtbefolgung des Rechtsbefehls Sanktionen ausgesetzt sind oder nicht. Denn allein dadurch, dass sich die Adressaten *in tatsächlicher Hinsicht* folgenlos rechtswidrig verhalten können, sind Eingriffe nicht ausgeschlossen.[78] Entscheidend ist die Begrenzung des Handlungs- und damit Freiheitsraums, die bei *normativer* Betrachtung allein dadurch eintritt, dass Verhaltensoptionen als rechtmäßige Verhaltensoptionen entfallen. Mit Blick auf Anreize dagegen lässt sich die Frage, ob sie als Eingriffe zu qualifizieren sind, jedenfalls mit einer solchen Begründung nicht bejahen. Denn zu ihren Charakteristika gehört schließlich, dass sie keine Optionen rechtlich entfallen lassen.[79]

2. Rechtsbefehle in der Wirklichkeit

Dass sich die Begründung des Eingriffscharakters von Rechtsbefehlen nicht auf Anreize übertragen lässt, ist insofern bemerkenswert, als der beschriebene kategoriale Unterschied zwischen den beiden Instrumententypen verschwindet, wenn man nicht normativ auf Verhalten blickt, sondern statt der Rechtslage die Wirklichkeit betrachtet. In tatsächlicher Hinsicht zwingen Rechtsbefehle ebenso wenig wie Anreize. Wie könnten sie als Gehalte von Rechtsakten auch tatsächlich zwingen? Ihre tatsächliche Befolgung ist allenfalls mittels weiterer Instrumente erzwing*bar*.

Auch was die Erzwing*bar*keit der Befolgung von Rechtsbefehlen betrifft, ist diese allerdings keinesfalls so selbstverständlich, wie es in manchen Darstellungen scheint. Bei der Vollstreckung der durch einen Rechtsbefehl begründeten Pflicht zu einer vertretbaren Handlung wird beispielsweise nicht unbedingt das rechtmäßige Verhalten als solches erzwungen, sondern nur das *Ergebnis* rechtmäßigen Verhaltens. Und auch die Befolgung von Rechtspflichten, die nur per-

---

77 Siehe unten, S. 157 ff.

78 Ausführlich dazu unten, S. 159 f.

79 Ausführlich dazu unten, S. 165 ff.

sönlich erfüllt werden können, ist keinesfalls immer erzwingbar. Dies zeigt schon der Blick auf die Prototypen der Ge- und Verbote, die Normen des Straf- und Ordnungswidrigkeitenrechts. Ist ein Verhalten strafrechtlich verboten, zwingt dies tatsächlich niemanden, dieses Verhalten zu unterlassen. Strafrechtswidriges Verhalten wird zwar mit zwangsweise durchzusetzenden Haft- oder Geldstrafen sanktioniert, aber nicht selbst zwangsweise verhindert. Nur normativ betrachtet, entfällt das strafrechtswidrige Verhalten als Option.

Sanktionsdrohungen für rechtswidriges Verhalten führen auch außerhalb des Strafrechts nicht dazu, dass es zwingend wäre, sich rechtmäßig zu verhalten. Zwar können Sanktionsdrohungen so massiv sein, dass sich Adressaten, weil sie sie vermeiden wollen, zu rechtskonformem Verhalten gezwungen *sehen*. Sanktionsdrohungen können also, wenn man so will, *zwangsähnlich wirken*. Ein Zwang zu rechtmäßigem Verhalten in dem Sinne, dass das rechtswidrige Verhalten tatsächlich als Verhaltensoption entfiele, besteht jedoch auch in diesen Fällen nie. Der Eintritt auch noch so schwerer Sanktionen ist dem rechtswidrigen Verhalten schließlich zeitlich stets nachgeordnet, und so ist es grundsätzlich immer möglich, dass Adressaten eines Rechtsbefehls die drohenden Sanktionen im Zeitpunkt ihrer Verhaltensentscheidung nicht kennen, ausblenden, in Kauf nehmen oder darauf hoffen, beim Rechtsverstoß nicht erwischt zu werden und den Sanktionen auf diese Weise zu entgehen. Rechtsbefehle erscheinen damit, wenn man die normative Brille *absetzt*, als bloße „staatliche Handlungsangebote", deren Ausschlagung im Hinblick auf die mit ihnen zumeist verbundenen Sanktionen „gewisse Nachteile (z.B. Geldbußen) mit sich bringen kann".[80]

Dementsprechend stellen andere, nicht normative Wissenschaftsdisziplinen, wenn sie sich mit der Verhaltenssteuerung durch Recht befassen, auch keinen kategorialen Unterschied zwischen Rechtsbefehlen und Anreizen fest.[81] Häufig verstehen sie vielmehr das Recht insgesamt als Anreizsystem. Dass Rechtsbefehle keinesfalls immer befolgt werden, dass also auch diese *tatsächlich* nicht zu Verhalten zwingen, wissen nicht zuletzt auch Juristinnen und Juristen. Anderenfalls würden Gerichte, das Vollstreckungsrecht, das Strafrecht usw. nie in Anspruch genommen. Die normative Sichtweise ist also eine bewusst kontrafaktische, an der Rechtslage statt an der Wirklichkeit orientierte. Dementsprechend unterscheidet die Rechtssprache auch ausdrücklich etwa zwischen der tatsächlichen und der rechtlichen Unmöglichkeit eines Verhaltens – und man spricht, zumindest im öffentlichen Recht,[82] von rechtlicher Unmöglichkeit

---

[80] *Kloepfer*, Umweltrecht, 2016, § 5 Rn. 768.

[81] So folgen etwa nach *Scharpf*, Grenzen der institutionellen Reform, in: Jahrbuch zur Staats- und Verwaltungswissenschaft 1/87, S. 111 (114), beide Instrumententypen derselben Wirkungslogik.

[82] Im bürgerlichen Recht wird der Begriff der rechtlichen Unmöglichkeit enger ausgelegt, vgl. etwa *Heinrichs*/Palandt, BGB, § 275 Rn. 16: „Die Leistung ist rechtlich unmöglich, wenn sie aus Rechtsgründen nicht erbracht werden kann". Entsprechend eng wird der Begriff der

in der Regel nicht nur, wenn ein Verhalten rechtlich nicht geschehen kann, sondern auch, wenn es rechtlich nicht geschehen darf.

Obwohl allerdings Juristinnen und Juristen grundsätzlich wissen, dass Rechtsbefehle in der Wirklichkeit nicht zu den entsprechenden Verhaltensweisen zwingen, findet sich in der rechtswissenschaftlichen Literatur und in Gerichtsentscheidungen immer wieder die Annahme, die rechtlich vorgesehene Wirkung eines Rechtsbefehls, die darin besteht, dass die Adressaten zu dem befohlenen Verhalten gebracht werden, entspreche ohne weiteres seiner tatsächlichen Wirkung. Es finden also Sollen-Sein-Fehlschlüsse statt. Solche liegen etwa auch vor, wenn Ge- und Verbote mit Zwang gleichgesetzt werden und offensichtlich nicht rechtlicher, sondern tatsächlicher Zwang gemeint ist. Auch wenn das BVerfG in Entscheidungen zu Anreizen im Steuerrecht regelmäßig ausführt, dass der Gesetzgeber, wenn er sich für diese Art der Verhaltenslenkung entscheide, in Kauf nehme, „dass das Lenkungsziel nicht verlässlich erreicht wird", die steuerliche Lenkung „also ein Instrument zur Annäherung an ein Ziel" sei,[83] ist dies zumindest missverständlich. Gemeint ist wohl, dass – was pauschalierend zutreffen dürfte – Anreizen seltener gefolgt wird als Ge- und Verboten, erstere also eine niedrigere Befolgungsquote haben als letztere. Möglicherweise ist auch gemeint, dass der Gesetzgeber, der (nur) Anreize für ein Verhalten setzt, nicht einmal unbedingt das Ziel haben muss, dass alle Adressaten diesen folgen, während man ihm dieses Ziel unterstellen kann, wenn er einen Rechtsbefehl erlässt. Die zitierte Formulierung legt aber den unzutreffenden Schluss nahe, dass Rechtsbefehle, als Instrumente nicht nur zur Annäherung an ein Ziel, ihr Ziel auch tatsächlich stets verlässlich erreichen.

Einem Sollen-Sein-Fehlschluss unterliegt in diesem Zusammenhang anscheinend *Paul Kirchhof* in seiner Habilitationsschrift mit dem Titel „Verwalten durch ‚mittelbares' Einwirken". In dieser erwähnt er Anreize in einer Reihe mit staatlicher Werbung, Erziehung, Appellen und Leistungssubventionen[84] und fasst all diese, was grundsätzlich einleuchtet,[85] unter dem Begriff der „rechtsunverbindlichen Willenslenkung" zusammen. Die rechtsunverbindliche Willenslenkung ist für ihn eine Form „mitwirkungsbedürftigen Verwaltens", eines Verwaltens also, an dessen Erfolg Staat und Bürger beteiligt sind,[86] und das *Kirchhof*, was ebenfalls einleuchtet, von verbindlichen Rechtsbefehlen/Anord-

rechtlichen Unmöglichkeit auch im Zusammenhang mit öffentlich-rechtlichen Verträgen verstanden.

[83] BVerfGE 98, 106 (121); 110, 274 (293). Ganz in diesem Sinne, nicht nur in Bezug auf Anreize im Steuerrecht, *G. Kirchhof*, Nudging – zu den rechtlichen Grenzen informalen Verwaltens, ZRP 2015, 136 (137).

[84] Nach dem hier zugrunde gelegten Anreizbegriff sind Leistungssubventionen, oder genauer: Rechtsakte, die Leistungssubventionen in Aussicht stellen, Anreize.

[85] Auch im Rahmen dieser Untersuchung wird eine entsprechende Parallele gesehen, die zwischen diesen Instrumenten besteht, dazu unten, S. 94ff.

[86] *P. Kirchhof*, Verwalten durch „mittelbares" Einwirken, 1977, S. 30.

nungen abgrenzt.[87] Was allerdings nicht überzeugen kann, ist, dass er sodann ausführt, der Staat koordiniere durch Ge- und Verbote „das tatsächliche Verhalten seiner Bürger",[88] während er durch Instrumente wie Anreize „auf die Willensentschließung zu(greife)".[89] Denn dieser Unterschied besteht so nicht. Vielmehr sind auch Ge- und Verbote auf Mitwirkung, nämlich auf Befolgung, angewiesen, und die durch sie erreichbare Koordination tatsächlichen Verhaltens folgt, anders als *Kirchhofs* Formulierung nahelegt, keinem Automatismus.

Vor dem Hintergrund von Ungenauigkeiten und Fehlschlüssen wie den genannten ist es grundsätzlich zu begrüßen, wenn zum Teil in rechtswissenschaftlichen Arbeiten nachdrücklich betont wird, dass sich das Recht insgesamt als Anreiz begreifen lässt.[90] Denn schon diese Terminologie schließt Kurzschlüsse zwischen der normativen Perspektive und der Wirklichkeit aus. Sie wird dementsprechend auch vor allem von jenen verwendet, deren Anliegen es ist, im rechtswissenschaftlichen Bewusstsein verstärkt eine am Tatsächlichen orientierte Perspektive auf das Recht zu verankern.

Um allerdings *spezifisch* rechtswissenschaftliche, insbesondere normative, Fragen zu untersuchen, ist die Verwendung eines Anreizbegriffs, der das gesamte Recht erfasst, letztlich wenig zielführend.[91] Daher liegen die Kategorien der Rechtsverbindlichkeit und Rechtsunverbindlichkeit auch nicht nur dem hier verwendeten Anreizbegriff, sondern auch dem soweit ersichtlich einzigen anderen rechtsgebietsübergreifend angelegten Anreizbegriff zugrunde, der bisher für rechtswissenschaftliche Zwecke entwickelt wurde: Nach *Ute Sacksofsky* darf ebenfalls die „normative Ebene (…) nicht ausgeblendet werden".[92] Auch ihre Definition von Anreizen erfasst daher keine Ge- und Verbote,[93] sondern nur solche „Formen der Steuerung durch Recht (…), die erwünschtes Verhalten nicht als Rechtspflichten (verbunden mit Sanktionen) anordnen (…)".[94]

---

[87] *P. Kirchhof*, Verwalten durch „mittelbares" Einwirken, 1977, S. 1.

[88] *P. Kirchhof*, Verwalten durch „mittelbares" Einwirken, 1977, S. 39.

[89] *P. Kirchhof*, Verwalten durch „mittelbares" Einwirken, 1977, S. 39. Anders aber *P. Kirchhof*, Mittel staatlichen Handelns, in: HStR V, 2007, § 99 Rn. 88: „Der Staat entsteht durch den Willen und das Bedürfnis zur Gemeinschaft. Er stützt seine Wirkkraft letztlich auf die Anerkennung seiner Bürger. Ein staatlicher Befehl muss vom Adressaten aufgenommen, verstanden und befolgt werden. Die Gestaltungskraft des Rechts mag im Einzelfall durch Zwang und Unterwerfung erreicht werden, kann aber allgemein und auf Dauer nur durch Verständnis und Respekt, durch die in guter Gewohnheit gefestigte Befolgungsbereitschaft zur Wirkung gebracht werden."

[90] So *Hoffmann-Riem*, Risiko- und Innovationsrecht im Verbund, DV 38 (2005), S. 145 (171 f.). Siehe auch *van Aaken*, Vom Nutzen der ökonomischen Theorie für das öffentliche Recht: Methode und Anwendungsmöglichkeiten, in: Bungenberg/Danz/Heinrich/Hünemörder/Schmidt/Schroeder/Sickert/Unkroth, Recht und Ökonomik, 2004, S. 1 ff., insb. S. 6.

[91] So auch *Sacksofsky*, Anreize, in: GVwR II, 2012, § 40 Rn. 6 (dort in Fn. 20).

[92] *Sacksofsky*, Anreize, in: GVwR II, 2012, § 40 Rn. 6.

[93] So ausdrücklich *Sacksofsky*, Anreize, in: GVwR II, 2012, § 40 Rn. 2, 6 (dort in Fn. 20), 7 ff.

[94] *Sacksofsky*, Anreize, in: GVwR II, 2012, § 40 Rn. 6.

V. (Un-)Mittelbarkeit: Anreize und ihre Wirkungen

Während Anreize und Rechtsbefehle bei normativer Betrachtung kategoriell unterschiedlich sind, bestehen zwischen beiden Instrumenten mit Blick auf ihre tatsächliche Wirkungsweise wichtige Parallelen. Auf eine dieser Parallelen wurde bereits eingegangen: Sie besteht darin, dass weder Anreize noch Rechtsbefehle ihre Adressaten in tatsächlicher Hinsicht zu einem Verhalten zwingen.[95] Eine weitere Parallele besteht darin, dass Anreize ebenso wie Rechtsbefehle darauf gerichtet sind, Verhalten unmittelbar zu beeinflussen, wobei über die unmittelbaren Verhaltenswirkungen hinaus beide Instrumente auch mittelbare Wirkungen verursachen können.

Diese Gemeinsamkeit zwischen Anreizen und Rechtsbefehlen ist leicht zu übersehen, wenn man Rechtsakte als Einheiten betrachtet. Denn dann liegt es nahe, zunächst die normativ vorgeschriebenen Wirkungen der Rechtsakte (Befolgung des Rechtsbefehls) zu sehen, diese (zu Recht) als unmittelbare Wirkungen zu begreifen und die anderen Wirkungen der Rechtsakte, einschließlich etwaiger „Anreizwirkungen", (zu Unrecht) pauschal als mittelbare Wirkungen zu behandeln. Trifft man dagegen Unterscheidungen nicht erst auf der Wirkungsebene, sondern unterscheidet man Anreize und Rechtsbefehle schon als Instrumente, fällt sofort ins Auge, dass auch Anreize (auch) auf unmittelbare Wirkungen gerichtet sind und dass auch Anreize, wenn sie überhaupt tatsächliche Wirkungen haben, (auch) unmittelbare Wirkungen haben müssen.

In diesem Sinne ist der oben genannte § 3d KraftStG[96] als Anreiz darauf gerichtet, dass unmittelbar Verhaltenswirkungen bei den Adressaten eintreten, dass diese nämlich als unmittelbare Reaktion auf den Anreiz Elektroautos kaufen oder leasen. Auf den Anreiz in § 289f HGB sollen die Adressaten nach dem Willen des Gesetzgebers unmittelbar reagieren, indem sie sich hohe Zielgrößen bezüglich des Frauenanteils in Führungspositionen setzen. Die §§ 4, 6 FrauFöV Bbg sollen als Anreiz bewirken, dass die Adressaten unmittelbar aufgrund des Anreizes Frauenfördermaßnahmen einleiten. Und auch § 4 Abs. 4 S. 2 BEEG ist als Anreiz darauf ausgelegt, Eltern nicht mittelbar, sondern auf direktem Wege dazu zu bewegen, jeweils mindestens zwei Monate Elternzeit zu nehmen. Es ist daher dem Landessozialgericht (LSG) Niedersachsen-Bremen zuzustimmen, soweit es in einem Vorlagebeschluss zu einer Vorgängerregelung über die Partnermonate beim Elterngeld betont hat, dass die Einflussnahme auf die innerfamiliäre Aufgabenverteilung durch (den Anreiz in) diese(r) Regelung nicht sinnvoll als mittelbar zu bezeichnen sei, da sie weder „nicht zielgerichtet herbeigeführte(...) Nebenfolge" ist noch einen „bloßen Reflex(...)" darstellt, „der sich

[95] Siehe oben, S. 28.
[96] Erstmals oben, S. 11 f.

bei der Verfolgung eines anderen unmittelbar angestrebten Zieles ergibt".[97] Die durch Anreize angestrebten Verhaltenswirkungen bei den Anreizadressaten werden genauso unmittelbar angestrebt wie die Befehlswirkungen bei den Adressaten von Rechtsbefehlen.

Wenn und soweit die angestrebten unmittelbaren Wirkungen tatsächlich eintreten, können diese wiederum die Ursache für viele weitere Wirkungen sein, die sich allesamt als mittelbare Wirkungen des Anreizes beschreiben lassen. Vorstellbare mittelbare Wirkungen des § 3d KraftStG als Anreiz könnten beispielsweise darin bestehen, dass sich die Luftqualität in den Innenstädten verbessert, dass die Hersteller konventioneller Fahrzeuge Umsatzeinbußen haben, dass die Weltmarktpreise der für die Produktion von Batterien benötigten Stoffe Lithium und Kobalt steigen, dass sich die Arbeitsbedingungen in den Kobaltminen im Kongo verschlechtern und/oder dass sich der Klimawandel verlangsamt.[98] Grundsätzlich unterscheiden kann man erwünschte und unerwünschte sowie nur in Kauf genommene mittelbare Wirkungen. *Ex post*, also nachdem ein Anreiz tatsächlich eingesetzt wurde, können außerdem, jedenfalls theoretisch, die eingetretenen von ausgebliebenen Wirkungen unterschieden werden, wobei es praktisch schwierig sein kann, eindeutige Kausalitäten nachzuweisen. Neben dem Eintritt oder statt des Eintritts erwarteter Wirkungen ist auch der Eintritt unerwarteter Wirkungen möglich. Dieselben Unterscheidungsmöglichkeiten sind im Hinblick auf Rechtsbefehle längst etabliert. Auch sie können unmittelbare Wirkungen (Befehlsbefolgung) und unterschiedliche weitere Wirkungen haben.

Ansätze für die soeben geschilderte Sichtweise auf Anreize und Wirkungen von Anreizen finden sich einmal mehr in der Steuerrechtswissenschaft. So betont *Dieter Birk*, dass das „Kriterium der Unmittelbarkeit für jede Sphäre der Steuer gesondert festzustellen" sei.[99] Zwar differenziert *Birk* dabei nicht schon auf der Ebene der Steuerrechtsnormen zwischen den in diesen enthaltenen Instrumenten; er unterscheidet aber mit Blick auf belastende Steuernormen, und damit auf Normen, die als Anreize eingesetzt werden können, zwischen „Belastungswirkungen"[100] und „Gestaltungswirkungen"[101] und stellt fest, dass nicht

---

[97] LSG Niedersachsen-Bremen, Vorlagebeschl. v. 13. April 2011 – L 2 EG 20/10, juris Rn. 79. Die Entscheidung betrifft § 4 Abs. 3 S. 1 BEEG v. 5. Dezember 2006, BGBl. I, S. 2748.

[98] Je länger die Ursachenkette zwischen Anreiz und mittelbarer Wirkung ist, desto weniger gut lässt sich ihr Verlauf *ex ante* vorhersagen bzw. *ex post* zurückverfolgen.

[99] *D. Birk*, Das Leistungsfähigkeitsprinzip als Maßstab der Steuernormen, 1983, S. 208.

[100] Die Belastungswirkung ist die unmittelbare Wirkung des in einer belastenden Steuernorm enthaltenen Rechtsbefehls, konkret also der Vermögensentzug bzw. die Bezahlung der Steuerschuld. Begriffsprägend *D. Birk*, Das Leistungsfähigkeitsprinzip als Maßstab der Steuernormen, 1983, S. 70 f.

[101] *D. Birk*, der den Begriff geprägt hat, versteht ihn weit: Er soll all diejenigen Wirkungen von Steuernormen umfassen, die nicht im Vermögensentzug liegen, insbesondere also auch alle mittelbaren Wirkungen von Steuernormen, vgl. *D. Birk*, Das Leistungsfähigkeitsprinzip als Maßstab der Steuernormen, 1983, S. 71 ff. und S. 194. Während der Begriff der Gestal-

nur erstere unmittelbare Wirkungen sein können, sondern dass man auch im Hinblick auf letztere von „Erstwirkungen“ sprechen und diese von (Gestaltungs-)Fernwirkungen unterscheiden könne. Erstwirkungen belastender Steuernormen sind nach *Birk* damit nicht nur die unmittelbaren Wirkungen der Rechtsbefehle, die im Vermögensentzug bestehen, sondern auch etwaige „Ausweichwirkungen“[102], d.h. die Verhaltenswirkungen, die der Gesetzgeber unmittelbar bewirken will, wenn er belastende Steuernormen als Anreize einsetzt.

Etwas anders ist die Darstellung bei einem anderen Steuerrechtler, nämlich bei *Peter Selmer.* Auch sie läuft aber auf die Feststellung hinaus, dass sich Rechtsbefehle und Anreize, was die Mittelbarkeit oder Unmittelbarkeit ihrer Wirkungen betrifft, nicht unterscheiden. So hat *Selmer* schon 1972 die Sicht der herrschenden (Steuerrechts-)Lehre, nach der „es sich bei Steuerinterventionismus, anders als bei den das Instrument rechtlicher Pression einsetzenden Interventionsformen, um ein ‚mittelbares‘ staatliches Lenkungsmedium“ handeln soll, als „durchaus anfechtbar“ kritisiert.[103] Für problematisch hielt er die herrschende Sicht vor allem insofern, als er beobachtet hatte, dass die entsprechende Differenzierung geeignet sei, auch die Problemstellung der grundrechtlichen Bewertung dieser Maßnahmen „in einem verzerrten Lichte erscheinen“ zu lassen.[104] So werde „die Diskussion um die verfassungsrechtliche Bewältigung des Lenkungsgehaltes steuerinterventionistischer Maßnahmen (...) überwiegend vom Boden der Fragestellung aus geführt, ob und inwieweit jene Maßnahmen als insoweit nur ‚mittelbare‘ Beeinträchtigungen der Rechtssphäre (noch) grundrechtsrelevante ‚Eingriffe‘ seien“, obwohl die Einflussnahme auf den

tungswirkungen nach *Birk* also alle unmittelbaren und mittelbaren Wirkungen von Anreizen sowie die mittelbaren Wirkungen von Rechtsbefehlen zusammenfasst, verstehen diejenigen, die den Begriff aufgegriffen haben, diesen teilweise enger. So versteht *Wernsmann*, Verhaltenslenkung in einem rationalen Steuersystem, 2005, S. 348, unter Gestaltungswirkungen nur die unmittelbare Wirkung einer Steuerrechtsnorm, die darin besteht, „dass der Steuerpflichtige ein steuerlich nachteiliges Verhalten unterlässt (bzw. im Falle von Steuervergünstigungen ein steuerlich begünstigendes Verhalten wählt)“, siehe auch a.a.O., S. 345. Einen engen Begriff verwendet auch *Schuppert*, Verfassungsrechtliche Prüfungsmaßstäbe bei der verfassungsgerichtlichen Überprüfung von Steuergesetzen, in: FS für Wolfgang Zeidler I, 1987, S. 691 (707f.). So wie ihn *Wernsmann* und *Schuppert* verwenden, erfasst der Begriff der Gestaltungswirkungen im Ergebnis allein die unmittelbaren Wirkungen von Anreizen.

102 *D. Birk*, Das Leistungsfähigkeitsprinzip als Maßstab der Steuernormen, 1983, S. 208.

103 *Selmer*, Steuerinterventionismus und Verfassungsrecht, 1972, S. 214f. *Selmer* beschreibt als Parallele allerdings nicht, dass Rechtsbefehle und Anreize jeweils unmittelbar Verhaltenswirkungen hervorrufen sollen, sondern dass ebenso wie die Anreize auch die „(rechtlich) ver- und gebietenden Instrumente (...), bezogen auf den Endzweck der Wirtschafts- und Sozialgestaltung, keineswegs ‚unmittelbar‘, sondern über die Verhaltensregulierung der Betroffenen ebenfalls ‚mittel‘-bar in Richtung auf das angestrebte Ziel“ wirkten. *Selmer* fügt a.a.O. auf S. 215 hinzu: Richtig sei „allerdings, daß die sich des Mittels rechtlicher Inpflichtnahme bedienenden Interventionsformen aufgrund ihres regulatorisch (meist) intensiveren Zwangsgehaltes dieses Planziel im allgemeinen auf ‚kürzerem Wege‘ erreichen“ als die motivationsbestimmenden Ingerenzen.

104 *Selmer*, Steuerinterventionismus und Verfassungsrecht, 1972, S. 215f.

Freiheitsbereich durch sie nicht weniger unmittelbar konzipiert sei als die durch Ge- und Verbote.[105]

Wie schon damals wird auch heute die hier beschriebene Parallele zwischen Anreizen und Rechtsbefehlen in der Regel nicht gesehen. Als zumindest unglücklich erweist sich insofern die verbreitete Terminologie, nach der Anreize als Instrumente indirekter/mittelbarer Verhaltenssteuerung behandelt werden, während Rechtsbefehle als Instrumente direkter Verhaltenssteuerung behandelt werden (1.). Mehr als nur terminologisch problematisch ist es spätestens, wenn der Unterschied zwischen Anreizen und Rechtsbefehlen auch in tatsächlicher Hinsicht darin gesehen wird, dass erstere etwaige Verhaltenswirkungen nur über den Umweg der Willensentschließung hervorrufen könnten, während letztere das Verhalten ihrer Adressaten unmittelbar koordinierten (2.).

1. Anreize als „Instrumente direkter Verhaltenssteuerung“

Die Instrumente, die in dieser Untersuchung als Anreize behandelt werden, werden in der rechtswissenschaftlichen Literatur und in der Rechtsprechung häufig zu den sog. Instrumenten mittelbaren Einwirkens[106], mittelbarer Verhaltenssteuerung[107] bzw. indirekter Verhaltenssteuerung[108] gezählt. Die entsprechenden Beiträge und Entscheidungen werden im Rahmen der vorliegenden Untersuchung an vielen Stellen aufgegriffen werden, soweit sie sich der Sache nach auf Anreize beziehen. Die Bezeichnungen als solche allerdings werden nicht übernommen. Sie erscheinen im Hinblick auf Anreize unpassend, zumal diese insofern begrifflich den Rechtsbefehlen gegenübergestellt werden, die als Instrumente direkter/mittelbarer Verhaltenssteuerung behandelt werden[109]. Wenn dann auch noch als Besonderheit der Rechtsbefehle genannt wird, dass

[105] *Selmer*, Steuerinterventionismus und Verfassungsrecht, 1972, S. 216.

[106] BVerfGE 98, 106 (121); *P. Kirchhof*, Verwalten durch „mittelbares“ Einwirken, 1977.

[107] BVerfGE 98, 106 (120f.); 117, 1 (31f.).

[108] *Franzius*, Die Herausbildung der Instrumente indirekter Verhaltenssteuerung im Umweltrecht der Bundesrepublik Deutschland, 2000, S. 120ff.; *Hoffmann-Riem*, Instrumente indirekter Verhaltenssteuerung, in: Koch, Auf dem Weg zum Umweltgesetzbuch, 1992, S. 108 (109f.); *Kloepfer*, Umweltrecht, 2016, § 5 Rn. 759; *Kluth*, Allgemeines Umweltrecht, in: ders./Smeddinck, Umweltrecht – Ein Lehrbuch, 2013, § 1 Rn. 166; *Weber-Grellet*, Der Karlsruher Entwurf – ein Weg in die steuerstaatliche Vergangenheit?, ZRP 2003, 279 (284), behandelt Anreize im Steuerrecht als einen „Weg der indirekten Lenkung“.

[109] *Kloepfer*, Umweltrecht, 2016, § 5 Rn. 166; ähnlich *Meßerschmidt*, Instrumente des Umweltrechts, in: Ehlers/Fehling/Pünder, Besonderes Verwaltungsrecht II, 2013, § 45 Rn. 3; *Rehbinder*, Ziele, Grundsätze, Strategien und Instrumente, in: ders./Schink, Grundzüge des Umweltrechts, 2018, § 3 Rn. 250. Die Unterscheidung gelingt – gerade im Hinblick auf Anreize – nicht immer; z. B. unterscheidet *Steinberg*, Vergaberechtliche Steuerung als Verbundaufgabe, 2005, S. 36, zunächst zwischen „Anreiz (indirekte Steuerung), Zwang (direkte Steuerung)“. Anschließend ordnet er bestimmte „(v)ergaberechtliche Normen, die einen Ausschluss vom Verfahren vorsehen, wenn bestimmte (Verhaltens-)Vorgaben nicht erfüllt sind“, fälschlich nicht der Kategorie Anreiz, sondern der Kategorie direkte Steuerung zu, und zwar

diese ihren Adressaten ein Verhalten „ohne Umweg, also direkt“ vorgeben,[110] legt dies den falschen Rückschluss nahe, Anreize wären darauf angelegt, nur „mit Umweg, also indirekt“ zu wirken.

Ausdrücklicher Widerspruch gegenüber der hier für richtig gehaltenen Annahme, wonach Anreize Verhalten vielmehr genau wie Rechtsbefehle direkt und unmittelbar beeinflussen sollen, findet sich in der Literatur zu den Instrumenten indirekter Verhaltenssteuerung allerdings nicht. Denn die, überwiegend umweltrechtlichen, Beiträge sind letztlich auf einer anderen Ebene angesiedelt und wollen mit dem Schlagwort der indirekten Instrumente keine, schon gar keine für dogmatische Zwecke brauchbare, allgemeine Aussage über die Wirkungsweise der zugehörigen Instrumente treffen, sondern zielen zumeist nur darauf ab, die Vielfalt der Alternativen zum Rechtsbefehl darzustellen, und fassen daher „sehr unterschiedliche Instrumente“[111] zusammen. Die als indirekte bzw. mittelbare Instrumente behandelten Instrumente können dementsprechend rechtsförmig sein oder auch nicht; sie können so konzipiert sein, dass der Staat sie einseitig einsetzen kann, oder so, dass sie auf Konsens mit denjenigen angewiesen sind, deren Verhalten beeinflusst werden soll; und sie können – ungeachtet der insofern misslichen Bezeichnung – schließlich auch Verhaltenswirkungen auf mehr oder weniger direktem Wege anstreben. Die Unterscheidung von indirekten/mittelbaren und direkten/unmittelbaren Instrumenten wird, weil sie nur alle möglichen Instrumente von Rechtsbefehlen trennt, daher zu Recht auch als „juristisch eher substanzlos“[112] bezeichnet.

Anders als der vorliegend zugrunde gelegte Anreizbegriff dienten die entsprechenden Bezeichnungen aber eben auch von Anfang nicht als Rechtsbegriffe.[113] Schon *Ulrich Scheuner*, der in seinem Staatsrechtslehrerreferat im Jahr 1952 als einer der ersten im rechtswissenschaftlichen Kontext „unmittelbare Handlungen“[114] des Staates von „indirekten (mittelbaren) Mitteln des Staatsein-

mit der Begründung: „Direkt steuernde Vorgaben sind solche, die der Bieter erfüllen muss, will er den Auftrag erhalten“, a.a.O., S. 52.

110 *Kloepfer*, Umweltrecht, 2016, § 5 Rn. 166.

111 *Kloepfer*, Umweltrecht, 2016, § 5 Rn. 760.

112 *Meßerschmidt*, Instrumente des Umweltrechts, in: Ehlers/Fehling/Pünder, Besonderes Verwaltungsrecht II, 2013, § 45 Rn. 3.

113 Ebenso wenig wird in dem Forschungsfeld das Wort Anreiz als Rechtsbegriff verwendet. Es wird vielmehr häufig synonym verwendet mit der Bezeichnung der sog. Instrumente indirekter/mittelbarer Verhaltenssteuerung. Vgl. *Kloepfer*, Umweltrecht, 2016, § 5 Rn. 759: „Die indirekte Verhaltenssteuerung (…) sucht (…), beim Betroffenen eine bestimmte Verhaltensform anzureizen.“ In der Fußnote zu diesem Satz verweist *Kloepfer* sodann auf den Beitrag von *Sacksofsky* zu Anreizen (siehe den Nachweis in Fn. 1 auf S. 7), die allerdings einen sehr viel spezielleren Anreizbegriff zugrunde legt, der keineswegs alle Instrumente erfasst, die unter dem Schlagwort der indirekten Verhaltenssteuerung diskutiert werden.

114 Dies sollten solche sein, „bei denen der Staat sich mit bindenden rechtlichen Weisungen und Zwangsgeboten an den einzelnen wendet, um von ihm ein Handeln, Unterlassen oder Dulden zu verlangen“, *Scheuner*, Die staatliche Intervention im Bereich der Wirtschaft. Rechtsformen und Rechtsschutz, VVDStRL 11 (1954), S. 1 (26f.).

flusses"[115] unterschied, bezog sich dabei auf eine bereits vorhandene, „in der Volkswirtschaft verwendete Einteilung"[116], von der er einräumte, dass sie nicht „in jedem Einzelfall streng durchzuführen ist", deren Vorzug er aber darin sah, „leicht faßbar zu sein"[117]. Und auch als die umweltrechtliche Literatur, über die die Terminologie ihren Weg in den allgemeinen verwaltungsrechtlichen Wortschatz fand, die Unterscheidung zwischen direkten/unmittelbaren und indirekten/mittelbaren Instrumenten in den 1990er Jahren wieder aufgriff, geschah

[115] Mit diesen erreiche „der Staat sein Ziel nicht durch Herbeiführung des erwünschten Verhaltens durch Befehl und Zwang, sondern entweder durch einen wirtschaftlichen Anreiz, eine Verlockung oder umgekehrt eine Diskriminierung unerwünschter Handlungsweisen oder durch die Anwendung von Mitteln, die für einen anderen Zweck bestimmt sind (z. B. Steuern), die aber von ihm für wirtschaftslenkende Zwecke herangezogen werden", *Scheuner*, Die staatliche Intervention im Bereich der Wirtschaft. Rechtsformen und Rechtsschutz, VVDStRL 11 (1954), S. 1 (27).

[116] Nachweise führt *Scheuner* nicht an. Eine einheitliche entsprechende Unterscheidung gibt es in der ökonomischen Literatur auch nicht. So können etwa nach *Streit*, Theorie der Wirtschaftspolitik, 1979, S. 140 ff., Instrumente mit direkter Zielwirkung von Instrumenten mit indirekter Zielwirkung wie folgt unterschieden werden: „Bei der ersten Kategorie wird durch den Instrumenteneinsatz bereits eine Zielwirkung erreicht, jedoch muss darüber hinaus mit Reaktionen der privaten Wirtschaftseinheiten gerechnet werden." Ein Beispiel für ein Instrument mit direkter Zielwirkung sei etwa die Veränderung der öffentlichen Investitionstätigkeit. Beim Einsatz von Instrumenten der zweiten Kategorie, die *Streit* auch als „Instrumente zur Verhaltensbeeinflussung" bezeichnet, „kommen Zielwirkungen erst über die Reaktionen zustande, die bei privaten Wirtschaftseinheiten ausgelöst werden". Zu solchen Instrumenten sollen etwa sachliche Informationen, werbende Aufforderungen und kritische Mahnungen, aber auch Ge- und Verbote zählen. Nach *Pütz*, Theorie der allgemeinen Wirtschaftspolitik und Wirtschaftslenkung, 1948, S. 239 f., dagegen unterscheidet sich die direkte von der indirekten Lenkung wie folgt: „Die direkte Lenkung nimmt unmittelbar Einfluß auf das einzelwirtschaftliche Handeln; sie ist direkt an die Adresse des Betriebs- oder Haushaltsleiters gerichtet. Diese direkte Beeinflussung kann sich führender oder zwingender Lenkungsmethoden bedienen. Beispiele: Im Sinne direkter führender Lenkung versucht der Staat durch aufklärende und beratende Mittel (über Presse, Radio, gewerbliches Fachschulwesen o. ä.) die selbständigen Handwerker dahin zu beeinflussen, daß sie ihre Betriebe rationeller gestalten. Dagegen wäre der Erlaß bestimmter Buchhaltungsvorschriften für Handwerksbetriebe ein Fall direkter zwingender Lenkung." „Bei der indirekten Lenkung dagegen werden nur die wirtschaftlichen Umweltverhältnisse der Einzelwirtschafter beeinflußt, mit der Absicht, den Einzelwirtschafter zu bestimmten Reaktionen zu ‚reizen'. Man erwartet, dass vor allem das ökonomische Selbstinteresse den Einzelwirtschafter veranlasst, seine Dispositionen den veränderten Umweltbedingungen anzupassen (…). Die indirekte Lenkung kann sich wiederum führender oder zwingender Methoden bedienen. Beispiele: Führende indirekte liegt vor, wenn der Staat landwirtschaftliche Selbstverwaltungsorganisationen anregt, ihren Mitgliedern Ratschläge zu geben für rationelle Düngung, Futtersilierung, Fruchtwechsel u.ä. Zwingende indirekte Lenkung wäre zum Beispiel die Bestimmung von Höchst-, Mindest-, Fest- oder Rahmenpreisen." Nach *Tuchtfeld*, Wirtschaftspolitik, 1982, S. 178 und 193 f., schließlich soll es direkte Instrumente ausmachen, dass sie ohne Umweg unmittelbar auf die Verwirklichung eines bestimmten Zweckes abzielen, während indirekte Instrumente ihren eigentlichen Zweck nicht unmittelbar erreichen sollen, sondern über den Umweg der Erreichung eines anderen Zwecks.

[117] *Scheuner*, Die staatliche Intervention im Bereich der Wirtschaft. Rechtsformen und Rechtsschutz, VVDStRL 11 (1954), S. 1 (26).

dies im Kontext der Auseinandersetzung mit bzw. Verarbeitung der seinerzeit im Vordringen befindlichen umweltökonomischen Forschung[118] und gerade nicht mit dem Ziel einer Kategorie- oder Begriffsbildung für spezifisch rechtswissenschaftliche Zwecke.

Entsprechend uneinheitlich wird die Terminologie in der umweltrechtlichen Literatur verwendet. Während etwa *Eckard Rehbinder* die Begriffe der indirekten und der ökonomischen Verhaltenssteuerung synonym verwendet,[119] bilden nach *Michael Kloepfer* die ökonomischen Instrumente eine von vier Unterkategorien zu der der Instrumente indirekter Verhaltenssteuerung[120]. Während *Rehbinder* der Kategorie der indirekten Verhaltenssteuerung „Lenkungsabgaben; Pfandlösungen; übertragbare Emissionsgenehmigungen und handelbare Emissionsrechte; Subventionen; Benutzungsvorteile für umweltfreundliche Produktion und Produkte; Haftpflichtrecht und Entschädigungsfonds" zurechnet,[121] versteht *Kloepfer* die Kategorie weiter und nennt als Beispiele für Instrumente indirekter Verhaltenssteuerung unter anderen auch „Umweltinformationen durch Warnungen, Empfehlungen und Hinweise, Gewährung des Informationszuganges, Umweltabsprachen"[122] usw. Dass es in diesen Beiträgen nicht um die Bildung von Rechtsbegriffen geht, lässt sich auch daran ablesen, dass die jeweils aufgeführten Beispiele auf ganz unterschiedlichen Ebenen angesiedelt sind und recht unpräzise beschrieben werden. Wird als indirektes Instrument nun die einzelne Lenkungsabgabe, die Rechtsnorm, die eine solche Abgabe in Aussicht stellt, oder gleich das ganze „Abgabensystem"[123] bezeichnet? Was genau sind „Pfandlösungen", und welche Rolle spielt bei diesen der Staat? Und wenn es heißt, „Pfandlösungen", „handelbare Emissionsrechte" und „Entschädigungsfonds" steuerten tatsächlich Verhalten, ist dies zwar verständlich. Um in einem für rechtsdogmatische Zwecke hilfreichen Sinne von Instrumenten zu sprechen, sind diese aber viel zu ungenau bezeichnet, und die Bezeichnungen sind auf ganz unterschiedlichen Ebenen angesiedelt.

---

[118] Siehe dazu auch oben, S. 9 mit Nachweisen in Fn. 6.

[119] *Rehbinder*, Ziele, Grundsätze, Strategien und Instrumente, in: ders./Schink, Grundzüge des Umweltrechts, 2018, § 3 Rn. 277.

[120] *Kloepfer*, Umweltrecht, 2016, § 5 Rn. 761.

[121] *Rehbinder*, Ziele, Grundsätze, Strategien und Instrumente, in: ders./Schink, Grundzüge des Umweltrechts, 2018, § 3 Rn. 250.

[122] *Kloepfer*, Umweltrecht, 2016, § 5 Rn. 760; ähnlich weit *Ramsauer*, Allgemeines Umweltverwaltungsrecht, in: Koch/Hofmann/Reese, Handbuch Umweltrecht, § 3 Rn. 106 ff.; *Kluth*, Allgemeines Umweltrecht, in: ders./Smeddinck, Umweltrecht, § 1 Rn. 166.

[123] Vgl. *Rehbinder*, Ziele, Grundsätze, Strategien und Instrumente, in: ders./Schink, Grundzüge des Umweltrechts, 2018, § 3 Rn. 277.

2. Anreize und der „Umweg" über die Willensentschließung

Während mit der Zuordnung von Anreizen zu den Instrumenten indirekter oder mittelbarer Verhaltenssteuerung in der umweltrechtlichen Literatur, wie zuvor geschildert, zumeist gar keine Aussage über ihre tatsächliche Wirkungsweise getroffen werden soll, wird teilweise davon ausgegangen, dass Anreize tatsächlich indirekt/mittelbar, und insbesondere indirekter/mittelbarer als Rechtsbefehle, wirken. So nimmt etwa *Paul Kirchhof* an, dass zwischen Instrumenten mittelbaren Einwirkens[124], zu denen *Kirchhof* auch Anreize zählt, auf der einen und Ge- und Verboten auf der anderen Seite insofern ein Unterschied besteht, als der Staat durch erstere „schon auf die Willensentschließung" zugreife, während er durch letztere direkt „das tatsächliche Verhalten seiner Bürger" koordiniere.[125] *Kirchhof* geht also offenbar davon aus, dass ge- und verbotsbefolgende Verhaltensweisen eintreten können, *ohne* dass zuvor „auf die Willensentschließung" der Adressaten zugegriffen wird.

Zumindest in eine ähnliche Richtung gehen auch Formulierungen des BVerfG, wie etwa die in einer Entscheidung, in der es um einen Anreiz in einer kommunalen Zweitwohnungsteuersatzung ging. Dieser Anreiz bestand darin, dass für angemeldete Zweitwohnungen eine Steuerzahlungspflicht in Aussicht gestellt wurde, wodurch Wohnungsinhaber dazu veranlasst werden sollten, Zweit- in Hauptwohnsitze umzumelden und Wohnraum für Dritte freizumachen. Das BVerfG stellte dazu fest: Die beabsichtigte Lenkung entfalte „jedenfalls nicht die Wirkung einer verbindlichen Verhaltensregel (...). Eine etwaige Ausweichreaktion hängt vielmehr maßgeblich vom Willen der Steuerpflichtigen ab".[126] Da die vom BVerfG so bezeichnete „etwaige Ausweichreaktion" nichts anderes ist als die Verhaltenswirkung, auf die der in der Satzung enthaltene Anreiz unmittelbar zielt, ist die Formulierung zumindest missverständlich. Denn auch das BVerfG scheint hier davon auszugehen, dass es ein Spezifikum des Anreizes im Vergleich zum Rechtsbefehl (zur „verbindlichen Verhaltensregel") ist, den Umweg über eine Willensentscheidung des Steuerpflichtigen zu gehen.[127]

---

[124] Zwar verwendet *P. Kirchhof* nicht die Termini der indirekten und direkten Steuerung. Stattdessen spricht er von mittelbarem und unmittelbarem Einwirken. Man versteht ihn aber allgemein so, dass er der Sache nach dasselbe meint, vgl. etwa *Franzius*, Die Herausbildung der Instrumente indirekter Verhaltenssteuerung im Umweltrecht der Bundesrepublik Deutschland, 2000, S. 102.

[125] *P. Kirchhof*, Verwalten durch „mittelbares" Einwirken, 1977, S. 39.

[126] BVerfGE 135, 126 (143).

[127] Eigentlich ging es dem BVerfG im gegebenen Kontext gar nicht darum, die Wirkungs*weise* des Anreizes in einer Zweitwohnungsteuersatzung in Abgrenzung zur Wirkungs*weise* eines fiktiven Zweitwohnungsverbots zu beschreiben. Vielmehr ging es ihm um die Frage, ob „die steuerliche Lenkung nach Gewicht und Auswirkung einer verbindlichen Verhaltensregel nahekommt, die Finanzierungsfunktion der Steuer also durch eine Verwaltungsfunktion mit Verbotscharakter verdrängt wird". Denn in diesem Falle wäre nach der Rechtsprechung des

Zwar besteht, wie oben ausgeführt, ein klarer und, wie sich zeigen wird, verfassungsrechtlich äußerst relevanter Unterschied zwischen der Verhaltenssteuerung durch Ge- und Verbote auf der einen und durch Anreize auf der anderen Seite, wenn man diese Instrumente normativ betrachtet. Denn Ge- oder Verbote lassen bei ihren Adressaten bestimmte Verhaltensoptionen unmittelbar rechtlich entfallen. Anreize dagegen verändern (nur) die Attraktivität der Verhaltensalternativen ihrer Adressaten (letztlich entfallen Alternativen aber erst in dem Moment, in dem die Adressaten sich gegen sie entscheiden). Von dieser Rechtslage darf aber nicht auf die Wirklichkeit geschlossen werden. Dass Ge- und Verbote Verhaltensoptionen unmittelbar rechtlich entfallen lassen, Anreize dagegen nicht, bedeutet nicht, dass Ge- und Verbote auch tatsächlich unmittelbarer oder direkter wirken.

Im Hinblick auf manche Ge- und Verbote – etwa auf das Verbot, bei roter Ampel die Straße zu überqueren – mag man vielleicht bezweifeln, dass diese überhaupt als solche Verhaltenswirkungen haben. Viele Menschen haben selbst die Erfahrung gemacht, dass sie gerade in unbeobachteten Momenten gegen bestimmte Verbote verstoßen haben, was dafürspricht, dass es eher die mit den Verboten verbundenen Sanktionsdrohungen als die Rechtsbefehle als solche sind, die hier Verhaltenswirkungen erwarten lassen. Der Verweis auf Sanktionsdrohungen kann aber nur Zweifel daran begründen, ob Ge- und Verbote als solche im Allgemeinen oder in bestimmten Fällen überhaupt tatsächliche Wirkungen haben. *Wenn* Rechtsbefehle jedoch Verhaltenswirkungen haben (sollen), und nur von diesem Fall ist oben die Rede („Verhalten koordinieren"), dann kann dies nur geschehen, indem die Adressaten aufgrund der Befehle entsprechende Entscheidungen treffen. Wie *Michael Sachs* zutreffend festgestellt hat, sind es schließlich allein die „Zwangseinwirkungen im engeren Sinne, durch die das Ziel des staatlichen Befehls ohne Umweg über die Willensentschließung des Adressaten herbeigeführt" werden kann.[128]

Tatsächlich sollen sowohl Rechtsbefehle als auch Anreize das Verhalten ihrer Adressaten beeinflussen, indem sie diese zunächst zu entsprechenden Willensentscheidungen bringen. Anders als die von *Sachs* angesprochenen „Zwangseinwirkungen im engeren Sinne" *können* Instrumente in Rechtsform Verhalten auch gar nicht beeinflussen, ohne diesen Umweg zu gehen. Wie sollten sie? Ebenso wie § 289f Abs. 2 Nr. 4 HGB[129] als Anreiz seine Adressaten nur dazu

---

BVerfG die Besteuerungskompetenz keine ausreichende Rechtsgrundlage, BVerfGE 135, 126 (142); 98, 106 (118). Dass das BVerfG im Ergebnis annahm, dass der Anreiz in der Zweitwohnungsteuersatzung insofern keine einem entsprechenden Verbot vergleichbare Wirkung hat, ist überzeugend.

[128] Vgl. *Sachs*, Grundrechtseingriff und Grundrechtsbetroffenheit, in: Stern, Staatsrecht III/2, 1994, § 78 S. 112; ebenso *Peine*, Der Grundrechtseingriff, in: HGR III, 2009, § 57 Rn. 24. Herbeigeführt wird in diesem Falle nicht das befohlene Verhalten, stattdessen wird das staatlicherseits erwünschte Verhaltensergebnis herbeigeführt.

[129] Erstmals oben, S. 14 f.

bringen kann, sich hohe Zielgrößen zu setzen, indem er sie zu entsprechenden Entscheidungen bringt, würde auch ein auf dasselbe Verhalten gerichtetes Gebot darauf angewiesen sein, dass sich die Adressaten für das entsprechende Verhalten entscheiden. Zwischen Anreizen und Rechtsbefehlen bestehen insofern keine Unterschiede.

Da *beide* Instrumententypen ihre Adressaten *erst* zu einer Willensentscheidung bringen müssen, bevor sie zu dem entsprechenden Verhalten führen können, die Verhaltenswirkungen also in beiden Fällen *insofern* nur mittelbar erreicht werden können, könnte man grundsätzlich beide Instrumente als mittelbare oder indirekte Instrumente bezeichnen. Gewonnen wäre damit allerdings nichts. Da die verhaltensbezogene Entscheidung notwendige Voraussetzung der angestrebten Verhaltenswirkung ist, erscheint es terminologisch vielmehr allein sinnvoll, die Verhaltenswirkungen (einschließlich der vorgelagerten entsprechenden Entscheidung) als unmittelbare Wirkungen anzusehen und Anreize *und* Rechtsbefehle dementsprechend als unmittelbare oder direkte Instrumente zu begreifen. Diese Terminologie hat für sich, dass sie es erlaubt, wie oben geschildert,[130] die unmittelbaren Wirkungen beider Instrumente als „Erstwirkungen" von ihren mittelbaren (Zweit-, Dritt-, usw.) Wirkungen begrifflich zu unterscheiden.

---

130 Siehe oben, S. 33 f.

Erster Teil

Anreize als Gegenstand der Rechtswissenschaft

Wie eingangs dargestellt, werden Anreize bisher nur unsystematisch und zufällig zum Gegenstand rechtlicher Untersuchungen gemacht, wobei die Ergebnisse uneinheitlich bis widersprüchlich ausfallen. Der Grund dafür liegt, wie im Folgenden gezeigt wird, darin, dass die dogmatisch arbeitende Rechtswissenschaft das Recht typischerweise aus einer Perspektive betrachtet, aus der die im Recht enthaltenen Anreize strukturell unterbelichtet sind (§ 1). Um ihr Schattendasein zu beenden, ist es notwendig, die Perspektive zu wechseln (§ 2).

§ 1 Die überkommene, defizitäre Wahrnehmung der Anreize

Dass es bisher keine rechtsgebietsübergreifende, systematisch erarbeitete, konsistente Verfassungsrechtsdogmatik zu Anreizen gibt, ist kein Zufall. Es ist vielmehr eine Folge der Tatsache, dass Anreize bisher nicht als Phänomene erkannt und behandelt werden, die aufgrund ihrer Gemeinsamkeiten und im Hinblick auf diese eine gemeinsame rechtswissenschaftliche Behandlung erfordern und erlauben. Diese Tatsache wiederum ist auf eine Prägung der Rechtswissenschaft zurückzuführen, die sehr grundlegend ist und eng mit ihrer disziplinären Identität zusammenhängt. Diese Prägung wird zumeist als methodische Prägung beschrieben, kommt jedenfalls im hier gegebenen Kontext aber als Prägung auch der, methodischen Fragen vorgelagerten, Erkenntnisinteressen[1] zum Tragen. Sie äußert sich darin, dass sich die Rechtswissenschaft das Recht und das Rechtssystem erschließt, indem sie Rechtsakte in erster Linie als Maßstäbe betrachtet, anhand derer sich Rechtmäßigkeitsurteile fällen lassen. Rechtsfragen sind für sie buchstäblich Recht*mäßig*keitsfragen.

Für Anreize, die in Rechtsakten enthaltene reine Instrumente sind und nicht als Maßstäbe für Urteile über die Rechtmäßigkeit der Wirklichkeit taugen[2], bedeutet dieser rechtswissenschaftliche Zugang zum Recht, dass sie systematisch vernachlässigt werden. Denn solange Rechtsakte als Maßstäbe betrachtet werden, sind die in ihnen enthaltenen Anreize als solche unsichtbar. Ins Spiel kommen die Anreize dann erst, wenn man Rechtsakte, die Anreize enthalten, wiederum *am Maßstab anderer*, höherrangiger Rechtsakte misst. Die im Rahmen dieser Untersuchung im Mittelpunkt stehenden Anreize in formellen Gesetzen werden also, jedenfalls als solche, nicht schon bei der Untersuchung des einfachen Rechts wahrgenommen. Sie werfen vielmehr nur verfassungsrechtliche Rechtsfragen, nämlich solche auf, die ihre Vereinbarkeit mit verfassungsrechtlichen Maßstäben betreffen.

---

[1] So wohl auch das Verständnis bei *Krebs*, Juristische Methode im Verwaltungsrecht, in: Schmidt-Aßmann/Hoffmann-Riem, Methoden der Verwaltungsrechtswissenschaft, 2004, S. 209 (211 f.), nach dem sich die Verwaltungsrechtswissenschaft als „Steuerungswissenschaft“ von der klassischen Verwaltungsrechtswissenschaft „in ihrer Aufgabenstellung und damit in ihrer Methode, richtiger: in ihren Methoden“ unterscheidet. Anders *Appel*, Das Verwaltungsrecht zwischen klassischem dogmatischen Verständnis und steuerungswissenschaftlichem Anspruch, VVDStRL 67 (2008), S. 226 (237), für den das Erkenntnisinteresse aus der Methode folgt.

[2] Siehe oben, S. 11 und 27 f.

Sichtbar werden die Anreize also beispielsweise, wenn es zu beurteilen gilt, ob sie mit den Grundrechten ihrer Adressaten vereinbar sind. Bei der Beantwortung dieser und anderer anreizbezogener Verfassungsrechtsfragen hängen Rechtswissenschaft und Rechtsprechung allerdings insofern in der Luft, als es für das, was es verfassungsrechtlich zu überprüfen gilt, nicht einmal Begriffe gibt. So sind die Anreize in den Normen nicht zu fassen, und es bleibt nichts anderes übrig, als, wie dies nach obiger Schilderung in der Regel geschieht[3], auf die von als Einheiten begriffenen Normen ausgehenden Anreiz*wirkungen* abzustellen.

Darüber hinaus fehlen, um anreizbezogene Verfassungsrechtsfragen anders als nur einzelfallbezogen und unsystematisch beantworten zu können, Vorarbeiten, durch die zum einen ein Verständnis für die Funktionsweise von Anreizen begründet und sonstige Gemeinsamkeiten und Unterschiede von Anreizen herausgearbeitet und benannt wurden, und die zum anderen erkennen ließen, dass und inwieweit sich auch Ansätze zur verfassungsrechtlichen Bewertung einzelner Anreize verallgemeinern lassen und lassen müssen. Solche systematisierenden und begriffsbildenden Vorarbeiten in Bezug auf das einfache Recht erbringt für den Bereich des Öffentlichen Rechts nach der überkommenen inner-öffentlich-rechtlichen Arbeitsteilung eigentlich die Verwaltungsrechtswissenschaft. Da diese aber, weil Anreize als solche keine maßstabsbezogenen Rechtsfragen aufwerfen, für Anreize blind ist, tauchen Anreize und unterschiedliche Anreiztypen in der verwaltungsrechtlichen Dogmatik, insbesondere in der verwaltungsrechtlichen Formenlehre, gar nicht auf.[4]

I. Die Maßstabsbezogenheit der Juristischen Methode

Die für ihre Blindheit für Anreize verantwortliche Maßstabsbezogenheit prägt die Verwaltungsrechtswissenschaft, seit es diese gibt. Denn zwar haben sich Gegenstand und Methodik der Verwaltungsrechtswissenschaft im Laufe der vergangenen rund 150 Jahre in vielerlei Hinsicht entwickelt und verändert. Was ihre Erkenntnisinteressen und ihre für die defizitäre Wahrnehmung der Anreize verantwortliche Perspektive angeht, ist jedoch eine Tradition bis heute lebendig, die sich bis in die Mitte des 19. Jahrhunderts zurückverfolgen lässt. Ihren Ursprung hat diese Tradition in der als spezifisch rechtswissenschaftliche Herangehensweise entwickelten sog. Juristischen Methode.

Ob es sich bei der Juristischen Methode wirklich, wie der Name besagt, um eine Methode im semantisch vorgegebenen Sinne[5] eines Weges zum Erkennt-

[3] Siehe oben, S. 16ff.

[4] Siehe immerhin Ansätze einer Integration bei *Hoffmann-Riem*, Rechtsformen, Handlungsformen, Bewirkungsformen, in: GVwR II, 2012, § 33 Rn. 16ff.

[5] Siehe *H. C. Röhl*, Öffnung der öffentlich-rechtlichen Methode durch Internationalität

nisgewinn[6] handelt, wird heute häufig, zumindest implizit, in Frage gestellt. So soll es sich bei dieser etwa um nur ein „Themenfeld und Postulat“[7] oder auch „eher“ um eine „wissenschaftliche Grundhaltung“[8] handeln. Tatsächlich erscheint es, gerade auch wenn man über die Anreize im Recht nachdenkt, zumindest verkürzt, die Juristische Methode als Methode zu verstehen. Denn selbst wenn man sie als *Weg* zum Erkenntnis*gewinn* versteht, ist mit diesem untrennbar ein, den methodischen Fragen vorgelagerter, bestimmter Zuschnitt der mit ihr grundsätzlich gewinn*baren* Erkenntnisse verbunden, da der Weg von vornherein nur in Richtung *bestimmter* Erkenntnisgewinne führt. Die Juristische Methode steht also für ein spezifisches Erkenntnisinteresse, und zwar für das Interesse an Erkenntnissen über den normativen Gehalt des Rechts, *und* für den Weg, der dafür gedacht ist, gerade diesen Gehalt des Rechts systematisch zu erschließen, und der im Ausgangspunkt darin besteht, Rechtsakte als Maßstäbe für abgeschlossene Sachverhalte zu betrachten.

Schon als die Verwaltungsrechtswissenschaft mit der Juristischen Methode und durch sie entstand,[9] war sie darauf zugeschnitten, das Rechtssystem als System normativer Vorgaben zu erschließen. Erkenntnisse über andere das Recht betreffende Aspekte wurden, ursprünglich ganz bewusst und später wie selbstverständlich,[10] nicht angestrebt. Hintergrund dieses disziplinären Interessen- und selbst gewählten Zuständigkeitszuschnitts war, dass sich die Verwal-

---

und Interdisziplinarität: Erscheinungsformen, Chancen, Grenzen, VVDStRL 74 (2015), S. 7 (9).

[6] Über die Bedeutung des Begriffs der Methode besteht kein Konsens, dazu *Hoffmann-Riem*, Methoden einer anwendungsorientierten Verwaltungsrechtswissenschaft, in: Schmidt-Aßmann/Hoffmann-Riem, Methoden der Verwaltungsrechtswissenschaft, 2004, S. 9 (11 ff.); siehe auch *Möllers*, Methoden, in: GVwR I, 2012, § 3 Rn. 18 ff. Das hier zugrunde gelegte Verständnis entspricht einer semantisch vergleichsweise strengen Interpretation, denn das Wort Methode stammt vom griechischen μέθοδος für „Nachgehen“ oder „Verfolgen“ ab und wird gängigerweise mit Weg oder Vorgehensweise zur Gewinnung wissenschaftlicher Erkenntnisse übersetzt. In diesem Sinne verwenden den Methodenbegriff etwa auch *Reimer*, Juristische Methodenlehre, 2016; *Eifert*, Das Verwaltungsrecht zwischen klassischem dogmatischen Verständnis und steuerungswissenschaftlichem Anspruch, VVDStRL 67 (2008), S. 286 (288): „geordnete(...) Regeln zum Erkenntnisgewinn“.

[7] *Bumke*, Rechtsdogmatik, 2017, S. 113.

[8] *Voßkuhle*, Neue Verwaltungsrechtswissenschaft, in: GVwR I, 2012, § 1 Rn. 2; zust. *Appel*, Das Verwaltungsrecht zwischen klassischem dogmatischen Verständnis und steuerungswissenschaftlichem Anspruch, VVDStRL 67 (2008), S. 226 (235).

[9] Grundlegend *O. Mayer*, Deutsches Verwaltungsrecht I und II, 1895 u.1896; *G. Jellinek*, Otto Mayer, Deutsches Verwaltungsrecht, 2 Bände, 1895/1896 (Besprechung), VerwArch 5 (1897), S. 304 ff.; dazu rechtshistorisch *Stolleis*, Entwicklungsstufen der Verwaltungsrechtswissenschaften, in: GVwR I, 2012, § 2 Rn. 47 ff.; *Badura*, Das Verwaltungsrecht des liberalen Rechtsstaats, 1967, S. 51 ff.; *H. Dreier*, Merkls Verwaltungsrechtslehre und die heutige deutsche Dogmatik des Verwaltungsrechts, in: Walter, Adolf J. Merkl – Werk und Wirksamkeit, 1990, S. 55 (59 ff.).

[10] Im großen Stil zum Thema gemacht und heftig kritisiert wurden die Engführungen der Juristischen Methode durch die Neue Verwaltungsrechtswissenschaft, dazu ausführlich unten, S. 67 ff.

tungsrechtswissenschaft, um als solche eigenständig zu werden, von der Staatswissenschaft etablieren musste und ihr Profil insbesondere dadurch zu schärfen suchte, dass sie sich auf „rein juristische" Fragen konzentrieren und „politikfrei" sein wollte.[11] Die Juristische Methode wurde damit in bewusster Abgrenzung zu der bis dahin herrschenden staatswissenschaftlichen Methode entwickelt, bei der zwischen rechtlichen, politischen, ökonomischen, historischen und philosophischen Aspekten des Rechts nicht getrennt worden war.[12]

Otto Mayer, der als „Begründer der deutschen Verwaltungsrechtslehre als eigener Rechtsdisziplin"[13] gilt und als solcher die Juristische Methode umfassend auf das Verwaltungsrecht bezogen hat,[14] beschrieb diese denn auch als auf Formen konzentriert und nicht an Zwecken interessiert. Die daraus folgende disziplinäre Aufgabenverteilung fasste *Mayers* Zeitgenosse und – was die Konturierung der Verwaltungsrechtswissenschaft betrifft – Mitstreiter *Paul Laband* dementsprechend so zusammen: „Eine Beschreibung von allem zu geben, was der Staat thut und wie er es thut, mag der Verwaltungslehre überlassenbleiben; das Verwaltungsrecht muss sich begnügen mit der Analyse und Synthese der bei der Verwaltung des Staates zu Tage tretenden *Rechtsverhältnisse* und der zu ihrer Normierung gebildeten *Rechtsinstitute*."[15] Die vornehmliche Aufgabe der Verwaltungs*rechts*wissenschaft sollte also die Abstrahierung, Systematisierung, Formalisierung des Recht sein. Durch das Herausarbeiten von Rechtsbe-

---

[11] Vgl. schon *Gerber*, Ueber öffentliche Rechte, 1852, S. 28: Die „Betrachtung soll nur eine rechtswissenschaftliche sein; das Politische ist nicht Zweck, sondern nur Material". Dazu historisch *Stolleis*, Entwicklungsstufen der Verwaltungsrechtswissenschaften, in: GVwR I, 2012, § 2 Rn. 49; *Bumke*, Die Entwicklung der verwaltungsrechtswissenschaftlichen Methodik, in: Schmidt-Aßmann/Hoffmann-Riem, Methoden der Verwaltungsrechtswissenschaft, 2004, S. 73 (76 f.).

[12] *Stolleis*, Verwaltungsrechtswissenschaft und Verwaltungslehre 1866–1914, in: Jeserich/Pohl/von Unruh, Deutsche Verwaltungsgeschichte III, 1984, S. 85 (86 f.) m. w. N. Zum im 19. Jahrhundert gängigen „Ressortprinzip" *Stolleis*, Entwicklungsstufen der Verwaltungsrechtswissenschaften, in: GVwR I, 2012, § 2 Rn. 46; siehe auch *Meyer-Hesemann*, Methodenwandel in der Verwaltungsrechtswissenschaft, 1981, S. 41: „aufreihende und aufzählende Darstellung des je verschiedenen Aufgabenbereichen zuzuordnenden Rechts". Eindrucksvoll und mit unterhaltsamen Beispielen dargestellt etwa von *Laband*, Buchbesprechung – Otto Mayer, Theorie des französischen Verwaltungsrechts, Archiv für öffentliches Recht 2 (1887), S. 149 (150 f.).

[13] *Ossenbühl*, Die Handlungsformen der Verwaltung, JuS 1979, 681 (683).

[14] Zur Rolle Otto Mayers: *Schmidt-De Caluwe*, Der Verwaltungsakt in der Lehre Otto Mayers, 1999, S. 19 ff.; *Ehlers*, Otto Mayer (1846–1924), in: Häberle/Kilian/Wolff, Staatsrechtslehrer des 20. Jahrhunderts, 2015, S. 47 (55); *Meyer-Hesemann*, Die paradigmatische Bedeutung Otto Mayers für die Entwicklung der deutschen Verwaltungsrechtswissenschaft, Rechtstheorie 13 (1982), S. 496 ff.; *Stern*, Das allgemeine Verwaltungsrecht in der neuen Bundesgesetzgebung, JZ 1962, 265 (266); siehe auch bereits *W. Jellinek*, Verwaltungsrecht, 1931, S. 101: Der Name des großen Juristen *Otto Mayer* sei „Sinnbild für die deutsche Verwaltungsrechtswissenschaft". *O. Mayer* baute insbesondere auf die Werke *F. F. Mayer*, Grundzüge des Verwaltungs-Rechts und -Rechtsverfahrens, 1857; *F. F. Mayer*, Grundsätze des Verwaltungs-Rechts, 1862; *von Sarwey*, Allgemeines Verwaltungsrecht, 1884, auf.

[15] *Laband*, Buchbesprechung – Otto Mayer, Theorie des französischen Verwaltungsrechts, Archiv für öffentliches Recht 2 (1887), S. 149 (151).

griffen, -formen, -figuren, -instituten, -grundsätzen und -prinzipien sollte die Fülle des Rechtsstoffs beherrschbar gemacht[16] und „ein konsistentes Gefüge allgemeiner Begriffe und Rechtsinstitute"[17] geschaffen werden.

Die Konzentration des traditionellen rechtswissenschaftlichen Erkenntnisinteresses auf den normativen Gehalt des Rechts hängt außerdem auch damit zusammen, wie man zur Zeit der Herausbildung der Juristischen Methode über Recht dachte und wie das Verwaltungsrecht seinerzeit auch tatsächlich ganz überwiegend aussah. So prägte die Vorstellungen in noch größerem Maße als heute der Rechtsbegriff *Immanuel Kants*, wonach das Recht darin besteht, Handlungen zur Pflicht zu machen,[18] und es gleichzusetzen ist mit der Befugnis zu zwingen.[19]

Die Verwaltungsrechtswissenschaft als eigenständige Disziplin macht damit schon ihrer Konzeption nach aus, dass sie sich darauf konzentriert, die rechtlichen Maßstäbe herauszuarbeiten, an denen das Verwaltungshandeln auf seine Rechtmäßigkeit hin überprüft werden kann. Dem entspricht die Beobachtung, wonach die Juristische Methode auf Urteile zielt, die an den binären Schemata der Zulässigkeit/Unzulässigkeit, Zuständigkeit/Unzuständigkeit, Gültigkeit/Ungültigkeit usw. orientiert sind.[20] Denn weil all diese Schemata letztlich speziellere Ausprägungen des Schemas Rechtmäßigkeit/Rechtswidrigkeit sind, sind all die anhand dieser Schemata erzielbaren Urteile letztlich Recht*mäßig*keitsurteile: Das Urteil „zulässig" stellt die Übereinstimmung mit rechtlichen Maßstäben fest, die Anforderungen an die Zulässigkeit enthalten; das Urteil „zuständig" stellt die Übereinstimmung mit Maßstäben fest, die die Zuständigkeit regeln usw.

Nicht zufällig sind damit „Gesprächspartner" der Verwaltungsrechtswissenschaft traditionell „die mit gleicher Perspektive versehenen Gerichte"[21]. Denn auch diese interessieren sich für das Handeln der Verwaltung und anderer Akteure vornehmlich im Hinblick auf die Frage, ob dieses den einschlägigen recht-

---

16 Vgl. *O. Mayer*, Deutsches Verwaltungsrecht I, 1895, S. 113.

17 *Meyer-Hesemann*, Die paradigmatische Bedeutung Otto Mayers für die Entwicklung der deutschen Verwaltungsrechtswissenschaft, Rechtstheorie 13 (1982), S. 496 (497).

18 *Kant*, Metaphysische Anfangsgründe der Rechtslehre, S. 218.

19 Für *Kant* bedeuteten noch „Recht und Befugnis zu zwingen (...) einerlei", *Kant*, Metaphysische Anfangsgründe der Rechtslehre, S. 232.

20 *Bumke*, Relative Rechtswidrigkeit, 2004, S. 257; *Voßkuhle*, Neue Verwaltungsrechtswissenschaft, in: GVwR I, 2012, § 1 Rn. 5; siehe auch *Schulze-Fielitz*, Staatsrechtslehre als Wissenschaft, DV Beiheft 7 (2007), S. 11 (22): „an der Dichotomie rechtswidrig / rechtmäßig orientierte Dogmatik"; *Appel*, Das Verwaltungsrecht zwischen klassischem dogmatischen Verständnis und steuerungswissenschaftlichem Anspruch, VVDStRL 67 (2008), S. 226 (236, dort Fn. 31; 237).

21 *Eifert*, Das Verwaltungsrecht zwischen klassischem dogmatischen Verständnis und steuerungswissenschaftlichem Anspruch, VVDStRL 67 (2008), S. 286 (291). Zum Unterschied, der streng genommen zwischen der Rechtsanwendungsperspektive und der Perspektive der Gerichte besteht, unten, S. 56 f.

lichen Maßstäben gerecht wird. Die Parallelität der Interessen war insofern zwar ursprünglich noch deutlicher als heute. Denn zur Zeit der Herausbildung der Verwaltungsrechtswissenschaft wurde die Verwaltung noch stärker als heute allein als gesetzesgebundene Rechtsvollzieherin gedacht.[22] Wenngleich innerhalb der Rechtswissenschaft an dieser Vorstellung aber inzwischen mit Erfolg gerüttelt wurde[23] und klar ist, dass sich das Verwaltungsrecht heute längst nicht mehr in einer ordnungsrechtlichen „command and control"-Struktur erschöpft, wird das Verwaltungsrecht – im Grundsatz auch völlig zu Recht – heute noch immer vor allem als Disziplinierungsmittel[24] und das Rechtsstaatsprinzip als „normatives Gebot mit methodischer Konsequenz"[25] verstanden.[26]

II. Rechtsakte aus der Rechtsanwendungsperspektive

Die geborene Perspektive einer sich für das Normative interessierenden Rechtswissenschaft ist die, im Folgenden als maßstabsbezogen charakterisierte,

---

22 *Badura*, Das Verwaltungsrecht des liberalen Rechtsstaats, 1967, S. 15.

23 Vgl. *Fehling*, Verwaltung zwischen Unparteilichkeit und Gestaltungsaufgabe, 2001, S. 141 ff.

24 Zur vergleichbar hohen Bedeutung der Disziplinierungsfunktion des Verwaltungsrechts für die Verwaltungsrechtswissenschaft in den Phasen der Herausbildung der Juristischen Methode sowie nach 1949 *Appel*, Das Verwaltungsrecht zwischen klassischem dogmatischen Verständnis und steuerungswissenschaftlichem Anspruch, VVDStRL 67 (2008), S. 226 (239, dort Fn. 48). Siehe auch *Meyer-Hesemann*, Methodenwandel in der Verwaltungsrechtswissenschaft, 1981, S. 130: „Mit dem überragenden Grundsatz der Gesetzmäßigkeit der Verwaltung" sei „das Normative zum beherrschenden Grundsatz allen Verwaltens auch unter dem Grundgesetz" geworden.

25 Vgl. *Möllers*, Methoden, in: GVwR I, 2012, § 3 Rn. 23, unter Verweis auf *Christensen*, Was heißt Gesetzesbindung?, 1989. Siehe auch *Meyer-Hesemann*, Methodenwandel in der Verwaltungsrechtswissenschaft, 1981, S. 137: „Als wesentliche, historisch und verfassungspositiv fundierte, verfassungsrechtliche Anforderung an die verwaltungsrechtswissenschaftliche Methode ist die aus dem Rechtsstaatsprinzip und dem Gleichheitssatz ableitbare Orientierung an rechtsstaatlicher Formalität anzusehen." Siehe auch *Eifert*, Das Verwaltungsrecht zwischen klassischem dogmatischen Verständnis und steuerungswissenschaftlichem Anspruch, VVDStRL 67 (2008), S. 286 (292): „Disziplinierung von Herrschaft durch Formgebung"; ähnlich *H. Dreier*, Merkls Verwaltungsrechtslehre und die heutige deutsche Dogmatik des Verwaltungsrechts, in: Walter, Adolf J. Merkl – Werk und Wirksamkeit, 1990, S. 55 (61); *Stolleis*, Verwaltungsrechtswissenschaft und Verwaltungslehre 1866–1914, in: Jeserich/Pohl/von Unruh, Deutsche Verwaltungsgeschichte III, 1984, S. 85 (99).

26 Der Begriff des Rechtsstaats wurde im 19. Jahrhundert freilich anders verstanden als heute; der Grundsatz der Gewaltenteilung und die Gesetzesbindung der Verwaltung gehörten jedoch schon damals dazu. Vgl. *O. Mayer*, Deutsches Verwaltungsrecht I, 1895, S. 62 f. und 66. Siehe *von Gerber*, Grundzüge eines Systems des deutschen Staatsrechts, 1869, S. 233 (ebenso in der Erstauflage von 1865): „Wenn der Begriff des Rechtsstaats irgend eine reelle Bedeutung hat, so ist es gerade die, daß mehr und mehr auch auf dem Gebiete der Verwaltung feste rechtliche Bestimmungen gegeben werden, welche der Willkür den Boden entziehen."

Rechtsanwendungsperspektive, aus der das Recht in erster Linie als Maßstab betrachtet wird und aus der Rechtsfragen Recht*mäßig*keitsfragen sind.

1. Die Betrachtung des Rechts als Maßstab zur Beurteilung der Rechtmäßigkeit der Wirklichkeit

Da es unüblich ist, die herkömmliche rechtswissenschaftliche Perspektive als maßstabsbezogen zu bezeichnen und zu beschreiben, soll zunächst kurz beschrieben werden, was damit gemeint ist: Angeknüpft wird mit dem Begriff der Maßstabsbezogenheit an die oben eingeführte, nach verschiedenen Gehalten differenzierende Betrachtung von Rechtsakten.[27] Diese wurde in dieser Untersuchung bisher vor allem insofern vertieft, als Rechtsbefehle und Anreize als zwei unterschiedliche zukunftsbezogene Instrumente identifiziert und voneinander abgegrenzt wurden.[28] Im Folgenden kommt es dagegen zunächst vor allem auf eine weitere Unterscheidung an, die oben angesprochen, aber noch nicht weiter vertieft wurde: Nämlich auf diejenige zwischen dem Maßstabs- und dem instrumentellen Gehalt von Rechtsakten. Grundsätzlich können Rechtsakte demnach zum einen als rechtliche Maßstäbe betrachtet werden, sodass anhand von ihnen Urteile über die Rechtmäßigkeit vergangener oder als vergangen konstruierter oder vorgestellter (fiktiver), jedenfalls abgeschlossener, Sachverhalte gefällt werden können. Zum anderen können sie als Instrumente betrachtet werden, mit denen die Zukunft beeinflusst werden soll.

a) Rechtsfragen als Rechtmäßigkeitsfragen

Wenn der herkömmliche juristische Zugang zur Erschließung des Rechtssystems charakterisiert werden soll, wird dieser üblicherweise nicht als maßstabsbezogen beschrieben. Stattdessen wird zumeist auf die Juristische Methode rekurriert oder von der Betrachtung von Recht und Wirklichkeit aus der Rechtsanwendungsperspektive gesprochen.[29] Gemeint ist im Wesentlichen dasselbe: Nämlich, dass sich die Rechtswissenschaft ihren Erkenntnisgegenstand klassischerweise erschließt, indem sie das Recht in erster Linie als Maßstab betrachtet, anhand dessen Rechtmäßigkeitsurteile über die Wirklichkeit gefällt werden können.[30] Fragen, die klassischerweise als Rechtsfragen gelten, sind damit stets Recht*mäßig*keitsfragen. Da sich die angestrebten Rechtmäßigkeitsurteile stets

---

[27] Siehe oben, S. 10ff.

[28] Siehe oben, S. 25ff.

[29] Siehe hier nur *Voßkuhle*, Neue Verwaltungsrechtswissenschaft, in: GVwR I, 2012, § 1 Rn. 4.

[30] Vgl. *Appel*, Das Verwaltungsrecht zwischen klassischem dogmatischen Verständnis und steuerungswissenschaftlichem Anspruch, VVDStRL 67 (2008), S. 226 (237).

auf abgeschlossene Gegebenheiten beziehen, wird teilweise auch von einer ex-post-Perspektive gesprochen.[31]

Um den Zugang und die klassische Fragenstruktur zu veranschaulichen, können erneut die oben angesprochenen Beispiele für Anreize herangezogen werden. Im Hinblick auf diese lässt sich zeigen, dass die sie enthaltenden Normen als solche Fragen, die klassischerweise als Rechtsfragen gelten, nur aufwerfen, wenn man sie als Maßstäbe betrachtet:

§4 Abs. 4 S. 2 BEEG[32] etwa wirft für sich genommen klassische Recht(mäßigkeit)sfragen auf, wenn man ihn als Maßstab betrachtet und so an ihm die Rechtmäßigkeit des Verhaltens von Elterngeldstellen beurteilt werden kann. Konkret lässt die Norm als Maßstab betrachtet Urteile darüber zu, ob Elterngeldstellen in gegebenen Sachverhalten verpflichtet sind, 14 Monatsbeträge Elterngeld auszuzahlen oder nicht. Zugleich lässt die Norm, wenn man sie als Maßstab betrachtet, Aussagen darüber zu, unter welchen Umständen sich Elterngeldstellen rechtmäßig verhalten, wenn sie 14 Monate Elterngeld auszahlen bzw. nicht auszahlen, und unter welchen Umständen spiegelbildlich Eltern einen Anspruch auf 14 Monate Elterngeld haben bzw. nicht haben. Rechtsfragen, die diese Norm als solche (also abgesehen von verfassungsrechtlichen Fragen) aufwirft bzw. die sich anhand dieser Norm beantworten lassen, können also beispielweise lauten: Kann auch ein Elternteil allein einen Anspruch auf 14 Monate Elterngeld haben? Kann ein solcher Anspruch etwa bestehen, wenn der andere Elternteil rechtlich oder tatsächlich nicht für die Betreuung des Kindes zur Verfügung steht? Gerichte in Bayern waren beispielsweise auch mit der Frage befasst, unter welchen Umständen eine nach dem Tatbestand des §4 Abs. 4 S. 2 BEEG für die Anspruchsentstehung erforderliche „Minderung des Einkommens aus Erwerbstätigkeit" anzunehmen ist und ob es bei der Feststellung des Umfangs der Berufstätigkeit insbesondere auf die durchschnittliche Beschäftigung im Kalendermonat oder im Lebensmonat des Kindes ankommt.[33] All solche Fragen entsprechen einem Fragenmuster, bei dem §4 Abs. 4 S. 2 BEEG als Maßstab betrachtet wird, anhand dessen die Rechtmäßigkeit von Sachverhalten beurteilt wird oder beurteilt werden kann, und das auf Aussagen über einen rechtlichen Maßstab und über die Übereinstimmung oder Nicht-Übereinstimmung der Wirklichkeit bzw. eines als fiktive Wirklichkeit gebildeten Sachverhaltes mit diesem Maßstab zielt.

Nicht sichtbar ist, wenn man §4 Abs. 4 S. 2 BEEG aus der Rechtsanwendungsperspektive betrachtet, der in dieser Norm enthaltene Anreiz. Zwar kann bei der Beantwortung der soeben beispielhaft genannten, maßstabsbezogenen Fragen unter Umständen der entsprechende (Anreiz-)Zweck der Norm eine

---

[31] *Appel*, Das Verwaltungsrecht zwischen klassischem dogmatischen Verständnis und steuerungswissenschaftlichem Anspruch, VVDStRL 67 (2008), S. 226 (237, dort. Fn. 36).

[32] Erstmals oben, S. 12f.

[33] Siehe hier nur BayLSG, Urt. v. 18. August 2010 – L 12 EG 50/09, juris.

Rolle spielen. Die „Berücksichtigung der Gesetzeszwecke zur Tatbestandskonkretisierung" in diesem Sinne ist heute „eine alltägliche Praxis".[34] So kann bei der Auslegung des als Maßstab fungierenden § 4 Abs. 4 S. 2 BEEG zu berücksichtigen sein, dass der Gesetzgeber mit dieser Norm den Zweck verfolgt, „die einseitige Zuweisung der Betreuungsarbeit an die Frauen mit den diskriminierenden Folgen auf dem Arbeitsmarkt aufzubrechen"[35]. Der Anreiz *als solcher* bleibt im Rahmen einer maßstabsbezogenen Untersuchung des § 4 Abs. 4 S. 2 BEEG jedoch ungesehen. Denn als Maßstab für die Beurteilung der Rechtmäßigkeit von Verhalten ist der Anreiz nicht geeignet. Zwar ist er darauf gerichtet, dass nicht nur ein Elternteil, sondern beide ihre Erwerbstätigkeit reduzieren oder unterbrechen; Eltern handeln aber unabhängig davon, ob sie dem Anreiz folgen oder nicht, immer rechtmäßig und nie rechtswidrig. Ebenso wenig wie für ein Gericht wirft auch für die das Recht aus der maßstabsbezogenen Rechtsanwendungsperspektive betrachtende Rechtswissenschaft der Anreiz als solcher irgendwelche Rechtsfragen auf.

Entsprechend wird bei einer Untersuchung des § 3d KraftStG aus der Rechtsanwendungsperspektive auch dieser nur als Maßstab und nicht als Anreiz gesehen: Als Maßstab lässt § 3d KraftStG Urteile darüber zu, ob die Finanzverwaltung in bestimmten Sachverhalten zu Recht oder zu Unrecht von einer Steuerbefreiung ausgegangen ist beziehungsweise ob sie angesichts eines bestimmten Sachverhalts von einer Steuerbefreiung auszugehen hat oder nicht. Rechtsfragen, die diese Norm aufwirft, lauten also etwa: Muss die Finanzverwaltung, einen bestimmten Sachverhalt unterstellt oder gegeben, die Steuerbefreiung gewähren? Handelt es sich bei einem bestimmten Fahrzeug um ein Elektrofahrzeug im Sinne dieser Norm? Das Finanzgericht des Saarlandes hatte etwa auch die Frage zu klären, ob die im Tatbestand des § 3d KraftStG für die dort vorgesehene Steuerbefreiung vorausgesetzte „erstmalige(...) Zulassung des Elektrofahrzeugs in der Zeit vom 18. Mai 2011 bis 31. Dezember 2020" auch in einem sog. Umrüstungsfall angenommen werden kann, in dem das Fahrzeug zwar in dem genannten Zeitraum umgerüstet, jedoch schon vor Beginn dieses Zeitraums (damals noch mit Verbrennungsmotor) erstzugelassen worden war.[36] Bei der für die Beantwortung dieser Frage notwendigen Auslegung des § 3d KraftStG stellte das Finanzgericht zwar unter anderem auf den (Anreiz-)Zweck der Norm ab, welcher darin besteht, die Elektromobilität zu fördern.[37] Der in § 3d KraftStG enthaltene Anreiz als solcher jedoch war und ist für die Entscheidung des Streits ebenso unerheblich wie für alle denkbaren einfachgesetzlichen Rechtsfragen zu § 3d KraftStG. Denn ob Menschen in ihrem Verhalten dem

---

[34] Vgl. *Eifert*, Das Verwaltungsrecht zwischen klassischem dogmatischen Verständnis und steuerungswissenschaftlichem Anspruch, VVDStRL 67 (2008), S. 286 (315).

[35] BT-Drs. 16/1889, S. 13.

[36] FG des Saarlandes, Gerichtsbescheid v. 18. Januar 2017 – 1 K 1250/15, juris.

[37] FG des Saarlandes, Gerichtsbescheid v. 18. Januar 2017 – 1 K 1250/15, juris Rn. 24ff.

Anreiz folgen oder nicht, ob sie Elektrofahrzeuge kaufen, leasen usw. oder nicht – gegen (den Anreiz in) § 3d KraftStG verstoßen sie in keinem Falle.

Entsprechendes lässt sich auch anhand der §§ 4 und 6 FrauFöV Bbg[38] zeigen, die als Maßstäbe betrachtet dazu geeignet sind, die Rechtmäßigkeit des Verhaltens brandenburgischer Vergabestellen zu beurteilen. Denn als Maßstäbe betrachtet lassen diese Normen Urteile darüber zu, ob ein Zuschlag zu Recht oder zu Unrecht erteilt wurde bzw. unter welchen Umständen von einer rechtmäßigen und unter welchen Umständen von einer unrechtmäßigen Zuschlagserteilung auszugehen ist. Nicht als Maßstab für Rechtmäßigkeitsurteile geeignet sind die §§ 4 und 6 FrauFöV Bbg dagegen, wenn man sie als an die Unternehmen gerichtete Anreize zur Durchführung von Frauenfördermaßnahmen betrachtet. Denn die Unternehmen handeln rechtmäßig, wenn sie Frauenfördermaßnahmen durchführen und wenn sie es nicht tun.

Schließlich ist auch in Bezug auf § 289f Abs. 2 Nr. 4 HGB, der in Verbindung mit einer Norm aus dem AktG[39] Aktiengesellschaften dazu verpflichtet, Zielgrößen im Hinblick auf den Frauenanteil in Führungspositionen zu veröffentlichen und anzugeben, ob diese Zielgrößen auch erreicht wurden, festzustellen, dass die enthaltenen Anreize irrelevant und unsichtbar sind, wenn man die Norm als Maßstab betrachtet. Denn maßstabsbezogene Rechtsfragen betreffen nur die Veröffentlichungspflichten als solche, etwa die Art der von § 289f Abs. 2 Nr. 4 HGB geforderten Veröffentlichung: So ist, wenn die Veröffentlichung im Internet erfolgt,[40] zu klären, ob das Unternehmen dem rechtlichen Maßstab auch dann gerecht wird, wenn es die Informationen beispielsweise auf einer tiefen Gliederungsebene der Website versteckt, wo sie nicht ohne weiteres auffindbar sind. Eine maßstabsbezogene Rechtsfrage zu § 289f Abs. 2 Nr. 4 HGB wäre auch, in welcher Weise Unternehmen bei der Angabe, ob sie die Zielgröße erreicht haben, Personen zu berücksichtigen haben, die der dritten Geschlechtsoption „divers" angehören. Für Rechtmäßigkeitsurteile strukturell ungeeignet sind dagegen die in § 289f Abs. 2 Nr. 4 HGB enthaltenen Anreize. Denn im Hinblick auf das Verhalten, das der Gesetzgeber mittels dieser erreichen will (Festlegung ambitionierter Zielgrößen, Erreichen dieser Zielgrößen), handeln die adressierten (Verantwortlichen in) Aktiengesellschaften auch dann nicht rechtswidrig, wenn sie denkbar niedrige Zielgrößen festlegen und/oder die selbst festgelegten Zielgrößen unterschreiten.

b) Recht und Wirklichkeit, Sollen und Sein

Die Eigenart der genuin rechtswissenschaftlichen und gerichtstypischen Herangehensweise, bei der Rechtsakte als rechtliche Maßstäbe für tatsächliche Ge-

---

[38] Erstmals oben, S. 13 f.

[39] Siehe oben, S. 14.

[40] Dies ist nach § 289f Abs. 1 S. 2 HGB zulässig.

gebenheiten betrachtet werden, spiegelt sich auch in der verbreiteten Redeweise von „Recht und Wirklichkeit", „Sollen und Sein", die das disziplinspezifische Verständnis zum Ausdruck bringt, nach dem sich Recht und Wirklichkeit streng voneinander unterscheiden lassen. Zwar gibt es, soweit ersichtlich, niemanden mehr, der vertreten würde, dass die Rechtswissenschaft eine reine Sollens- und keine Seins-Wissenschaft ist, sein sollte oder auch nur sein könnte, und dass sie sich allein für das Recht, nicht aber für die Wirklichkeit interessiere oder zu interessieren habe. Vielmehr besteht zu Recht Konsens darüber, dass eine Loslösung des Rechts von der Wirklichkeit in dem Sinne, wie es derartige Positionen voraussetzen würden, weder sinnvoll noch überhaupt möglich ist.[41] Denn schließlich muss man die Wirklichkeit wahrnehmen, um den rechtlichen Maßstab verstehen und auslegen zu können; und bei der Anwendung des Maßstabs ist ihre Wirkung auf die Wirklichkeit zu bedenken.[42] Die strenge Unterscheidung zwischen dem Recht und der Wirklichkeit prägt jedoch auf einer anderen Ebene bis heute Selbstverständnis, Erkenntnisinteressen und Methodik der rechtswissenschaftlichen Disziplin. Denn als normative Wissenschaft interessiert sie sich für das Recht vor allem als Maßstab für die Wirklichkeit und gewinnt sie ihre Erkenntnisse, indem sie dementsprechend das Recht (und in der konkreten Arbeit häufig einzelne Rechtsakte) als Maßstab für die Wirklichkeit betrachtet. *Insofern*, wenn auch nur insofern, sind Recht und Wirklichkeit, Sollen und Sein aus rechtswissenschaftlicher Sicht tatsächlich streng voneinander zu trennen. Insbesondere darf nicht von dem einen auf das andere geschlossen werden: Sollen-Seins- und Sein-Sollens-Fehlschlüsse sind unbedingt zu vermeiden.

Die spezifische Art der Gegenüberstellung von Recht und Wirklichkeit als Maßstab und zu Messendes, wie sie rechtswissenschaftlich möglich und üblich ist, lässt sich – vereinfachend – anhand einer Parallele zur Perspektive der Rechtsprechung veranschaulichen,[43] derentwegen über die klassische juristische Me-

---

[41] Zum „ausgeprägten Wirklichkeitsbezug" der Verwaltungsrechtswissenschaft als Normwissenschaft *Appel*, Das Verwaltungsrecht zwischen klassischem dogmatischen Verständnis und steuerungswissenschaftlichem Anspruch, VVDStRL 67 (2008), S. 226 (231 f., siehe dort insb. auch Fn. 13).

[42] *Eifert*, Das Verwaltungsrecht zwischen klassischem dogmatischen Verständnis und steuerungswissenschaftlichem Anspruch, VVDStRL 67 (2008), S. 286 (314 f.); *Appel*, Das Verwaltungsrecht zwischen klassischem dogmatischen Verständnis und steuerungswissenschaftlichem Anspruch, VVDStRL 67 (2008), S. 226 (261); *Schulze-Fielitz*, Staatsrechtslehre als Wissenschaft, DV Beiheft 7 (2007), S. 11 (15); siehe auch *Starck*, Empirie in der Rechtsdogmatik, JZ 1972, 609 (610 ff.).

[43] In der Literatur wird nicht nur auf eine, sondern auf zahlreiche Parallelen aufmerksam gemacht. Die Beobachtung etwa, dass die Rechtsanwendungsperspektive der Rechtswissenschaft auch insofern als justizorientiert beschrieben werden kann, als sie an die Engführungen des gerichtlichen Rechtsschutzes angepasst ist und als sie als Maßstäbe die subjektiv-öffentlichen Rechte und die Gesetze im materiellen Sinne bevorzugt und das Innenrecht der Verwaltung als Maßstab wenig Beachtung findet (dazu etwa *Masing*, Der Rechtsstatus des Einzelnen im Verwaltungsrecht, in: GVwR I, 2012, § 7 Rn. 2; *Eifert*, Das Verwaltungsrecht zwi-

thodenlehre auch geschrieben wird, sie sei „in letzter Konsequenz eine Anleitung zur Rechtsgewinnung für die Gerichte".[44] Zwar wird die Wirklichkeit, die selbstverständlich immer nur ausschnitthaft wahrgenommen wird, im Rahmen von Gerichtsentscheidungen als Tatbestand und im Übrigen, soweit es um die Anwendung von Maßstäben auf Einzelfälle geht,[45] häufig als Sachverhalt oder als Fall gefasst. Jeweils wird die Wirklichkeit aber als in der Vergangenheit liegend und als abgeschlossen, also *ex post* betrachtet, und jeweils werden rechtliche Maßstäbe an die Wirklichkeit angelegt, um Rechtmäßigkeitsurteile über diese zu fällen.

Trotz dieser Parallele ist es allerdings, dies sei hier klargestellt, streng genommen unpräzise, wenn die Rechtsanwendungsperspektive teilweise auch als Gerichts- oder Rechtsschutzperspektive bezeichnet und beschrieben wird[46]. Denn die maßstabsbezogene Rechtsanwendungsperspektive ist nicht die Perspektive einer bestimmten Gewalt. Sie wird vielmehr grundsätzlich von allen Gewalten eingenommen, von der Legislative und der Exekutive etwa, wenn diese im Vorfeld einer Handlung, wie es ihrer Pflicht aus Art. 20 Abs. 3 GG[47] entspricht, auch erwägen, ob diese rechtmäßig ist. Umgekehrt sind Gerichte nicht auf die Rechtsanwendungsperspektive beschränkt. Sie nehmen vielmehr auch die sog. Steuerungsperspektive ein, die, worauf unten ausführlich eingegangen wird, im Rahmen der vorliegenden Untersuchung als eine Alternative zur Rechtsanwendungsperspektive bei der Betrachtung des Rechts behandelt wird.[48] Denn wenn Gerichte Entscheidungen fällen, beurteilen sie nicht nur die Rechtmäßigkeit vergangener Sachverhalte, sondern berücksichtigen, wenn sie ihre Aufgabe richtig machen, auch, was der von ihnen zu erlassende Akt (z.B. ein Urteil) in der Zukunft bewirken soll und kann. Zu betonen ist damit auch, dass die Feststellung, wonach Gerichte eine ex-post-Betrachtung der Wirklichkeit vornehmen, überhaupt nicht ausschließt, dass Akte der Rechtsanwendung, also etwa Gerichtsentscheidungen, *auch* einen Zukunftsbezug haben, indem sie nämlich der Gestaltung der künftigen Wirklichkeit dienen. Zu Recht wird au-

---

schen klassischem dogmatischen Verständnis und steuerungswissenschaftlichem Anspruch, VVDStRL 67 (2008), S. 286 (292, 295, 302 f.); *Möllers*, Methoden, in: GVwR I, 2012, § 3 Rn. 7), spielt jedoch im vorliegenden Kontext keine Rolle. Im Übrigen dürften diese und andere Parallelen jeweils (nur) Folgen der Parallelität der Perspektiven sein.

[44] *K. F. Röhl/H. C. Röhl*, Allgemeine Rechtslehre, 2008, § 77 S. 604.

[45] Zur darüberhinausgehenden Möglichkeit, in die Breite zu gehen, siehe unten, S. 58 ff.

[46] *Lepsius*, Steuerungsdiskussion, Systemtheorie und Parlamentarismuskritik, 1999, S. 4.; *Eifert*, Das Verwaltungsrecht zwischen klassischem dogmatischen Verständnis und steuerungswissenschaftlichem Anspruch, VVDStRL 67 (2008), S. 286 (291); *Ruffert*, Grundfragen der Wirtschaftsregulierung, in: Ehlers/Fehling/Pünder, Besonderes Verwaltungsrecht I, 2019, § 22 Rn. 23; *v. Bogdandy/Huber*, Deutschland, in: IPE III, 2010, § 42 Rn. 94.

[47] Grundgesetz für die Bundesrepublik Deutschland in der im BGBl. III, Gliederungsnummer 100-1, veröffentlichten bereinigten Fassung, zuletzt geändert durch Art. 1 d. Gesetzes v. 15. November 2019, BGBl. I, S. 1546.

[48] Siehe unten, S. 67 ff.

ßerdem auf die mögliche sog. Vor- und Signalwirkung des Gerichtsschutzes hingewiesen, die darin besteht, dass für Akteure allein die Aussicht auf eine mögliche gerichtliche Kontrolle einen Grund darstellt, zukünftige Rechtswidrigkeiten von vornherein zu vermeiden.[49] Wenn allerdings geschrieben wird, die Rechtsschutzperspektive habe Steuerungswirkung,[50] ist das so nicht richtig. Das Vorhandensein einer zukunftsbezogenen, instrumentellen Dimension von Rechts*akten*, die Rechtsschutz gewähren oder in Aussicht stellen, und die Notwendigkeit, bei ihrer Herstellung auch die Steuerungsperspektive einzunehmen, ändern nichts daran, dass die Rechtsanwendungs- (und, wenn man diese Bezeichnung synonym verwendet, auch die Rechtsschutz-)*Perspektive* eine rein vergangenheitsbezogene Kontrollperspektive ist.

Mit ihrer ex-post-Sicht auf die Wirklichkeit geht einher, dass unter den relevanten Wirklichkeitsausschnitten Zustände einen vergleichsweise hohen Stellenwert haben, Verhalten dagegen einen relativ geringen. Denn häufig kommt es für eine ex-post-Beurteilung am Maßstab des Rechts nur auf die aus einem Verhalten folgenden Zustände und „Verhaltensresultate“ an, etwa auf das Vorliegen eines Bewilligungsbescheides (statt auf die dafür notwendige, vorherige behördliche Erstellung desselben) oder auf die Haltereigenschaft in Bezug auf ein Elektrofahrzeug (statt auf das vorhergehende Kaufen, Leasen usw.). Diese Konzentration auf eingetretene Zustände statt auf prozesshafte Handlungen kommt nicht zuletzt dadurch zum Ausdruck, dass die Sprache der Rechtswissenschaft und der Rechtsprechung von Substantivierungen geprägt ist.

2. Systembildung und Dogmatik: Die maßstabsbezogene Erschließung des Rechts als normatives System

Aus der Rechtsanwendungsperspektive lassen sich, anders als es möglicherweise die oben angeführten Beispiele[51] nahelegen, nicht nur spezielle, auf einzelne Sachverhalte bezogene Rechtsfragen beantworten und letztlich „Fälle lösen“. Der maßstabsbezogene Zugang erlaubt darüber hinaus – und aus rechts*wissenschaft*licher Sicht vielleicht sogar *in erster Linie* – die Erschließung des Rechts als normatives System.[52]

---

[49] *Hoffmann-Riem*, Verwaltungsrechtsreform, in: ders./Schmidt-Aßmann/Schuppert, Reform des Allgemeinen Verwaltungsrechts, 1993, S. 115 (125); *Möllers*, Methoden, in: GVwR I, 2012, § 3 Rn. 27.

[50] *Möllers*, Methoden, in: GVwR I, 2012, § 3 Rn. 27.

[51] Siehe oben, S. 52 ff.

[52] Die Systemperspektive der Juristischen Methode betonend etwa *Ehlers*, Verwaltungsrecht in: ders./Pünder, Allgemeines Verwaltungsrecht, 2016, § 3 Rn. 98: Die Juristische Methode versuche, „die verschiedenartigen Erscheinungsformen des Verwaltungsrechts in einem dogmatischen System zu erfassen“; *Schulze-Fielitz*, Staatsrechtslehre als Wissenschaft, DV Beiheft 7 (2007), S. 11 (20). Siehe auch *Bumke*, Rechtsdogmatik, 2017, S. 116: „Aus einer rechtsaktbezogenen Perspektive setzt sich die Rechtsordnung aus Rechtsakten, d. h. aus allge-

Denn zunächst können verschiedene Rechtsakte ein und derselben Normenhierarchiestufe in der Breite untersucht und dabei, während sie als Maßstäbe betrachtet werden, „der Form nach“[53] erfasst und systematisiert werden. Anschließend kann die Systembildung auf der nächsthöheren Normenhierarchiestufe fortgesetzt werden: Die zunächst *als* Maßstäbe betrachteten Rechtsakte können dabei, da sie nunmehr der Form nach bekannt und benannt sind, bei ihrer anschließenden normativ-wertenden Betrachtung *am* Maßstab höherrangigen Rechts wiedererkannt werden. Zwar erscheinen die Rechtsakte, wenn man sie *am* Maßstab höherrangigen Rechts misst, nicht mehr selbst als Maßstäbe zur vergangenheitsbezogenen Beurteilung der Wirklichkeit, sondern als Instrumente zur zukunftsbezogenen Beeinflussung dieser. Zudem werden sie in instrumenteller Hinsicht in aller Regel auf ihren Befehlsgehalt reduziert, der mit dem Maßstabsgehalt so eng verwandt ist. Ein systematisches Vorgehen vorausgesetzt, kann aber der normative Gehalt aller Rechtsakte damit grundsätzlich sowohl im Hinblick auf seine vergangenheitsbezogene Maßstabsdimension als auch im Hinblick auf seine zukunftsbezogene instrumentelle Dimension erschlossen und so ein grundsätzlich umfassendes Bild des Rechtssystems als normatives System entwickelt werden.

Unvollständig bleibt dieses Bild allerdings mit Blick auf die Anreize im Recht. Denn Anreize werden als im Recht enthaltene Instrumente bei einer maßstabsorientierten Betrachtung des Rechts sichtbar, wenn man sie *am* Maßstab höherrangigen Rechts, also etwa an Grundrechten, misst. Sie werfen dann auch klassische Rechtsfragen, nämlich solche ihrer eigenen Vereinbarkeit mit diesen höherrangigen rechtlichen Maßstäben, auf. Für eine systematische und kohärente anreizbezogene Verfassungsrechtsdogmatik fehlt es allerdings an den systematisierenden und begriffsbildenden Vorarbeiten zu den Anreizen, die mangels Maßstabsdimension bei der vorhergehenden Untersuchung des sie enthaltenden einfachen Rechts aus der Rechtsanwendungsperspektive schlicht nicht gesehen werden.

a) In die Breite: Insbesondere (Fort-)Entwicklung des Allgemeinen Verwaltungsrechts

Betrachtet und untersucht man aus der maßstabsbezogenen Rechtsanwendungsperspektive nicht nur einen Rechtsakt, sondern viele Rechtsakte derselben Hierarchiestufe, lassen sich ganz im Sinne *Otto Mayers* Rechts- und Handlungsformen, Rechtsbegriffe, -figuren, -institute und -grundsätze herausarbei-

---

meinen oder individuellen Rechtsnormen (z. B. einem Gesetz, einem Verwaltungsakt oder einem Rechtsgeschäft), zusammen. Rechtsakte lassen sich zu Handlungsformen, wie etwa ‚dem‘ Verwaltungsakt, bündeln.“

[53] Gemeint ist hier im Anschluss an *Hoffmann-Riem*, Rechtsformen, Handlungsformen, Bewirkungsformen, in: GVwR II, 2012, § 33 Rn. 9, Form im Sinne von Formung/rechtlicher Ausgestaltung, nicht von Formalisierung oder Förmlichkeit.

ten. Die Betrachtung der Rechtsakte als Maßstäbe ist dafür insofern ideal, als die einzelnen Rechtsakte auf diese Weise denkbar „pur“, man kann auch sagen: „statisch“[54], erscheinen: Soweit sie Maßstäbe sind, sind sie in der oben geschilderten Weise von der Wirklichkeit zu unterscheiden (sie sind Sollen, die Wirklichkeit ist Sein). Sie können so zunächst ihrer Struktur und ihrem abstrakten Inhalt, also „der Form nach“[55] begriffen werden. Wiederkehrende Formen können damit erkannt und beschrieben, Muster entdeckt und benannt werden.

Prototyp einer mit dieser Methode herausgearbeiteten Form ist der in besonderem Maße mit dem Namen *Otto Mayers* verbundene[56] Verwaltungsakt, der als in den verschiedenen Gebieten des besonderen Verwaltungsrechts wiederkehrende Handlungsform entdeckt worden ist, lange bevor er in § 35 VwVfG legaldefiniert wurde. Mit derselben Methode lässt sich innerhalb der Handlungsform des Verwaltungsakts weiter differenzieren[57] und beispielsweise eine Typologie der Genehmigungsverwaltungsakte entwickeln[58].

Bei einer in die Breite gehenden, maßstabsorientierten Betrachtung und Untersuchung von Gesetzen ist beispielsweise erkennbar, dass der oben bereists mehrfach als Beispiel herangezogene § 3d KraftStG[59], wenn man ihn als Maßstab betrachtet, nicht nur Urteile darüber erlaubt, ob die Finanzverwaltung in bestimmten Sachverhalten rechtmäßiger- oder unrechtmäßigerweise eine Befreiung von der Steuer gewährt oder gewährt hat. Sichtbar wird auch, dass die Norm als Maßstab betrachtet vielen anderen, insbesondere steuerrechtlichen Normen der Struktur nach gleicht oder jedenfalls ähnelt. Man kann also etwa den Begriff der Steuerbefreiung bilden, der für die Benennung des normativen Gehalts vieler Steuerrechtsnormen brauchbar ist. In der Zusammenschau mit ähnlichen Normen kann man befristete Steuerbefreiungen von unbefristeten Steuerbefreiungen unterscheiden, persönliche von sachlichen usw. Auch mit Normen aus anderen Rechtsgebieten kann man § 3d KraftStG vergleichen, Wiederkehrendes erkennen und in die Systematik und Begriffswelt des allgemeinen Verwaltungsrechts einordnen: So enthält die Vorschrift, wie andere Normen, auslegungsbedürftige unbestimmte Rechtsbegriffe wie den vom Finanzgericht des Saarlandes problematisierten Begriff der erstmaligen Zulassung[60]; und sie sieht, ebenfalls

---

[54] Vgl. *Bumke*, Rechtsdogmatik, 2017, S. 116, der vom „statischen Charakter“ der „rechtsaktbezogenen Perspektive“ spricht, mit der er die hier als Rechtsanwendungsperspektive bezeichnete Perspektive meint.

[55] Siehe S. 58 mit Fn. 53.

[56] *Schmidt-De Caluwe*, Der Verwaltungsakt in der Lehre Otto Mayers, 1999, S. 20: Trotz erheblicher Vorarbeiten sei es gerechtfertigt, den maßgeblichen historischen Anknüpfungspunkt bei *Otto Mayer* auszumachen, da dieser ihn „als erster systematisch heraus- und durchgebildet“ habe.

[57] *Bumke*, Rechtsdogmatik, 2017, S. 116, spricht von der begrifflichen Zergliederung der Rechtsordnung.

[58] Siehe dazu *M. Schröder*, Genehmigungsverwaltungsrecht, 2016, insb. S. 23 ff.

[59] Erstmals oben, S. 11 f.

[60] Siehe oben, S. 53.

wie viele andere Normen, auf der Rechtsfolgenseite eine gebundene Entscheidung vor. Insofern können § 3d KraftStG und seinesgleichen von Normen unterschieden werden, die sog. Ermessensvorschriften sind, und so weiter.

Die Vorgehensweise, durch die die verwaltungsrechtliche Handlungs- und Rechtsformenlehre und letztlich die gesamte Verwaltungsrechtsdogmatik entstanden ist und immer weiter fortentwickelt wird und werden kann, wird häufig zum einen als Induktion beschrieben: Durch „Abstrahieren, Reduzieren und Typisieren" werden dabei „aus dem positiven Recht (...) Institutionen, Begriffe, Formen, Modi und Typen verwaltungsrechtlicher Gestaltungen" gewonnen.[61] Allgemeine Lehren werden also „aus einem Vergleich und aus der Verallgemeinerung gebietsspezifischer Regelungsmuster gewonnen".[62] Einmal beschrieben und benannt, können die nunmehr bekannten Formen und Muster zum anderen auch in weiteren, auch in völlig neuen Rechtsakten wiederentdeckt und entsprechend bezeichnet werden: Deduktiv kann also das als allgemein Herausgearbeitete „fortlaufend an Beispielen aus einzelnen Verwaltungsbereichen erläutert und erprobt" werden.[63]

b) Über Normhierarchiestufen hinweg: (Fort-)Entwicklung der Verfassungsrechtsdogmatik

Die Erkenntnisse, die gewonnen werden können, wenn man Rechtsakte derselben Hierarchiestufe, wie geschildert, als Maßstäbe betrachtet und in der Breite untersucht, können unterschiedlich genutzt werden. Im vorliegenden Kontext kommt Bedeutung insbesondere derjenigen Funktion der verwaltungsrechtlichen Formenlehre zu, die besonders anschaulich als „Entlastungsfunktion"[64] bezeichnet wird: Wenn Rechts- und Handlungsformen als solche dogmatisch herausgebildet wurden, also bekannt, beschrieben und benannt sind, müssen die für die zugehörigen Maßnahmen geltenden Rechtmäßigkeitsanforderungen, Fehlerfolgen, Rechtsschutzmöglichkeiten usw. nicht in jedem Einzelfall neu er-

---

[61] *Stern*, Das allgemeine Verwaltungsrecht in der neuen Bundesgesetzgebung, JZ 1962, 265 (267).

[62] *Schmidt-Aßmann*, Das allgemeine Verwaltungsrecht als Ordnungsidee, 2004, Erstes Kap. Rn. 13.

[63] *Schmidt-Aßmann*, Das allgemeine Verwaltungsrecht als Ordnungsidee, 2004, Erstes Kap. Rn. 13. Zu Induktion und Deduktion auch *Voßkuhle*, Neue Verwaltungsrechtswissenschaft, in: GVwR I, 2012, § 1 Rn. 44.

[64] *Bachof*, Die Dogmatik des Verwaltungsrechts vor den Gegenwartsaufgaben der Verwaltung, VVDStRL 30 (1972), S. 193 (198); *Hoffmann-Riem*, Rechtsformen, Handlungsformen, Bewirkungsformen, in: GVwR II, 2012, § 33 Rn. 3; *Ossenbühl*, Die Handlungsformen der Verwaltung, JuS 1979, 681 (681 f.); siehe zu dieser Funktion auch *Brohm*, Die Dogmatik des Verwaltungsrechts vor den Gegenwartsaufgaben der Verwaltung, VVDStRL 30 (1972), S. 145 (147). Mit Bezug insbesondere auf die Handlungsformenlehre *Remmert*, Handlungsformen der Verwaltung, in: Ehlers/Pünder, Allgemeines Verwaltungsrecht, 2016, § 17 Rn. 13.

arbeitet werden. Die erfolgte dogmatische Durchdringung des einfachen Rechts erlaubt vielmehr die „zentrale Einspeisung verfassungsrechtlicher Vorgaben".[65]

Wichtig ist insofern, dass Rechtsakte nicht nur, wie gesehen, *als* rechtliche Maßstäbe betrachtet und untersucht werden können. In der gestuften Rechtsordnung können und müssen sie vielmehr auch *am* Maßstab des Rechts – konkret: am Maßstab höherrangiger Rechtsakte – gemessen werden. Der grundlegende Ansatz ändert sich dabei nicht, denn es bleibt bei der maßstabsbezogenen Rechtsanwendungsperspektive: Ein Rechtsakt, nämlich der höherrangige, wird also als Maßstab betrachtet, an dem die Wirklichkeit gemessen wird. Wesentlicher Teil des relevanten Wirklichkeitsausschnitts ist in diesem Falle allerdings der niedrigerrangige Rechtsakt, dessen Rechtmäßigkeit am Maßstab des höherrangigen gemessen wird.

Die oben getroffene Aussage, wonach Rechtsakte bei der maßstabsbezogenen Untersuchung des Rechts nicht als Teil der Wirklichkeit (des Seins), sondern als etwas von ihr streng zu Trennendes (als Sollen) erscheinen,[66] muss damit an dieser Stelle präzisiert werden. Denn Rechtsakte werden nur dann nicht als Teil der Wirklichkeit wahrgenommen, wenn sie selbst *als* Maßstab für diese betrachtet werden. Wenn man dieselben Rechtsakte dagegen *am* Maßstab anderer, nämlich höherrangiger Rechtsakte misst, erscheinen sie als rechtliche Instrumente, die in der Wirklichkeit auf diese einwirken, und damit selbst Teil der Wirklichkeit sind. Die Vorstellung von Recht und Wirklichkeit, Sollen und Sein als gegensätzlichen Kategorien ist also selbst auf einer theoretischen Ebene insofern partiell unpassend, als die Wirklichkeit, die am Recht gemessen wird, ohne Weiteres ihrerseits (auch) rechtlicher Natur sein kann: Geradezu typischerweise untersucht die mit dem öffentlichen Recht befasste Rechtswissenschaft die Rechtmäßigkeit nicht nur von Realakten, sondern insbesondere auch von Rechtsakten, und legt dafür an diese den Maßstab des (höherrangigen) Rechts an.

Während oben ausgeführt wurde, dass und wie beispielsweise am Maßstab des § 4 Abs. 4 S. 2 BEEG die Rechtmäßigkeit des Handelns von Elterngeldstellen, am Maßstab des § 3d KraftStG die Rechtmäßigkeit des Handelns von Steuerbehörden, am Maßstab der §§ 4 und 6 FrauFöV Bbg die Rechtmäßigkeit des Handelns von brandenburgischen Vergabestellen und schließlich am Maßstab des § 289f Abs. 2 Nr. 4 HGB die Rechtmäßigkeit des Handelns von Unternehmen gemessen werden kann,[67] ist, wenn man eine Normenhierarchiestufe höher ansetzt, der Maßstab das Verfassungsrecht, und die genannten einfachrechtlichen Normen werden zum zu Messenden, dessen Rechtmäßigkeit zu beurteilen ist. Die einfachrechtlichen Normen erscheinen nun nicht mehr als rechtliche

---

[65] *Pauly*, Deutschland, in: IPE IV, 2011, § 58 Rn. 29.
[66] Siehe oben, S. 54 f.
[67] Siehe oben, S. 52 ff.

Maßstäbe, sondern als rechtliche Instrumente, die als Teil der Wirklichkeit in dieser vom Rechtsetzenden in einem bestimmten Verfahren geschaffen wurden und die als Teil der Wirklichkeit in dieser etwas bewirken sollen und (möglicherweise) etwas bewirken. Im Hinblick auf die tatsächlichen Umstände ihrer Herstellung sind die einfachrechtlichen Normen etwa an den Maßstäben der Art. 70ff., 76ff. und 82 GG zu messen. Im Hinblick auf ihren Inhalt, die mit ihnen in der Wirklichkeit verfolgten Zwecke, ihre tatsächlichen intendierten und nicht intendierten, unmittelbaren und mittelbaren Wirkungen müssen sie den Maßstäben der Grundrechte, des Art. 20 GG und des übrigen Verfassungsrechts entsprechen.

Soweit Normen zuvor bereits *als* Maßstäbe untersucht worden sind, kann man bei ihrer Beurteilung *am* Maßstab des Verfassungsrechts auf die dabei bereits gewonnenen Erkenntnisse zurückgreifen und an diese anknüpfen. Denn zwar erscheinen, wie gesagt, die zu messenden Normen, an die ein verfassungsrechtlicher Maßstab angelegt wird, nicht mehr als Maßstäbe, sondern als Instrumente. Soweit die Normen in instrumenteller Hinsicht aber Rechtsbefehle sind, unterscheidet sich dieser Gehalt „der Form nach" nicht wesentlich vom Maßstabsgehalt derselben Normen. Denn, wie schon einleitend gezeigt wurde, sind die Gehalte Rechtsbefehl und Maßstab insofern eng miteinander verbunden, als dieselbe normative Aussage nur auf zwei unterschiedliche zeitliche Dimensionen (Zukunft und Vergangenheit) bezogen wird.[68] Ihre Form lässt sich also wiedererkennen, für viele ihrer Eigenschaften existieren bereits Begriffe, und es wurden verwaltungsrechtlich bereits die Gemeinsamkeiten mit und Unterschiede zu anderen Rechtsakten herausgearbeitet, an die gemeinsame verfassungsrechtliche Wertungen sowie verfassungsrechtliche Unterscheidungen geknüpft werden können.

Im Ergebnis erlaubt die Vorgehensweise, bei der Rechtsakte zunächst *als* Maßstäbe untersucht und sodann *am* Maßstab höherrangigen Rechts gemessen werden, die Erschließung des Rechts als normatives System. Beginnt man auf der niedrigsten Stufe der Rechtsordnung und geht man entsprechend mit einer Vielzahl von Rechtsakten und auf allen Stufen vor, entsteht ein Bild der gesamten Rechtsordnung. Vollständig ist dieses Bild allerdings nur im Hinblick auf den normativen Gehalt (Maßstäbe und Rechtsbefehle) dieser Rechtsordnung. Der Anreizgehalt des Rechts dagegen wird, worauf nun noch einmal näher einzugehen ist, systematisch vernachlässigt.

[68] Dazu bereits oben, S. 11.

III. Der Anreizgehalt von Rechtsakten als blinder Fleck

Für Anreize bedeutet der maßstabsorientierte Zugang zum Recht, dass sie nur eingeschränkt wahrgenommen werden und ihre Rolle im Rechtssystem nicht hinreichend erschlossen werden kann. Denn Anreize kommen im Rahmen von Untersuchungen aus der maßstabsbezogenen Rechtsanwendungsperspektive nur ins Spiel, wenn und soweit es um die Bewertung der sie enthaltenden Normen am Maßstab des Verfassungsrechts geht. Im Rahmen der allein auf das einfache Recht bezogenen Durchdringung und Systematisierung der sie enthaltenden Rechtsakte aber bleiben sie perspektivbedingt völlig unberücksichtigt, da sie definitionsgemäß nicht als Maßstäbe zur Beurteilung der Rechtmäßigkeit der Wirklichkeit in Frage kommen und dementsprechend für sich genommen keine Rechtsfragen im oben geschilderten Sinne aufwerfen.

Wie oben bereits angesprochen, ist etwa der Anreiz in § 3d KraftStG (Entsprechendes gilt für die Anreize in § 4 Abs. 4 S. 2 BEEG, in §§ 4 und 6 FrauFöV Bbg sowie in § 289f Abs. 2 Nr. 4 HGB) bei einer Untersuchung dieser Norm aus der maßstabsbezogenen Rechtsanwendungsperspektive nicht sichtbar.[69] Denn soweit diese Norm ein Anreiz ist, soweit sie also vom Gesetzgeber als Instrument eingesetzt wird, um Menschen zum Kauf, Leasing usw. von Elektrofahrzeugen zu bringen und auf diese Weise die Elektromobilität zu fördern,[70] wirft sie für sich genommen keine Rechtmäßigkeitsfragen auf. Weder Steuerbehörden noch KFZ-Käuferinnen und -Käufer können sich so verhalten, dass sie gegen diesen Anreiz verstoßen, also gemessen am Anreiz rechtswidrig handeln. Fragen, die klassischerweise als Rechtsfragen gelten, stellen sich in Bezug auf den Anreiz in § 3d KraftStG vielmehr nur, wenn es darum geht, ob und unter welchen Umständen dieser dem Maßstab *anderer*, nämlich höherrangiger Rechtsakte gerecht wird: Dann ist fraglich, ob sich der Gesetzgeber bei der Schaffung dieses Anreizes auf seine Steuergesetzgebungskompetenz stützen kann oder ob er eine Sachkompetenz (Art. 70 ff. GG) braucht. Dann muss beantwortet werden, ob der Gesetzgeber in die Grundrechte derer eingreift, die er mit dem enthaltenen Anreiz zum Kauf von Elektrofahrzeugen bewegen will. Und dann kann die Frage aufkommen, ob der Gesetzgeber in die Grundrechte der Hersteller konventioneller Fahrzeuge eingreift, wenn diese (mittelbar) aufgrund des in § 3d KraftStG enthaltenen Anreizes und (unmittelbar) wegen eines durch den Anreiz bewirkten Verhaltens der Anreizadressaten Umsatzeinbußen erleiden. Denn im Rahmen einer verfassungsrechtlichen Untersuchung des § 3d KraftStG, wenn die Norm also nicht Maßstab, sondern zu Messendes ist, wird ihre instrumentelle Dimension sichtbar, und es wird grundsätzlich erkennbar, dass sie

[69] Siehe oben, S. 53.
[70] Zum Anreizgehalt dieser Norm erstmals oben, S. 12, siehe außerdem unten, S. 112 f.

einen (an die Steuerbehörden gerichteten) Rechtsbefehl *und* einen (an die KFZ-Kunden gerichteten) Anreiz enthält.

Während aber der in § 3d KraftStG enthaltene Rechtsbefehl, wenn man ihn verfassungsrechtlich bewerten will, der Form nach bekannt, beschrieben und benannt ist, da man diese Norm und/oder vergleichbare Normen bereits verwaltungsrechtlich als Maßstäbe betrachtet hat, ist der Anreiz kaum greifbar. Da er bei der Untersuchung der einfachrechtlichen Norm als solcher nicht wahrgenommen wurde, liegt es vielmehr nahe, ihn auch verfassungsrechtlich gar nicht zu sehen, sondern nur die entsprechenden Zwecke und Wirkungen der ihn enthaltenden Norm wahrzunehmen. Und selbst wenn man ihn wahrnimmt, kann, da der Anreiz der Form nach nicht erfasst wurde und seine Form nicht in anderen Anreizen wiedererkannt werden kann, keine Einordnung in ein System erfolgen. Die Entlastungsfunktion der Rechts- und Handlungsformenlehre kann im Hinblick auf Anreize also nicht zum Tragen kommen und, da keine „zentrale Einspeisung verfassungsrechtlicher Vorgaben“[71] erfolgen kann, kommt es zu der oben als Ausgangsbeobachtung beschriebenen Situation.

Abstrakt gesprochen, liegt der Grund für die defizitäre Wahrnehmung der Anreize darin, dass Anreize als in Rechtsakten enthaltene, reine Instrumente, deren Form, anders als die der Rechtsbefehle, nicht in der Maßstabsdimension wiedergespiegelt wird, in der gestuften Rechtsordnung eine besondere Position innehaben, die aus der maßstabsbezogenen Rechtsanwendungsperspektive unterbelichtet ist: Während man sich den normativen Gehalt von Gesetzen als solchen und zunächst ohne Bezug zu Maßstäben des Verfassungsrechts erschließen kann, indem man sie selbst als Maßstäbe für Verwaltungs- oder andere Vollzugsakte betrachtet, und während man auch Verwaltungsakte noch der Form nach betrachten kann, indem man sie als Maßstäbe für die Wirklichkeit ansieht (etwa den Elterngeldbescheid als Maßstab für die tatsächliche Auszahlung von Elterngeld durch eine Elterngeldstelle, den Steuerbescheid als Maßstab für tatsächliche Zahlungen des Steuerpflichtigen usw.), werden Anreize weder durch Rechtsakte niedrigeren Ranges noch durch andere staatliche Handlungen (Realakte) vollzogen, die sich an dem Anreiz messen lassen müssten; und auch über die Rechtmäßigkeit des Verhaltens der Anreizadressaten lassen Anreize keine Urteile zu. Anreize kommen vielmehr überhaupt nicht *als* Maßstäbe für Rechtmäßigkeitsurteile in Betracht, sondern können im Rahmen maßstabsbezogener Fragestellungen nur die Rolle des *am* Maßstab des (höherrangigen) Rechts zu Messenden spielen. Die Position, die Anreize in der gestuften Rechtsordnung damit innehaben, entspricht damit nicht der der in denselben Rechtsakten enthaltenen Rechtsbefehle, sondern vielmehr der von Vollstreckungsrealakten (und der von Realakten im Übrigen). Denn auch Vollstreckungsrealakte stehen in der gestuften Rechtsordnung auf unterster Stufe und müssen sich

[71] Vgl. oben, S. 61, mit Nachweis in Fn. 65.

zwar *am* Maßstab höherrangigen Rechts messen lassen, stellen als reine Instrumente aber selbst keinen rechtlichen Maßstab dar.

Diese Parallele zwischen Anreizen und Vollstreckungsrealakten hat *Wolfgang Hoffmann-Riem* auf einen Begriff gebracht, indem er beide gleichermaßen als Bewirkungsformen bezeichnet:[72] Anreize und Vollstreckungsrealakte haben danach gemeinsam, dass sie, soweit sie wirken, nicht durch nachgeordnete Instrumente durchgesetzt werden, sondern selbstvollstreckend wirken sollen, d. h. selbst auf tatsächliche Bewirkung gerichtet sind.[73]

Während aber auf der einen Seite zwischen Vollstreckungsrealakten und Anreizen die geschilderte Parallele besteht, bestehen auf der anderen Seite insofern große Unterschiede, als im Hinblick auf Anreize ein um Vieles größerer Bedarf an einer dogmatischen Durchdringung besteht. Denn Vollstreckungsrealakte sind zum einen in Form und Wirkungslogik relativ simpel. Zum anderen gibt es eine, u. a. im Verwaltungsvollstreckungsgesetz sogar gesetzlich verankerte, Typologie der Vollstreckungsrealakte, die es ermöglicht, ihre Vereinbarkeit mit höherrangigem Recht nicht nur einzelfallbezogen, sondern im Hinblick auf die Gemeinsamkeiten und Unterschiede zu anderen Vollstreckungsrealakten zu beurteilen. Eine anerkannte Typologie von Anreizen gibt es dagegen nicht, und das, obwohl sie, da die Formen, in denen Anreize auftreten, und die ihnen zugrundeliegenden Wirkungslogiken divers und teilweise komplex sind, besonders notwendig wäre.

---

[72] *Hoffmann-Riem*, Rechtsformen, Handlungsformen, Bewirkungsformen, in: GVwR II, 2012, § 33 Rn. 16 ff.

[73] *Hoffmann-Riem*, Rechtsformen, Handlungsformen, Bewirkungsformen, in: GVwR II, 2012, § 33 Rn. 18: Anreize sollen „als solche" Verhaltenswirkungen erzeugen. Der nach *Hoffmann-Riems* zutreffender Darstellung bestehende Unterschied zwischen Vollstreckungsrealakten und Anreizen, dass nur erstere ergänzend neben anderes Verwaltungshandeln (etwa neben eine Grundverfügung) treten, um dessen Befolgung zu sichern, spielt insofern keine Rolle.

§ 2 Die notwendige Ergänzung durch die Steuerungsperspektive

Voraussetzung dafür, dass eine übergreifende, widerspruchsfreie anreizbezogene Verfassungsrechtsdogmatik entwickelt werden kann, ist, dass Anreize zunächst als solche im Hinblick auf ihre Form sowie auf Gemeinsamkeiten mit und Unterschiede zu anderen Anreizen hin untersucht und typisiert und dass entsprechende Begriffe gebildet werden. Diese Vorarbeiten, die es ohne Bezug zum Verfassungsrecht zunächst allein mit Blick auf das einfache Recht vorzunehmen gilt, wurden bisher nicht geleistet. Besteht nach den bisherigen Überlegungen der Grund für dieses Problem darin, dass Anreize als reine Instrumente aus der herkömmlichen Rechtsanwendungsperspektive nicht hinreichend wahrnehmbar sind, liegt die Lösung des Problems in einem Perspektivwechsel.

Als eine Perspektive, aus der das Recht nicht als Maßstab, sondern als zukunftsgerichtetes „Instrument zur Beeinflussung von Ereignisabläufen"[1] erscheint, wurde vor circa 30 Jahren die sog. Steuerungsperspektive in die rechtswissenschaftliche Diskussion eingeführt. Da aus dieser Perspektive, worauf noch näher einzugehen ist, ausgerechnet der traditionell im Mittelpunkt stehende, das genuin juristische Erkenntnisinteresse bestimmende Maßstabsgehalt des Rechts unsichtbar ist, war lange umstritten, ob es sich bei dieser überhaupt um eine Perspektive für die Rechtswissenschaft handeln kann. Über Umfang und Grenzen von Erkenntnisinteressen muss hier aber gar nicht gestritten werden. Denn jedenfalls soweit die steuerungsorientierte Untersuchung von Anreizen als Vorarbeit für die Entwicklung einer systematischen und kohärenten anreiz-

[1] *Voßkuhle*, „Schlüsselbegriffe" der Verwaltungsrechtsreform, VerwArch 92 (2001), S. 184 (194); in diesem Sinne auch *Eifert*, Das Verwaltungsrecht zwischen klassischem dogmatischen Verständnis und steuerungswissenschaftlichem Anspruch, VVDStRL 67 (2008), S. 286 (294): Die Funktion des Rechts als Verhaltensanleitung stehe im Mittelpunkt. *Franzius*, Funktionen des Verwaltungsrechts im Steuerungsparadigma der Neuen Verwaltungsrechtswissenschaft, DV 39 (2006), S. 335 (342): „Hervorhebung der instrumentellen Funktion des Verwaltungsrechts"; *Schmidt-Aßmann*, Das allgemeine Verwaltungsrecht als Ordnungsidee, 2004, Erstes Kap. Rn. 38: „Instrumentalfunktion"; siehe auch *Hoffmann-Riem*, Verwaltungsrechtsreform, in: Hoffmann-Riem/Schmidt-Aßmann/Schuppert, Reform des Allgemeinen Verwaltungsrechts, 1993, S. 115 (122 und 125 f.). Zuvor in Bezug auf die Steuerung allein der Verwaltung *Schuppert*, Verwaltungsrechtswissenschaft als Steuerungswissenschaft, in: Hoffmann-Riem/Schmidt-Aßmann/Schuppert, Reform des Allgemeinen Verwaltungsrechts, 1993, S. 65 (68 f.); ähnlich *Schuppert*, Recht als Steuerungsinstrument, in: Ellwein/Hesse, Staatswissenschaften, 1990, S. 73.

bezogenen Verfassungsrechtsdogmatik dient, sind klassische, genuin rechtswissenschaftliche Erkenntnisinteressen in ihrem Kern betroffen.

Dass in der Rechtswissenschaft grundsätzlich Platz und Bedarf für die Rechtsanwendungs- *und* die Steuerungsperspektive ist, dürfte – bei gewissen Variationen im Hinblick auf die Gewichtung – inzwischen herrschende Meinung sein. Zumindest ist der diesbezügliche, zeitweise hitzig geführte „Methodenstreit“[2] inzwischen deutlich abgekühlt.[3] Stattgefunden hat allerdings eher die Vereinbarung eines Waffenstillstandes als eine Einigung in der Sache. Die entsprechend freundlich-diplomatischen Erklärungen lauten etwa, es gelte, „das Neue mit dem Bewährten zu verbinden“;[4] beide Zugänge könnten „Plätze nebeneinander“[5] einnehmen. Die Juristische Methode und die steuerungswissenschaftliche Arbeitsweise setzten zwar „unterschiedliche Akzente“, bildeten „aber keine exklusiven Zugriffe auf das Verwaltungsrecht“; bei „der konkreten wissenschaftlichen Arbeit“ würden sie sich häufig „durchdringen“.[6] Der steuerungswissenschaftliche Ansatz könne als „Akzentuierung und Ergänzung der bewährten ‚traditionellen‘ Verwaltungsrechtswissenschaft“[7] verstanden werden; es gehe „nicht um einen Systemwechsel“[8]. „Statt den vermeintlichen Widerstreit zu pflegen“, solle man „den Eigensinn und den Eigenwert beider Perspektiven anerkennen“.[9] Sie seien „trotz ihrer prinzipiellen Differenzen strukturell kompatibel. Sie widersprechen sich nicht, sondern er-

---

2 *Voßkuhle*, Neue Verwaltungsrechtswissenschaft, in: GVwR I, 2012, § 1 Rn. 1; *Hoffmann-Riem*, Methoden einer anwendungsorientierten Verwaltungsrechtswissenschaft, in: Schmidt-Aßmann/Hoffmann-Riem, Methoden der Verwaltungsrechtswissenschaft, 2004, S. 9 (13), in Anknüpfung an *Möllers*, Braucht das öffentliche Recht einen neuen Richtungs- und Methodenstreit?, VerwArch 90 (1999), S. 87 ff.

3 Aufgewärmt wurde er zuletzt durch die Beiträge von *Gärditz*, Die „Neue Verwaltungsrechtswissenschaft“ – Alter Wein in neuen Schläuchen, DV Beiheft 12 (2017), S. 105 ff., und *Schönberger*, Mehr Wissenschaft wagen! Die uneingelösten Versprechen der Neuen Verwaltungsrechtswissenschaft, JöR 65 (2017), S. 511 ff.

4 *Ehlers*, Verwaltungsrecht, in: Ehlers/Pünder, Allgemeines Verwaltungsrecht, 2016, § 3 Rn. 102.

5 *Appel*, Das Verwaltungsrecht zwischen klassischem dogmatischen Verständnis und steuerungswissenschaftlichem Anspruch, VVDStRL 67 (2008), S. 226 (255 und 256).

6 *Eifert*, Das Verwaltungsrecht zwischen klassischem dogmatischen Verständnis und steuerungswissenschaftlichem Anspruch, VVDStRL 67 (2008), S. 286 (314).

7 *Schoch*, Gemeinsamkeiten und Unterschiede von Verwaltungsrechtslehre und Staatsrechtslehre, DV Beiheft 7 (2007), S. 177 (203); ebenso *Erbguth*, Allgemeines Verwaltungsrecht, 2014, § 1 Rn. 4.

8 *Ossenbühl*, Grundlagen des Verwaltungsrechts (Buchbesprechung), DV 40 (2007), S. 125 (127); in diese Richtung auch *Starck*, Neue Verwaltungsrechtswissenschaft? (Buchbesprechung), JZ 2010, 1170 (1173): Man finde viel Neues, „ob aber von der ‚Neuen Verwaltungsrechtswissenschaft‘ gesprochen werden kann, ist die Frage“.

9 *Bumke*, Die Entwicklung der verwaltungsrechtswissenschaftlichen Methodik, in: Schmidt-Aßmann/Hoffmann-Riem, Methoden der Verwaltungsrechtswissenschaft, 2004, S. 73 (107).

gänzen einander"; es sei erforderlich „beide Perspektiven zu verschränken, ohne sie ineinander aufzuheben".[10]

Wie allerdings ein produktives Nebeneinander oder eine Verschränkung beider Perspektiven aussehen könnte, ist bisher im Vagen geblieben. Insbesondere fehlt es an Forschungsarbeiten, die die auf theoretischer Ebene stattgefundene Versöhnung auch praktisch vollziehen und die Rechtsanwendungs- und die Steuerungsperspektive tatsächlich produktiv miteinander verbinden. Das Thema der Anreize ist nun ein Thema, bei dem beide Perspektiven zwar eigenständig und klar voneinander unterscheidbar nebeneinanderstehen, zugleich aber mit Gewinn miteinander verschränkt werden können. Indem nämlich die Steuerungsperspektive eine Konzentration auf den instrumentellen Gehalt von Rechtsakten ermöglicht, lässt sich die oben beschriebene Lücke schließen: Aus der Steuerungsperspektive heraus können diejenigen systematisierenden und begriffsbildenden Vorarbeiten zum Instrumententyp der Anreize geleistet werden, die aus der Rechtsanwendungsperspektive nicht geleistet werden können, die aber eine notwendige Voraussetzung für eine widerspruchsfreie verfassungsrechtliche Bewertung von Anreizen aus der Rechtsanwendungsperspektive sind.

I. Die Steuerungsorientierung der Neuen Verwaltungsrechtswissenschaft

Auf die Möglichkeit und Notwendigkeit, das Recht (auch) steuerungsorientiert zu betrachten, hat die sog. Neue Verwaltungsrechtswissenschaft aufmerksam gemacht. Zwar waren die Vorreiter der selbsternannten „Reformbewegung" zu Beginn der 1990er Jahre[11] nicht die ersten, die instrumentenbezogene Rechtsfragen aufwarfen. Vor allem in der umweltrechtlichen Literatur hatte man sich schon in den 1980er Jahren daran gemacht, das Recht und insbesondere seine intendierten und nicht intendierten Wirkungen auch ohne Bezug zu Maßstäben höherrangigen Rechts zu untersuchen.[12] Noch weiter zurück gehen die Wurzeln der sog. Gesetzgebungslehre,[13] die sich vertieft insbesondere mit außer-

---

[10] *Masing*, Der Rechtsstatus des Einzelnen im Verwaltungsrecht, in: GVwR I, 2012, § 7 Rn. 15.

[11] Die Entwicklung der Neuen Verwaltungsrechtswissenschaft aus einer Außenperspektive reflektierend etwa *Wahl*, Herausforderungen und Antworten, 2006, S. 87 ff.; *R. Schröder*, Verwaltungsrechtsdogmatik im Wandel, 2007, S. 169 ff.; *Bauer*, Verwaltungsrechtslehre im Umbruch?, DV 25 (1992), S. 301 ff.

[12] Zur Rechtswirkungs- und Evaluationsforschung oben, S. 17 m. w. N., und auch unten, S. 104 f.

[13] Siehe *Emmenegger*, Gesetzgebungskunst, 2006, die die Geschichte der Gesetzgebungslehre bis um 1900 zurückverfolgt. Ihren Höhepunkt erlebte die Gesetzgebungslehre in den 1970er- und 1980er-Jahren, als sie, auch personell, teilweise eng mit der umweltrechtlichen Forschung zusammenkam; siehe etwa *Noll*, Gesetzgebungslehre, 1973; *Rödig*, Studien zu ei-

rechtlichen Kriterien „guter Gesetzgebung" befasst, sich also ebenfalls keineswegs auf maßstabsbezogene Rechtsfragen beschränkt.[14] Von den älteren Ansätzen unterscheidet sich die Neue Verwaltungsrechtswissenschaft allerdings zum einen durch ihre programmatische Herangehensweise und entsprechende Ausrichtung auf Breitenwirksamkeit: So ging es ihren Vertretern von Anfang an nicht nur darum, eine neue Unterdisziplin zu etablieren, die ein bestimmtes Fragenfeld besetzen sollte, sondern um nicht weniger als um die „Rolle der eigenen Zunft"[15]. *Die* Verwaltungsrechtswissenschaft sei (auch) als „Steuerungswissenschaft"[16] zu begreifen, und es gehöre zu den Aufgaben *dieser Disziplin*, „die Vielfalt der im Recht selbst verfügbaren Regelungsmöglichkeiten herauszuarbeiten"[17]. Der ganzheitliche Anspruch kommt auch in der selbst gewählten Bezeichnung[18] zum Ausdruck: „Neue Verwaltungsrechtswissenschaft" lässt nicht nur das bisher Dagewesene etwas despektierlich als alt, vielleicht sogar veraltet, erscheinen,[19] sondern transportiert zugleich die Idee einer Neuausrichtung des gesamten Fachs. Zum anderen unterscheidet sich die Neue Verwaltungsrechtswissenschaft von ihren Vorläufern auch dadurch, dass viel Gewicht darauf gelegt wird, die Zweckmäßigkeit des „steuerungstheoretischen Ansatzes" im Hinblick auf den rechtswissenschaftlichen Erkenntnisgewinn theoretisch zu begründen, während die Erzielung konkreter Ergebnisse weniger im Fokus zu stehen scheint.

---

ner Theorie der Gesetzgebung, 1976; *Böhret*, Gesetzgebungspraxis und Gesetzgebungslehre, 1980; *Hill*, Einführung in die Gesetzgebungslehre, 1982; aus der neueren Literatur: *Karpen*, Gesetzgebungslehre – neu evaluiert, 2008; *Schuppert*, Governance und Rechtsetzung, 2011.

[14] Dazu *Voßkuhle*, Neue Verwaltungsrechtswissenschaft, in: GVwR I, 2012, § 1 Rn. 15, der die Etablierung der Gesetzgebungslehre als einen Beleg dafür ansieht, dass sich „der Schwerpunkt der Forschungstätigkeit mehr und mehr von einer anwendungsbezogenen Interpretationswissenschaft hin zu einer rechtsetzungsorientierten Handlungs- und Entscheidungswissenschaft" entwickelt.

[15] *Voßkuhle*, Neue Verwaltungsrechtswissenschaft, in: GVwR I, 2012, § 1 Rn. 1.

[16] *Schuppert*, Verwaltungsrechtswissenschaft als Steuerungswissenschaft, in: Hoffmann-Riem/Schmidt-Aßmann/Schuppert, Reform des Allgemeinen Verwaltungsrechts, 1993, S. 65 ff.; *Schmidt-Aßmann*, Das allgemeine Verwaltungsrecht als Ordnungsidee, 2004, Erstes Kap. Rn. 33 ff.; *Voßkuhle*, „Schlüsselbegriffe" der Verwaltungsrechtsreform, VerwArch 92 (2001), S. 184 (194 f.); siehe etwa auch *Masing*, Der Rechtsstatus des Einzelnen im Verwaltungsrecht, in: GVwR I, 2012, § 7 Rn. 3.

[17] *Schmidt-Aßmann*, Das allgemeine Verwaltungsrecht als Ordnungsidee, 2004, Erstes Kap. Rn. 40. Ähnlich *Schuppert*, Governance und Rechtsetzung, 2011, S. 101.

[18] Diese verwendete wohl erstmalig *Bumke*, Die Entwicklung der verwaltungsrechtswissenschaftlichen Methodik, in: Schmidt-Aßmann/Hoffmann-Riem, Methoden der Verwaltungsrechtswissenschaft, 2004, S. 73 (103); ähnlich *Hoffmann-Riem*, Methoden einer anwendungsorientierten Verwaltungsrechtswissenschaft, in: Schmidt-Aßmann/Hoffmann-Riem, Methoden der Verwaltungsrechtswissenschaft, 2004, S. 9 (13): „Neue (Verwaltungs-)Rechtswissenschaft". Später war insb. *Voßkuhle*, Neue Verwaltungsrechtswissenschaft, in: GVwR I, 2012 (bzw. 1. Aufl., 2006), § 1, begriffsprägend.

[19] Vgl. *Wahl*, Herausforderungen und Antworten, 2006, S. 93, der sich von der Neuen Verwaltungsrechtswissenschaft als „Vertreter einer alten Verwaltungsrechtswissenschaft" angesprochen fühlte.

1. Der „steuerungstheoretische Ansatz" und seine sozialwissenschaftlichen Wurzeln

Um der Neuen Verwaltungsrechtswissenschaft ein theoretisches Fundament zu geben und ihr Anliegen einer disziplinären Neuorientierung zu untermauern, haben die Vorreiter der Neuen Verwaltungsrechtswissenschaft das ursprünglich aus den Sozialwissenschaften stammende Konzept der Steuerung aufgegriffen.[20] Die sog. Steuerungsdiskussion in den Sozialwissenschaften, auf die sich die Neue Verwaltungsrechtswissenschaft ausdrücklich bezieht,[21] hatte Ende der 1960er, Anfang der 1970er Jahre begonnen und vor allem in den 1980er Jahren Fahrt aufgenommen.[22] Ihr Gegenstand bestand in der unter den Stichworten Steuerungsmängel oder Steuerungsversagen diskutierten Feststellung einer unzureichenden Wirkmächtigkeit des Staates im Hinblick auf ökonomische und soziale Probleme.[23] Von *einer* sozialwissenschaftlichen Steuerungsdiskussion zu sprechen, ist zwar nicht ganz treffend. Denn schon die theoretischen und methodischen Ausgangspunkte und die zugrunde gelegten Steuerungsbegriffe waren derart heterogen,[24] dass oft buchstäblich aneinander vorbei diskutiert wurde. Bei der rechtswissenschaftlichen Adaption griff man jedoch von Anfang an nicht die Diskurse in ihrer ganzen Zahl und Breite auf. Vor allem systemtheoretisch geprägten Vorstellungen mit ihrer Skepsis gegenüberüber der Steuerungsfähigkeit des Rechts in selbstreferenziellen geschlossenen Systemen[25] ging

---

[20] *Schuppert*, Verwaltungsrechtswissenschaft als Steuerungswissenschaft, in: Hoffmann-Riem/Schmidt-Aßmann/Schuppert, Reform des Allgemeinen Verwaltungsrechts, 1993, S. 65 ff.; *Hoffmann-Riem*, Verwaltungsrechtsreform, in: ders./Schmidt-Aßmann/Schuppert, Reform des Allgemeinen Verwaltungsrechts, 1993, S. 115 (121).

[21] Siehe hier nur *Voßkuhle*, Neue Verwaltungsrechtswissenschaft, in: GVwR I, 2012, § 1 Rn. 18 ff.

[22] *Mayntz*, Soziale Dynamik und politische Steuerung, 1997, S. 188 f. mit dem Verweis auf eine Recherche des Bonner InformationsZentrums Sozialwissenschaften, die im Jahr 1985 im Auftrag des Max-Planck-Instituts für Gesellschaftsforschung durchgeführt wurde und wonach erste soziologische und politikwissenschaftliche Publikationen den Steuerungsbegriff 1970 im Titel führten, von wo an die Zahl der Publikationen zu diesem Thema stark anstieg.

[23] Aus der schier unüberschaubaren Literatur hier insb. *Mayntz*, Politische Steuerung und gesellschaftliche Steuerungsprobleme, in: Jahrbuch zur Staats- und Verwaltungswissenschaft 1/87, S. 89 f.; siehe auch die Beiträge von *Voigt*, *Görlitz*, *Ronge*, *Rucht/Treutner* und *Graver*, in Görlitz/Voigt, Grenzen des Rechts, 1987.

[24] Siehe dazu nur *Voigt*, Staatliche Steuerung aus interdisziplinärer Perspektive, in: König/Dose, Instrumente und Formen staatlichen Handelns, 1993, S. 289 (291 ff.), und *Braun*, Diskurse zur staatlichen Steuerung, in: Burth/Görlitz, Politische Steuerung in Theorie und Praxis, 2001, S. 101 ff.

[25] So insb. *Luhmann*, Politische Steuerung, PVS 30 (1989), 4 ff.; *Luhmann*, Soziale Systeme, 1994, S. 57 ff.; *Teubner/Wilke*, Kontext und Autonomie – Gesellschaftliche Selbststeuerung durch Reflexives Recht, ZfRSoz 1984, S. 4 ff., 11; *Teubner*, Die Episteme des Rechts, in: Grimm, Wachsende Staatsaufgaben – sinkende Steuerungsfähigkeit des Rechts, 1990, S. 115 ff.; *Glagow/Willke*, Dezentrale Gesellschaftssteuerung, 1987. Siehe auch *Voigt*, Grenzen des Rechts, in: Görlitz/Voigt, Grenzen des Rechts, 1987, S. 3 f. Zu betonen ist allerdings, dass hier eigene Steuerungsbegriffe gebraucht werden. Insbesondere liegt den systemtheoretisch ge-

man nicht weiter nach.[26] Stattdessen (der Gegensatz wird hier freilich überspritzt) setzte man voraus, dass das Recht – und insbesondere das (Parlaments-)Gesetz[27] – „unbeschadet aller Wirkungsschwächen" ein grundsätzlich „taugliches und unverzichtbares Steuerungsmittel"[28] ist, und zog einen, mit dieser Annahme besonders gut vereinbaren Steuerungsansatz heran: den von *Renate Mayntz* und *Fritz W. Scharpf* entwickelten[29] handlungstheoretischen Ansatz des „akteurzentrierten Institutionalismus"[30].[31]

Dieser Steuerungsansatz, der in den Sozialwissenschaften und vor allem in der Politikwissenschaft bis heute eine zentrale Stellung einnimmt,[32] war als sozialwissenschaftlicher Ansatz selbstverständlich nicht entwickelt worden, um damit der rechtswissenschaftlichen Forschung einen Dienst zu erweisen. Dass er sich gleichwohl als anschlussfähig erwies, dürfte in erster Linie an einem Aspekt liegen: Bei dem ihm zugrundeliegenden Steuerungsbegriff lässt

---

prägten Überlegungen zur (mangelnden, teilweise fehlenden) Steuerungsfähigkeit des Rechts insofern ein anderer Zugang zugrunde als der vorliegende, als sie i.d.R. die Auswirkungen von Recht auf das Verhalten komplexer Systeme wie Wirtschaft, Wissenschaft, Erziehung, Kultur, Militär und Technologie und nicht auf das Verhalten von Individuen betreffen.

[26] Ausdrücklich ablehnend *Schmidt-Aßmann*, Das allgemeine Verwaltungsrecht als Ordnungsidee, 2004, Erstes Kap. Rn. 34; *Schuppert*, Grenzen und Alternativen von Steuerung durch Recht, in: Grimm, Wachsende Staatsaufgaben – sinkende Steuerungsfähigkeit des Rechts, 1990, S. 217 (224); *Schuppert*, Recht als Steuerungsinstrument, in: Ellwein/Hesse, Staatswissenschaften, 1990, S. 73 (76). Gegen den „Kurzschluss" der Steuerungsperspektive mit der Systemtheorie auch *Voßkuhle*, Neue Verwaltungsrechtswissenschaft, in: GVwR I, 2012, § 1 Rn. 20 (dort Fn. 125). Anders die Rezeption durch *Lepsius*, Steuerungsdiskussion, Systemtheorie und Parlamentarismuskritik, 1999, S. 8.

[27] Siehe *Schuppert*, Verwaltungswissenschaft: Verwaltung, Verwaltungsrecht, Verwaltungslehre, 2000, S. 461 ff.; *Schmidt-Aßmann*, Zur Reform des Allgemeinen Verwaltungsrechts, in: Hoffmann-Riem/Schmidt-Aßmann/Schuppert, Reform des Allgemeinen Verwaltungsrechts, 1993, S. 11 (47).

[28] *Schmidt-Aßmann*, Das allgemeine Verwaltungsrecht als Ordnungsidee, 2004, Erstes Kap. Rn. 34. Vgl. auch *Appel*, Das Verwaltungsrecht zwischen klassischem dogmatischen Verständnis und steuerungswissenschaftlichem Anspruch, VVDStRL 67 (2008), S. 226 (242), der schon in dem Vorhaben, Verwaltungsrechtswissenschaft als Steuerungswissenschaft zu betreiben, an sich die „Antithese" zur These der Steuerungsunfähigkeit des Rechts erblickt.

[29] Verwendet wurde der Ansatz von beiden Autoren bereits in den 1970er Jahren, seinen Namen bekam er aber erst in diesem gemeinsamen Aufsatz: *Mayntz/Scharpf*, Der Ansatz des akteurzentrierten Institutionalismus, in: dies., Gesellschaftliche Selbstregulierung und politische Steuerung, 1995, S. 39 ff.

[30] Siehe den Nachweis in der voranstehenden Fn. 29; siehe außerdem *Mayntz*, Kausale Rekonstruktion, in: dies., Sozialwissenschaftliches Erklären Probleme der Theoriebildung und Methodologie, S. 83 ff.

[31] *Schuppert*, Verwaltungsrechtswissenschaft als Steuerungswissenschaft, in: Hoffmann-Riem/Schmidt-Aßmann/Schuppert, Reform des Allgemeinen Verwaltungsrechts, 1993, S. 65 (68); *Hoffmann-Riem*, Verwaltungsrechtsreform, in: ders./Schmidt-Aßmann/Schuppert, Reform des Allgemeinen Verwaltungsrechts, 1993, S. 115 (122, dort Fn. 19); *Voßkuhle*, Neue Verwaltungsrechtswissenschaft, in: GVwR I, 2012, § 1 Rn. 20.

[32] Siehe hier nur *Lauth/Thiery*, Politikfeldanalyse, in: Lauth/Wagner, Politikwissenschaft, 2019, S. 282 ff.; *Gellner/Hammer*, Policyforschung, 2010, S. 82 ff.; *Bohne*, Verwaltungswissenschaft, 2018, S. 136 f., 153 ff., 234 f.

sich unmittelbar erkennen, welche Rolle darin das Recht spielt – und wo dementsprechend die Rechtswissenschaft anknüpfen kann.[33] Denn wenn Steuerung danach eine einem Steuerungssubjekt (Steuerungsakteur) zuzurechnende Aktivität ist,[34] bei der bewusst und zielgerichtet mittels eines Steuerungsinstruments[35] auf ein Steuerungsobjekt[36] eingewirkt werden soll, um ein Steuerungsziel[37] zu erreichen, drängt es sich aus rechtswissenschaftlicher Sicht auf, das Recht als Steuerungsinstrument zu betrachten.[38]

2. Stellenwert und Nutzen

Während die Urheber des Steuerungsansatzes des „akteurzentrierten Institutionalismus" für die Sozialwissenschaften klargestellt haben, dass es sich bei diesem weder um ein Erklärungsmodell[39] noch um eine Theorie[40] handelt, ist der Stellenwert des Steuerungsansatzes für die Neue Verwaltungsrechtswissenschaft nach wie vor unklar.

Feststehen dürfte zumindest, dass er nicht nur für eine im engeren Sinne „methodische Neuausrichtung"[41] steht, sondern auch, ja gerade, für eine Neuausrichtung der, den methodischen Fragen vorgelagerten, Erkenntnisinteressen. So wird in den programmatischen Beiträgen zur Neuen Verwaltungs-

---

33 Anders: *Treiber*, Verwaltungsrechtswissenschaft als Steuerungswissenschaft – eine „Revolution auf dem Papier"?, KJ 2007, 328 (343), der sich die „Anziehungskraft des Mayntz'schen Steuerungsmodells für Juristen" mit dessen staatszentrierter Ausrichtung erklärt.

34 *Mayntz*, Soziale Dynamik und politische Steuerung, 1997, S. 191, beschreibt dies als das Wesen der Akteurzentriertheit des Ansatzes: „komplexe Interaktionszusammenhänge (werden) jeweils selektiv aus der Perspektive des Akteurs betrachtet (...), dessen Steuerungshandeln man untersuchen möchte".

35 Aus sozialwissenschaftlicher Sicht kommen neben dem Recht (siehe hier nur *Mayntz*, Soziale Dynamik und politische Steuerung, 1997, S. 263) grundsätzlich viele weitere Steuerungsinstrumente in Betracht, etwa Marktprinzipien oder Gemeinschaftsbindungen (a. a. O., S. 190), Geld oder Informationen (a. a. O., S. 196).

36 Als Steuerungsobjekt kommt nach dem sozialwissenschaftlichen Ansatz jegliches System in Frage, da nur erforderlich ist, dass „das Steuerungsobjekt eine autonome Existenz besitzt, d. h. daß es sich in Abwesenheit des Steuerungseingriffs selbsttätig weiter entwickeln würde". Nach *Mayntz*, Soziale Dynamik und politische Steuerung, 1997, S. 191, dient dieses Kriterium vor allem dazu, „Steuerung von lediglich punktuellen Eingriffen, aber auch von der Erschaffung, dem Aufbau oder der Konstruktion sozialer Gebilde zu unterscheiden".

37 Das Ziel von Steuerung besteht stets in einer „bestimmte(n) Zustandsänderung des als Steuerungsobjekt fungierenden Systems", *Mayntz*, Soziale Dynamik und politische Steuerung, 1997, S. 192.

38 In der rechtswissenschaftlichen Adaption findet sich häufig die terminologische Variante, das Recht insgesamt als Steuerungsmedium oder -mittel und einzelne rechtliche Maßnahmen oder Kategorien von solchen (etwa Gesetze, Verwaltungs- oder Vollzugsakte) als Steuerungsinstrumente zu bezeichnen.

39 *Mayntz/Scharpf*, Der Ansatz des akteurzentrierten Institutionalismus, in: dies., Gesellschaftliche Selbstregulierung und politische Steuerung, 1995, S. 39.

40 *Scharpf*, Interaktionsformen, 2000, S. 75.

41 Vgl. *Voßkuhle*, Neue Verwaltungsrechtswissenschaft, in: GVwR I, 2012, § 1 Rn. 15.

rechtswissenschaft auch weniger die Begrenztheit der überkommenen Methodik im engeren Sinne als vor allem die Begrenztheit der klassischen Forschungsfelder und -interessen kritisch gesehen.[42] Auch sind Forschungsfragen, die nach der Programmatik der Neuen Verwaltungsrechtswissenschaft in Angriff zu nehmen sind, insbesondere solche, die mangels Bezug zu rechtlichen Maßstäben nach klassischem Verständnis gar nicht als Rechtsfragen gelten würden: So wird etwa ein Bedarf daran festgestellt, die rechtswissenschaftliche „Maßstabslehre" so zu erweitern, dass Aussagen über die „Richtigkeit" von Rechtsetzungsentscheidungen *jenseits* der Frage ihrer Rechtmäßigkeit, also etwa im Hinblick auf die Kriterien der Wirtschaftlichkeit, Transparenz, Akzeptanz, Bürgernähe, Effizienz sowie nicht zuletzt der Wirksamkeit, ermöglicht werden.[43] Dass es der Neuen Verwaltungsrechtswissenschaft um Veränderungen nicht nur auf der Ebene der Methodik, sondern insbesondere auf der Ebene der angestrebten Erkenntnisse geht, kommt in wenigen Worten auch klar zum Ausdruck, wenn seitens der Neuen Verwaltungsrechtswissenschaft die Beobachtung gemacht und begrüßt wird, dass sich die Rechtswissenschaft „mehr und mehr von einer anwendungsbezogenen Interpretationswissenschaft hin zu einer rechtsetzungsorientierten Handlungs- und Entscheidungswissenschaft"[44] entwickelt.

Welche Funktion der Steuerungsperspektive bei dieser Entwicklung zukommen kann und soll, bleibt allerdings weitgehend im Unklaren. Verwirrend ist insofern etwa, dass sich die Vertreter der Neuen Verwaltungsrechtswissenschaft einerseits dagegen wehren, diese auf das Anliegen zu reduzieren, die Steuerungsperspektive als eine weitere rechtswissenschaftliche Perspektive zu etablieren. Die Neue Verwaltungsrechtswissenschaft als Steuerungswissenschaft zu bezeichnen,[45] greife zu kurz, da der Steuerungsgedanke „nur *ein* (zentrales) Element in einem methodischen Ensemble" darstelle.[46] Andererseits wird aber die „steuerungstheoretische Perspektive" als für die Neue Verwaltungsrechtswissenschaft „konstituierend" bezeichnet,[47] und die „rechtsetzungsorientierte Betrachtung des Verwaltungsrechts" ausdrücklich „im Mittelpunkt" der methodischen Überlegungen angesiedelt[48].

Eine Darstellung der unterschiedlichen Positionen zur Frage des Stellenwerts des Steuerungsgedankens wird dadurch erschwert, dass der Bezugspunkt changiert. So befassen sich einige Autoren mit dem oben genannten[49], von *Renate*

---

[42] Siehe nur *Voßkuhle*, Neue Verwaltungsrechtswissenschaft, in: GVwR I, 2012, § 1 Rn. 8.
[43] Dazu ausführlicher unten, S. 98 ff., insb. S. 100 f.
[44] Vgl. *Voßkuhle*, Neue Verwaltungsrechtswissenschaft, in: GVwR I, 2012, § 1 Rn. 15.
[45] Siehe die Nachweise oben, S. 70, Fn. 16.
[46] *Voßkuhle*, Neue Verwaltungsrechtswissenschaft, in: GVwR I, 2012, § 1 Rn. 1 (dort in Fn. 17); *Voßkuhle*, Wie betreibt man offen(e) Rechtswissenschaft?, in: Hoffmann-Riem, Offene Rechtswissenschaft, 2010, S. 153 (160 f., dort in Fn. 31).
[47] *Voßkuhle*, Neue Verwaltungsrechtswissenschaft, in: GVwR I, 2012, § 1 Rn. 17.
[48] *Voßkuhle*, Neue Verwaltungsrechtswissenschaft, in: GVwR I, 2012, § 1 Rn. 16.
[49] Siehe oben, S. 73.

Mayntz und *Fritz W. Scharpf* entwickelten Steuerungs*begriff*. Diesen halten sie wahlweise für „für unseren ‚Hausgebrauch' ausreichend",[50] sie verstehen ihn als Metapher[51] oder Verbundbegriff[52], oder sie halten ihn für eigentlich gar nicht weiterführend bei der Beantwortung konkreter rechtswissenschaftlicher Fragen. In letzterem Sinne dürfte etwa, obwohl er selbst zu denjenigen gehört, die die Idee einer steuerungsorientierten Verwaltungsrechtswissenschaft stark gemacht haben, ausgerechnet *Wolfgang Hoffmann-Riem* zu verstehen sein. Denn er stellte schon früh fest, es müsse ein eigener, „für die Rechtswissenschaft praktikabler Steuerungsbegriff noch entwickelt werden".[53] Andere Autoren beziehen sich dagegen auf den „Steuerungs*ansatz*" der Neuen Verwaltungsrechtswissenschaft. Insofern scheint zwar Einigkeit darüber zu herrschen, dass der rechtswissenschaftliche Steuerungsansatz von dem sozialwissenschaftlichen unabhängig sein soll.[54] Worin der spezifisch rechtswissenschaftliche An-

---

50 *Schuppert*, Verwaltungsrechtswissenschaft als Steuerungswissenschaft, in: Hoffmann-Riem/Schmidt-Aßmann/Schuppert, Reform des Allgemeinen Verwaltungsrechts, 1993, S. 65 (68).

51 Metaphorisch ist in der rechtswissenschaftlichen Literatur in diesem Zusammenhang auch vom Staat als Steuermann die Rede, vgl. etwa *Schuppert*, Recht als Steuerungsinstrument, in: Ellwein/Hesse, Staatswissenschaften, 1990, S. 73; ähnlich *Voßkuhle*, Neue Verwaltungsrechtswissenschaft, in: GVwR I, 2012, § 1 Rn. 20: „Bild des politischen Steuermanns, der das Staatsschiff sicher über die Meere lenkt". Dazu *Möllers*, Theorie, Praxis und Interdisziplinarität in der Verwaltungsrechtswissenschaft, VerwArch 93 (2002), S. 22 (39) m. w. N.: Das Konzept der Steuerung werde „quasi metaphorisch weiterverwendet"; ähnlich *Treiber*, Verwaltungsrechtswissenschaft als Steuerungswissenschaft – eine „Revolution auf dem Papier"? (Teil 2), KJ 2008, 48 (55). Zum Wert von Metaphern *Baer*, Schlüsselbegriffe, Typen und Leitbilder als Erkenntnismittel und ihr Verhältnis zur Rechtsdogmatik, in: Schmidt-Aßmann/Hoffmann-Riem, Methoden der Verwaltungsrechtswissenschaft, 2004, S. 223 (238 ff.).

52 Ein solcher könnte etwa Leserinnen und Lesern aus anderen Disziplinen signalisieren, wo potenzielle Anknüpfungspunkte sind, und disziplinäre Fachdiskurse miteinander verkoppeln, siehe dazu nur *Trute*, Verantwortungsteilung als Schlüsselbegriff eines sich ändernden Verhältnisses von öffentlichem und privatem Sektor, in: Schuppert, Jenseits von Privatisierung und „schlankem" Staat, 1999, S. 13 (14).

53 *Hoffmann-Riem*, Verwaltungsrechtsreform, in: ders./Schmidt-Aßmann/Schuppert, Reform des Allgemeinen Verwaltungsrechts, 1993, S. 115 (122, dort Fn. 19). Entsprechende Versuche hat es aber, soweit ersichtlich, nicht gegeben. Sie dürften auch wenig aussichtsreich sein. Denn *Hoffmann-Riem* begründete die begrenzte Nützlichkeit des Steuerungsansatzes des „akteurzentrierten Institutionalismus" für die Rechtswissenschaft seinerzeit damit, dass für rechtswissenschaftliche Zwecke ein „am Modell linearer Kausalität orientiertes Wirkungs- und ein entsprechendes ‚Steuerungs'-Denken zu kurz" greife. Ein Steuerungsbegriff, der stattdessen „verschlungene" Kausalbeziehungen abzubilden vermag, ist allerdings kaum vorstellbar. Implizit kommt dieser Punkt an anderer Stelle auch bei *Hoffmann-Riem* zum Tragen. Denn zwar nennt er als Gegenteil von linear das Wort „verschlungen"; zugleich ergibt sich aber, dass linear für ihn offenbar bedeutet, dass eine Ursache-Wirkungsbeziehung „sicher vorhersehbar" ist, *Hoffmann-Riem*, Modernisierung von Recht und Justiz, 2001, S. 32. Ein einzelner Begriff oder auch ein Ansatz, der dieses Defizit nicht hätte, sondern Ursache-Wirkungsbeziehungen sicher vorhersehbar machen kann, ist allerdings ebenfalls kaum vorstellbar.

54 *Eifert*, Das Verwaltungsrecht zwischen klassischem dogmatischen Verständnis und steuerungswissenschaftlichem Anspruch, VVDStRL 67 (2008), S. 286 (296, dort Fn. 46); in

satz bestehen soll, bleibt aber entweder ganz offen, oder er wird in dem einen Satz zusammengefasst, wonach „‚Steuerung' (...) etwas zur Folge haben sollen" meine.[55] Dieser Satz enthält allerdings wiederum nicht mehr als einen Steuerungsbegriff, der zwar mit dem von *Renate Mayntz* und *Fritz W. Scharpf* verwendeten nicht identisch, zugleich aber alles andere als spezifisch rechtswissenschaftlich ist.

Dass die Steuerungsorientierung zwar einerseits den „Markenkern"[56] der Neuen Verwaltungsrechtswissenschaft ausmacht, andererseits aber nicht ganz klar gemacht wird, was man aus dieser machen kann, wird schließlich auch deutlich, wenn man die Beiträge im Grundwerk der Neuen Verwaltungsrechtswissenschaft, dem dreibändigen Handbuch „Grundlagen des Verwaltungsrechts",[57] liest. Bezugnahmen auf den Steuerungsgedanken – betreffe dieser nun einen Begriff, ein Konzept oder eine Theorie, sei er sozialwissenschaftlich oder spezifisch juristisch – bleiben hierin ganz überwiegend terminologisch, indem statt von Instrumenten von Steuerungsinstrumenten, statt von Zwecken von Steuerungszwecken und statt von Wirkungen von Steuerungswirkungen usw. die Rede ist. Die Beiträge werden also zwar als Beiträge zur Neuen Verwaltungsrechtswissenschaft markiert.[58] Inhaltlich würden sie aber nicht verlieren, wenn auf die jeweiligen ersten Wortteile verzichtet würde.[59] Kritiker halten den Steuerungsansatz der Neuen Verwaltungsrechtswissenschaft so denn auch „vor allem für ein rhetorisches Muster"[60], bemängeln die „Unschärfe zentraler Begriffe"[61] und sprechen gar von einer „Geisterdiskussion um Steuerung"[62]. Feststehen dürfte jedenfalls, dass der Zugriff auf den sozialwissenschaftlichen

---

diese Richtung auch *Schmidt-Aßmann*, Zur Reform des Allgemeinen Verwaltungsrechts, in: Hoffmann-Riem/Schmidt-Aßmann/Schuppert, Reform des Allgemeinen Verwaltungsrechts, 1993, S. 11 (15): sozialwissenschaftliche Erkenntnisse (nur) als „Hintergrund".

55 *Eifert*, Das Verwaltungsrecht zwischen klassischem dogmatischen Verständnis und steuerungswissenschaftlichem Anspruch, VVDStRL 67 (2008), S. 286 (294).

56 *Schönberger*, Mehr Wissenschaft wagen! Die uneingelösten Versprechen der Neuen Verwaltungsrechtswissenschaft, JöR 65 (2017), S. 511 (519).

57 *Hoffmann-Riem/Schmidt-Aßmann/Voßkuhle* (Hrsg.), GVwR I, II und III.

58 Vgl. *Wahl*, Herausforderungen und Antworten, 2006, S. 89, der beobachtet, dass die „programmatischen Schriften" der Neuen Verwaltungsrechtswissenschaft „kräftige Elemente einer Gruppenbildung" ausweisen.

59 So auch die Einschätzungen von *Gärditz*, Die „Neue Verwaltungsrechtswissenschaft" – Alter Wein in neuen Schläuchen, DV Beiheft 12 (2017), S. 105 (124), und *Schönberger*, Mehr Wissenschaft wagen! Die uneingelösten Versprechen der Neuen Verwaltungsrechtswissenschaft, JöR 65 (2017), S. 511 (513).

60 *Schönberger*, Mehr Wissenschaft wagen! Die uneingelösten Versprechen der Neuen Verwaltungsrechtswissenschaft, JöR 65 (2017), S. 511 (519); in diese Richtung auch bereits *Schmidt*, Die Reform von Verwaltung und Verwaltungsrecht, VerwArch 91 (2000), S. 149 (168): „rein verbale Innovation".

61 *Gärditz*, Die „Neue Verwaltungsrechtswissenschaft" – Alter Wein in neuen Schläuchen, DV Beiheft 12 (2017), S. 105 (124).

62 *Gärditz*, Die „Neue Verwaltungsrechtswissenschaft" – Alter Wein in neuen Schläuchen, DV Beiheft 12 (2017), S. 105 (127).

Begriff der Steuerung durch die Neue Verwaltungsrechtswissenschaft, wie *Klaus Ferdinand Gärditz* es formuliert, „eher der Inspiration, nicht wirklich der Rezeption“[63] gedient hat.[64]

II. Rechtsakte und insbesondere ihr Anreizgehalt aus der Steuerungsperspektive

Im Folgenden soll – nunmehr inspiriert von der Neuen Verwaltungsrechtswissenschaft – die Steuerungsperspektive als eine Perspektive vorgestellt werden, aus der Anreize im einfachen Recht zunächst als solche rechtswissenschaftlich systematisch untersucht werden können, bevor sie am Maßstab des Verfassungsrechts gemessen werden. Insofern erweist sich diese als eine gegenüber der traditionellen Perspektive „erweiterte Systemperspektive“[65], aus der eine Weiterentwicklung der rechtswissenschaftlichen Systembildung und Dogmatik möglich ist[66]. Denn indem Anreize aus der Steuerungsperspektive als solche, und insbesondere ohne Bezug zu Maßstäben des höherrangigen Rechts, zum Gegenstand einer „aufgaben- und funktionsorientierte(n) Betrachtungsweise“[67] gemacht werden können, ermöglicht sie es, eine Art „Allgemeines Verwaltungsrecht der Anreize“[68] zu entwickeln, das insbesondere eine „zentrale Einspeisung verfassungsrechtlicher Vorgaben“[69] erlaubt.

Nicht verfangen kann gegenüber diesem Vorhaben die sehr grundlegende Kritik, die namentlich *Oliver Lepsius* gegenüber der Idee einer steuerungsorientierten Befassung mit dem Recht geäußert hat: *Lepsius* sieht diese Idee schon vom Ansatz her deshalb kritisch, weil bereits der Begriff der Steuerung die Diagnose von Rechtsversagen transportiere und grundsätzliche Steuerungsmängel

---

[63] *Gärditz*, Die „Neue Verwaltungsrechtswissenschaft“ – Alter Wein in neuen Schläuchen, DV Beiheft 12 (2017), S. 105 (134).

[64] In diese Richtung geht auch *Möllers*, Theorie, Praxis und Interdisziplinarität in der Verwaltungsrechtswissenschaft, VerwArch 93 (2002), S. 22 ff., der den Umgang der Verwaltungsrechtswissenschaft mit dem Steuerungskonzept als „Theorieholismus“, a. a. O., S. 39, und „Verwendung von Großtheorien“, a. a. O., S. 40, bezeichnet.

[65] Vgl. *Voßkuhle*, Neue Verwaltungsrechtswissenschaft, in: GVwR I, 2012, § 1 Rn. 46 f.

[66] Vgl. *Eifert*, Das Verwaltungsrecht zwischen klassischem dogmatischen Verständnis und steuerungswissenschaftlichem Anspruch, VVDStRL 67 (2008), S. 286 (302, 305, 313, insb. 311): „Steuerungswissenschaftlich angeleitete Reflexion“ führe zu „dogmatischen Neuausrichtungen“. Näher dazu unten, S. 84 ff.

[67] *Voßkuhle*, Die Reform des Verwaltungsrechts als Projekt der Wissenschaft, DV 32 (1999), S. 545 (548).

[68] Diese Bezeichnung soll veranschaulichen, worum es geht; dabei wird in Kauf genommen, dass sie insofern unpräzise ist, als sich Anreize nicht nur im Verwaltungsrecht finden und sich daher auch die steuerungsorientierte Untersuchung nicht auf solche Anreize beschränken soll. Im Hinblick auf Anreize verlaufen die Grenzen zwischen den klassischen Rechtsgebieten willkürlich, siehe S. 22 ff.

[69] Vgl. oben, S. 61, mit Nachweis in Fn. 65.

suggeriere, wo diese gar nicht vorhanden seien.[70] Vor dem Hintergrund, dass der Steuerungsbegriff seinen Ursprung in der sozialwissenschaftlichen Steuerungsdiskussion hat,[71] in der die Steuerungsfähigkeit des Rechts zum Teil grundsätzlich skeptisch gesehen wurde,[72] soll die Neue Verwaltungsrechtswissenschaft, die diesen aufgegriffen hat, nach *Lepsius* „die primäre Aufgabe der Parlamente zur Normsetzung in Frage gestellt“[73] und die Herrschaft des Gesetzes „unter Beschuss“[74] genommen haben. Der Neuen Verwaltungsrechtswissenschaft sei dementsprechend die – von *Lepsius* so allgemein formulierte – These zuzuordnen, „das Gesetz werde den zeitgemäßen Aufgaben nicht mehr gerecht“[75]. Diese Kritik geht allerdings zu weit und greift jedenfalls im Hinblick auf die vorliegend vorgestellte Einsatzmöglichkeit der Steuerungsperspektive nicht durch. Denn zum einen dient die Steuerungsperspektive hier zur steuerungsorientierten Untersuchung gerade von Gesetzen, und zum anderen dient diese Untersuchung in erster Linie als Vorarbeit für eine Bewertung von Gesetzen am Maßstab eines weiteren Gesetzes, nämlich des Grundgesetzes.

Zwar ist nicht zu leugnen, dass die Erarbeitung einer Anreiztypologie, wenn auch kein Beitrag zu einer Diskussion über Alternativen zum Gesetz, so doch ein Beitrag zu einer Diskussion über Alternativen zum Rechtsbefehl ist. Denn während die traditionelle, aus der Rechtsschutzperspektive betriebene Rechtswissenschaft, was Instrumentenalternativen angeht, strukturell konservativ ist,[76] besteht bei jeder steuerungsorientierten Betrachtung des Rechts tatsächlich auch eine Art natürlicher Tendenz zu einer „zu affirmativen Einstellung gegenüber neuen Entwicklungen“[77]. Denn Innovation wird leicht zum Wert an sich. So drängt sich etwa der Verdacht auf, dass es mehr als nur zufällige zeitliche Zusammenhänge geben könnte zwischen zumindest der sozialwissen-

---

[70] *Lepsius*, Steuerungsdiskussion, Systemtheorie und Parlamentarismuskritik, 1999, S. 4; zust. *Bumke*, Relative Rechtswidrigkeit, 2004, S. 263.

[71] Siehe oben, S. 71 ff.

[72] Dies gilt insbesondere für die Systemtheorie, die *Lepsius*, Steuerungsdiskussion, Systemtheorie und Parlamentarismuskritik, 1999, S. 8, mit der Steuerungsorientierung der Neuen Verwaltungsrechtswissenschaft identifiziert, von der man sich seitens der Neuen Verwaltungsrechtswissenschaft aber ausdrücklich distanziert, siehe oben, S. 70 f. mit Fn. 26.

[73] *Lepsius*, Steuerungsdiskussion, Systemtheorie und Parlamentarismuskritik, 1999, S. 21.

[74] *Lepsius*, Steuerungsdiskussion, Systemtheorie und Parlamentarismuskritik, 1999, S. 8.

[75] *Lepsius*, Steuerungsdiskussion, Systemtheorie und Parlamentarismuskritik, 1999, S. 8.

[76] Vgl. auch *Eifert*, Das Verwaltungsrecht zwischen klassischem dogmatischen Verständnis und steuerungswissenschaftlichem Anspruch, VVDStRL 67 (2008), S. 286 (316 f.), nach dem ihr „die vielfältigen gesetzgeberischen oder richterrechtlichen Variationen (...) schnell als Erosion der Handlungsformen und Bedrohung der Dogmatik“ erscheinen können. Zum Steuerungsoptimismus (d. h. dem Optimismus in Bezug auf die Steuerungsfähigkeit des Rechts, gemeint ist die Steuerungsfähigkeit von Rechtsbefehlen) der traditionellen Verwaltungsrechtswissenschaft *Hoffmann-Riem*, Modernisierung von Recht und Justiz, 2001, S. 32.

[77] So die Zusammenfassung entsprechender Bedenken durch *Eifert*, Das Verwaltungsrecht zwischen klassischem dogmatischen Verständnis und steuerungswissenschaftlichem Anspruch, VVDStRL 67 (2008), S. 286 (295, dort Fn. 42).

schaftlichen Steuerungsdiskussion, die ihren Höhepunkt in den 1980er Jahren erlebte, und dem praktischen Vordringen der Deregulierungs- und Privatisierungspolitik angelsächsischen Vorbilds insbesondere durch die sozialdemokratische Politik der Neuen Mitte in den 1990er Jahren.[78] Wenngleich aber mit jeglicher Beteiligung an Diskussionen über alternative Instrumente die Gefahr einhergeht, auch ungute Gestaltungen mitzuverantworten, wird das Kind mit dem Bade ausgeschüttet, wenn man daraus die Konsequenz zieht, sich ausgerechnet als Rechtswissenschaft aus einer Instrumentendiskussion von vornherein heraushalten zu wollen, soweit diese andere Instrumente als Rechtsbefehle betrifft. Vorzugswürdig – und möglich – erscheint es vielmehr, sich an der Diskussion zu beteiligen und sich *in* dieser aktiv darum zu bemühen, nicht in eine Alternativeneuphorie zu verfallen.

1. Die Betrachtung von Rechtsakten als Instrumente zur Beeinflussung der Wirklichkeit

Das Charakteristikum, das die Steuerungs- nach hiesiger Lesart von der Rechtsanwendungsperspektive unterscheidet, besteht, wie oben bereits mehrfach angedeutet wurde, darin, dass das Recht aus ihr nicht als normativer Maßstab zur Bewertung abgeschlossener, sondern *nur* als Instrument zur Beeinflussung künftiger Gegebenheiten erscheint. So wie der Steuerungsansatz des „akteurzentrierten Institutionalismus" auf eine von einem Steuerungssubjekt ausgehende „kausal-genetische Analyse von Handlungen" zielt,[79] geht die Steuerungsperspektive von einem Steuerungsakteur aus, der mit einem Steuerungsinstrument zukunftsorientiert und zielgerichtet auf ein oder mehrere Steuerungsobjekte einwirken möchte, um ein Steuerungsziel zu erreichen. Kein wesentlicher Unterschied zwischen beiden Perspektiven besteht nach hiesiger Lesart dagegen im Hinblick auf ihre „Rechtsaktbezogenheit". Während die Steuerungsperspektive in der Literatur zur Neuen Verwaltungsrechtswissenschaft häufig von der Rechtsanwendungsperspektive bzw. Juristischen Methode auch dadurch unterschieden wird, dass (nur) letztere „rechtsaktbezogen" sein sollen,[80] wird die Steuerungsperspektive vorliegend als eine Perspektive begrif-

---

[78] Zum Vordringen des Steuerungsgedankens in der Rechtswissenschaft vgl. nur *Appel*, Das Verwaltungsrecht zwischen klassischem dogmatischen Verständnis und steuerungswissenschaftlichem Anspruch, VVDStRL 67 (2008), S. 226 (242f.): Das Aufkommen der steuerungsorientierten Perspektive falle „nicht zufällig mit den komplexen Realphänomenen der Privatisierung und Deregulierung zusammen".

[79] So allgemein zu handlungstheoretisch geprägten Steuerungsansätzen *Mayntz*, Soziale Dynamik und politische Steuerung, 1997, S. 39.

[80] *Voßkuhle*, Neue Verwaltungsrechtswissenschaft, in: GVwR I, 2012, § 1 Rn. 3; *Franzius*, Funktionen des Verwaltungsrechts im Steuerungsparadigma der Neuen Verwaltungsrechtswissenschaft, DV 39 (2006), S. 335 (340): Im Steuerungsbegriff werde „die rechtsaktbezogene durch eine wirkungsbezogene Perspektive" ersetzt. Siehe auch *Schulze-Fielitz*, Staatsrechts-

fen, aus der gerade auch eine Betrachtung von Rechtsakten Erkenntnisgewinne verspricht.

a) Besonderer Wirklichkeitsbezug

Betrachtet man Rechtsakte aus der Steuerungsperspektive wird mit deren instrumenteller Dimension grundsätzlich dieselbe Dimension dieser Rechtsakte in den Blick genommen, die bei Untersuchungen aus der Rechtsanwendungsperspektive als am Maßstab höherrangigen Rechts zu Messendes in Erscheinung tritt. Denn auch wenn beispielsweise Gesetze am Maßstab des Verfassungsrechts auf ihre Verfassungsmäßigkeit hin überprüft werden, werden sie, wie oben gesehen, als Instrumente und als Teil der Wirklichkeit wahrgenommen.[81] Es ist damit kein Alleinstellungsmerkmal der Steuerungsperspektive, dass „außerrechtliche Gesichtspunkte einbezogen werden"[82]. Die Berücksichtigung außerrechtlicher Gesichtspunkte ist, wie oben ausgeführt, auch aus der Rechtsanwendungsperspektive möglich und geboten.[83] Das Alleinstellungsmerkmal der Steuerungsperspektive besteht aber darin, dass *allein* die Wirklichkeit – und insbesondere auch das Recht *nur* als Teil der Wirklichkeit und nicht als normativer Maßstab zu ihrer Bewertung – wahrgenommen wird.

Der spezifische Wirklichkeitsbezug der Steuerungsperspektive lässt sich damit auch daran festmachen, dass sich Recht und Wirklichkeit aus dieser Perspektive, anders als aus der Rechtsanwendungsperspektive,[84] überhaupt nicht in einen Gegensatz bringen lassen[85]: Sichtbar ist aus ihr das Recht nur, soweit es Instrument und damit *Teil* der Wirklichkeit ist, während die Maßstabsdimension des Rechts unsichtbar und entsprechend unbedeutend ist. Da aus der Steuerungsperspektive auch die Maßstäbe *höherrangigen* Rechts unsichtbar sind, weist sie im Vergleich zur Rechtsanwendungsperspektive damit eine deutlich stärkere Wirklichkeitsorientierung vor allem insofern auf, als die Wirklichkeit

lehre als Wissenschaft, DV Beiheft 7 (2007), S. 11 (22): „rechtsaktbezogene juristische Methode", sowie *Appel*, Das Verwaltungsrecht zwischen klassischem dogmatischen Verständnis und steuerungswissenschaftlichem Anspruch, VVDStRL 67 (2008), S. 226 (236, dort Fn. 31, und 237), und *Eifert*, Das Verwaltungsrecht zwischen klassischem dogmatischen Verständnis und steuerungswissenschaftlichem Anspruch, VVDStRL 67 (2008), S. 286 (290), die den steuerungsorientierten dem „rechtsaktbezogenen" Ansatz gegenüberstellen.

[81] Siehe oben, S. 60ff.

[82] So aber die Darstellung bei *Ehlers*, Verwaltungsrecht, in: Ehlers/Pünder, Allgemeines Verwaltungsrecht, 2016, § 3 Rn. 102, der sodann selbst feststellt, dass dies eigentlich kein geeignetes Kriterium zur Abgrenzung der Rechtsanwendungs- und der Steuerungsperspektive ist.

[83] Siehe oben, S. 54ff. und 61ff., zum Verhältnis von Recht und Wirklichkeit aus der Rechtsanwendungsperspektive.

[84] Dazu oben, S. 50ff.

[85] Vgl. *Voßkuhle*, „Schlüsselbegriffe" der Verwaltungsrechtsreform, VerwArch 92 (2001), S. 184 (195).

nicht nur relevant ist, soweit für sie Maßstäbe höherrangigen Rechts vorhanden sind, sondern sie als solche und damit, jedenfalls grundsätzlich, umfassend von Interesse ist. Wenn sich beispielsweise im Rahmen einer maßstabsbezogenen klassischen Rechtsfrage die Frage stellt, ob eine bestimmte Maßnahme wirtschaftlich ist, ist eigentlich nur fraglich, ob diese Maßnahme so unwirtschaftlich ist, dass sie einem rechtlichen Maßstab, der ihre Wirtschaftlichkeit verlangt, nicht mehr entspricht. Aus der Steuerungsperspektive dagegen ist die Wirtschaftlichkeit einer Maßnahme jedenfalls nicht schon perspektivbedingt nur eingeschränkt, sondern grundsätzlich umfassend von Interesse.

b) Der maßgebliche Steuerungsakteur

Soweit die Steuerungsperspektive auch als Rechtsetzungsperspektive beschrieben wird,[86] ist dies grundsätzlich anschaulich, da das Recht für Rechtsetzende selbstverständlich in erster Linie ein Instrument zur Beeinflussung der Wirklichkeit ist. Die Bezeichnung birgt aber die Gefahr eines Missverständnisses und verlangt folgende Klarstellung: Jeder Rechtsetzende, und so etwa auch der Gesetzgeber, der Anreize setzt, muss sich bei der Rechtsetzung selbstverständlich fragen, ob die von ihm erwogenen rechtlichen Instrumente rechtmäßig sind, und sie dafür am Maßstab höherrangigen Rechts messen. Denn der Einsatz von Instrumenten, die mit Maßstäben höherrangigen Rechts unvereinbar sind, kommt von vornherein nicht in Frage. Die Kategorien, nach denen sich Steuerungs- und Rechtsetzungsperspektive beschreiben lassen, verlaufen also, wie oben bereits angesprochen[87], eigentlich quer zu den grundgesetzlich angelegten Kategorien der Gewaltengliederung.[88] Denn die Steuerungsperspektive ist nur insofern die Perspektive eines Rechtsetzenden, als der Rechtsetzende *als Steuerungsakteur*, d.h. als jemand agiert, der das Recht als Instrument betrachtet, mit dem er die Wirklichkeit beeinflussen will. Verlässt der Rechtsetzende diese Rolle und legt er, in Erfüllung seiner Verpflichtung aus Art. 20 Abs. 3 GG (und ggf. in Antizipation der Verfahren des Rechtsschutzes), den Maßstab höherrangigen Rechts an die Instrumente an, nimmt er dagegen die Rechtsanwendungsperspektive ein. *Andreas Voßkuhle*, der die Rechtmäßigkeitsprüfung von „Entscheidungen und Entscheidungsvorschlägen" zu Recht für notwendig hält, geht dementsprechend davon aus, dass diese Prüfung aus der Steuerungsper-

[86] Vgl. *Voßkuhle*, Neue Verwaltungsrechtswissenschaft, in: GVwR I, 2012, § 1 Rn. 16: „rechtsetzungsorientierte Betrachtung des Verwaltungsrechts". In diese Richtung auch *Eifert*, Das Verwaltungsrecht zwischen klassischem dogmatischen Verständnis und steuerungswissenschaftlichem Anspruch, VVDStRL 67 (2008), S. 286 (299, dort Fn. 61): „Parallelität der Blickrichtung von Wissenschaft und Gesetzgeber".

[87] Siehe oben, S. 56 f.

[88] Diese Beobachtung klingt auch bei *Eifert*, Das Verwaltungsrecht zwischen klassischem dogmatischen Verständnis und steuerungswissenschaftlichem Anspruch, VVDStRL 67 (2008), S. 286 (303), an.

spektive nicht vorgenommen werden kann, und verweist insofern, ebenfalls zu Recht, auf die aus der Rechtsanwendungsperspektive auf das Recht blickende Juristische Methode.[89]

Dass die Steuerungsperspektive die Betrachtung von rechtlichen Instrumenten erlaubt, *ohne* dass dabei ein Bezug zu rechtlichen Maßstäben hergestellt wird, dass es also insbesondere erst einmal nicht darum geht, ob bzw. unter welchen Voraussetzungen die rechtlichen Instrumente mit höherrangigem Recht vereinbar sind, ist genau das, was im vorliegenden Kontext das Potential dieser Perspektive ausmacht.[90] Auch wenn aber mangels Maßstabsbezugs aus der Steuerungsperspektive im Ausgangspunkt das gesamte objektive Recht gleichrangig nebeneinandersteht[91], dürfte bereits klar geworden sein, dass die Maßstabsdimension des Rechts dadurch nicht negiert und ihre Bedeutung für den Rechtsstaat nicht relativiert wird oder werden soll.[92] Sie ist nur schlicht nicht Gegenstand der Betrachtung. Dementsprechend geht die Einschätzung, wonach bei der Untersuchung des Rechts aus der Steuerungsperspektive die verfassungsrechtlichen Aspekte „vernachlässigt" werden,[93] ebenso an der Sache vorbei wie die Äußerung einer Verwunderung darüber, dass steuerungsorientierte Untersuchungen „(fast) ohne Verarbeitung der Rechtsprechung auskommen (wollen)"[94]. Beides erfolgt ganz bewusst und hat – ja, ist – Methode.

---

[89] *Voßkuhle*, Neue Verwaltungsrechtswissenschaft, in: GVwR I, 2012, § 1 Rn. 15.

[90] Offenbar ganz anders *Franzius*, Funktionen des Verwaltungsrechts im Steuerungsparadigma der Neuen Verwaltungsrechtswissenschaft, DV 39 (2006), S. 335 (342), der „den Steuerungsbegriff (...) als normativen Zurechnungs- und Rechtsfolgenzusammenhang" rekonstruieren möchte, um ihn „in die Begriffswelt der Rechtswissenschaft integrieren" zu können.

[91] *Eifert*, Das Verwaltungsrecht zwischen klassischem dogmatischen Verständnis und steuerungswissenschaftlichem Anspruch, VVDStRL 67 (2008), S. 286 (294 f.).

[92] Vgl. *Schmidt-Aßmann*, Das allgemeine Verwaltungsrecht als Ordnungsidee, 2004, Erstes Kap. Rn. 38: „Das Recht ist Steuerungsmedium; aber es ist auch materielle Ordnung. Seine Bedeutung kann folglich nicht auf eine Instrumentalfunktion beschränkt werden."; vgl. auch *Voßkuhle*, Neue Verwaltungsrechtswissenschaft, in: GVwR I, 2012, § 1 Rn. 28 m. w. N.; *Franzius*, Funktionen des Verwaltungsrechts im Steuerungsparadigma der Neuen Verwaltungsrechtswissenschaft, DV 39 (2006), S. 335 (342).

[93] So *Lepsius*, Steuerungsdiskussion, Systemtheorie und Parlamentarismuskritik, 1999, S. 29, hinsichtlich der rechtsetzungsorientierten Betrachtung des Rechts durch die Neue Verwaltungsrechtswissenschaft. In dieselbe Richtung geht, in Bezug nicht auf das Verhältnis des Verwaltungsrechts zum Verfassungsrecht, sondern auf das Verhältnis des Verwaltungshandelns zum Verwaltungsrecht, die Befürchtung bei *Erbguth*, Allgemeines Verwaltungsrecht, 2014, § 1 Rn. 4, der anmahnt, das Verwaltungshandeln dürfte „nicht als Vehikel sozial- bzw. politikwissenschaftlicher Steuerung reduziert oder auf die Um- bzw. Durchsetzung des Rechts verengt, also rein instrumentell verstanden werden". Das Verwaltungsrecht sei „nicht nur Steuerungsmedium, sondern Ausdruck einer in der Verfassung verwurzelten Werteordnung".

[94] So aber *Schoch*, Gemeinsamkeiten und Unterschiede von Verwaltungsrechtslehre und Staatsrechtslehre, DV Beiheft 7 (2007), S. 177 (204), mit der Beobachtung, dass auch „etliche Beiträge in GVwR I (...) mit (sehr) wenig Rechtsprechung" auskämen. Die Entwicklung müsse „mit einer gewissen Sorge betrachtet werden", da sie „in eine Sackgasse führen" könnte.

Da sich die vorliegende Arbeit schwerpunktmäßig mit Anreizen in formellen Gesetzen befasst, ist, wenn Anreize unten aus der Steuerungsperspektive untersucht werden, konkret die Perspektive des Steuerungsakteurs Gesetzgeber einzunehmen. Denn (nur) für diesen stellen Anreize in Gesetzen neben Rechtsbefehlen ein Steuerungsinstrument dar, das er bewusst und zielgerichtet einsetzen kann, um zur Erreichung eines Steuerungsziels unmittelbar auf ein Steuerungsobjekt einzuwirken. Da in dieser Arbeit neben Anreizen in formellen Gesetzen, insbesondere im Rahmen von Beispielen, auch einige Anreize in materiellen Gesetzen behandelt werden (siehe insofern das Beispiel des Anreizes in §§ 4, 6 FrauFöV Bbg[95]), sei hier der Vollständigkeit halber klargestellt, dass der Steuerungsakteur, dessen Perspektive eingenommen wird, ggf. auch der Verordnungs- oder Satzungsgeber zu sein hat. Die Perspektive des Gesetzgebers als Steuerungsakteur auf der einen und die des Verordnungs- oder Satzungsgebers als Steuerungsakteur auf der anderen Seite sind allerdings im Wesentlichen dieselben. Denn all diese Akteure setzen in Form von Gesetzen Rechtsbefehle und Anreize, um mit diesen Instrumenten unmittelbar Verhalten zu beeinflussen und dadurch mittelbar öffentliche Zwecke zu verwirklichen. Dass es sich bei den von ihnen eingesetzten Instrumenten, den formellen und materiellen Gesetzen, wenn es um ihre aus der Rechtsanwendungsperspektive zu untersuchenden Recht- und Verfassungsmäßigkeitsanforderungen geht, aus vielen Gründen um zwei streng voneinander zu unterscheidende Kategorien handelt, ist aus der Steuerungsperspektive irrelevant. Denn, wie soeben schon angemerkt,[96] steht mangels Maßstabsbezugs aus dieser Perspektive im Ausgangspunkt das gesamte objektive Recht gleichrangig nebeneinander.

Zwar wird die Steuerungsperspektive von Vertretern der Neuen *Verwaltungs*rechtswissenschaft aus naheliegenden Gründen häufig als Perspektive des Steuerungsakteurs Verwaltung beschrieben.[97] Der ausgeprägte Verwaltungsbezug ist jedoch weder durch den Steuerungsbegriff noch durch Eigenschaften der Steuerungsperspektive vorgegeben. Im Gegenteil: Da „Verhaltenssteuerung eine Grundfunktion des gesamten Rechts darstellt“[98], kann aus der Steue-

---

[95] Erstmals oben, S. 13 f.

[96] Siehe oben, S. 82.

[97] Vgl. z.B. *Hoffmann-Riem*, Verwaltungsrechtsreform, in: ders./Schmidt-Aßmann/Schuppert, Reform des Allgemeinen Verwaltungsrechts, 1993, S. 115 (122, dort Fn. 19); siehe aber auch *Hoffmann-Riem*, Methoden einer anwendungsorientierten Verwaltungsrechtswissenschaft, in: Schmidt-Aßmann/Hoffmann-Riem, Methoden der Verwaltungsrechtswissenschaft, 2004, S. 9 (13), der hier den Verwaltungsbezug zu relativieren scheint: „Neue (Verwaltungs-)Rechtswissenschaft“. Die Konzentration der Neuen Verwaltungsrechtswissenschaft auf das Verwaltungshandeln beobachtet auch *Appel*, Das Verwaltungsrecht zwischen klassischem dogmatischen Verständnis und steuerungswissenschaftlichem Anspruch, VVDStRL 67 (2008), S. 226 (258 f.); siehe auch *Gärditz*, Die „Neue Verwaltungsrechtswissenschaft“ – Alter Wein in neuen Schläuchen, DV Beiheft 12 (2017), S. 105 (107).

[98] *Appel*, Das Verwaltungsrecht zwischen klassischem dogmatischen Verständnis und steuerungswissenschaftlichem Anspruch, VVDStRL 67 (2008), S. 226 (248).

rungsperspektive grundsätzlich die gesamte Rechtsordnung betrachtet werden.[99] Zutreffend allgemein formuliert dementsprechend *Gunnar Folke Schuppert*: „Geht es um Steuerung durch Recht, so steht als Steuerungsakteur der Staat und als Steuerungsinstrument das Recht im Vordergrund."[100]

2. Systembildung und Dogmatik aus der Steuerungsperspektive – zugleich der Vollzug einer Versöhnung im „Methodenstreit"

Die Steuerungsperspektive, aus der das Recht nur als Instrument, nicht als Maßstab erscheint,[101] ist im Unterschied zur oben dargestellten Rechtsanwendungsperspektive[102] keine spezifisch und exklusiv rechtswissenschaftliche Perspektive. Sie kann aber gleichwohl eine Perspektive *auch* für die Rechtswissenschaft sein, die einzunehmen nicht nur dann zweckmäßig ist, wenn interdisziplinäre Anschlussfähigkeit hergestellt werden und interdisziplinäre Kooperation stattfinden soll,[103] sondern auch, wenn klassische rechtswissenschaftliche Erkenntnisinteressen verfolgt werden und klassische rechtswissenschaftliche Dogmatik betrieben werden soll. Insofern ist der Neuen Verwaltungsrechtswissenschaft zuzustimmen, wenn sie das Führen einer „Instrumentendiskussion" für eines der „notwendigen verwaltungsrechtlichen, und nicht etwa nur von den Gesellschaftswissenschaften geborgten Themen"[104] hält: Das Einnehmen der Steuerungsperspektive wird vorliegend als Methode begriffen, die eine zunächst auf das einfache Recht beschränkte rechtswissenschaftliche Untersuchung von Anreizen in Rechtsakten ermöglicht und insbesondere dem Gewinn von Erkenntnissen dient, die im Rahmen einer anschließenden verfassungsrechtlichen Untersuchung von Anreizen zugrunde gelegt werden können. Der normativ-wertenden Betrachtung der Anreize, wie sie aus der Rechtsanwendungsperspektive möglich ist, wird also „die dem steuerungswissenschaftlichen Ansatz immanente deskriptiv-typologische Betrachtungsweise"[105] vorangestellt, um zunächst eine einfachgesetzliche Anreizdogmatik zu entwickeln.

---

[99] In anderem Kontext, aber i.E. ebenso *Appel*, Das Verwaltungsrecht zwischen klassischem dogmatischen Verständnis und steuerungswissenschaftlichem Anspruch, VVDStRL 67 (2008), S. 226 (249): „Denkt man den steuerungswissenschaftlichen Anspruch zu Ende, muss Bezugspunkt die gesamte Rechtsordnung sein."

[100] *Schuppert*, Recht als Steuerungsinstrument, in: Ellwein/Hesse, Staatswissenschaften, 1990, S. 73.

[101] Siehe oben, S. 79ff.

[102] Siehe oben, S. 50ff.

[103] Zu den Möglichkeiten interdisziplinärer Kooperation bei der Erforschung von Anreizen, S. 98ff.

[104] *Eifert*, Das Verwaltungsrecht zwischen klassischem dogmatischen Verständnis und steuerungswissenschaftlichem Anspruch, VVDStRL 67 (2008), S. 286 (309), über die Position der Neuen Verwaltungsrechtswissenschaft.

[105] *Voßkuhle*, „Schlüsselbegriffe" der Verwaltungsrechtsreform, VerwArch 92 (2001), S. 184 (195). Vgl. auch *Schmidt-Aßmann*, Das allgemeine Verwaltungsrecht als Ordnungsidee,

Die Vorstellung, aus der Steuerungsperspektive Dogmatik betreiben zu können, läuft zwar der verbreiteten Ansicht entgegen, die die Dogmatik als eine Domäne allein der traditionellen, aus der Rechtsanwendungsperspektive betriebenen Rechtswissenschaft verstanden wissen will. So wird in Selbstbeschreibungen der Neuen Verwaltungsrechtswissenschaft schon der Begriff der Dogmatik in der Regel tunlichst vermieden.[106] Einen entsprechenden Gegensatz macht etwa *Andreas Voßkuhle* auch ausdrücklich auf, wenn er einräumt, dass „die dem steuerungswissenschaftlichen Ansatz immanente deskriptiv-typologische Betrachtungsweise dazu (führe), die Ausbildung dogmatischer Lösungen im und am geltenden Recht zu vernachlässigen".[107] Insbesondere von einer dogmatischen Befassung mit Rechtsakten grenzt man sich seitens der Neuen Verwaltungsrechtswissenschaft nachdrücklich ab, indem postuliert wird, dass „im Steuerungsbegriff die rechtsaktbezogene durch eine wirkungsbezogene Perspektive" ersetzt werde.[108] Umgekehrt wird von Vertretern der klassischen Verwaltungsrechtswissenschaft die Rechtsdogmatik als „Herzstück"[109], „Kernstück"[110] und „Lebensnerv"[111] (klassischen) rechtswissenschaftlichen Arbeitens beschrieben und teilweise mit der Juristischen Methode gar in eins gesetzt[112].

Die Ausgrenzung der Dogmatik auf der einen und ihre Vereinnahmungen auf der anderen Seite erscheinen jedoch gleichermaßen unangebracht. Denn mit

2004, Erstes Kap. Rn. 40: „Vielfalt der im Recht selbst verfügbaren Regelungsmöglichkeiten herauszuarbeiten". Ähnlich *Schuppert*, Governance und Rechtsetzung, 2011, S. 101.

[106] Bevorzugt wird in Beiträgen zur Neuen Verwaltungsrechtswissenschaft stattdessen von Systembildung gesprochen.

[107] *Voßkuhle*, „Schlüsselbegriffe" der Verwaltungsrechtsreform, VerwArch 92 (2001), S. 184 (195).

[108] *Franzius*, Funktionen des Verwaltungsrechts im Steuerungsparadigma der Neuen Verwaltungsrechtswissenschaft, DV 39 (2006), S. 335 (340) m. w. N.; siehe auch *Voßkuhle*, Neue Verwaltungsrechtswissenschaft, in: GVwR I, 2012, § 1 Rn. 3. Auch *Appel*, Das Verwaltungsrecht zwischen klassischem dogmatischen Verständnis und steuerungswissenschaftlichem Anspruch, VVDStRL 67 (2008), S. 226 (236, dort Fn. 31 und 237), und *Eifert*, Das Verwaltungsrecht zwischen klassischem dogmatischen Verständnis und steuerungswissenschaftlichem Anspruch, VVDStRL 67 (2008), S. 286 (290), stellen den steuerungsorientierten dem „rechtsaktbezogenen" Ansatz gegenüber und implizieren damit, dass ersterer nicht rechtsaktbezogen sein kann. Die Rechtsaktbezogenheit der Juristischen Methode betont insb. *Bumke*, Relative Rechtswidrigkeit, 2004, S. 257.

[109] *Schoch*, Gemeinsamkeiten und Unterschiede von Verwaltungsrechtslehre und Staatsrechtslehre, DV Beiheft 7 (2007), S. 177 (209).

[110] *R. Dreier*, Zum Selbstverständnis der Jurisprudenz als Wissenschaft, Rechtstheorie 2 (1971), S. 37 (41).

[111] *Krebs*, Juristische Methode im Verwaltungsrecht, in: Schmidt-Aßmann/Hoffmann-Riem, Methoden der Verwaltungsrechtswissenschaft, 2004, S. 209 (221).

[112] So tendenziell *Krebs*, Juristische Methode im Verwaltungsrecht, in: Schmidt-Aßmann/Hoffmann-Riem, Methoden der Verwaltungsrechtswissenschaft, 2004, S. 209 (213). Siehe auch *Voßkuhle*, Neue Verwaltungsrechtswissenschaft, in: GVwR I, 2012, § 1 Rn. 6; *Appel*, Das Verwaltungsrecht zwischen klassischem dogmatischen Verständnis und steuerungswissenschaftlichem Anspruch, VVDStRL 67 (2008), S. 226 (236).

der „Entwicklung neuer allgemeiner Rechtsgedanken, Prinzipien, Wertentscheidungen, Institute(n) und Handlungsformen etc." gehört auch zu den Erkenntniszielen der Neuen Verwaltungsrechtswissenschaft ausdrücklich etwas, das „schon immer als Aufgabe des rechtswissenschaftlichen Systemdenkens gesehen" wurde.[113] Und auch wenn bei der Untersuchung des Rechts aus der Steuerungsperspektive „neue verallgemeinerungsfähige Strukturen" etabliert werden sollen,[114] kommen dabei eine „klassische Rückkehr zum Allgemeinen" und ein ausgeprägtes „Systematisierungsanliegen"[115] zum Ausdruck. Zu Recht setzt sich daher langsam die, zuerst wohl von *Martin Eifert* so klar geäußerte Ansicht durch, nach der Untersuchungen aus der Steuerungsperspektive durchaus auf „Systembildung mit normativer Relevanz"[116] zielen und „die Juristische Methode und der steuerungswissenschaftliche Ansatz (...) beide Dogmatik"[117] betreiben können.

Zumindest rückblickend ist auch für *Eberhard Schmidt-Aßmann*, einen der Vorkämpfer der Reform der Verwaltungsrechtswissenschaft, das Ziel „von Anfang an eine Reform der *verwaltungsrechtlichen Dogmatik*" gewesen.[118] Und *Klaus Ferdinand Gärditz*, der die Neue Verwaltungsrechtswissenschaft eher aus der Außenperspektive betrachtet, sieht ihren Wert nun sogar in erster Linie darin, „Impulsgeber für bessere Dogmatik und Theoretisierung im Verwaltungsrecht" zu sein.[119] Zwar wird *Gärditz* nicht viel konkreter; er benennt aber einige Themenfelder, für die er sich insofern Erträge verspricht – und unter diesen findet sich ausgerechnet auch das der Anreize.[120]

---

[113] *Voßkuhle*, Neue Verwaltungsrechtswissenschaft, in: GVwR I, 2012, § 1 Rn. 46.

[114] So *Voßkuhle*, Neue Verwaltungsrechtswissenschaft, in: GVwR I, 2012, § 1 Rn. 46.

[115] *Gärditz*, Die „Neue Verwaltungsrechtswissenschaft" – Alter Wein in neuen Schläuchen, DV Beiheft 12 (2017), S. 105 (106).

[116] *Eifert*, Das Verwaltungsrecht zwischen klassischem dogmatischen Verständnis und steuerungswissenschaftlichem Anspruch, VVDStRL 67 (2008), S. 286 (302).

[117] *Eifert*, Das Verwaltungsrecht zwischen klassischem dogmatischen Verständnis und steuerungswissenschaftlichem Anspruch, VVDStRL 67 (2008), S. 286 (302).

[118] *Schmidt-Aßmann*, Verwaltungsrechtliche Dogmatik, 2013, S. 3.

[119] *Gärditz*, Die „Neue Verwaltungsrechtswissenschaft" – Alter Wein in neuen Schläuchen, DV Beiheft 12 (2017), S. 105 (141).

[120] *Gärditz*, Die „Neue Verwaltungsrechtswissenschaft" – Alter Wein in neuen Schläuchen, DV Beiheft 12 (2017), S. 105 (141 f.). Des Weiteren nennt *Gärditz* dort die Themenfelder Information und Verwaltungskommunikation, zu denen Parallelen bestehen, auf die auch hier noch eingegangen wird, siehe unten, S. 94 ff. Vgl. auch *Voßkuhle*, Neue Verwaltungsrechtswissenschaft, in: GVwR I, 2012, § 1 Rn. 23, der, ohne allerdings von Dogmatik zu sprechen, betont, dass „der Steuerungsansatz den Blick für neuartige Formen des Verwaltungshandelns, etwa den gezielten Einsatz von Informationen (...) (und) die Schaffung von monetären Anreizen (...)", öffne.

a) Entwicklung einer Anreiztypologie

Eine aus der Steuerungsperspektive zu erarbeitende, einfachrechtliche Anreizdogmatik kann man sich grundsätzlich sehr weitgehend und ausdifferenziert vorstellen. Ein erster und besonders wichtiger Schritt dürfte aber die Entwicklung einer Typologie[121] der Anreize sein, für die im geltenden Recht die entsprechenden rechtlich relevanten, wiederkehrenden Muster zu suchen, zu entdecken und zu beschreiben sind.

aa) Rechtstechnische Konstruktion und Wirkungslogik

Eine Typologie von Anreizen lässt sich grundsätzlich anhand unterschiedlicher Faktoren bilden.[122] Mit Blick auf rechtswissenschaftliche Erkenntnisinteressen dürfte es allerdings am zweckmäßigsten sein, Anreize der Form nach (gemeint ist Form im Sinne von Formung/rechtlicher Ausgestaltung[123]) zu erfassen und in erster Linie auf ihre rechtstechnische Konstruktion und die darin abgebildete Wirkungs- und Funktionslogik abzustellen. Die rechtstechnische Konstruktion und die Wirkungslogik von Anreizen hängen insofern miteinander zusammen, als die Wirkungslogik in der rechtstechnischen Konstruktion abgebildet ist. Denn unter Wirkungslogik wird hier mit *Fritz W. Scharpf* das in den Instrumenten abgebildete unterstellte Verhaltensmuster („Entscheidungs-Kalküle") verstanden,[124] das Verhaltensmuster also, von dem ausgehend sich der Steuerungsakteur (hier: der Rechtsetzende) von einer bestimmten Gestaltung eines (hier: rechtlichen) Instruments Steuerungserfolge verspricht. (Ob und in welchem Maße die Adressaten sich tatsächlich dem unterstellten Verhaltensmuster entsprechend verhalten, ist hingegen keine Frage der Wirkungslogik, sondern der Wirksamkeit.)

Ein wichtiger Vorzug einer Typenbildung anhand der rechtstechnischen Konstruktion liegt darin, dass die entsprechende Typologie, wenn einmal vorhanden, dazu dienen kann, den Blick für Anreize in unbekannten, auch neuen Normen zu schärfen. Dies ist auch insofern hilfreich, als sich die juristische Sicht aufgrund der oben beschriebenen Prägung traditionell auf die in Normen enthaltenen Rechtsbefehle konzentriert und dementsprechend eine Tendenz besteht, etwaige Anreize in Normen zu übersehen. Zwar wird es nicht möglich

---

[121] Zum Stellenwert der Typisierung innerhalb der Neuen Verwaltungsrechtswissenschaft *Voßkuhle*, „Schlüsselbegriffe" der Verwaltungsrechtsreform, VerwArch 92 (2001), S. 184 (195); *Eifert*, Das Verwaltungsrecht zwischen klassischem dogmatischen Verständnis und steuerungswissenschaftlichem Anspruch, VVDStRL 67 (2008), S. 286 (306).

[122] Siehe etwa *Sacksofsky*, Anreize, in: GVwR II, 2012, § 40 Rn. 13 ff., mit der Unterscheidung zwischen Anreizen für Akteure außerhalb und innerhalb der staatlichen Verwaltung, die sie jeweils weiter ausdifferenziert.

[123] Vgl. *Hoffmann-Riem*, Rechtsformen, Handlungsformen, Bewirkungsformen, in: GVwR II, 2012, § 33 Rn. 9.

[124] *Scharpf*, Grenzen der institutionellen Reform, in: Jahrbuch zur Staats- und Verwaltungswissenschaft 1/87, S. 111 (114).

sein, eine Typologie zu entwickeln, anhand derer Anreize allein anhand formeller Kriterien identifiziert werden können. So sind, wie sich unten zeigen wird[125], beispielsweise viele Anreize rechtstechnisch als Tatbestand-Rechtsfolge-Verknüpfungen konstruiert. Der Gesetzgeber versucht in diesen Fällen die Anreizadressaten dadurch zu einem Verhalten zu bringen, dass er ihnen für den Fall tatbestandlichen Verhaltens den Eintritt einer für sie günstigen oder ungünstigen Rechtsfolge in Aussicht stellt. Nicht jede nach dem Tatbestand-Rechtsfolge-Schema konstruierte Norm enthält allerdings einen Anreiz im hier zugrunde gelegten Sinne, wird also insb. gezielt eingesetzt, um das tatbestandliche Verhalten zu fördern oder von ihm abzuschrecken.[126] Auch wenn aber aus dem Tatbestand-Rechtsfolge-Schema einer Norm allein nicht unbedingt darauf geschlossen werden kann, dass in dieser ein Anreiz enthalten ist, kann es für Anreize sensibilisieren, wenn das Schema als *mögliche* Anreizkonstruktion bekannt ist.

Die Typisierung nach der rechtstechnischen Konstruktion hat zudem den Vorteil, dass die entsprechende Anreiztypologie auch als Gestaltungshilfe für etwaige künftig zu schaffende Anreize („Instrumentenkasten") nutzbar gemacht werden kann. Sie kann also bei der Rechtsetzung helfen, weitere Instrumente derselben Kategorie zu entwickeln und systematischer und bewusster zwischen verschiedenen Instrumenten zu wählen.[127] Dieser mögliche Nutzen geht zwar über das vorliegend in erster Linie verfolgte Anliegen, die Voraussetzungen für die Entwicklung einer kohärenteren anreizbezogenen Verfassungsrechtsdogmatik zu schaffen, hinaus. Entsprechende Erkenntnisse werden aber gewissermaßen „nebenbei" gewonnen. Dass die Untersuchung des Rechts aus der Steuerungsperspektive auch „zur Markierung rechtspolitischen Handlungsbedarfs und der Anleitung konzeptioneller Vorschläge"[128] insbesondere gegenüber dem Gesetzgeber führen kann, Erkenntnisse also auch rechtspolitisch nutzbar gemacht werden können, liegt in der Natur der Sache. Auf entsprechende Weise können und sollen die aus der Rechtsanwendungsperspektive gewonnenen Erkenntnisse praktisch insbesondere durch die Rechtsprechung verwertet werden.[129]

---

125 Siehe unten, S. 111 ff.

126 Siehe unten, S. 172. Siehe auch die Ausführungen zu den sog. Standardvorgaben unten, S. 142 ff.

127 Diesen Zweck von Typologien nennt *Hoffmann-Riem*, Rechtsformen, Handlungsformen, Bewirkungsformen, in: GVwR II, 2012, § 33 Rn. 34, 46 ff. Ähnlich, mit Bezug auf „Nudges", *Schuppert*, Zwischen Freiheit und Bevormundung, in: FS für Edzard Schmidt-Jortzig, 2011, S. 291 (292 ff.). Siehe auch *Ziekow*, Stand und Perspektiven der Gesetzesfolgenabschätzung, in: Montoro Chiner/Sommermann, Gute Rechtsetzung, 2015, S. 31 (33).

128 *Eifert*, Das Verwaltungsrecht zwischen klassischem dogmatischen Verständnis und steuerungswissenschaftlichem Anspruch, VVDStRL 67 (2008), S. 286 (311).

129 Vgl. etwa *Krebs*, Juristische Methode im Verwaltungsrecht, in: Schmidt-Aßmann/Hoffmann-Riem, Methoden der Verwaltungsrechtswissenschaft, 2004, S. 209 (213): Die Rechtspflege sei „die Aufgabe" der Juristischen Methode. Zur traditionellen Verbindung der

Während eine einfachrechtliche Anreiztypologie im vorliegenden Kontext in erster Linie für erstrebenswert gehalten wird, weil nur auf ihrer Basis eine widerspruchsfreie und kohärente anreizbezogene Verfassungsrechtsdogmatik entwickelt werden kann, spricht im Übrigen viel dafür, es auch für sich genommen als eine rechtswissenschaftliche Aufgabe anzusehen, „die Vielfalt der im Recht selbst verfügbaren Regelungsmöglichkeiten herauszuarbeiten".[130] Die teilweise gesehene Gefahr, sich auf das Feld bloßer Rechtspolitik und damit auf ein Gelände zu begeben, das außerhalb eigentlich rechtswissenschaftlicher Erkenntnisinteressen liegt,[131] dürfte jedenfalls dort noch nicht drohen, wo es darum geht, ein besseres Verständnis für *den* Erkenntnisgegenstand der Rechtswissenschaft, das Recht, und konkret für seine instrumentelle Dimension, zu gewinnen.

bb) „Quasi-Referenzgebiete" als Fundorte für Fallmaterial

Um Typen von Anreizen identifizieren zu können, muss nach dem bisher Festgestellten das geltende Recht „in der Breite" auf Anreize hin untersucht und müssen in diesem wiederkehrende Muster gesucht und beschrieben werden. Diese Arbeitsweise hat, wie oben ausführlich beschrieben,[132] insbesondere im Rahmen der Juristischen Methode einen hohen Stellenwert. So war es bereits eines der Alleinstellungsmerkmale der seinerzeit noch jungen Verwaltungsrechtswissenschaft gegenüber der Staatswissenschaft, dass sie die verschiedenen Gebiete des besonderen Verwaltungsrechts nicht mehr als unzusammenhängendes „Konglomerat verschiedenartiger Rechtssätze"[133] ansah, sondern im Rahmen einer systematischen Untersuchung des geltenden Rechts übergreifende Formen, Strukturen usw. herausarbeitete.[134]

Traditionell zog man als Grundlage für diese Arbeit in erster Linie die klassischen Verwaltungsrechtsgebiete des Bau-, Polizei-, Kommunal- und Beamtenrechts heran.[135] Die Neue Verwaltungsrechtswissenschaft hat die Arbeitsweise, bei der Rechtsbereiche „das Fallmaterial und die Beispiele für die Aussa-

---

Dogmatik mit der Rechtsprechung auch *H. Dreier*, Merkls Verwaltungsrechtslehre und die heutige deutsche Dogmatik des Verwaltungsrechts, in: Walter, Adolf J. Merkl – Werk und Wirksamkeit, 1990, S. 55 (61). Siehe außerdem oben, S. 49: „Gesprächspartner" der Verwaltungsrechtswissenschaft seien die Gerichte.

130 Siehe oben, S. 70 mit Nachweis in Fn. 17.

131 Siehe zu entsprechenden Befürchtungen *Wahl*, Herausforderungen und Antworten, 2006, S. 90ff.; in die Richtung auch *Oebbecke*, Verwaltungsrechtswissenschaft und Verwaltungswissenschaft, DV Beiheft 7 (2007), S. 211 (216f.), mit der Unterscheidung zwischen Rechtswissenschaft und juristischer Verwaltungswissenschaft.

132 Siehe oben, S. 58ff.

133 Vgl. *Laband*, Buchbesprechung – Otto Mayer, Theorie des französischen Verwaltungsrechts, Archiv für öffentliches Recht 2 (1887), 149 (156).

134 Siehe oben, S. 48f.

135 *Schmidt-Aßmann*, Das allgemeine Verwaltungsrecht als Ordnungsidee, 2004, Erstes Kap. Rn. 14 und Drittes Kap. Rn. 2.

gen des allgemeinen Rechts abgeben“[136], als Arbeiten mit „Referenzgebieten“[137] aufgegriffen.[138] Im Sinne des Anliegens einer Reformierung der Verwaltungsrechtswissenschaft wirbt sie allerdings dafür, vor allem solche Rechtsgebiete in den Blick zu nehmen, die bisher kaum als „der Speicher gefundener Lösungen und der Spiegel bestehender Regelungsbedürfnisse“[139] betrachtet wurden. Es gelte, auf neue Referenzgebiete aufmerksam zu machen und diese zu integrieren.[140]

Wenn es um Anreize geht, erscheint es allerdings weder zweckmäßig, von klassischen, noch von neuen Referenz-Rechtsgebieten auszugehen. Vielmehr ist es angebracht, sich vom Zuschnitt der Rechtsgebiete im herkömmlichen Sinne überhaupt zu lösen. Denn die Orientierung an den üblichen Zuschnitten ist zwar sinnvoll, solange man die zugehörigen Rechtsakte als Rechtsbefehle betrachtet. Im Hinblick auf Anreize aber sind, weil die unterschiedlichsten Normen mit Anreizen „bepackt“[141] werden können, die anerkannten Zuschnitte der Gebiete des besonderen Verwaltungsrechts ebenso willkürlich, wie ja sogar die Grenze zwischen öffentlichem Recht und Privatrecht willkürlich verläuft.[142]

Um dennoch eine Begrenzung des „Fallmaterials“ zu erreichen, können Anreize untersucht werden, die bestimmte Sachmaterien betreffen und entsprechenden Zwecken dienen. Eine rechtsgebiets*artige* Zusammenfassung von Anreizen nach diesem Muster ist zum einen relativ nah an der Art, nach der Normen klassischerweise den herkömmlichen Gebieten des besonderen Verwaltungsrechts zugeordnet werden. Denn auch der Zuschnitt dieser Rechtsgebiete ist regelmäßig an Sachmaterien orientiert. Für eine Kategorisierung von Anreizen nach Zwecken spricht zum anderen auch, dass zweckbezogene Kategorien quer zu der der rechtlichen Konstruktion und darin abgebildeten Wirkungslogik verlaufen. Daher verspricht eine Untersuchung von Anreizen, die denselben Zwecken dienen, dass viele verschiedene Anreiztypen gefunden werden. Schließlich entspricht ein zweckorientierter Zuschnitt des Fallmaterials auch dem Ausgangsgedanken einer Konzentration auf die instrumentelle Di-

---

[136] *Schmidt-Aßmann*, Das allgemeine Verwaltungsrecht als Ordnungsidee, 2004, Erstes Kap. Rn. 13.

[137] Begriffsprägend *Schmidt-Aßmann*, Zur Reform des Allgemeinen Verwaltungsrechts, in: Hoffmann-Riem/Schmidt-Aßmann/Schuppert, Reform des Allgemeinen Verwaltungsrechts, 1993, S. 11 (14 und 26 ff.).

[138] Nach *Voßkuhle*, Neue Verwaltungsrechtswissenschaft, in: GVwR I, 2012, § 1 Rn. 43 ff., ist das Arbeiten mit Referenzgebieten eines der methodischen Elemente, die die Neue Verwaltungsrechtswissenschaft ausmachen.

[139] *Schmidt-Aßmann*, Das allgemeine Verwaltungsrecht als Ordnungsidee, 2004, Erstes Kap. Rn. 12.

[140] *Schmidt-Aßmann*, Das allgemeine Verwaltungsrecht als Ordnungsidee, 2004, Erstes Kap. Rn. 14.

[141] Vgl. *Strickrodt*, Steuergesetze als Instrumente staatspolitischer Maßnahmen, FR 1958, 448 (450): „Bepackung von steuergesetzlichen Regelungen zu sachfremden Zwecken“.

[142] Dazu oben, S. 22 ff.

mension des Rechts. Denn auch der Gesetzgeber als Steuerungsakteur erwägt verschiedene Instrumententypen stets mit Blick auf bestimmte Zwecke, die er mittels dieser erreichen will.

Die damit vorgeschlagene Zusammenfassung von Anreizen zu zweckbezogenen Quasi-Rechtsgebieten ist zwar unüblich. Unausgesprochen liegt sie aber der Terminologie zugrunde, wonach Rechtsfragen zu Anreizen im Vergaberecht häufig unter dem Stichwort der „beschaffungsfremden" bzw. „vergabefremden Zwecke"[143] diskutiert werden. Die steuerrechtliche Literatur kommt dem hier beschriebenen Ansatz noch näher, indem sie nicht nur die Anreize in steuerrechtlichen Normen häufig unter dem Stichwort der „Lenkungszwecke" diskutiert, sondern auch die steuerrechtlichen Normen, statt sie pauschal dem Steuerrecht zuzuschlagen, zum besonderen Verwaltungsrecht zählt, soweit sie zur Erreichung sog. außerfiskalischer Zwecke eingesetzt werden.[144]

Im Rahmen der vorliegenden Untersuchung wurden bereits bis hierher und werden auch im zweiten Teil der Arbeit, in dem Ansätze einer kohärenten einfach- und verfassungsrechtlichen Anreizdogmatik entwickelt werden,[145] insbesondere solche Anreize als Fallmaterial herangezogen, mit denen der Gesetzgeber über die unmittelbar angestrebte Verhaltensbeeinflussung hinaus mittelbar entweder energie- und klima- oder familien- und frauenpolitische Ziele erreichen möchte.[146] Diese Zwecke sind nur grob umschrieben und die Zuordnung einzelner Anreize zu diesen ist naturgemäß nicht immer unangreifbar. Dies ist jedoch nicht zu vermeiden und erscheint, da es nur um eine Begrenzung des Fallmaterials geht, unschädlich.

Im Hinblick auf Anreize, die zu familien- und frauenpolitischen Zwecken eingesetzt werden, ist festzustellen, dass die Literatur bereits begonnen hat, ein entsprechendes Rechtsgebiet zu formen. Das sog. öffentliche Familienrecht (auch Ehe- und Familienrecht) ist als verwaltungsrechtliches Referenzgebiet zwar bisher nicht allzu prominent in Erscheinung getreten. Durch eine zunehmende Befassung der Rechtswissenschaft mit dazu zählenden Fragen gewinnt es jedoch an Konturen.[147] Während das Familienrecht im engeren, herkömmli-

---

[143] Siehe hier nur *Pünder*, Vergaberecht, in: Ehlers/Fehling/Pünder, Besonderes Verwaltungsrecht I, 2019, § 17 Rn. 84; *Ziekow*, Soziale Aspekte in der Vergabe, DÖV 2015, 897 ff.; *Burgi*, Vergabefremde Zwecke und Verfassungsrecht, NZBau 2001, 64 ff.

[144] *P. Kirchhof*, Die Steuern, in: HStR V, 2007, § 118 Rn. 166; *D. Birk*, Das Leistungsfähigkeitsprinzip als Maßstab der Steuernormen, 1983, S. 74.

[145] Unten ab S. 107.

[146] Vereinzelt werden außerdem im Rahmen von Beispielen Anreize zur Sprache kommen, die eingesetzt werden, um unmittelbar gesundheitsbewusstes Verhalten zu fördern und dadurch mittelbar gesundheitspolitische Ziele zu erreichen.

[147] So enthält das HStR seit der 3. Auflage (2006) den Beitrag von *Seiler*, Entwicklung der Bevölkerung und Familienpolitik, in: HStR IV, 2006, § 81. Siehe auch *Seiler*, Grundzüge eines öffentlichen Familienrechts, 2008; *Brosius-Gersdorf*, Demografischer Wandel und Familienförderung, 2011; *J. Wolff*, Familienrecht (staatlich), in: Hallermann/Meckel/Droege/de Wall, LKRR II, 2019.

chen Sinne in der Gesamtheit der Rechtsnormen besteht, die im 4. Buch des BGB die personen- und vermögensrechtlichen Beziehungen der Mitglieder der Familie regeln,[148] betrifft das öffentliche Familienrecht die spezifischen rechtlichen Rahmenbedingungen, unter denen Ehen und Familien gegründet werden und Ehe- und Familienleben stattfindet.[149] Wenn man von klassischen Rechtsgebieten ausgeht, handelt es sich beim öffentlichen Familienrecht um ein Querschnittsrechtsgebiet, das zu einem großen Teil aus Anreizen besteht und die wachsende Zahl von Normen umfasst, die als Instrumente eingesetzt werden, um auf Entscheidungen der Adressaten im Hinblick auf Familiengründung, innereheliche und innerfamiliäre Aufgabenverteilung sowie Kindererziehung und -betreuung Einfluss zu nehmen.[150] Da sich der entsprechende Lebensbereich durch eine hohe Grundrechtssensibilität auszeichnet und Rechtsbefehle zur Erreichung staatlicher Ziele in diesen Bereichen zumeist von vornherein nicht in Betracht kommen, drängt sich die Verhaltenssteuerung durch Anreize auf.[151]

Im Unterschied dazu wäre es mit Blick auf energie- und klimapolitische Zwecke zwar grundsätzlich denkbar, vor allem mit Ge- und Verboten zu arbeiten. Der Gesetzgeber hat sich aber dafür entschieden, etwa das Ziel einer Versorgung der Allgemeinheit mit Elektrizität und Gas, „die zunehmend auf erneuerbaren Energien beruht" (vgl. § 1 Abs. 1 des Energiewirtschaftsgesetzes, EnWG[152]), verstärkt mit anderen Instrumenten, mit sehr komplexen Regulierungsstrukturen, mit Informationsmaßnahmen und auch mit an Verbraucherinnen und Verbraucher und/oder Unternehmen adressierten Anreizen zu verfolgen. In Rechtsgebieten klassischen Zuschnitts gesprochen, stammen die insofern zu behandelnden Normen vor allem aus dem Steuerrecht, dem Vergaberecht und dem Energie(regulierungs)recht. Ein eigenes, die Anreize erfassendes Querschnittsrechtsgebiet etwa eines „Rechts der Energiewende", im Sinne eines Äquivalents zum öffentlichen Familienrecht, wurde bisher nicht etabliert. Schnittmengen bestehen wohl mit dem als neues Rechtsgebiet in der Entstehung begriffenen „Klimaschutzrecht", mit dem sich eine steigende Zahl von Publikationen befasst[153]. Da aber die Instrumente, die zum „Klimaschutzrecht" gezählt

[148] *Firsching/Schmid*, Familienrecht, 2015, Rn. 3; *Wellenhofer*, Familienrecht, 2019, § 1 Rn. 1.

[149] *J. Wolff*, Familienrecht (staatlich), in: Hallermann/Meckel/Droege/de Wall, LKRR II, 2019.

[150] *J. Wolff*, Familienrecht (staatlich), in: Hallermann/Meckel/Droege/de Wall, LKRR II, 2019.

[151] Die Eignung von Anreizen speziell zur Steigerung der Geburtenrate sollte insofern allerdings auch nicht überschätzt werden, vgl. dazu *Sacksofsky*, Anreize, in: GVwR II, 2012, § 40 Rn. 102; *Brosius-Gersdorf*, Demografischer Wandel und Familienförderung, 2011, S. 149 f.

[152] Energiewirtschaftsgesetz v. 7. Juli 2005, BGBl. I, S. 1970, 3621, zuletzt geändert durch Art. 1 d. Gesetzes v. 5. Dezember 2019, BGBl. I, S. 2002.

[153] Siehe hier nur *Jahrmarkt*, Internationales Klimaschutzrecht, 2016; *Flaskühler*, Föderale Klimaschutzgesetzgebung in Deutschland im Lichte des wohlgeordneten Rechts, 2018.

werden, sehr divers sind und die Untersuchungen weitgehend völkerrechtlich angelegt sind, geht dieses Rechtsgebiet weit über Anreize hinaus.

b) Integration von Anreizen in eine zu schaffende Instrumentenlehre

Im Rahmen einer Untersuchung aus der Steuerungsperspektive können Anreize auch in eine auf spezifisch rechtswissenschaftliche Erkenntnisinteressen zugeschnittene, also rechtswissenschaftliche Instrumentenlehre integriert werden. Eine solche gilt es noch zu schaffen. Berücksichtigung finden müssen dabei die zahlreichen, vor allem umweltrechtlichen Arbeiten, in denen Anreize und andere Instrumente etwa als ökonomische oder indirekte Instrumente behandelt werden[154]. Sie bilden einen großen Variantenreichtum ab und enthalten viel Wissen über die Wirkungslogiken auch komplizierterer Instrumente sowie über deren Wirkungsbedingungen und weitere Eigenschaften. Für rechtsdogmatische Zwecke sind sie als solche, ebenso wie die in großer Zahl vorhandenen Instrumententypologien, die für verwaltungs- und politikwissenschaftliche Zwecke gebildet wurden,[155] jedoch weder gedacht noch geeignet.

Wie deutlich geworden sein sollte, ergibt sich die Notwendigkeit einer Abgrenzung zwischen unterschiedlichen Instrumenten insbesondere im Hinblick auf die Instrumententypen des Anreizes und des Rechtsbefehls. Das Herausarbeiten von Gemeinsamkeiten und Unterschieden ist darüber hinaus aber auch im Verhältnis zu anderen Instrumenten zweckmäßig, mit denen der Staat Verhalten zu beeinflussen sucht. Mit Blick auf das Ziel, die Voraussetzungen für eine in sich widerspruchsfreie und kohärente Verfassungsrechtsdogmatik zu schaffen, erscheint es insbesondere notwendig, eine vergleichende deskriptiv-typologische Betrachtung von Anreizen und anderen rechtlich nicht zwingenden Instrumenten vorzunehmen, die staatliche Steuerungsakteure mit dem Ziel einsetzen, *unmittelbar* das Verhalten von Menschen zu beeinflussen. Dass diese Instrumente nicht die Form von Rechtsakten haben, ist unschädlich. Denn es spricht nichts dafür, das Anliegen einer dogmatischen Durchdringung staatlichen Handelns, die als Vorarbeit für die Entwicklung konsistenter verfassungsrechtlicher Maßstäbe und Bewertungen dient, auf Gesetze, Verwaltungsakte usw. zu beschränken. Vielmehr kann es mit Gewinn auf Maßnahmen

---

[154] Insbesondere die umweltrechtliche Hand- und Lehrbuchliteratur enthält stets umfangreiche Kapitel, in denen die unterschiedlichsten Instrumente als solche beschrieben (und dabei, ganz im Sinne einer Steuerungsorientierung, zunächst nicht normativ bewertet) werden, vgl. etwa *Rehbinder*, Ziele, Grundsätze, Strategien und Instrumente, in: ders./Schink, Grundzüge des Umweltrechts, 2018, § 3 Rn. 256 ff.; *Kluth*, Allgemeines Umweltrecht, in: ders./Smeddinck, Umweltrecht, 2013, § 1 S. 45 ff.; *Kloepfer*, Umweltschutzrecht, 2011, *§ 4; Kloepfer*, Umweltrecht, 2016, § 5; *Storm*, Umweltrecht, 2015, § 18. Siehe auch oben, S. 35.

[155] Siehe hier nur *König/Dose*, Instrumente und Formen staatlichen Handelns, 1993, insb. S. 43 ff.; *Dahl/Lindblom*, Politics, Economics, and Welfare, 1953, S. 99 ff.

übertragen werden, die üblicherweise nur der „Auffangkategorie“[156] der Realakte zugeordnet werden.[157]

aa) Gemeinsamkeiten mit und Unterschiede zu unmittelbaren Informationen

Was aus der Rechtsanwendungsperspektive nicht gerade offensichtlich ist, aus der Steuerungsperspektive jedoch ins Auge springt, ist, dass eine bedeutende Gemeinsamkeit zwischen dem staatlicherseits einsetzbaren Instrumententyp des Anreizes und dem Instrumententyp der unmittelbaren Information besteht:[158] Ebenso wie Anreize setzen staatliche Steuerungsakteure auch Informationen häufig als Instrumente ein, mit denen die Adressaten (hier: Informationsempfänger) unmittelbar zu einem gewünschten Verhalten gebracht werden sollen.[159] Ebenso wie Anreize können also auch Informationsmaßnahmen insofern ein „funktionaler Ersatz“ für Ge- und Verbote sein[160], und ebenso wie Anreize bezieht sich auch dieser Instrumententyp „ausschließlich auf gleichermaßen rechtmäßige Verhaltensformen“[161].

Zwar handelt es sich bei den auf Verhaltensbeeinflussung zielenden Informationsmaßnahmen um Realakte. Sie können zwar in Rechtsakten vorgesehen sein, indem etwa der Gesetzgeber eine Behörde oder einen Privaten zu Informationsmaßnahmen verpflichtet. Anders als Anreize weisen sie aber selbst keine

---

[156] *Schoch*, Entformalisierung staatlichen Handelns, in: HStR III, 2005, § 37 Rn. 25.

[157] So bereits *J. Wolff*, Dreidimensionale Zebrastreifen, weinende Kinder und musikalische Mülleimer, in: Hilbert/Rauber, Warum befolgen wir Recht?, 2019, S. 253 (266 f.).

[158] Vgl. *Gärditz*, Die „Neue Verwaltungsrechtswissenschaft“ – Alter Wein in neuen Schläuchen, DV Beiheft 12 (2017), S. 105 (141 f.), der, wie oben (S. 86) zitiert, in der Neuen Verwaltungsrechtswissenschaft einen Impulsgeber für bessere Dogmatik und Theoretisierung im Verwaltungsrecht sieht und als Themenfelder, in denen er sich Gewinne verspricht, neben dem der Anreize auch die der Information und der Verwaltungskommunikation nennt. Siehe auch *Fehling*, Die „neue Verwaltungsrechtswissenschaft“, DV Beiheft 12 (2017), S. 66 (97 f.). Für eine aus der Steuerungsperspektive entwickelte Typologie staatlichen Informationshandelns für rechtsdogmatische Zwecke: *Schoch*, Entformalisierung staatlichen Handelns, in: HStR III, 2005, § 37 Rn. 72 ff.

[159] Ganz anders *Bumke*, Publikumsinformation, DV 37 (2004), S. 10, nach dem Informationen nicht „am Code ‚erwünscht‘/‚unterwünscht‘ ausgerichtet“ sein sollen, wodurch auch in Frage gestellt zu sein scheint, dass sie als Instrumente zur Verhaltenssteuerung eingesetzt werden können. *Bumke* vertritt diese Ansicht ohne nähere Begründung. Er führt nur aus, dass „nicht nur zwischen der staatlichen Information und ihrer Aufnahme als relevanter Information, sondern auch und vor allem zwischen dieser und einer daran anknüpfenden Entscheidung eine Lücke klafft“ und „die bloße Aufnahme als relevante Information (…) nicht zwangsläufig die Übernahme der Wertungen und die Anerkennung des Anreizes durch den Empfänger“ einschließe. Dies ist zwar nicht zu bestreiten, betrifft aber doch eigentlich die Frage der Beherrschbarkeit der Steuerungswirkungen bestimmter informationeller Instrumente (die *Bumke* in dem Kontext auch zu Recht problematisiert) und stellt nicht in Frage, dass Informationen am Code „erwünscht“/„unerwünscht“ ausgerichtet sind.

[160] Vgl. *Hellgardt*, Regulierung und Privatrecht, 2016, S. 480.

[161] *Kloepfer*, Staatliche Informationen als Lenkungsmittel, 1998, S. 18; siehe auch *Hoffmann-Riem*, Innovation und Recht – Recht und Innovation, 2016, S. 397, der „Anregungen, Information und Werbung, Appelle“ als einen Anreiztyp behandelt.

Rechtsform auf. Und auch darüber hinaus bestehen zwischen beiden Instrumententypen zahlreiche Unterschiede. Mit der Unmittelbarkeit der Einwirkung und dem hinter ihrem Einsatz stehenden Ziel der unmittelbaren Beeinflussung der Adressaten bestehen aber auch Gemeinsamkeiten, die es im Rahmen einer steuerungsorientierten Untersuchung herauszuarbeiten gilt, um eine konsistentere Verfassungsrechtsdogmatik entwickeln zu können. Denn auch insofern herrschen bisher Inkonsistenzen, die im Rahmen der üblichen, maßstabsbezogenen Untersuchungen der entsprechenden Instrumente aus der Rechtsanwendungsperspektive leicht zu übersehen und schwer in den Griff zu bekommen sind.

Es kann und soll an dieser Stelle insofern nicht in die Tiefe gegangen werden. Aber auch schon bei oberflächlicher Betrachtung erscheint es doch beispielsweise fragwürdig, dass die Eingriffsqualität von Anreizen mit Blick auf die Grundrechte ihrer Adressaten häufig *allein* damit begründet wird, *dass* der Gesetzgeber mit diesen Instrumenten Menschen unmittelbar zu Verhaltensänderungen bringen will,[162] während eine entsprechende Position im Hinblick auf Informationsmaßnahmen, die mit derselben Intention eingesetzt werden, nicht vertreten wird. Es hat beispielsweise, soweit ersichtlich, überhaupt noch niemand jemals auch nur die Frage aufgeworfen, ob etwa in dem der berühmten „Osho-Entscheidung“ des BVerfG zugrunde liegenden Fall nicht nur die Osho-Sekte, sondern möglicherweise auch derjenige in Grundrechten berührt wurde, den die vor der Sekte warnende Bundesregierung unmittelbar und mit dem klaren Ziel der Verhaltensbeeinflussung adressiert hatte:[163] Der Einzelne, der nach der Feststellung des BVerfG aufgrund der ihm gegenüber erfolgten Warnung auch tatsächlich „aus der ihm zugegangenen Information Konsequenzen zog und der betreffenden Gruppe fernblieb, aus ihr austrat, auf Angehörige oder andere Personen einwirkte, sich ebenso zu verhalten, oder davon absah, die Gemeinschaft (weiter) finanziell zu unterstützen“.[164]

Auch beispielsweise gesundheitsbezogene Warnhinweise, ohne die Tabakerzeugnisse nach § 6 Tabakerzeugnisgesetz (TabakerzG)[165] nicht in den Verkehr gebracht werden dürfen, werden mit Blick auf die Grundrechte derjenigen, die durch die Hinweise unmittelbar adressiert und zum Nicht- oder Weniger-Rauchen gebracht werden sollen, soweit ersichtlich, nicht diskutiert. Klassischer- und nach wie vor typischerweise beschäftigen diese und ähnliche Informationsmaßnahmen die Rechtswissenschaft vielmehr mit Blick auf die zur Vermittlung

---

[162] Dazu unten, S. 186 ff.

[163] Siehe aber *J. Wolff*, Dreidimensionale Zebrastreifen, weinende Kinder und musikalische Mülleimer, in: Hilbert/Rauber, Warum befolgen wir Recht?, 2019, S. 253 (267).

[164] BVerfGE 105, 279 (300).

[165] Tabakerzeugnisgesetz v. 4. April 2016, BGBl. I, S. 569, zuletzt geändert durch Art. 27 d. Gesetzes v. 20. November 2019, BGBl. I, S. 1626.

der entsprechenden Warnung per Rechtsbefehl verpflichteten Unternehmen.[166] Erst die Diskussion über sog. „Nudges“ hat hier etwas verändert. Denn soweit gesundheits- und umweltbezogene Warnhinweise unter dem Stichwort „Nudge“ diskutiert wurden, wurden plötzlich kritische Stimmen wie die folgende laut: „Die öffentliche Hand hat zu respektieren, dass der Bürger beim Candle-Light-Dinner nicht über die Kalorien des Menüs, bei der Lektüre nicht durch die ‚intelligente Lampe‘ über den Stromverbrauch und auch nicht über den Energiebedarf des Nachbarn informiert werden will.“[167] Dass derartige, durchaus als grundrechtliche Positionierungen zu verstehende, Positionen (erst) in der Diskussion um das „Nudging“ aufkamen, ist nicht überraschend. Denn indem *Richard H. Thaler* und *Cass R. Sunstein* Informationsmaßnahmen als „Nudges“ und damit als Instrumente beschreiben, mit denen gezielt und unmittelbar Verhalten beeinflusst werden kann,[168] tun sie nichts anderes als die Steuerungsperspektive einzunehmen.[169] Und dies rückt die Informationsempfänger (und damit auch ihre Grundrechte) in den Fokus, die im Rahmen des klassischen, auf das Normative konzentrierten Zugangs leicht übersehen werden.

Soweit die Grundrechte der Informationsempfänger teilweise immerhin doch gesehen werden, kommt es, wenn die entsprechenden Instrumente nicht zunächst rein steuerungsorientiert betrachtet wurden, dabei häufig zu Fehlvorstellungen über deren Wirkungsweise und in der Folge zu wenig überzeugenden Wertungen. So führt etwa *Christian Hillgruber* zur Frage etwaiger Eingriffe durch Informationen in die Grundrechte der Informationsempfänger Folgendes aus: „Eine grundrechtliche Betroffenheit setzt insofern (…) die über eine bloße Reflexwirkung hinausgehende unmittelbare rechtliche Regelungs-

---

166 Differenzierend dagegen *Hellgardt*, Regulierung und Privatrecht, 2016, S. 478 f.: „Informations- und Offenlegungspflichten können einerseits darauf abzielen, das Verhalten des Normadressaten zu regulieren, andererseits können sie eingesetzt werden, um das Verhalten des Informationsempfängers zu steuern.“

167 *G. Kirchhof*, Nudging – zu den rechtlichen Grenzen informalen Verwaltens, ZRP 2015, 136 (137).

168 *Thaler/Sunstein*, Nudge, 2011, S. 143 und 260 ff. Siehe auch bereits oben, S. 21 f.

169 Siehe dazu bereits *J. Wolff*, Eine Annäherung an das Nudge-Konzept, Rechtswissenschaft 2/2015, S. 194 (204). Ausführlich zur Möglichkeit einer Unterscheidung zwischen dem damit angesprochenen steuerungsorientierten Aspekt des Nudge-Konzepts auf der einen und dem zu Recht seitens der deutschen Rechtswissenschaft kritisch betrachteten rechtspolitischen Aspekt des Nudge-Konzepts auf der anderen Seite *J. Wolff*, Eine Annäherung an das Nudge-Konzept, Rechtswissenschaft 2/2015, S. 194 (204 ff.). Die Unterscheidung aufgreifend *Krönke*, Datenpaternalismus, Der Staat 55 (2016), S. 319 (329 ff.). Zur Kritik am – hier nicht weiter interessierenden – rechtspolitischen Aspekt des Nudge-Konzepts, dem von *Thaler* und *Sunstein* so genannten Libertären Paternalismus, siehe die Beiträge von *McCrudden/King*, *Volkmann*, *van Aaken*, *Heinig*, *Cassese* und *Lübbe-Wolff* in: Kemmerer/Möllers/Steinbeis/Wagner, Choice Architecture in Democracies, 2016; siehe auch *Englerth/Towfigh*, Verhaltensökonomik, in: Towfigh/Petersen, Ökonomische Methoden im Recht, 2017, § 8 Rn. 552 ff.; *J. Wolff*, Eine Annäherung an das Nudge-Konzept, Rechtswissenschaft 2/2015, S. 194 (209 ff., 218 ff.).

wirkung voraus. Die bloße Eignung zur Verhaltensbeeinflussung oder -steuerung, die man kaum einer wie auch immer gearteten staatlichen Maßnahme wird absprechen können, reicht dagegen nicht aus. Daher bedeuten auch staatlicherseits verbreitete Informationen und appellative Warnungen oder Empfehlungen keinen Eingriff in die Verhaltensfreiheit der Informierten, Gewarnten oder zu einem bestimmten Verhalten Angeregten; denn ihre Wahl- und Entscheidungsfreiheit bleibt davon rechtlich unberührt."[170] Unabhängig von der Frage, ob *Hillgrubers* Urteil im Ergebnis zutrifft (es erscheint recht pauschal), kann jedenfalls die Begründung nicht überzeugen. Denn er geht von einer unzutreffenden Annahme über die Wirkungslogik und Wirkungsweise der Informationen aus. Appellative Warnungen und Empfehlungen sind zur Verhaltenssteuerung nicht bloß geeignet, sondern zielen auf diese; und soweit sie tatsächlich Verhalten beeinflussen, ist dies eben keine bloße Reflexwirkung, sondern genau die Wirkung, die der informierende staatliche Steuerungsakteur zielgerichtet und unmittelbar angestrebt hat. Richtig ist zwar, dass Informationen keine unmittelbar *rechtliche* Wirkung haben. Der Umkehrschluss aber, wonach alle nicht-rechtlichen Wirkungen unintendiert, mittelbar und reflexhaft sind, liegt zwar nahe, ist aber ein Fehlschluss.

bb) Gemeinsamkeiten mit und Unterschiede zu den als „Nudges" diskutierten Maßnahmen

Eine steuerungsorientierte Betrachtung des Instrumentariums, das staatlichen Akteuren zur Verfügung steht, um unmittelbar Verhalten zu beeinflussen und politische Zwecke zu verfolgen, verspricht einen Mehrwert auch, wenn es um die Instrumente geht, die unter dem Stichwort „Nudges" diskutiert werden.[171] *Thaler* und *Sunstein* haben mit diesem Wort eine Reihe von Instrumenten zusammengefasst, mit denen staatliche Steuerungsakteure (ganz überwiegend[172]) unmittelbar Verhalten beeinflussen können sollen,[173] die allerdings im Übrigen höchst unterschiedlich sind. So behandeln *Thaler* und *Sunstein* als „Nudges" Fahrbahnmarkierungen, die optische Täuschungen hervorrufen und so zum Abbremsen veranlassen sollen, personalisierte Anschreiben von Steuerbehörden, die zur rechtzeitigen Abgabe vollständiger Steuererklärungen motivieren sollen, Kalorienangaben auf Lebensmitteln, die gesundheitsbewusstes Essverhalten fördern sollen, usw. Die Instrumentenkategorie der „Nudges", die an

---

[170] *Hillgruber*, Grundrechtlicher Schutzbereich, Grundrechtsausgestaltung und Grundrechtseingriff, in: HStR IX, 2011, § 200 Rn. 78.

[171] In diese Richtung auch *Fehling*, Die „neue Verwaltungsrechtswissenschaft", DV Beiheft 12 (2017), S. 66 (96), der das „Nudging als eine Herausforderung für die Steuerungsperspektive" ansieht.

[172] Zu der bedeutenden Ausnahme, den sog. Standardeinstellungen, die bei näherem Hinsehen keine Instrumente zur unmittelbaren Verhaltenssteuerung sind, S. 142 ff.

[173] *Thaler/Sunstein*, Nudge, 2011; siehe auch die weiteren Nachweise in Fn. 56 auf S. 21.

ökonomische Kategorien anknüpft,[174] erfasst damit Instrumente, die größtenteils auch in die Instrumentenkategorie der unmittelbaren Informationen fallen, die aber, davon abgesehen, dass zur Steuerung Informationen eingesetzt werden, ganz unterschiedlichen Wirkungslogiken folgen.

Für rechtsdogmatische Zwecke ist die Kategorie der „Nudges" recht offensichtlich viel zu weit.[175] Zurecht hat sich deshalb in der Literatur inzwischen auch die Ansicht durchgesetzt, wonach übergreifende verfassungsrechtliche Aussagen zu den als „Nudges" diskutierten Instrumenten kaum zu treffen sind, sondern differenziert werden muss.[176] Im Rahmen eines grundsätzlich differenzierenden Ansatzes wird es allerdings hilfreich sein, nicht so weit zu gehen, jede Einzelmaßnahme, jeden einzelnen „Nudge", isoliert zu bewerten. Stattdessen sollten, soweit dies eben möglich ist, die Unterschiede und Gemeinsamkeiten zwischen den verschiedenen Einzelmaßnahmen herausgearbeitet, beschrieben und benannt werden, kurz: es sollte eine Typologie gebildet werden.[177] Diese wünschenswerte Integration der „Nudges" in eine an rechtswissenschaftlichen Erkenntnisinteressen ausgerichtete Instrumentenlehre kann ohne Weiteres auf die von *Thaler* und *Sunstein* geschaffenen Grundlagen aufbauen, die in ihren Publikationen zahlreiche verhaltenssteuernde Instrumente und deren jeweilige Wirkungslogik steuerungsorientiert beschreiben.[178]

III. Weitergehendes Potential: Die Erforschung weiterer Eigenschaften von Anreizen

Die Steuerungsperspektive ist grundsätzlich auch die richtige Perspektive, um Anreize (und andere Instrumente) nicht nur der Form nach zu typisieren und die in ihnen angelegte Funktionslogik nachzuvollziehen, sondern weitere Eigenschaften von Anreizen zu erforschen. So ist die Steuerungsperspektive grundsätzlich auch die geeignete Perspektive, wenn es darum geht, Anreize

---

174 Dazu näher *Englerth/Towfigh*, Verhaltensökonomik, in: Towfigh/Petersen, Ökonomische Methoden im Recht, 2017, § 8 Rn. 545 ff.; *J. Wolff*, Eine Annäherung an das Nudge-Konzept, Rechtswissenschaft 2/2015, S. 194 (220 ff.).

175 So bereits *J. Wolff*, Eine Annäherung an das Nudge-Konzept, Rechtswissenschaft 2/2015, S. 194 (220 ff.).

176 Siehe hier nur *Englerth/Towfigh*, Verhaltensökonomik, in: Towfigh/Petersen, Ökonomische Methoden im Recht, 2017, § 8 Rn. 555; *J. Wolff*, Eine Annäherung an das Nudge-Konzept, Rechtswissenschaft 2/2015, S. 194 (213 f.); *Holle*, Rechtliche Rahmenbedingungen für den Einsatz des Nudging als staatliches Steuerungsinstrument, ZLR 2016, 596 (600).

177 So bereits *J. Wolff*, Dreidimensionale Zebrastreifen, weinende Kinder und musikalische Mülleimer, in: Hilbert/Rauber, Warum befolgen wir Recht?, 2019, S. 253 (266 f.).

178 Siehe oben, S. 21 f.

etwa im Hinblick auf Kriterien wie Wirtschaftlichkeit, Transparenz, Akzeptanz, Bürgernähe, Effizienz sowie nicht zuletzt Wirksamkeit[179] zu untersuchen.

Über rechtswissenschaftliche Erkenntnisinteressen im engeren, maßstabsbezogenen Sinne ginge man damit allerdings hinaus und beträte stattdessen das Feld der Rechtspolitik.[180] Denn zwar ist man auch für klassische maßstabsbezogene Fragen zu Instrumenten, d. h. für Fragen ihrer Rechtmäßigkeit, insbesondere ihrer Verfassungsmäßigkeit, grundsätzlich auf Erkenntnisse über diese in der Wirklichkeit angewiesen.[181] So können beispielsweise Erwägungen über etwaige mildere, aber gleich geeignete Mittel, wie sie für Urteile über die verfassungsrechtlich relevante Verhältnismäßigkeit des Einsatzes eines Instruments notwendig sein können, ganz ohne Kenntnisse über die jeweilige Eignung der zu vergleichenden Instrumente zur Zweckerreichung nicht angestellt werden. Im Rahmen der Beantwortung klassischer maßstabsbezogener Fragen kann insofern aber sehr weitgehend auf einen Einschätzungsspielraum des Gesetzgebers verwiesen werden, der nur im Hinblick darauf überprüft wird, ob seine Grenzen eingehalten worden sind. Im Ergebnis kommen Literatur und Rechtsprechung dadurch mit einer Plausibilitäts- oder auch Vertretbarkeitskontrolle[182] aus, da sie Instrumente wegen mangelnder Geeignetheit nur beanstanden, wenn diese schlechthin bzw. evident ungeeignet bzw. untauglich sind.[183] Entsprechendes gilt für die auf die Eignung zur Zweckerreichung bezogenen Vergleiche im Rahmen der Erforderlichkeitsprüfung: Auch insofern ist das Bestehen eines Beurteilungs- und Prognosespielraums anerkannt.[184] Dem Gesetzgeber „steht insbesondere in Bezug auf die Bewertung und die Auswahl der für das beabsichtigte Regelungsvorhaben in Erwägung zu ziehenden Maßnahmen

---

[179] Vgl. die Kriterien bei *Voßkuhle*, Neue Verwaltungsrechtswissenschaft, in: GVwR I, 2012, § 1 Rn. 47; *Appel*, Das Verwaltungsrecht zwischen klassischem dogmatischen Verständnis und steuerungswissenschaftlichem Anspruch, VVDStRL 67 (2008), S. 226 (244, dort Fn. 61). Diese und weitere Maßstäbe bei *Pitschas*, Maßstäbe des Verwaltungshandelns, in: GVwR II, 2012, § 42 Rn. 111 ff. Siehe auch *Schmidt-Aßmann*, Das allgemeine Verwaltungsrecht als Ordnungsidee, 2004, Sechstes Kap. Rn. 58 ff.

[180] Vgl. *Brohm*, Die Dogmatik des Verwaltungsrechts vor den Gegenwartsaufgaben der Verwaltung, VVDStRL 30 (1972), S. 245 (252 f.), der einen Begriff der Rechtspolitik entwickelt, der „in Abgrenzung zur Rechtsdogmatik den Gesetzgebungswissenschaften vorbehalten" ist (dort Fn. 25), der allerdings die Gesetzgebungswissenschaften als ein, wenn auch „bislang vernachlässigtes", „Gebiet der Rechtswissenschaft" ansieht.

[181] *Starck*, Empirie in der Rechtsdogmatik, JZ 1972, 609 ff.

[182] *Hillgruber*, Grundrechtsschranken, in: HStR IX, 2011, § 201 Rn. 69.

[183] BVerfGE 19, 119 (126 f.); 61, 291 (313 f.); 65, 116 (126); 73, 301 (317); 81, 156 (192); 143, 246 (348); *H. Dreier*, in: ders., GG I, 2013, Vorb. vor Art. 1 Rn. 147; *Hillgruber*, Grundrechtsschranken, in: HStR IX, 2011, § 201 Rn. 66 ff.; *Epping*, Grundrechte, 2019, Rn. 53. Kritisch *Hufen*, Staatsrecht II, 2018, § 9 Rn. 20.

[184] BVerfGE 102, 197 (218); 110, 141 (157); 115, 276 (309); 116, 202 (225); 117, 163 (189); 128, 1 (51); *H. Dreier*, in: ders. GG I, 2013, Vorb. vor Art. 1 Rn. 148; *Hillgruber*, Grundrechtsschranken, in: HStR IX, 2011, § 201 Rn. 66 ff.; *Kingreen/Poscher*, Grundrechte, 2019, Rn. 338; *Epping*, Grundrechte, 2019, Rn. 55. Kritisch *Hufen*, Staatsrecht II, 2018, § 9 Rn. 21.

ein weiter Bereich des Ermessens zu, das sich auch auf die Einschätzung der späteren Wirkungen der gesetzlichen Normierung erstreckt".[185] Folglich können Maßnahmen, die der Gesetzgeber zum Schutz eines wichtigen Gemeinschaftsguts für erforderlich hält, nach einer Formulierung des BVerfG „verfassungsrechtlich nur beanstandet werden, wenn nach den dem Gesetzgeber bekannten Tatsachen und im Hinblick auf die bisher gemachten Erfahrungen feststellbar ist, dass Beschränkungen, die als Alternativen in Betracht kommen, die gleiche Wirksamkeit versprechen, die Betroffenen indessen weniger belasten"[186].

Anders als im Rahmen maßstabsorientierter Untersuchungen aus der Rechtsanwendungsperspektive, in der Erkenntnisse über Eigenschaften von Anreizen insofern nur begrenzt relevant sind, als diese nur interessieren, soweit die Maßstäbe höherrangigen Rechts Vorgaben enthalten, ist die Relevanz solcher Erkenntnisse im Rahmen steuerungsorientierter Untersuchungen nicht schon strukturell begrenzt. Da die Instrumente aus der Steuerungsperspektive losgelöst von Maßstäben höherrangigen Rechts betrachtet werden, können steuerungsorientierte Untersuchung des Rechts grundsätzlich ohne Weiteres darauf zielen, dort Erkenntnisse zu gewinnen, wo aus der Rechtsschutzperspektive Bindung endet und nur noch Gestaltungsfreiheit besteht.[187] Vor diesem Hintergrund möchte die Neue Verwaltungsrechtswissenschaft auch insofern einen Beitrag zu einer erweiterten Systembildung leisten, als neue Maßstäbe zur Bewertung der „Richtigkeit" von Verwaltungshandeln und Rechtsetzungsentscheidungen einbezogen werden sollen.[188] Gezielt wird insofern auf Richtigkeitsurteile *jenseits* der Frage der Rechtmäßigkeit,[189] also etwa im Hinblick auf

---

[185] BVerfGE 102, 197 (218).

[186] BVerfGE 102, 197 (218); 115, 276 (309), jeweils unter Verweis auf BVerfGE 25, 1 (12, 19f.); 40, 196 (223); 77, 84 (106).

[187] Vgl. *Appel*, Das Verwaltungsrecht zwischen klassischem dogmatischen Verständnis und steuerungswissenschaftlichem Anspruch, VVDStRL 67 (2008), S. 226 (264). Siehe auch das bereits oben angeführte Beispiel der Wirtschaftlichkeit, S. 81.

[188] *Voßkuhle*, Neue Verwaltungsrechtswissenschaft, in: GVwR I, 2012, § 1 Rn. 47; *Pitschas*, Maßstäbe des Verwaltungshandelns, in: GVwR II, 2012, § 42 Rn. 111 ff.; *Bumke*, Relative Rechtswidrigkeit, 2004, S. 266; dazu *Appel*, Das Verwaltungsrecht zwischen klassischem dogmatischen Verständnis und steuerungswissenschaftlichem Anspruch, VVDStRL 67 (2008), S. 226 (264f.).

[189] *Bumke*, Relative Rechtswidrigkeit, 2004, S. 266: Es gehe nicht nur um Rechtmäßigkeit, sondern um „Optimalität"; „*Schmidt-Aßmann*, Das allgemeine Verwaltungsrecht als Ordnungsidee, 2004, Sechstes Kap. Rn. 57; *Hoffmann-Riem*, Verwaltungsrechtsreform, in: ders./Schmidt-Aßmann/Schuppert, Reform des Allgemeinen Verwaltungsrechts, 1993, S. 115 (130). *Appel*, Das Verwaltungsrecht zwischen klassischem dogmatischen Verständnis und steuerungswissenschaftlichem Anspruch, VVDStRL 67 (2008), S. 226 (262, 263, 264f.). Wenn diesem Anliegen entgegengehalten wird, die Richtigkeit von Rechtsetzungsentscheidungen sei eine „Anforderung der Rechtmäßigkeit" (vgl. *Krebs*, Juristische Methode im Verwaltungsrecht, in: Schmidt-Aßmann/Hoffmann-Riem, Methoden der Verwaltungsrechtswissenschaft, 2004, S. 209f.), geht dies an der Sache vorbei.

die oben genannten Aspekte der Wirtschaftlichkeit, Transparenz, Akzeptanz, Bürgernähe, Effizienz und Wirksamkeit.

Über die Frage, ob es Aufgabe der Rechtswissenschaft ist, andere Urteile als solche über die Rechtmäßigkeit zu treffen, wurde zur Hochzeit des „Methodenstreits“[190] innerhalb der Verwaltungsrechtswissenschaft heftig diskutiert.[191] Auch insofern ist der Streit aber abgekühlt. Und tatsächlich dürfte dies eine Frage sein, über die zu streiten müßig ist. Denn ob man mehr über die Wirksamkeit und weitere Eigenschaften rechtlicher Instrumente wissen will, als es für die Anwendung der Maßstäbe höherrangigen Rechts erforderlich ist, ist grundsätzlich keine Frage von richtig oder falsch, sondern eine der Forschungsinteressen.

Problematisch erscheint daher nicht, dass die Neue Verwaltungsrechtswissenschaft für eine verstärkte Befassung mit entsprechenden Fragen wirbt. Auch erscheint es insofern nur konsequent, dass als bedeutende methodische Elemente der Neuen Verwaltungsrechtswissenschaft eine methodisch bewusste Realbereichsanalyse und die Aufgeschlossenheit gegenüber anderen Fachdisziplinen genannt werden.[192] Denn verlassen wird nicht nur das Feld klassischer Erkenntnisinteressen, sondern auch das Feld klassischer Methodik und Expertise. Skeptisch zu sehen ist es allerdings, wenn die Neue Verwaltungsrechtswissenschaft gleich auf die Entwicklung einer offenbar umfassend angelegten, erweiterten „Maßstab(s)lehre“[193] zielt. Denn erstens stehen dem rein praktische Hindernisse entgegen. Da der, insbesondere empirische, Forschungsbedarf riesig wäre, und fraglich ist, ob und in welchem Maße andere Disziplinen der Rechtswissenschaft zuarbeiten wollen,[194] ist zu bezweifeln, dass hinreichend „Material“ ge-

---

190 Zu diesem auch oben, S. 67 ff.

191 Kritisch etwa *Krebs*, Sozialwissenschaften im Verwaltungsrecht: Integration oder Multiperspektivität, DV Beiheft 2 (1999), S. 127 (128), mit der Befürchtung, das „Verlassen der Disziplin“ könne zu „Disziplinlosigkeit“ führen; siehe auch *Schulze-Fielitz*, Staatsrechtslehre als Wissenschaft, DV Beiheft 7 (2007), S. 11 (23 f.). Allgemein zur Tendenz wissenschaftlicher Disziplinen hin zu Autonomie und Ausdifferenzierung und weg von Interdisziplinarität *Czada*, Disziplinäre Identität als Voraussetzung interdisziplinärer Verständigung?, in: Bizer/Führ/Hüttig, Responsive Regulierung, 2002, S. 23 ff.

192 *Voßkuhle*, Neue Verwaltungsrechtswissenschaft, in: GVwR I, 2012, § 1 Rn. 29 ff. und 37 ff. Siehe auch *Eifert*, Das Verwaltungsrecht zwischen klassischem dogmatischen Verständnis und steuerungswissenschaftlichem Anspruch, VVDStRL 67 (2008), S. 286 (309); *Appel*, Das Verwaltungsrecht zwischen klassischem dogmatischen Verständnis und steuerungswissenschaftlichem Anspruch, VVDStRL 67 (2008), S. 226 (233).

193 *Schmidt-Aßmann*, Das allgemeine Verwaltungsrecht als Ordnungsidee, 2004, Sechstes Kap. Rn. 57 ff.; *Schmidt-Aßmann*, Verwaltungsrechtliche Dogmatik, 2013, S. 115 ff.; *Pitschas*, Maßstäbe des Verwaltungshandelns, in: GVwR II, 2012, § 42.

194 Vgl. *Gärditz*, Die „Neue Verwaltungsrechtswissenschaft“ – Alter Wein in neuen Schläuchen, DV Beiheft 12 (2017), S. 105 (135): „Gesellschaftswissenschaftler sind keine Wasserträger der Juristen und wollen verständlicherweise nicht unbedingt diejenigen Themen erforschen, von denen sich die Verwaltungsrechtswissenschaft Erträge für die eigene Forschung verspricht. Gleiches gilt vice versa. Der mit dem steuerungswissenschaftlichen Ansatz

sammelt werden kann, um ein ganzes Bewertungs*system* entwickeln zu können.[195] Es wird, um etwa Anreize allein im Hinblick auf ihre Wirksamkeit auch nur einigermaßen umfassend bewerten zu können, nicht ausreichen, schlicht diejenigen Erkenntnisse zur Kenntnis zu nehmen, die im Rahmen der Forschungstätigkeit in anderen Fächern ohnehin „anfallen". Und selbst wenn man davon ausginge, dass der Bedarf an Empirie rein mengenmäßig befriedigt werden könnte, sind zweitens Zweifel angebracht, ob sich die Befunde in Bezug auf die angesprochenen „weichen" Maßstäbe in ähnlicher Weise in eine Ordnung bringen ließen, wie dies mit Blick auf die „harten", rechtlichen Maßstäbe möglich ist. Die unausgesprochene Annahme, dass das Systematisierungsanliegen der Rechtswissenschaft auf eine Wirklichkeit trifft, die einer Systembildung überhaupt zugänglich ist, erscheint wenig plausibel.

Es spricht deshalb alles dafür, kleinere Brötchen zu backen[196] und sich als Rechtswissenschaft an Forschungsarbeiten zu beteiligen, in denen es um einzelne Anreize oder um einzelne Aspekte von Anreiztypen oder von Anreizen in bestimmten Lebens- und Politikbereichen geht. Diese Herangehensweise dürfte gegenüber einem auf Systembildung ausgerichteten Ansatz auch den Vorteil haben, dass eine größere Unvoreingenommenheit gegenüber den Forschungsergebnissen besteht. Denn sollte eine gewonnene Erkenntnis aus dem Rahmen fallen, wird dadurch kein System zerstört; Unsicherheiten stellen sich nicht als Schwächen dar; und auch nur vorläufige oder annäherungsweise Ergebnisse haben einen Wert. Zugleich kann auch die Auseinandersetzung mit einzelnen Instrumenten darauf zielen, mit der nötigen Behutsamkeit nach Verallgemeinerbarem zu suchen[197] – und es können falsche Verallgemeinerungen widerlegt werden[198].

Gerade was die Widerlegung falscher Pauschalaussagen angeht, gibt es mit Blick auf Anreize viel zu tun. Denn über deren Eigenschaften, etwa ihre Wirksamkeit oder ihre Akzeptanz, sind zahllose allgemeine Aussagen in der Welt,

---

durchaus mit plausiblem Grundanliegen generierte Empirie-Bedarf der Verwaltungsrechtswissenschaft wird sich daher kaum befriedigen lassen."

[195] Vgl. *Gärditz*, Die „Neue Verwaltungsrechtswissenschaft" – Alter Wein in neuen Schläuchen, DV Beiheft 12 (2017), S. 105 (138): „Allgemeine Richtigkeitsmaßstäbe des Verwaltungshandelns jenseits des Rechts zu entwickeln, dürfte letztlich nicht nur für die Rechtswissenschaft ein zu anspruchsvolles Projekt sein."

[196] Z. T. klingt dies auch in Beiträgen zur Neuen Verwaltungsrechtswissenschaft an, vgl. etwa *Voßkuhle*, Neue Verwaltungsrechtswissenschaft, in: GVwR I, 2012, § 1 Rn. 25: Durch den Steuerungsansatz sei „jedenfalls im Grundsatz" der „interdisziplinäre (oder zumindest multidisziplinäre) Dialog mit anderen Wissenschaftsdisziplinen, die sich mit politischer Steuerung beschäftigen", gewährleistet.

[197] Siehe *Friedman*, Impact – How Law Affects Behavior, 2016, S. 3: gefunden werden könnten „patterns of impact, and even some mid-range generalizations". Eher skeptisch: *Lübbe-Wolff*, Schluß-Folgerungen zur Rechtswirkungsforschung, in: Hof/Lübbe-Wolff, Wirkungsforschung zum Recht I, 1999, S. 645 (652).

[198] Vgl. *Lübbe-Wolff*, Schluß-Folgerungen zur Rechtswirkungsforschung, in: Hof/Lübbe-Wolff, Wirkungsforschung zum Recht I, 1999, S. 645 (652).

die sich gegenseitig widersprechen und daher von vornherein nicht alle zutreffen können. So heißt es zu Anreizen im Steuerrecht etwa auf der einen Seite, es handele sich um „hochmoderne(...) Instrument(e) mit hoher Effizienz“[199]. Auf der anderen Seite wird in der gegenüber Anreizen tendenziell kritischen Steuerrechtslehre nachdrücklich dafür plädiert, das Steuerrecht zu „entrümpeln“; bemängelt wird insbesondere die Häufung der Anreize, da sie von „Normalverbrauchern“ häufig nicht mehr individuell und konkret wahrgenommen würden und der Lenkungsmechanismus daher versage.[200] Ähnlich weit auseinander liegen die Einschätzungen der Wirksamkeit von Anreizen im Vergaberecht: Hier wird auf der einen Seite davon ausgegangen, dass „öffentliche Beschaffungen erheblich dazu beitragen können, die Wirtschaftsteilnehmer in ihrem Handeln zu lenken“[201], dass etwa „die Potenziale einer am Umweltschutz ausgerichteten Vergabe öffentlicher Aufträge beachtlich“ seien[202] und dass sich wegen der enormen Nachfragemacht der öffentlichen Hände „enorme Steuerungseffekte erzielen“ ließen[203]. Auf der anderen Seite wird in dieser Allgemeinheit vertreten, dass die „Lenkungswirkung des Vergabewesens über die eigentliche Beschaffungstätigkeit hinaus (...) begrenzt“ sei.[204] Auch zu Aspekten wie Kosten und Verwaltungsaufwand der Anreize finden sich in der Literatur widersprüchliche pauschale Einschätzungen, die häufig weder belegt noch näher begründet werden.

Ein Aspekt der bei der Verhaltenssteuerung durch Anreize beispielsweise stets individuell beurteilt werden muss, ist der einer möglichen Fehlsteuerung, d.h. der möglichen Verfehlung der erwünschten Wirkung.[205] Beispielsweise hatte es zu Beginn des 20. Jahrhunderts verschiedene Maßnahmen gegeben, mit denen die Bürger dazu gebracht werden sollten, möglichst viele Exemplare der Schlangenart der Kreuzottern zu „vertilgen“. Zu diesem Zweck hatten die Preußischen Innen- und Landwirtschaftsminister in den 1920er Jahren mehrere Runderlasse an nachgeordnete Behörden erlassen, nach denen „für die Tötung

[199] *Weber-Grellet*, Lenkungssteuern im Rechtssystem, NJW 2001, 3657 (3664); siehe auch *ders.*, Der Karlsruher Entwurf – ein Weg in die steuerstaatliche Vergangenheit?, ZRP 2003, 279 (284): „Ein hervorragender Weg der indirekten Lenkung ist die Lenkung mit Hilfe des Steuerrechts.“

[200] *F. Kirchhof*, Die Tauglichkeit von Abgaben zur Lenkung des Verhaltens, DVBl. 2000, 1166 (1174).

[201] *Burgi*, in: Grabitz/Hilf, Recht der Europäischen Union, B 13, Rn. 6.

[202] *Wegener*, Umweltschutz in der öffentlichen Auftragsvergabe, NZBau 2010, 273 (274), der zum Beleg anführt, dass staatliche Stellen in Europa nach Darstellung der EU-Kommission jährlich umgerechnet etwa 16% des Bruttoinlandsprodukts der EU für die Beschaffung von Gütern und Dienstleistungen ausgeben.

[203] *Ziekow*, Soziale Aspekte in der Vergabe, DÖV 2015, 897.

[204] *Fante*, Die Instrumentalisierung des öffentlichen Beschaffungswesens zur Durchsetzung politischer Ziele, 2004, S. 79, der sich stattdessen für „andere Instrumente, wie steuerliche Begünstigungen“, ausspricht.

[205] *Sacksofsky*, Anreize, in: GVwR II, 2012, § 40 Rn. 105.

von Kreuzottern außerhalb der staatlichen Forsten eine Prämie von 0,50 RM für jedes abgelieferte Stück gezahlt" werden sollte.[206] Im Jahre 1930 wurde die ausgesetzte Prämie jedoch eingestellt mit der Begründung, dass diese „nicht nur nicht den erwünschten Erfolg gehabt, sondern z.T. erhebliche Mißstände veranlasst" habe.[207] Zu lesen ist, dass diese Missstände vor allem darin bestanden, dass aufgrund der Prämie viele völlig harmlose und nützliche Reptilien getötet worden waren. So hatte eine Stichprobe ergeben, dass von 202 an einem Tag eingelieferten Tieren nur 18 Kreuzottern, 184 aber Blindschleichen und Glattnattern gewesen waren.[208] Die im Jahr 1931 geäußerte Einschätzung *Walter Jellineks*, der die praktische Anwendung des Anreizes wohl nicht mitverfolgt, sondern nur theoretische Erwägungen angestellt hatte, erweist sich damit als zu optimistisch. Er hatte geschrieben: „Die Vertilgung von Kreuzottern könnte vielleicht den Grundstückseigentümern als polizeiliche Verpflichtung einseitig auferlegt werden, aber die Aussetzung einer Prämie von 50 Pfg. für jede getötete Kreuzotter zeitigt möglicherweise bessere Ergebnisse."[209]

Eine auf einzelne Instrumente bezogene und somit für Differenzierungen und überraschende Einzelfälle grundsätzlich offene Herangehensweise entspricht derjenigen der Rechtswirkungs- und Evaluationsforschung einschließlich der wissenschaftlich betriebenen Gesetzesfolgenabschätzung,[210] die nicht auf umfassende „Richtigkeitsurteile"[211] oder die Entwicklung einer systematisch geschlossenen „Maßstabslehre" zielt. In diesem Forschungsfeld ist es weitgehend unüblich, die eingenommene Perspektive als Steuerungsperspektive zu bezeichnen. Ungeachtet unterschiedlicher Terminologien geht es aber auch hier darum, das Recht als reines Instrument zu betrachten und es (jedenfalls auch) ohne Bezug zu Maßstäben höherrangigen Rechts im Hinblick auf „Kosten, Effizienz, Akzeptanz, Praktikabilität und das Auftreten von Neben- oder Folgeeffekten"[212] zu beurteilen. Teilweise wird von „Rechtsforschung aus der Beobachterperspektive" gesprochen und – wodurch deutlich wird, dass auch hier ein Gegensatz zur klassischen juristischen Rechtsanwendungsperspektive gesehen

---

[206] Siehe etwa den Runderlass v. 12. August 1926, Ministerialblatt für die Preußische innere Verwaltung (MBliV) 1926, Sp. 757, und einen entsprechenden Erlass v. 30. September 1926 des Landwirtschaftsministers, Ministerialblatt für Landwirtschaft 1926, Sp 477f. Ausführlich dazu *Masius*, Schlangenlinien – Eine Geschichte der Kreuzotter, 2014, S. 69ff. m.w.N.

[207] Vgl. MBliV 1930, Sp. 1021.

[208] *Masius*, Schlangenlinien: Eine Geschichte der Kreuzotter, 2014, S. 97f.; zur Erfolglosigkeit der Prämie auch S. 82ff. Siehe auch *Sacksofsky*, Anreize, in: GVwR II, 2012, § 40 Rn. 105, mit einem ähnlichen Beispiel anhand der Schlagenart der Kobras.

[209] *W. Jellinek*, Verwaltungsrecht, 1931, S. 22.

[210] Siehe die Nachweise oben in Fn. 36 auf S. 17.

[211] In Bezug auf ein bestimmtes Regelungsbedürfnis kann allerdings auch die Gesetzesfolgenabschätzung auf die Ermittlung der „optimalen Regelungsmöglichkeit" zielen, vgl. *Böhret/Konzendorf*, Handbuch Gesetzesfolgenabschätzung (GFA), 2001, S. 5.

[212] *Ziekow*, Stand und Perspektiven der Gesetzesfolgenabschätzung, in: Montoro Chiner/Sommermann, Gute Rechtsetzung, 2015, S. 31 (33).

und für charakteristisch gehalten wird – betont, dass sich diese Perspektive durch ihren „Verzicht auf normative Stellungnahmen" auszeichne.[213]

Dominiert wird das Forschungsfeld heute von der, häufig stark an der Politikberatung ausgerichteten, Ökonomie. Aber auch die Rechtswissenschaft ist beteiligt und kann wertvolle Beiträge leisten, indem sie nämlich in entsprechende Kooperationen insbesondere ihre „‚ingenieursmäßige' Erfahrung mit Regelungen" sowie die Kenntnis des jeweiligen regulatorischen Umfeldes einbringt.[214] Darüber hinaus ist sie in der Zusammenschau unterschiedlicher Aspekte und in Abwägungen geübt. Ähnlich wie der Gesetzgeber als Steuerungsakteur fokussiert sie nicht entweder auf ökonomische oder auf psychologische oder auf politikwissenschaftliche Aspekte, sondern ist sie, soweit ihr Erkenntnisgegenstand das rechtliche Instrumentarium ist, grundsätzlich an einem Gesamtbild interessiert.[215]

---

213 *Rosenstock/Singelnstein/Boulanger*, Versuch über das Sein und Sollen der Rechtsforschung, in: Boulanger/Rosenstock/Singelnstein, Interdisziplinäre Rechtsforschung, 2019, S. 3 (11).

214 *Oebbecke*, Verwaltungsrechtswissenschaft und Verwaltungswissenschaft, DV Beiheft 7 (2007), S. 211 (222). Siehe auch *Oeter*, Responsive Regulierung und das Verhältnis der Rechts-, Wirtschafts- und Sozialwissenschaften in der Politikberatung, in: Bizer/Führ/Hüttig, Responsive Regulierung, 2002, S. 195 (205), mit Bezug auf den möglichen rechtswissenschaftlichen Beitrag zur Politikberatung: „technisch-handwerkliches Expertenwissen".

215 Zum umfassenden Ansatz der Gesetzesfolgenabschätzung vgl. *Ziekow*, Stand und Perspektiven der Gesetzesfolgenabschätzung, in: Montoro Chiner/Sommermann, Gute Rechtsetzung, 2015, S. 31 (37).

Zweiter Teil

Ansätze einer kohärenten einfach- und verfassungsrechtlichen Anreizdogmatik

Das wesentliche Ergebnis des Ersten Teils dieser Arbeit bestand in der Feststellung, dass die Entwicklung einer, bisher nicht vorhandenen, kohärenten Verfassungsrechtsdogmatik zu Anreizen möglich ist, wenn auf systematisierende und begriffsbildende Vorarbeiten zurückgegriffen werden kann, welche im Rahmen einer zunächst allein auf das einfache Recht bezogenen Untersuchung von Anreizen aus der Steuerungsperspektive zu leisten sind. Dieses Ergebnis wurde oben theoretisch entwickelt und begründet. Im Folgenden soll nun eine Anwendung erfolgen, indem erste Ansätze einer einfachrechtlichen sowie einer darauf aufbauenden verfassungsrechtlichen Anreizdogmatik entwickelt werden.

Im Rahmen der chronologisch zuerst vorzunehmenden Untersuchung von Anreizen im einfachen Recht (§ 1) soll zunächst ein besonders verbreiteter, gewissermaßen prototypischer, Anreiztyp steuerungsorientiert untersucht und zumindest grob von anderen Anreiztypen sowie weiteren Instrumenten zur Verhaltenssteuerung abgegrenzt werden. Die anschließende verfassungsrechtliche Untersuchung von Anreizen aus der Rechtsanwendungsperspektive (§ 2) wird die grundlegenden Grundrechtsfragen betreffen und sich ebenfalls auf diesen einen Anreiztyp konzentrieren, wobei auch insofern Gemeinsamkeiten mit und Unterschiede zu anderen Anreiztypen und weiteren Instrumenten herausgearbeitet werden.

Insgesamt wird damit nur ein Ausschnitt der Rechtsfragen behandelt, die sich im Hinblick auf Anreize stellen. Es kann aber dabei schon einige Kohärenz hergestellt und zugleich exemplarisch das Potential einer Verzahnung von Steuerungs- und Rechtsanwendungsperspektive für die Untersuchung von Anreizen insgesamt deutlich gemacht werden.

§ 1 Steuerungsorientiert: Anreize im einfachen Recht

Um eine einfachrechtliche Anreizdogmatik entwickeln zu können, ist – so einer der wesentlichen im Ersten Teil der Untersuchung entwickelten Gedanken – die Steuerungsperspektive einzunehmen. Was diese Perspektive ausmacht, wurde oben ausführlich erörtert.[1] An dieser Stelle sei allerdings das Wichtigste noch einmal betont: Aus dieser Perspektive werden Anreize losgelöst von Maßstäben höherrangigen Rechts als ein in Rechtsakten enthaltener Instrumententyp erfasst und zum Gegenstand einer deskriptiv-typologischen Untersuchung gemacht.[2]

Um Anreize aus der Steuerungsperspektive zu untersuchen, ist, da als Anreize insbesondere formelle Gesetze (darüber hinaus vereinzelt aber auch Rechtsverordnungen und Satzungen) untersucht werden sollen, die Perspektive des Steuerungsakteurs Gesetzgeber (bzw. Verordnungs- und Satzungsgeber) einzunehmen.[3] Von diesem ist dabei anzunehmen, dass er bewusst und zielgerichtet das Verhalten einer Gruppe von Adressaten unmittelbar beeinflussen möchte, ohne allerdings einen entsprechenden Rechtsbefehl auszusprechen. Diese Formulierung ist zum einen an die dieser Untersuchung zugrunde gelegte Anreizdefinition[4] und zum anderen an den oben genannten Steuerungsbegriff angelehnt, nach dem Steuerung eine einem Steuerungsakteur zuzurechnende Aktivität ist, bei der bewusst und zielgerichtet mittels eines Steuerungsinstruments auf ein Steuerungsobjekt eingewirkt werden soll, um ein Steuerungsziel zu erreichen.[5]

Grundsätzlich sind alle Fragen, die sich der so verstandene Steuerungsakteur Gesetzgeber stellen könnte und stellen sollte, Fragen, die sich aus der Steuerungsperspektive stellen und die grundsätzlich aus dieser zu beantworten sind. Die erste wichtige Frage ist, welche Instrumente dem Steuerungsakteur überhaupt zur Verfügung stehen, oder konkreter: welche Gestaltungsmöglichkeiten es für Anreize überhaupt gibt. Weitere mögliche Fragen sind beispielsweise: In welchem Maße ist von den Instrumenten prognostisch zu erwarten, dass die erwünschten Wirkungen auch tatsächlich eintreten? Mit welchen weiteren, ggf.

---

[1] Siehe oben, S. 67 ff.

[2] Dazu ausführlich oben, S. 77 ff.

[3] Siehe oben, S. 81 ff.

[4] Siehe oben, S. 7.

[5] Siehe oben, S. 73.

auch unerwünschten Wirkungen ist möglicherweise zu rechnen? Was lässt sich nachträglich, etwa im Rahmen einer Evaluation, über den Eintritt von erwünschten und unerwünschten, erwarteten und unerwarteten tatsächlichen Wirkungen sagen? Mit welchen Kosten sind die unterschiedlichen Anreize verbunden, können vielleicht auch Einnahmen erzielt werden? Wieviel Verwaltungsaufwand verursachen die Instrumente und wieviel Bürokratie auf Seiten der Adressaten? Werden die Instrumente von Bürgern akzeptiert, haben sie ein gutes Image, oder gibt es Widerstände? Usw.

Dass viele dieser Fragen solche sind, die mit rein juristischer Expertise nicht beantwortet werden können, ist offensichtlich und ist damit zu erklären, dass es sich bei der Steuerungsperspektive, anders als bei der Rechtsanwendungsperspektive, eben nicht um eine rein juristische Perspektive handelt. Die folgende steuerungsorientierte Untersuchung von Anreizen zielt aus naheliegenden Gründen allerdings nur auf Erkenntnisse, die mit rechtswissenschaftlicher Methodik und Expertise gewonnen werden können: Erarbeitet werden sollen Ansätze einer einfachrechtlichen Anreiztypologie, die in erster Linie rechtsanwendungsorientiert für eine systematische Entwicklung normativer, insbesondere verfassungsrechtlicher Anforderungen an Anreize brauchbar sein soll und darüber hinaus rechtsetzungsorientiert als Beitrag zu einem Instrumentenkasten dienen kann.[6] Um dieses Ziel zu erreichen, werden Anreize im Folgenden im Hinblick auf ihre rechtstechnische Konstruktion und Wirkungslogik untersucht.[7]

Zu betonen ist an dieser Stelle noch einmal, dass, ob ein Anreiz vorliegt, nach dem dieser Arbeit zugrundeliegenden Begriff u. a. davon abhängt, dass ein Steuerungsakteur den entsprechenden Rechtsakt insofern zielgerichtet einsetzt, um unmittelbar Verhalten zu beeinflussen. Ob und in welchem Maße die angestrebten Wirkungen auch tatsächlich eintreten, ist für das Vorliegen eines Anreizes dagegen unerheblich. Insofern wird auch hier an den von *Renate Mayntz* und *Fritz W. Scharpf* entwickelten, oben[8] behandelten Steuerungsansatz des „akteurzentrierten Institutionalismus" angeknüpft. Denn die Urheber des sozialwissenschaftlichen Steuerungsansatzes haben ausdrücklich festgelegt, dass von Steuerung in ihrem Sinne zwar nur gesprochen werden könne, wenn der *Einsatz* des Steuerungsinstrumentes ziel*gerichtet* und bewusst erfolgt.[9] Diese Festlegung war im sozialwissenschaftlichen Kontext notwendig;[10] im rechtswissenschaftlichen Kontext ist sie eine Selbstverständlichkeit, denn Recht wird immer

---

6 Siehe oben, S. 84 ff.

7 Siehe oben, S. 87 ff.

8 Siehe oben, S. 72.

9 Vgl. nur *Scharpf*, Verhandlungssysteme, Verteilungskonflikte und Pathologie der politischen Steuerung, in: Schmidt, Staatstätigkeit, 1988, S. 61 (63).

10 Die Sozialwissenschaften befassen sich mit Steuerung in einem allgemeineren Sinne, was die Klarstellung erforderlich machte, dass etwa „der Markt", auch wenn er handlungskoordinierend wirken mag, als Steuerungssubjekt nicht in Frage kommt und dement-

ziel*gerichtet* und bewusst gesetzt. Der Steuerungsbegriff setzt aber nur voraus, dass das Instrument intentional *eingesetzt* wird. Ausdrücklich nicht erforderlich ist, dass „die Steuerung erfolgreich sei, d.h. der angestrebte Zielzustand auch tatsächlich erreicht wird. Selbst im Grenzfall von Steuerungsmaßnahmen, die bar jeglicher Wirkung bleiben, kann man in aktorbezogener Perspektive immer noch von Steuerungsversuchen sprechen (...)".[11]

Vertieft untersucht wird im Folgenden ein Typ von Anreizen, der gewissermaßen die Grundform bildet. Anschließend können einige Abgrenzungen vorgenommen werden, wobei zugleich ein Bereich markiert wird, in dem weitergehender Bedarf an steuerungsorientierter rechtswissenschaftlicher Forschung besteht.

I. Einfache Anreize: Tatbestand-Rechtsfolge-Verknüpfungen

Als einfache Anreize und Tatbestand-Rechtsfolge-Verknüpfungen werden hier Anreize bezeichnet, mit denen der Gesetzgeber (bzw. Verordnungs- oder Satzungsgeber) als Steuerungsakteur ein erwünschtes Verhalten zu erreichen bzw. ein unerwünschtes, aber rechtmäßiges Verhalten zu verhindern sucht, indem er es tatbestandlich erfasst und mit einer Rechtsfolge verknüpft. Auf diese Weise versetzt der Gesetzgeber die Anreizadressaten in die Lage, mit der Wahl ihres Verhaltens zugleich darüber entscheiden zu können, ob die für den Fall der Verwirklichung des tatbestandlichen Verhaltens in Aussicht gestellte Rechtsfolge eintritt oder ausbleibt. Steuerungserfolge verspricht er sich von solchen Anreizen, weil er den Anreizadressaten unterstellt, dass sie ein Interesse am Gewinn von Vorteilen bzw. an der Vermeidung von Nachteilen haben und dass sie ihr Verhalten deshalb (zumindest auch) danach ausrichten, welche Vor- oder Nachteile mit einem Verhalten verbunden sind.[12]

Bei dem Anreiztyp der Tatbestand-Rechtsfolge-Verknüpfung handelt es sich quasi um den Prototyp der Anreize. Dementsprechend werden die entsprechenden Instrumente auch in der vorgefundenen rechtswissenschaftlichen Literatur schon relativ häufig als Anreize bezeichnet. Es wird also mit Blick auf Normen, die solche Anreize enthalten, insbesondere nicht nur von deren An-

---

sprechend auch keine Steuerungsinstrumente einsetzen kann, so ausdrücklich *Mayntz*, Soziale Dynamik und politische Steuerung, 1997, S. 190.

[11] *Mayntz*, Soziale Dynamik und politische Steuerung, 1997, S. 192, mit dem Hinweis, dass Steuerungsversuche von systemtheoretischen statt handlungstheoretischen Ansätzen nicht mehr als Steuerung verstanden werden, da das System in diesen Fällen keine Steuerung wahrnimmt. Den Unterschied zwischen system- und handlungstheoretischen Ansätzen übersieht oder überspielt *Lepsius*, Steuerungsdiskussion, Systemtheorie und Parlamentarismuskritik, 1999, S. 1, der den Begriff der Steuerung als „Import aus der systemtheoretischen Makrosoziologie und der Politikwissenschaft" bezeichnet.

[12] Dazu noch unten, S. 115 ff.

reizzwecken und Anreizwirkungen gesprochen, sondern es werden teilweise tatsächlich die Normen selbst gezielt (auch) als Anreize betrachtet und entsprechend bezeichnet.[13]

Dem Anreiztyp der Tatbestand-Rechtsfolge-Verknüpfung sind auch drei der oben immer wieder als Beispiele herangezogenen Anreize zuzuordnen: Als Anreiz setzt der Gesetzgeber § 4 Abs. 4 S. 2 BEEG, wie oben beschrieben,[14] ein, um Eltern dazu zu bringen, dass beide Elternteile in den ersten 14 Lebensmonaten ihres Kindes mindestens zwei Monate Elternzeit nehmen. Dafür stellt er Eltern als Rechtsfolge des entsprechenden Verhaltens einen Anspruch auf 14 statt zwölf Monatsbeträge Elterngeld in Aussicht. Er versetzt also Eltern, die vor der Entscheidung stehen, wie sie die Betreuung des Kindes in seiner ersten Lebensphase gestalten, in eine Situation, in der sie nicht nur über diese Frage, sondern zugleich darüber entscheiden, ob sie Anspruch auf zwölf oder auf 14 Monate Elterngeld haben werden. Den erwünschten Steuerungserfolg verspricht sich der Gesetzgeber von diesem Instrument, weil ein Anspruch auf 14 Monate Elterngeld im Vergleich zu einem Anspruch auf zwölf Monate Elterngeld einen Vorteil darstellt[15] und weil er den Adressaten unterstellt, ihre Verhaltensentscheidungen (auch) an den mit den Verhaltensalternativen verbundenen Vor- und Nachteilen auszurichten. Dementsprechend heißt es in der Gesetzesbegründung, dass mit diesem Anreiz „den bisherigen wirtschaftlichen, persönlichen und rechtlichen Argumenten für eine stärkere Rollenteilung eine klare Regelung an die Seite“ gestellt werden solle, „die den Argumenten für eine partnerschaftliche Aufteilung mehr Gewicht verleiht“.[16]

§ 3d KraftStG[17] enthält einen Anreiz desselben Typs: Der Gesetzgeber, der die Elektromobilität als „ein wichtiges Element klimagerechter Verkehrs- und Energiepolitik“ ansieht und das Ziel hat, diese voranzutreiben,[18] will die Adressaten des Anreizes mit diesem Instrument dazu bringen, statt konventioneller Fahrzeuge Elektrofahrzeuge zu kaufen bzw. zu leasen usw. Um dies zu erreichen, stellt er ihnen für den Fall, dass sie Halter eines Elektrofahrzeugs werden, die Rechtsfolge einer befristeten Steuerbefreiung und damit einen Vorteil in Aussicht: Während sie, wenn sie ein konventionelles Fahrzeug kaufen, kraft-

---

[13] Siehe etwa *Osterloh*, Lenkungsnormen im Einkommensteuerrecht, DStJG 24 (2001), S. 383 (388), die Steuerrechtsnormen, die und soweit sie „Lenkungserfolge jenseits der gesetzlich ausgesprochenen Rechtsfolge bezweck(en)“, ausdrücklich als „Verhaltensanreize“ bezeichnet.

[14] Siehe oben, S. 12 f.

[15] Der Intention des Gesetzgebers entsprach es, die beiden sog. Partnermonate „als Bonus“ zu gewähren, BT-Drs. 16/2454, S. 2. Zur Frage, ob der Gesetzgeber den Anreizadressaten auch in einem verfassungsrechtlich relevanten Sinne einen Vorteil oder doch (auch) einen Nachteil in Aussicht stellt, siehe unten, S. 197 f.

[16] BT-Drs. 16/1889, S. 24.

[17] Erstmals oben, S. 11 f.

[18] So die Gesetzesbegründung zu § 3d KraftStG, BT-Drs. 18/8828, S. 12.

fahrzeugsteuerpflichtig werden, winkt für den Fall, dass sie sich für ein Elektrofahrzeug entscheiden, eine befristete Steuerbefreiung.

Als Anreiz des Typs der Tatbestand-Rechtsfolge-Verknüpfung ist schließlich auch der Anreiz in der Frauenförderverordnung des Landes Brandenburg zu qualifizieren. Denn auch in den §§ 4, 6 FrauFöV Bbg[19] wird ein erwünschtes Verhalten mit einer vorteilhaften Rechtsfolge verbunden: Der Bieter wird, wenn er sich entsprechend verhält, bevorzugter Bieter, was bedeutet, dass die Vergabestelle ihm, unter der weiteren Voraussetzung, dass sein Angebot mit dem wirtschaftlichsten oder annehmbarsten Angebot eines anderen Bieters gleichwertig ist, den Zuschlag erteilen muss. Zwar ist im Tatbestand der Regelung kein konkretes Verhalten genannt.[20] Für die Frage, ob der Tatbestand erfüllt ist, kommt es, anders als bei den anderen Beispielen, vielmehr insbesondere darauf an, wie sich die übrigen Bieter verhalten. Denn tatbestandlich verhält sich, wer sich der Gleichstellung von Frauen im Erwerbsleben annimmt und *im Verhältnis zu den übrigen Bietern* im Zeitpunkt der Angebotsabgabe prozentual mehr Frauen beschäftigt und Frauen in höherem Maße in qualifizierten Positionen beschäftigt, § 4 FrauFöV Bbg. Die Adressaten entscheiden also mit ihrem Verhalten, etwa der Einstellung einer bestimmten Anzahl weiblicher Beschäftigter oder dem entsprechenden Unterlassen, nicht schon abschließend über die Frage, ob die Rechtsfolge eintritt oder ausbleibt. Dies mag mit Blick auf die tatsächliche Wirksamkeit dieses Anreizes relevant sein. Denn jedenfalls rechnerisch wiegt ein nur wahrscheinlich eintretender Vor- oder Nachteil weniger als einer, der sicher eintritt. Mit Blick auf die rechtstechnische Konstruktion und Wirkungslogik hat dies aber keine Bedeutung. Denn die Anreizadressaten werden jedenfalls in die Lage versetzt, die Chance auf Eintritt und Ausbleiben der Rechtsfolge zu beeinflussen, dies also zumindest mehr oder weniger wahrscheinlich machen zu können.

1. Rechtstechnische Konstruktion und Wirkungslogik

Während die rechtstechnische Konstruktion der einfachen Anreize darin besteht, dass *ein* Tatbestand mit *einer* Rechtsfolge verbunden wird, ist für ihre Wirkungslogik entscheidend, dass letztlich *zwei* alternative Verhaltensweisen mit *zwei* unterschiedlichen Folgen, nämlich dem Eintritt und dem Ausbleiben der Rechtsfolge, verbunden sind.

a) Tatbestand und Rechtsfolge

Rechtstechnisch erfasst der Gesetzgeber, der Anreize in Form einer Tatbestand-Rechtsfolge-Verknüpfung schafft, auf der Tatbestandsseite das erwünsch-

[19] Erstmals oben, S. 13 f.
[20] Siehe dazu auch unten, S. 123.

te oder unerwünschte Verhalten. Er muss dieses nicht unbedingt als solches nennen, sondern kann es auch auf viele andere Weisen tatbestandlich erfassen. So kann im Tatbestand einer Norm, die als Anreiz eingesetzt wird, statt eines Verhaltens etwa eine Personengruppe genannt werden, zu der die Anreizadressaten durch ein bestimmtes Verhalten beitreten können, oder es kann ein Zustand beschrieben werden, der eintritt, wenn sie sich in bestimmter Weise verhalten. Es besteht insofern kein Unterschied zu Rechtsbefehlen, bei deren Gestaltung der Gesetzgeber auch nicht unbedingt ausdrücklich das Verhalten nennen muss, das er ge- oder verbieten will.

Neben dem Tatbestand formuliert der Gesetzgeber eine Rechtsfolge. Rechtsfolgen macht aus, dass sie in Rechtsnormen als Folgen des tatsächlichen Vorliegens der tatbestandlichen Voraussetzungen vorgesehen sind[21] und dass sie in dem Entstehen, in der Änderung oder in der Aufhebung eines rechtlich erheblichen Zustandes bestehen.[22] Charakteristikum der einfachen Anreize ist damit, dass nicht nur das Steuerungsinstrument (der Anreiz in der Form eines Gesetzes), sondern auch der in Aussicht gestellte Vor- oder Nachteil als eingesetztes Steuerungsmittel (die Rechtsfolge[23]) rechtlicher und nicht tatsächlicher Natur ist. Besonders ist insofern auch, dass Rechtsfolgen im Falle des Vorliegens der Tatbestandsvoraussetzungen automatisch eintreten. Denn während die Wirkungen von Rechtsakten im Allgemeinen und von Gesetzen im Besonderen sonst immer mit menschlichem Verhalten beginnen, treten Rechtsfolgen bei Vorliegen der Tatbestandsvoraussetzungen „ohne menschliches Zutun“[24] ein. Die übliche Kategorisierung der Rechtsfolgen als „intendierte Folgen“,[25] die auf die Abgrenzung gegenüber nicht intendierten Folgen ausgelegt ist, geht damit im vorliegenden Kontext nicht weit genug. Denn im Hinblick darauf, dass sie intendiert sind, also vom Gesetzgeber beabsichtigt werden, muss zwischen Rechtsfolgen und vielen anderen Folgen kein Unterschied bestehen. Ein Unterschied besteht aber darin, dass der Eintritt von Rechtsfolgen, wenn die Tatbestandsvoraussetzungen erfüllt werden, anders als der Eintritt aller anderen Folgen und Wirkungen eines Gesetzes, erfolgt, ohne dass ein Mensch handelt (und dass [nur] der Eintritt von Rechtsfolgen sicher feststeht).

---

21 Vgl. *Lübbe-Wolff*, Rechtsfolgen und Realfolgen, 1981, S. 25; *Sommermann*, Folgenforschung und Recht, in: ders., Folgen von Folgenforschung, 2002, S. 39; ähnlich *van Aaken*, „Rational Choice“ in der Rechtswissenschaft, 2003, S. 170 (dort Fn. 775), die als Rechtsfolgen „diejenigen Folgen der Geltung und Anwendung einer Rechtsnorm“ bezeichnet, „deren Realisierung durch – aufgrund dieser Rechtsnorm ergehende autoritative – Entscheidung angeordnet wird“.

22 *Schulze*, Tatbestand und Rechtsfolge, Archiv für Rechts- und Wirtschaftsphilosophie, Beiheft 3 (1909), S. 2.

23 Vgl. begrifflich auch *van Aaken*, „Rational Choice“ in der Rechtswissenschaft, 2003, S. 171: „In der Gesetzgebungsmethodik sind die Rechtsfolgen (…) gesetzgeberisches Mittel.“

24 *Schulze*, Tatbestand und Rechtsfolge, Archiv für Rechts- und Wirtschaftsphilosophie, Beiheft 3 (1909), S. 3.

25 Siehe hier nur *van Aaken*, „Rational Choice“ in der Rechtswissenschaft, 2003, S. 169.

Zu betonen ist an dieser Stelle der Unterschied zwischen Rechtsfolgen (also etwa der Entstehung von Geldzahlungsansprüchen oder -pflichten) und realisierten Rechtsfolgen[26] (also etwa Geldzahlungen). Zwar stellt der Gesetzgeber den Adressaten eines Anreizes mittelbar auch die Realisierung der Rechtsfolge (durch die Verwaltung oder einen Dritten) in Aussicht. Den Adressaten dürfte es bei ihrer Verhaltensentscheidung sogar vor allem auf die realisierte Rechtsfolge und nicht bloß auf den Eintritt der Rechtsfolge als solcher ankommen. Blickt man aber auf die rechtstechnische Konstruktion, wird *unmittelbar* der Tatbestand mit der Rechtsfolge verknüpft und so den Anreizadressaten für den Fall tatbestandsmäßigen Verhaltens *unmittelbar* nur der Eintritt der Rechtsfolge in Aussicht gestellt.

b) Das doppelte logische Verhältnis und das Bild von der Weggabelung

Zwischen dem im Tatbestand erfassten (erwünschten oder unerwünschten) Verhalten auf der einen und der Rechtsfolge auf der anderen Seite entsteht durch ihre Verbindung in einem Gesetz ein „logisches Verhältnis“[27]: Das Verhalten wird, indem es in den Tatbestand aufgenommen wird, zur Bedingung für den Eintritt der Rechtsfolge; und das Entstehen, die Änderung oder die Aufhebung eines rechtlich erheblichen Zustandes wird, indem es als Rechtsfolge festgelegt wird, zur automatisch eintretenden Folge des tatbestandlichen Verhaltens. Der Gesetzgeber schafft mit anderen Worten eine Wenn-Dann-Konstruktion.[28]

Diese Wenn-Dann-Konstruktion wird klassischerweise vor allem im Hinblick auf den normativen Gehalt von Gesetzen wahrgenommen: Gesetze legen rechtsverbindlich fest, dass bei Vorliegen der Tatbestandsvoraussetzungen eine Rechtsfolge eintritt, und enthalten damit einen an staatliche Stellen oder an Private gerichteten entsprechenden Rechtsbefehl, bei Vorliegen der Tatbestandsvoraussetzungen die Rechtsfolge zu realisieren. Klassische Fragen, die aus der Rechtsanwendungsperspektive gestellt werden, zielen dementsprechend darauf ab, festzustellen, ob ein bestimmter Tatbestand erfüllt wurde und daher die Rechtsfolge eingetreten ist bzw. ob ein bestimmter Tatbestand erfüllt wurde und daher eine Rechtsfolge zu Recht verwirklicht wurde. So kann etwa § 4 Abs. 4 S. 2 BEEG, wenn man die Norm aus der Rechtsanwendungsperspektive betrachtet, die Frage aufwerfen, ob ausgehend von einem bestimmten Sachverhalt Eltern einen Anspruch auf 14 Monate Elterngeld haben oder ob ausgehend von einem bestimmten Sachverhalt zu Recht 14 Monate lang Elterngeld ausgezahlt worden ist.[29] Als Anreize betrachtet, erscheinen die Tatbestand-Rechts-

[26] *Lübbe-Wolff*, Rechtsfolgen und Realfolgen, 1981, S. 25.

[27] So, ohne Bezugnahme auf Anreize allgemein zum Verhältnis von Tatbestand und Rechtsfolge: *Schulze*, Tatbestand und Rechtsfolge, Archiv für Rechts- und Wirtschaftsphilosophie, Beiheft 3 (1909), S. 3.

[28] Siehe hier nur *Hill*, Einführung in die Gesetzgebungslehre, 1982, S. 19.

[29] Siehe dazu oben, S. 52.

folge-Verknüpfungen in solchen Normen dagegen als „hypothetische Bestimmungen", die „nur dann anwendbar werden, wenn ihre Adressaten bestimmte Bedingungen erfüllen"[30].

Für die Wirkungslogik der Anreize entscheidend ist innerhalb der zitierten Formulierung das Wörtchen „nur". Denn zwar schafft der Gesetzgeber durch Verknüpfung von Tatbestand und Rechtsfolge aktiv *ein* logisches Verhältnis. Als Anreiz betrachtet, verkörpert die Norm aber *zwei* logische Verhältnisse, die sie den Anreizadressaten „kommuniziert": Neben der Wenn-Dann-Verbindung zwischen Tatbestand und Rechtsfolge entsteht die Wenn-nicht-dann-nicht-Verbindung zwischen der Nicht-Verwirklichung des Tatbestandes und dem Ausbleiben der Rechtsfolge.

Um dieses für die Wirkungslogik der Anreize entscheidende *doppelte* logische Verhältnis in den Blick zu nehmen, ist die Steuerungsperspektive bestens geeignet. Denn versetzt man sich in die Position des Gesetzgebers als Steuerungsakteur, ist klar, dass das Instrument des Anreizes auf diejenigen, deren Verhalten beeinflusst werden soll, *vor* einer etwaigen Verwirklichung des Tatbestandes einwirken muss. Der Gesetzgeber will mit dem Anreiz also, bildlich gesprochen, auf die Adressaten einwirken, wenn sie sich an einer Weggabelung befinden, an der ihnen grundsätzlich (mindestens) zwei Wege offenstehen: der eines tatbestandsmäßigen und der (mindestens) eines tatbestandsalternativen Verhaltens. Der Gesetzgeber will die Adressaten an dieser Stelle auf einen dieser Wege bringen bzw. sie von einem dieser Wege abbringen und verändert zu diesem Zweck die Attraktivität dieses Weges *im Vergleich zum anderen,* indem er einen der Wege durch Anknüpfung einer Rechtsfolge auf- bzw. abwertet, während er den anderen Weg unverändert lässt. Die Adressaten wissen nun, dass sie im Falle des Beschreitens des einen Weges mit dem Eintritt der Rechtsfolge und spiegelbildlich im Falle des Beschreitens des anderen Weges mit dem Ausbleiben der Rechtsfolge rechnen können bzw. müssen, und werden damit, wie oben bereits angesprochen, in die Lage versetzt, mit ihrer Verhaltensentscheidung zugleich über Eintritt oder Ausbleiben der Rechtsfolge zu bestimmen.

Zur Veranschaulichung der Weggabelungssituation seien hier erneut die bekannten Beispiele für einfache Anreize aufgegriffen: Um das Ziel zu erreichen, die Elektromobilität zu fördern, wirkt der Gesetzgeber auf diejenigen, die *vor* der Entscheidung stehen, ein Elektrofahrzeug oder ein konventionelles Fahrzeug zu kaufen, durch § 3d KraftStG[31] unmittelbar ein, indem er den Weg „Kauf eines Elektrofahrzeugs" mit der Rechtsfolge einer befristeten Steuerbefreiung verbindet und ihn so gegenüber dem alternativen Weg „Kauf eines konventionellen Fahrzeugs" aufwertet.[32] Nach demselben Muster soll § 4 Abs. 4

[30] *Grabitz*, Freiheit und Verfassungsrecht, 1976, S. 34.

[31] Erstmals oben, S. 11 f.

[32] Zu der entsprechenden verfassungsrechtlichen Wertung unten, S. 184.

S. 2 BEEG[33] Eltern dazu bewegen, dass nicht nur ein Elternteil, sondern beide in den ersten 14 Lebensmonaten ihres Kindes für mindestens zwei Monate Elternzeit nehmen: Elternpaaren, die *vor* der entsprechenden Entscheidung stehen, wird deshalb in Aussicht gestellt, dass, wenn sie den Weg gehen, bei dem beide Elternteile ihre Berufstätigkeit für mindestens zwei Monate unterbrechen oder reduzieren, ein Anspruch auf 14 Monatsbeiträge Elterngeld entsteht, während sie, wenn sie den Weg einschlagen, bei dem es nur einer tut, nur einen Anspruch auf zwölf Monatsbeiträge haben werden.[34] An einer bildlichen Weggabelung wirkt schließlich auch der brandenburgische Verordnungsgeber auf die (potenziellen) Bieter im Vergabeverfahren ein. Denn er verknüpft durch §§ 4, 6 FrauFöV Bbg[35] den Weg, der für die Verwirklichung von relativ vielen Frauenfördermaßnahmen steht, mit der (Wahrscheinlichkeit des Eintritts der[36]) Rechtsfolge einer Pflicht zur Bevorzugung bei der Zuschlagserteilung im Vergabeverfahren, während er den Weg, der dafür steht, dass keine oder nur relativ wenig Frauenfördermaßnahmen ergriffen werden, spiegelbildlich mit (der Wahrscheinlichkeit) einer entsprechenden Benachteiligung verknüpft.[37]

c) Wirkungslogik: Rationalität

Die in den einfachen Anreizen abgebildete Wirkungslogik, also das in ihnen abgebildete, den Adressaten vom Gesetzgeber unterstellte Verhaltensmuster,[38] kann man als Rationalverhalten bezeichnen.[39] Denn dass sich das Verhalten der Anreizadressaten durch diese Anreize beeinflussen lässt, ist nur anzunehmen, soweit man davon ausgeht, dass diese diejenige Verhaltensoption wählen, die ihnen den größten Nutzen verschafft. Häufig wird die Wirkungslogik einfacher Anreize daher anhand des Modells des *homo oeconomicus* beschrieben[40], das in der Ökonomie aber auch in den Sozialwissenschaften verwendet wird, um Verhalten zu prognostizieren und zu erklären,[41] und eine entsprechende Rationalitätsannahme enthält.[42] Sie ist aber auch ohne Bezugnahmen auf wissenschaftli-

[33] Erstmals oben, S. 12 f.

[34] Zu der entsprechenden verfassungsrechtlichen Wertung unten, S. 184.

[35] Erstmals oben, S. 13 f.

[36] Dazu oben, S. 113.

[37] Zu der entsprechenden verfassungsrechtlichen Wertung unten, S. 198 f.

[38] Siehe oben, S. 87.

[39] Vgl. *Sacksofsky*, Anreize, in: GVwR II, 2012, § 40 Rn. 38; siehe auch *Scharpf*, Grenzen der institutionellen Reform, in: Jahrbuch zur Staats- und Verwaltungswissenschaft 1/87, S. 111 (114): „Kalküle rationalen menschlichen Verhaltens."

[40] *Sacksofsky*, Anreize, in: GVwR II, 2012, § 40 Rn. 33 m. w. N.; siehe auch die ausführliche Auseinandersetzung mit den ökonomischen Grundlagen der Steuer bei *Wernsmann*, Verhaltenslenkung in einem rationalen Steuersystem, 2005, S. 46 ff.

[41] *Kirchgässner*, Homo oeconomicus, 2000, S. 94 ff.; vgl. auch *Kron*, Zeitgenössische soziologische Theorien, 2010, S. 19 f.

[42] „Das" Modell des *homo oeconomicus* wird nicht einheitlich beschrieben. Eine Einführung für rechtswissenschaftliche Zwecke bieten *Towfigh*, Das ökonomische Paradigma, in:

che Modelle begreiflich. Denn sie ist „simpel“[43]; die Annahme, dass sich Verhalten grundsätzlich, wenngleich keineswegs immer,[44] durch die Verknüpfung mit vor- oder nachteilhaften Folgen beeinflussen lässt, ist in dieser Allgemeinheit schlicht ubiquitär.

Weil diese Verhaltensannahme gerade auch für Juristen evident ist, wird die Wirkungslogik der hier als Anreize bezeichneten Instrumente in der Literatur und Rechtsprechung in aller Regel auch ohne Rückgriffe auf konkrete Verhaltensmodelle, wissenschaftliche Theorien oder empirische Studien beschrieben. So schreibt etwa *Lerke Osterloh* in Bezug auf Anreize im Steuerrecht, die gezielte Lenkung durch steuerliche Belastung wolle „dem Gesetzesadressaten die Vermeidung der Tatbestandsverwirklichung empfehlen, solange die Vermeidung die kostengünstigere Alternative ist“; gezielte Lenkung durch Begünstigung dagegen wolle „die Tatbestandsverwirklichung empfehlen oder erleichtern“.[45] *Ferdinand Kirchhof* schreibt, ebenfalls in Bezug auf das Steuerrecht, über negative Anreize, diese legten „dem Adressaten ein bestimmtes Verhalten nahe, um den eigenen Geldbeutel zu schonen“.[46] Und das BVerfG beschreibt die Wirkungslogik von Anreizen, indem es feststellt, der Gesetzgeber gebe dem Bürger „durch Belastung eines unerwünschten oder durch Privilegierung eines erwünschten Verhaltens ein Motiv, sich für ein bestimmtes Tun oder Unterlassen zu entscheiden“.[47]

Teilweise werden dagegen Anreize zwar als ökonomische oder auch als psychologische Instrumente bezeichnet. So wird bei *Hans Peter Ipsen* die Wirkungslogik einfacher Anreize als eine „hoheitlich-psychologische(...) Einwir-

ders./Petersen, Ökonomische Methoden im Recht, 2017, § 2 Rn. 69 ff. (mit Ausführungen zur Rationalitätsannahme in Rn. 77 ff.), und *van Aaken*, „Rational Choice“ in der Rechtswissenschaft, 2003, S. 73 ff. Aus der ökonomischen Literatur siehe hier nur *Brennan/Buchanan*, Die Begründung von Regeln: Konstitutionelle politische Ökonomie, 1993, S. 69 f.; *Schmidtchen*, Homo oeconomicus und das Recht, in: Haft/Hof/Wesche, Bausteine zu einer Verhaltenstheorie des Rechts, 2001, S. 449 ff.; *Kirchgässner*, Es gibt keinen Gegensatz zwischen dem Menschenbild des Grundgesetzes und dem homo oeconomicus!, in: Engel/Morlok, Öffentliches Recht als Gegenstand ökonomischer Forschung, 1998, S. 49 (51 ff.).

[43] *Scharpf*, Grenzen der institutionellen Reform, in: Jahrbuch zur Staats- und Verwaltungswissenschaft 1/87, S. 111 (114).

[44] Auch den Verwendern des Modells des *homo oeconomicus* ist nicht zu unterstellen, sie hielten echte Menschen für *homines oeconomicis*, die sich ausnahmslos, im Hinblick auf jede Entscheidung und nur am eigenen Nutzen orientiert verhalten. Den Modell-Charakter betonen etwa *Brennan/Buchanan*, Die Begründung von Regeln: Konstitutionelle politische Ökonomie, 1993, S. 62 ff.; *Kirchgässner*, Führt der homo oeconomicus das Recht in die Irre?, JZ 1991, 104 (105); weniger eindeutig *Kirchgässner*, Es gibt keinen Gegensatz zwischen dem Menschenbild des Grundgesetzes und dem homo oeconomicus!, in: Engel/Morlok, Öffentliches Recht als Gegenstand ökonomischer Forschung, 1998, S. 49 (52).

[45] *Osterloh*, Lenkungsnormen im Einkommensteuerrecht, DStJG 24 (2001), S. 383 (388).

[46] *F. Kirchhof*, Abgaben und Grundrechte, in: Merten/Papier, Grundfragen der Grundrechtsdogmatik, 2007, S. 35 (37). Unglücklicherweise werden die steuerrechtlichen Anreize a. a. O. ausgerechnet als Verhaltens*befehle* bezeichnet, siehe dazu S. 165 f.

[47] BVerfGE 118, 79 (101).

kung“[48] charakterisiert. *Roman Herzog* schreibt im Zusammenhang mit positiven Anreizen im Steuerrecht, der Staat bediene sich, indem er „von sich aus selbständige Motive im Bewußtsein des Adressaten“ setze, einer „psychologischen Methode“.[49] Und nach der Darstellung von *Peter Selmer*, der sich zu positiven und negativen Anreizen im Steuerrecht äußert, werden die Adressaten solcher Anreize mit „psychologisch-ökonomischem Druck“[50] gesteuert. Dass im Zusammenhang mit diesen Aussagen nicht auf ökonomische oder psychologische Literatur verwiesen wird, ist aber kein Mangel. Denn die Charakterisierungen dienen erkennbar nur dazu, die charakterisierten Instrumente von dem, als dezidiert rechtlich geltenden, Instrument des Befehls abzugrenzen, dessen tatsächliche unmittelbare Wirkung (Befolgung) sich selbstverständlich ebenfalls mit ökonomischen und/oder psychologischen Ansätzen erklären lässt.

Während es keine ökonomische oder psychologische und auch sonst keine Fachexpertise braucht, um die grundlegende Wirkungslogik einfacher Anreize zu verstehen und zu beschreiben, wird nicht-juristische Fachexpertise ohne Frage gebraucht, wenn es darum geht, die tatsächliche Wirksamkeit von Anreizen *ex post* zu evaluieren, wenn also etwa herausgefunden werden soll, wie viele Menschen einem bestimmten, zum Einsatz gekommenen Anreiz tatsächlich gefolgt sind und ob sonstige Verhaltenswirkungen eingetreten sind; und auch wenn man *ex ante* mehr über die voraussichtlichen Wirkungen von Anreizen wissen möchte, als dass sie grundsätzlich geeignet erscheinen, Verhalten zu beeinflussen, ist Wissen und sind Methoden gefragt, die über das hinausgehen, was die Rechtswissenschaft leisten kann. Insofern gilt für Anreize dasselbe wie für Rechtsbefehle, über deren tatsächliche Wirkungen mit allein rechtswissenschaftlicher Expertise ebenfalls weder *ex post* noch *ex ante* Genaueres gesagt werden kann.

2. Variationsmöglichkeiten

Ausgehend von der geschilderten rechtstechnischen Grundkonstruktion und Wirkungslogik lassen sich einfache Anreize unterschiedlich ausgestalten. Eine grundlegende Entscheidung hat der Gesetzgeber als Steuerungsakteur insofern zu treffen, als er für erwünschtes Verhalten einen Vorteil oder für unerwünschtes Verhalten einen Nachteil in Aussicht stellen kann. Darüber hinaus können einfache Anreize in vielen weiteren Variationen auftreten. Umgekehrt gedacht, lassen sich viele, im Detail unterschiedliche Anreize dem Anreiztyp der einfachen Anreize zuordnen. Die Liste der im Folgenden aufgeführten Variationsmöglichkeiten ist dementsprechend nicht auf Vollständigkeit angelegt.

---

[48] *Ipsen*, Planungselemente im Recht der wirtschaftlichen Berufsausbildung, in: Kaiser, Planung III, 1968, S. 273 (288).

[49] *Herzog*, Allgemeiner Staatslehre I, 1971, S. 165.

[50] *Selmer*, Steuerinterventionismus und Verfassungsrecht, 1972, S. 214.

a) Inaussichtstellen von Vor- oder Nachteilen

Das oben behandelte, für die Gestaltung von Anreizen notwendige doppelte logische Verhältnis[51] kann der Gesetzgeber als Steuerungsakteur grundsätzlich auf zwei verschiedene Weisen kreieren: Er kann ein erwünschtes Verhalten mit einer vorteilhaften[52] oder ein unerwünschtes Verhalten mit einer nachteilhaften Rechtsfolge verbinden.

Der Unterschied zwischen beiden Alternativen ist bei einer steuerungsorientierten Betrachtung in vieler Hinsicht relevant.[53] Denn beide Varianten können unterschiedliche, teils gegenteilige, Eigenschaften, insbesondere im Hinblick auf Aspekte wie Kosten, Verwaltungsaufwand, Bürokratie und nicht zuletzt Wirksamkeit, aufweisen. So macht es etwa mit Blick auf die öffentlichen Haushalte offensichtlich einen Unterschied, ob eine Rechtsfolge etwa in der Entstehung eines Geldzahlungsanspruchs oder in der Entstehung einer Geldzahlungspflicht gegenüber dem Staat besteht.[54] Stellt der Gesetzgeber den Anreizadressaten Vorteile in Aussicht, hat er mit Blick auf den Haushalt zudem die Möglichkeit sog. Mitnahmeeffekte zu bedenken: Vorteilhafte Rechtsfolgen treten schließlich nicht nur bei denjenigen ein, die sich erst durch den Anreiz zum tatbestandlichen Verhalten haben bringen lassen, sondern auch bei denjenigen, die sich ohnehin entsprechend verhalten hätten. Zwar erscheint es sehr weitgehend, in Fällen, in denen etwa die Adressaten von Anreizen im Steuerrecht „aus anderen Gründen ohnedies entschlossen (sind), das angesonnene Verhalten auszuüben", gleich davon zu sprechen, dass „die Lenkung durch das Angebot einer Vergünstigung fehl(geht)"[55]. Man könnte stattdessen auch sagen, dass der Gesetzgeber das Verhalten derjenigen, die das gewünschte Verhalten ohnehin ausüben wollen, von vornherein gar nicht lenken will. Jedenfalls wird aber, da die vorteilhafte Rechtsfolge auch zugunsten dieser ohnehin entschlossenen Personen realisiert werden muss, Geld ausgegeben oder auf Einnahmen verzichtet, ohne dass dadurch dem Steuerungsziel nähergekommen würde.

Beide Varianten können zudem mit unterschiedlich viel Verwaltungsaufwand und Bürokratie verbunden sein, was nicht nur im Hinblick auf Kosten, sondern auch im Hinblick auf die Akzeptanz eines Anreizes in der Bevölke-

---

51 Siehe oben, S. 115 ff.

52 Teilweise werden überhaupt nur solche Maßnahmen als Anreize bezeichnet, durch die Vorteile in Aussicht gestellt werden. Siehe etwa *Herzog*, Allgemeine Staatslehre I, 1971, S. 165 ff. (das Wort „Anreiz" findet sich dort nicht; im Stichwortverzeichnis jedoch wird unter „Anreiz" auf die Seiten 165 ff. verwiesen, wo es um „staatliche Gewaltausübung" durch „Ankündigung von Vorteilen" geht). Siehe auch *Baer*, Der Bürger, 2006, S. 239 ff. Ebenfalls im Unterschied zu hier behandeln beide als Anreize nicht nur Rechtsakte.

53 Zur Relevanz dieser Unterscheidung aus der Rechtsanwendungsperspektive unten, S. 156 ff.

54 Zur Möglichkeit der Gestaltung von haushaltsunwirksamen Anreizen unten, S. 126 f.

55 So aber *F. Kirchhof*, Die Tauglichkeit von Abgaben zur Lenkung des Verhaltens, DVBl. 2000, 1166 (1171).

rung relevant sein kann. Und nicht zuletzt können positive und negative Anreize auch eine unterschiedlich hohe Wirksamkeit versprechen. Insbesondere letzterer Aspekt dürfte aus Sicht des Gesetzgebers als Steuerungsakteur stets von besonderer Wichtigkeit sein. Zwar sind pauschale Aussagen über die Wirksamkeit von Anreizen nicht zu treffen. Auch wenn aber keine Aussage ausnahmslos für alle Anreize gilt, lassen sich zumindest Tendenzen festmachen. So legt etwa die psychologische Forschung nahe, dass es *tendenziell* erfolgversprechender ist, Menschen mit Vorteilen zu locken, als sie mit Nachteilen abzuschrecken.[56]

Vorweggenommen sei an dieser Stelle, dass es auch im Rahmen der verfassungsrechtlichen Bewertung von Anreizen des Typs der Tatbestand-Rechtsfolge-Verknüpfung unten entscheidend darauf ankommen wird, ob Anreize Vor- oder Nachteile in Aussicht stellen, positiv oder negativ sind.[57] Zudem sei vorweggenommen, dass es im Rahmen der Untersuchung von Anreizen aus der Rechtsanwendungsperspektive im Einzelfall Schwierigkeiten bereiten kann, Anreize eindeutig als positiv oder negativ zu qualifizieren.[58]

Aus der Perspektive des Steuerungsakteurs Gesetzgeber liegt es nahe, eine Rechtsfolge als positiv anzusehen, wenn sie im Vergleich zu der vorgefundenen Rechtslage vorteilhaft ist. Und auch die Adressaten von Anreizen dürften, wenn sie mit der Rechtslage vertraut sind, die Vor- oder Nachteilhaftigkeit einer Rechtsfolge vor allem daran festmachen, ob sie im Vergleich zu der zuvor geltenden Rechtslage, in der die Norm mit der Rechtsfolge noch nicht in Kraft war, einen Vor- oder einen Nachteil bringt. § 3d KraftStG, der eine auf zehn Jahre befristete Steuerbefreiung für das Halten von Elektrofahrzeugen vorsieht,[59] stellt als Anreiz bei dieser Betrachtungsweise klarerweise eine vorteilhafte Rechtsfolge in Aussicht. Denn bevor diese Norm in Kraft trat, gab es eine entsprechende Steuerbefreiung, die auf nur fünf Jahre befristet war. Seinerzeit war auch diese auf fünf Jahre befristete Steuerbefreiung im Übrigen vorteilhaft gegenüber der wiederum vorherigen Rechtslage, nach der das Halten von Elektrofahrzeugen gar nicht von der KFZ-Steuer befreit war. Man kann sich nun, zumindest theoretisch, aber auch eine umgekehrte Entwicklung vorstellen: Würde der Gesetzgeber morgen eine Änderung der Rechtslage vornehmen, nach der die Steuerbefreiung wieder auf (nur) fünf Jahre befristet ist, ließe dies den entsprechend geänderten § 3d KraftStG als negativen Anreiz erscheinen, da die Rechtslage sich nun als, im Vergleich zur heutigen Rechtslage, nachteilhaft dar-

[56] Vgl. dazu auch BVerfGE 27, 58 (65), die einen Bericht der Sachverständigenkommission auf Grund des Gesetzes über eine Untersuchung von Maßnahmen zur Verbesserung der Verkehrsverhältnisse der Gemeinden (BT-Drs. IV/2661, insb. S. 89) zitiert, nach dem die Möglichkeit der Steuerersparnis einen nicht zu unterschätzenden, mit rationalen Gründen allein nicht zu erklärenden Anreiz auf die Steuerpflichtigen ausübt, für die Fahrten zwischen Wohnung und Arbeitsstätte einen Personenkraftwagen zu benutzen.

[57] Dazu vertieft unten, S. 156 ff.

[58] Dazu unten, S. 193 ff.

[59] Erstmals oben, S. 11 f.

stellt. Im Ergebnis kann also, wenn man jeweils auf die vorherige Rechtslage abstellt, ein und derselbe Anreiz einmal als positiv und einmal als negativ erscheinen. Während die Betrachtungsweise, bei der auf einen Vergleich mit der vorherigen Rechtslage abgestellt wird, aus der Steuerungsperspektive zweckmäßig sein kann, etwa wenn man sich für die tatsächlichen Wirkungen interessiert, die gerade durch eine Veränderung der Rechtslage durch das Setzen neuer Anreize entsteht, kann es im Rahmen einer verfassungsrechtlichen Bewertung von Anreizen für ihre Qualifizierung als positiv oder negativ nicht auf die – ja gewissermaßen zufällige – vorherige Rechtslage ankommen. Vielmehr ist, wie unten ausführlich erläutert werden wird, auf der Grundlage einer *normativen Betrachtung* zu entscheiden, ob ein Anreiz positiv oder negativ ist.[60]

b) Spezialfall: Verteilungssituationen

Während der Gesetzgeber den Adressaten in der Regel für den Fall des erwünschten oder unerwünschten Verhaltens einen für sich stehenden Vor- *oder* einen Nachteil in Aussicht stellt, kann er in bestimmten Konstellationen eine dritte Gestaltungsmöglichkeit wählen und das erwünschte oder unerwünschte Verhalten mit einer Bevorzugung oder Benachteiligung gegenüber Konkurrenten bei der Verteilung von etwas nur begrenzt Vorhandenem (Güter, Ressourcen, Aufträge) verbinden und den Adressaten damit im Ergebnis zugleich für den Fall des erwünschten Verhaltens einen Vor- *und* für den Fall des unerwünschten Verhaltens einen Nachteil in Aussicht stellen. In großer Zahl finden sich entsprechend gestaltete Anreize in, häufig untergesetzlichen, Normen des Vergabe- und Subventionsrechts.

Im Rahmen der unten vorzunehmenden verfassungsrechtlichen Erwägungen zu Anreizen werden solche Anreize, da sie neben positiven auch negative Rechtsfolgen in Aussicht stellen, als auch-negative Anreize bezeichnet werden.[61] Die entsprechenden Normen können allerdings durchaus positiv formuliert sein. So bestimmt der bereits mehrfach angesprochene[62] § 4 FrauFöV Bbg[63], dass Bieter, „die sich der Gleichstellung von Frauen im Erwerbsleben angenommen haben und im Verhältnis zu den übrigen Bietern im Zeitpunkt der Angebotsabgabe einen höheren Frauenanteil an den Beschäftigten (…) aufweisen und Frauen in höherem Maße in qualifizierten Positionen beschäftigen", sog. „bevorzugte Bieter" sind. In § 6 FrauFöV Bbg wird sodann der „Inhalt der Bevorzugung" genannt, der darin besteht, dass dem bevorzugten Bieter der Zuschlag erteilt werden soll, wenn sein Angebot gleichwertig ist mit dem wirtschaftlichsten oder annehmbarsten Angebot eines anderen Bieters.

---

60 Siehe dazu unten, S. 194 ff.
61 Siehe unten, S. 198 f.
62 Erstmals oben, S. 13 f.
63 Erstmals oben, S. 13.

Auffällig, und zugleich für diesen Anreiztyp charakteristisch, ist zunächst, dass das erwünschte Verhalten auf der Tatbestandsseite hier nur als relative Voraussetzung erfasst wird. Gesetz- und Verordnungsgeber legen sich also nicht darauf fest, welches genaue Verhalten sie von den Anreizadressaten erwarten. Denn typischerweise sollen nicht alle Anreizadressaten die Möglichkeit haben, den Tatbestand zu verwirklichen, und in der Folge von der in Aussicht gestellten Rechtsfolge profitieren, da Mittel zu deren Realisierung nur begrenzt vorhanden sind (so ist die Zahl zu vergebender Aufträge begrenzt). Deshalb formulieren Gesetz- und Verordnungsgeber verhaltensmäßige Komparative bzw. Superlative. Bevorzugt werden bei der Vergabe öffentlicher Aufträge z.B. in Brandenburg also diejenigen Bieter, die „sich der Gleichstellung von Frauen im Erwerbsleben angenommen haben und *im Verhältnis zu den übrigen Bietern* im Zeitpunkt der Angebotsabgabe 1. einen *höheren* Frauenanteil an den Beschäftigten, einschließlich der zu ihrer Ausbildung Beschäftigten, aufweisen und 2. Frauen in *höherem* Maße in qualifizierten Positionen beschäftigen“.[64] An das so beschriebene, aber nicht näher bestimmte Verhalten knüpft der Verordnungsgeber nun eine dem Wortlaut nach positive Rechtfolge, nämlich eine Bevorzugung. Tatsächlich wird aber als Rechtsfolge in diesem Falle nicht nur für ein Verhalten ein Vorteil (mögliche bevorzugte Berücksichtigung), sondern spiegelbildlich für das alternative Verhalten ein Nachteil (mögliche Benachteiligung) in Aussicht gestellt: Wenn als Rechtsfolge die (vorteilhafte) Bevorzugung des einen Verhaltens *gegenüber dem anderen* vorgesehen ist, ist auch die (nachteilhafte) Benachteiligung des anderen Verhaltens vorgesehen und umgekehrt.

c) Geldzahlungsansprüche und -pflichten und andere Vor- und Nachteile

Eine weitere Variationsmöglichkeit bei der Gestaltung von einfachen Anreizen betrifft den „Inhalt“ der Rechtsfolgen. Zwar bestehen die in Aussicht gestellten Rechtsfolgen als solche stets in dem Entstehen, der Änderung oder der Aufhebung eines rechtlich erheblichen Zustandes. Sie haben damit immer rechtliche Qualität.[65] Mit Blick auf den „Inhalt“ der Rechtsfolgen kann man aber weitere Unterscheidungen treffen.

Aus einem naheliegenden Grund entscheidet sich der Gesetzgeber bei der Gestaltung von Anreizen häufig dafür, auf Rechtsfolgenseite die Entstehung von Geldzahlungsansprüchen bzw. -pflichten in Aussicht zu stellen.[66] Da man Geld gegen alle möglichen Güter und Dienstleistungen tauschen kann, ist durch solche „finanziellen Anreize“[67] ein denkbar großer Adressatenkreis prinzipiell

---

64 Hervorhebungen nur hier.

65 Vgl. oben, S. 114.

66 Dazu *Sacksofsky*, Anreize, in: GVwR II, 2012, § 40 Rn. 6.

67 Diese Bezeichnung darf nicht darüber hinwegtäuschen, dass die Anreize als solche rechtliche und nicht finanzielle Instrumente sind.

ansprechbar. Der Anreiz in § 4 Abs. 4 S. 2 BEEG, der für den Fall des erwünschten Verhaltens einen Geldzahlungsanspruch in Aussicht stellt, ist insofern ebenso typisch wie der Anreiz in § 3d KraftStG, der eine Steuer- und damit Geldersparnis in Aussicht stellt. Die im wirtschaftlichen Kontext verbreiteten Normen, die Subventionen in Aussicht stellen,[68] um Verhaltensentscheidungen zu beeinflussen,[69] zählen ebenso zu diesem Typ. Die Verwandtschaft der Instrumente kommt zum Ausdruck, wenn Steuernormen, die, wie § 3d KraftStG, Ausnahmen von der Regelbesteuerung vorsehen, als Verschonungssubventionen[70] bezeichnet werden.

Da nach herrschender Meinung eine gesetzliche Grundlage für die Subventionsvergabe nicht unbedingt erforderlich ist, sondern die Bereitstellung der Mittel im Haushaltsplan ausreichen soll,[71] steht die Vergabe von Subventionen häufig im Ermessen der Verwaltung, wobei die Vergabevoraussetzungen dann in der Regel in Verwaltungsvorschriften festgehalten sind[72]. Es spricht allerdings nichts dagegen, auch diese Verwaltungsvorschriften als Anreize zu behandeln, wenn und soweit sie veröffentlicht werden oder jedenfalls ihr Inhalt bekannt gemacht wird, um Verhalten zu beeinflussen. Denn weder aus der Sicht des Steuerungsakteurs noch aus der der Adressaten spielt, was den Aspekt der Steuerung betrifft, die Hierarchiestufe eine Rolle, auf der eine einen Anreiz enthaltende Norm angesiedelt ist. Hier wird anschaulich, dass aus der Steuerungsperspektive Normhierarchiestufen keine Bedeutung haben, sondern das gesamte objektive Recht im Ausgangspunkt gleichrangig nebeneinandersteht.[73]

Der Gesetzgeber (bzw. die Exekutive als Rechtsetzende) kann aber auch mit ganz anderen Rechtsfolgen arbeiten und in Kontexten, in denen andere Faktoren als Finanzen einen besonderen Wert haben, speziellere Vor- oder Nachteile

---

[68] Als verhaltenssteuernde Instrumente werden sonst häufig nicht die Normen behandelt, sondern die Subventionen/Subventionszahlungen als solche, siehe *Kloepfer*, Umweltrecht, 2016, § 5 Rn. 839 ff.; siehe auch *Waldhoff*, Abgabenrecht, in: Ehlers/Fehling/Pünder, Besonderes Verwaltungsrecht III, 2013, § 67 Rn. 13, der als Anreizinstrument „die Auszahlung von Geldbeträgen" behandelt. Nach der hier zugrunde gelegten Terminologie werden als Anreize dagegen die Rechtsakte behandelt, die die Subventionszahlungen in Aussicht stellen. Zur Unterscheidung zwischen gebundenen und Ermessensentscheidungen unten, S. 128.

[69] Dazu *Lübbe-Wolff*, Die Grundrechte als Eingriffsabwehrrechte, 1988, S. 270: „Lenkungseffekte zu erzielen, ist gerade der Sinn jeder Subventionierung"; *Waldhoff*, Abgabenrecht, in: Ehlers/Fehling/Pünder, Besonderes Verwaltungsrecht III, 2013, § 67 Rn. 13: „Subventionierung ist Verhaltenssteuerung, Zweckverfolgung über das Medium Geld."

[70] BVerfGE 97, 67 (80); *Waldhoff*, Abgabenrecht, in: Ehlers/Fehling/Pünder, Besonderes Verwaltungsrecht III, 2013, § 67 Rn. 13; siehe auch *P. Kirchhof*, Steuersubventionen, in: FS für Peter Selmer, 2004, S. 745 ff. (mit Kritik am Begriff auf S. 750).

[71] BVerwGE 104, 220 (222); 90, 112 (126); *Ziekow*, Öffentliches Wirtschaftsrecht, 2016, § 6 Rn. 15; a. A. *Sommermann*, in: v. Mangoldt/Klein/Starck, GG II, 2018, Art. 20 Rn. 281 f.; *Lübbe-Wolff*, Die Grundrechte als Eingriffsabwehrrechte, 1988, S. 303 ff.

[72] *Ziekow*, Öffentliches Wirtschaftsrecht, 2016, § 6 Rn. 55.

[73] Siehe oben, S. 82.

in Aussicht stellen.[74] So kann er den Erwerb bestimmter Produkte nicht nur mit Anreizen wie dem in § 3d KraftStG fördern, sondern auch, indem er potenziellen Erwerbern in Rechtsnormen Privilegien bei der Nutzung der Produkte in Aussicht stellt. Solche sog. Benutzungsvorteile werden vor allem zu Zwecken des Umwelt- und Klimaschutzes eingesetzt, um den Absatz von Produkten zu fördern, die bestimmte, nicht verpflichtend vorgegebene, aber gesetzgeberisch erwünschte Beschaffenheitsanforderungen erfüllen.[75] Nach § 1 der inzwischen außer Kraft getretenen „Verordnung über die zeitliche Einschränkung des Flugbetriebs mit Leichtflugzeugen und Motorseglern an Landeplätzen“[76] galten beispielsweise für den nichtgewerblichen zivilen Flugbetrieb grundsätzlich bestimmte, insbesondere zeitliche, Beschränkungen. Für Maschinen, die besonderen Schallschutzanforderungen entsprachen, sah § 4 Abs. 1 der Verordnung, der als Anreiz betrachtet werden kann, allerdings Ausnahmen von diesen vor. Diese „Benutzungsvorteile für leisere Flugzeuge“ wurden auch ausdrücklich eingesetzt, um einen „Anreiz zum Erwerb solcher umweltfreundlichen Produkte“ zu schaffen.[77] Einen vergleichbaren Anreiz enthält die heute geltende „Landeplatz-Lärmschutz-Verordnung“[78].

Wieder andere „Inhalte“ haben die Rechtsfolgen von Anreizen im Vergaberecht. Wie bereits angesprochen, wird durch diese auf das Verhalten der (potenziellen) Auftragnehmer beispielsweise eingewirkt, indem ein erwünschtes Verhalten mit einer Bevorzugung bzw. ein unerwünschtes Verhalten mit einer Benachteiligung bei der Auftragsvergabe verbunden wird.[79]

Im Hinblick auf die Wirkungslogik macht es keinen wesentlichen Unterschied, ob die Entstehung von Geldzahlungsansprüchen und -pflichten oder andere für die Anreizadressaten vor- oder nachteilhafte Rechtsfolgen in Aussicht gestellt werden. In Entscheidungen des BVerfG kommt dies dadurch zum Ausdruck, dass die Funktionsweise der entsprechenden Anreize mit fast identischen Formulierungen beschrieben wird: So formuliert das BVerfG im Zusammenhang mit Anreizen im Steuerrecht, durch die der Gesetzgeber den Anreizadressaten finanzielle Vor- oder Nachteile in Aussicht stellt, er verpflichte den Bürger „nicht rechtsverbindlich zu einem bestimmten Verhalten“, sondern gebe

[74] Siehe *Sacksofsky*, Anreize, in: GVwR II, 2012, § 40 Rn. 14 ff., mit vielen Beispielen, die allerdings nicht alle Anreize im Sinne des hier zugrunde gelegten Begriffs sind, da nicht nur rechtsförmige Anreize angeführt werden.

[75] Dazu mit weiteren Beispielen *Kloepfer*, Umweltrecht, 2016, § 5 Rn. 925 ff.; siehe auch *Meßerschmidt*, Instrumente des Umweltrechts, in: Ehlers/Fehling/Pünder, Besonderes Verwaltungsrecht II, 2013, § 45 Rn. 35; *Hoffmann-Riem*, Instrumente indirekter Verhaltenssteuerung, in: Koch, Auf dem Weg zum Umweltgesetzbuch, 1992, S. 108 (109 f.).

[76] Verordnung v. 16. August 1976, BGBl. I, S. 2216 f.

[77] So die Bundesregierung im Fluglärmbericht v. 7. November 1978, BT-Drs. 8/2254, S. 11.

[78] Landeplatz-LärmschutzV v. 5. Januar 1999, BGBl. I, S. 35, zuletzt geändert durch Art. 5 d. Verordnung v. 29. Oktober 2015, BGBl. I, S. 1894.

[79] *Sacksofsky*, Anreize, in: GVwR II, 2012, § 40 Rn. 17, behandelt diese Anreize, wohl weil für die Auftragserfüllung letztlich Geld gezahlt wird, als „monetäre Anreize“.

ihm „durch Sonderbelastung eines unerwünschten oder durch steuerliche Verschonung eines erwünschten Verhaltens ein *finanzwirtschaftliches* Motiv, sich für ein bestimmtes Tun oder Unterlassen zu entscheiden".[80] In einer Entscheidung, in der es dagegen um Normen ging, mit denen der Gesetzgeber Vor- und Nachteile bei der Vergabe der Treibhausgas-Emissionsberechtigungen in Aussicht stellte, ist die Formulierung nur geringfügig modifiziert: Der Gesetzgeber gebe dem Bürger „durch Belastung eines unerwünschten oder durch Privilegierung eines erwünschten Verhaltens ein Motiv, sich für ein bestimmtes Tun oder Unterlassen zu entscheiden".[81] Statt von einem „finanzwirtschaftlichen Motiv" wird im letzteren Falle also schlicht von einem „Motiv" gesprochen und damit der Tatsache Rechnung getragen, dass den Adressaten für den Fall des Ergreifens der erwünschten Maßnahmen zur Emissionsminderung ein in finanzwirtschaftliche Größen nur *umrechenbarer* Vorteil bei der Zuteilung von Treibhausgas-Emissionsberechtigungen in Aussicht gestellt wird.

d) Haushaltsunabhängige und haushaltswirksame Anreize

Der oben[82] bereits angesprochene Unterschied zwischen Rechtsfolgen und realisierten Rechtsfolgen ist da besonders augenfällig, wo der Gesetzgeber eine Rechtsfolge in Aussicht stellt, dabei aber nicht vorsieht, dass diese auch durch staatliche Stellen und unter Inanspruchnahme staatlicher Mittel zu realisieren ist, sondern einen privaten Dritten zur Realisierung der Rechtsfolge verpflichtet.

Beispiele für entsprechende Anreize enthält etwa das Erneuerbare-Energien-Gesetz (EEG), mit dem der Gesetzgeber den Zweck verfolgt, „insbesondere im Interesse des Klima- und Umweltschutzes eine nachhaltige Entwicklung der Energieversorgung zu ermöglichen, die volkswirtschaftlichen Kosten der Energieversorgung auch durch die Einbeziehung langfristiger externer Effekte zu verringern, fossile Energieressourcen zu schonen und die Weiterentwicklung von Technologien zur Erzeugung von Strom aus erneuerbaren Energien zu fördern" (§ 1 Abs. 1 EEG). Ein konkretes Verhalten, das der Gesetzgeber in diesem Zusammenhang fördern will, ohne es rechtsverbindlich vorzuschreiben, ist die Erzeugung von Strom aus erneuerbaren Energien und Grubengas. Die entsprechenden Anreize im EEG sind so gestaltet, dass dieses Verhalten mit der Rechtsfolge der Entstehung von Zahlungsansprüchen verbunden wird, wobei die Zahlungsansprüche allerdings, anders als etwa im Falle des Anspruchs auf Elterngeld[83], nicht durch staatliche Stellen, sondern durch Private realisiert werden müssen. So sieht § 19 Abs. 1 EEG vor, dass Anlagenbetreiber, die den gewünsch-

---

80 BVerfGE 110, 274 (292), Hervorhebung nur hier; ähnlich auch BVerfGE 98, 106 (117).
81 BVerfGE 118, 79 (101).
82 Siehe S. 115.
83 Erstmals oben, S. 12f.

ten Strom erzeugen, bestimmte Geldzahlungsansprüche[84] gegen die Netzbetreiber haben (wobei das EEG-Umlage-System, auf das hier nicht näher eingegangen werden muss, vorsieht, dass die Netzbetreiber im Ergebnis auf den Kosten, die ihnen bei der Realisierung der Rechtsfolge entstehen, nicht sitzen bleiben; die Kosten werden im Ergebnis vielmehr von den Stromverbrauchern getragen).

Der Unterschied zwischen derartigen, vom Bundeshaushalt unabhängigen Anreizen auf der einen und haushaltswirksamen Anreizen auf der anderen Seite ist aus Sicht des Gesetzgebers als Steuerungsakteur, der die entsprechenden Normen gestaltet, insofern von offensichtlicher Relevanz, als die mit dem Einsatz eines Anreizes verbundenen Kosten in dem einen Falle private Dritte und im anderen Fall unmittelbar der Staat zu tragen hat.[85] Was die Wirkbeziehung zwischen dem Gesetzgeber als Steuerungsakteur und den Anreizadressaten, auf die er Einfluss nehmen will, betrifft, besteht zwischen beiden Varianten dagegen kein wesentlicher Unterschied. Denn in beiden Fällen stellt der Gesetzgeber den Adressaten für den Fall eines bestimmten Verhaltens den Eintritt einer Rechtsfolge (Entstehung eines Anspruchs oder – auch diese Variante ist denkbar – einer Zahlungspflicht) in Aussicht und signalisiert zugleich, dass diese im Falle alternativen Verhaltens ausbleiben wird. Dass der Gesetzgeber zur Realisierung der Rechtsfolgen in dem einen Fall private Dritte und in dem anderen Fall staatliche Stellen verpflichtet, ändert weder aus seiner Perspektive noch aus Sicht der Anreizadressaten etwas daran, dass *er* auf diese unmittelbar einwirkt. Zutreffend ist daher mit Blick auf das EEG-Umlagesystem von einem „staatlich verordnete(n) Mitteltransfer" die Rede, der nach der „Empfängerseite hin wie eine Subvention"[86] wirke.

---

[84] Ob ein Anspruch auf Marktprämie, Einspeisevergütung oder Mieterstromzuschlag entsteht, hängt davon ab, ob der Strom vom Anlagenbetreiber direkt vermarktet, an der Strombörse verkauft oder, was nur im Falle von Solar- und ähnlichen auf, an oder in einem Wohngebäude betriebenen Anlagen möglich ist, ohne Nutzung eines allgemeinen Versorgungsnetzes an die Bewohner des Hauses geliefert und von diesen verbraucht wird.

[85] Darüber hinaus bestehen, etwa mit Blick auf Gesetzgebungskompetenzen und die Finanzverfassung, viele in verfassungsrechtlicher Hinsicht relevante Unterschiede, die allerdings im Rahmen der Untersuchung aus der Steuerungsperspektive keine Rolle spielen und die auch im Rahmen der verfassungsrechtlichen Erwägungen zu Anreizen im Rahmen der vorliegenden Arbeit nicht weiter behandelt werden. Zur Qualifizierung der EEG-Umlage (nach dem EEG 2012) als Sonderabgabe BGHZ 201, 355 ff. Für die Verfassungswidrigkeit der EEG-Umlage (nach dem EEG 2012) *Manssen*, Die Verfassungsmäßigkeit von EEG-Umlage, WiVerw 2012/4, S. 170 ff.; siehe auch *Müller-Terpitz*, Die Bewältigung der Energiewende im Lichte des Grundgesetzes, RdE 2015, 49 ff. (zum EEG 2014); *Waldhoff/Roßbach*, Das EEG zwischen Verfassungsrecht und Politik, WiVerw 2014, 1 ff.

[86] *Lübbe-Wolff*, Instrumente des Umweltrechts – Leistungsfähigkeit und Leistungsgrenzen, NVwZ 2001, 481 (489), mit Bezug zum EEG.

e) Gebundene und Ermessensentscheidungen

Spielraum, den der Gesetzgeber bei der Gestaltung einfacher Anreize hat, besteht des Weiteren darin, dass er auf Rechtsfolgenseite entweder eine gebundene oder eine Ermessensentscheidung vorsehen kann. Während § 4 Abs. 4 S. 2 BEEG[87] und § 3d KraftStG[88] als Anreize ihren Adressaten in Aussicht stellen, dass, wenn sie den jeweiligen Tatbestand erfüllen, zu ihren Gunsten automatisch ein Zahlungsanspruch bzw. ein Anspruch auf Steuerbefreiung entsteht, wird beispielsweise den Adressaten der Anreize in entsprechend gestalteten Subventionsnormen[89] nur ein Anspruch auf ermessensfehlerfreie Entscheidung in Aussicht gestellt.

Mit Blick auf die rechtstechnische Konstruktion und Wirkungslogik besteht zwischen beiden Varianten kein Unterschied, sodass beide dem Anreiztyp der Tatbestand-Rechtsfolge-Verknüpfung zuzuordnen sind. Soweit jeweils Ansprüche in Aussicht gestellt werden, sind sie rechtlich gesehen sogar identisch. Unterschiede dürften allerdings im Hinblick auf Aspekte bestehen, die hier nur jeweils am Rande angesprochen werden sollen. So ist beispielsweise im Falle des § 4 Abs. 4 S. 2 BEEG und des § 3d KraftStG für den Gesetzgeber als Steuerungsakteur *ex ante* nicht genau kalkulierbar, wie viele Kosten bzw. Mindereinnahmen sie verursachen werden, da dies davon abhängt, wie viele der Adressaten dem Anreiz letztlich folgen werden. Bei Anreizen in Subventionsnormen dagegen, die (nur) einen Anspruch auf ermessensfehlerfreie Entscheidung bei der Subventionsvergabe vorsehen, kann der Gesetzgeber die Kosten, die diese höchstens verursachen werden, von vornherein festlegen. Ein weiterer Unterschied könnte mit Blick auf die tatsächliche Wirksamkeit der beiden Varianten von Anreizen bestehen. Denn aus der Sicht der Anreizadressaten ist ihnen bei der Verwirklichung des Tatbestandes im ersten Falle das, worauf es ihnen letztlich ankommt, nämlich das ausgezahlte Geld, sicher, während sie im zweiten Falle nur eine Chance darauf bekommen. Da ein sicherer Vorteil, jedenfalls rational betrachtet, mehr wiegt als ein wahrscheinlicher Vorteil, ist anzunehmen, dass Anreize in Normen, die eine gebundene Entscheidung vorsehen, *tendenziell* wirksamer sind als Anreize in Ermessensnormen.

f) Anreize zur Abgabe rechtsverbindlicher Verpflichtungserklärungen

Während der Gesetzgeber, wenn er Verhalten durch Anreize beeinflussen will, in der Regel das erwünschte oder unerwünschte Verhalten tatbestandlich erfasst und mit einem Vor- bzw. Nachteil verbindet, besteht eine spezielle Gestaltungsvariante darin, einen Anreiz zur Abgabe einer Erklärung zu setzen, in der

[87] Erstmals oben, S. 12 f.

[88] Erstmals oben, S. 11 f.

[89] Zu diesen bereits oben, S. 124, mit dem Hinweis, dass sie häufig die Form von Verwaltungsvorschriften haben.

das letztlich erwünschte Verhalten für die Zukunft rechtsverbindlich zugesagt wird. Ein solcher Anreiz zielt zwar wie der Grundtypus auf ein bestimmtes Verhalten, auf das es dem Gesetzgeber eigentlich ankommt, regelungstechnisch wird aber ein anderes Verhalten, nämlich die Abgabe oder Nicht-Abgabe einer entsprechenden rechtsverbindlichen Zusage (Verpflichtungserklärung, auch: sog. Bewerbererklärung), mit einer positiven oder negativen Rechtsfolge verbunden.

Beispiele für solche Anreize finden sich in großer Zahl im Vergaberecht. So enthält etwa das Berliner Ausschreibungs- und Vergabegesetz eine Norm[90], nach der Angebote, die keine rechtsverbindliche Zusage enthalten, nach der der Bieter während der Auftragserfüllung Frauenfördermaßnahmen durchführen wird, von vornherein nicht geprüft werden (und damit letztlich keinen Zuschlag erhalten können). Rechtlich verpflichtet werden durch diese Norm Behörden. Neben dem normativen Gehalt hat die Norm aber auch einen Anreizgehalt: Als Anreiz setzt der Gesetzgeber die Norm ein, um zu erreichen, dass Bieter die erwünschte Zusage abgeben, wozu sie rechtlich nicht verpflichtet sind. Um dieses Ziel zu erreichen, wird das Unterlassen der Abgabe einer Zusage mit der aus Sicht der Adressaten negativen Folge verbunden, die Chance auf den Zuschlag zu verlieren. Folgen die Bieter dem Anreiz und geben sie die Verpflichtungserklärung ab, sind sie dadurch nicht in jedem Falle zu dem zugesagten Verhalten verpflichtet, das der Gesetzgeber fördern will. Vielmehr wird die Verpflichtungserklärung als Teil des Angebots nur für denjenigen Bieter rechtlich bindend, der den Zuschlag erhält. Denn durch den Zuschlag wird die Verpflichtungserklärung zum Bestandteil des Vertrags über den öffentlichen Auftrag.

Zwar wird teilweise der Eindruck erweckt, der Gesetzgeber wirke durch Normen wie die beschriebene auf die Bieter mit dem Instrument eines Rechtsbefehls ein.[91] Tatsächlich aber spricht der Gesetzgeber gegenüber den Bietern, anders als gegenüber der Behörde, an keiner Stelle und im Hinblick auf kein Verhalten ein Ge- oder Verbot aus. Denn anders als wenn ein entsprechendes Gebot gelten würde, sind die Bieter zur Abgabe einer Verpflichtungserklärung nicht rechtlich verpflichtet. Sie verhalten sich nicht rechtswidrig, wenn sie keine Erklärung abgeben. Indem die Abgabe der Erklärung durch entsprechende Gestaltung des Rechts zu der Voraussetzung wird, die die Bieter erfüllen müssen, um den Eintritt einer für sie nachteilhaften Rechtsfolge (Pflicht der Vergabe-

---

[90] § 9 des Berliner Ausschreibungs- und Vergabegesetzes (BerlAVG, Gesetz v. 8. Juli 2010, GVBl. S. 399 v. 22. Juli 2010, zuletzt geändert durch d. Gesetz v. 5. Juni 2012, GVBl. S. 159) i. V. m. § 13 Landesgleichstellungsgesetz (LGG Bln, Gesetz in der Fassung v. 6. September 2002, GVBl. S. 280, zuletzt geändert durch Art. 6 d. Gesetz v. 30. Mai 2016, GVBl. S. 282) und insb. § 5 der Frauenförderverordnung des Landes Berlin (FFV Bln, Erste Verordnung zur Änderung der Verordnung über die Förderung von Frauen und die Vereinbarkeit von Beruf und Familie bei der Vergabe öffentlicher Aufträge v. 19. Juli 2011).

[91] Siehe *Steinberg*, Vergaberechtliche Steuerung als Verbundaufgabe, 2005, S. 51 f., der von Instrumenten direkter Verhaltenssteuerung spricht.

stelle, die entsprechenden Angebote nicht zu berücksichtigen) zu verhindern, besteht vielmehr (nur) ein Anreiz zur Abgabe der Erklärung. Das Instrument des Befehls wird durch den Gesetzgeber auch insofern nicht eingesetzt, als der Bieter, der den Zuschlag erhält, letztlich rechtlich verpflichtet ist, Frauenfördermaßnahmen durchzuführen. Denn die entsprechende Verpflichtung ergibt sich aus Vertrag, da die mit dem Angebot abgegebene rechtsverbindliche Zusage durch den Zuschlag Teil des Vertrags über den öffentlichen Auftrag wird. Es ist also nicht der Gesetzgeber, sondern der Bieter und spätere Auftragnehmer selbst, der sich – aufgrund des entsprechenden Anreizes – zur Durchführung frauenfördernder Maßnahmen verpflichtet.

Regelungen, die Bieter zur Abgabe von Verpflichtungserklärungen bringen sollen, werden im Vergaberecht nicht nur zur Frauenförderung, sondern auch zum Zweck des Umweltschutzes[92] und zu weiteren sozialen Zwecken[93] eingesetzt. Besonders verbreitet und relativ bekannt sind die sog. Tariftreueerklärungen, d. h. Verpflichtungserklärungen, mit denen die tarifvertragsgemäße Bezahlung der Beschäftigten erreicht bzw. gesichert wird. Zu unterscheiden sind konstitutive und deklaratorische Tariftreueerklärungen,[94] wobei nur Normen, die auf die Abgabe ersterer zielen, hier als Anreize behandelt werden. Denn zwar ist auch im zweiten Falle die Abgabe der Tariftreueerklärung nicht rechtsverbindlich vorgegeben. Das Verhalten, um das es dem Gesetzgeber eigentlich geht, nämlich die Zahlung von Tariflöhnen, ist in diesem Falle aber rechtsverbindlich vorgeschrieben. Nicht als Anreize im Sinne des dieser Untersuchung zugrunde gelegten Begriffs sind dementsprechend auch Normen anzusehen, die festlegen, dass Unternehmen vom Vergabeverfahren auszuschließen sind, wenn sie ihre Steuerpflicht verletzt haben,[95] oder dass sie ausgeschlossen werden können, wenn sie gegen umweltrechtliche Verpflichtungen verstoßen haben[96]. Solche Normen flankieren rechtsverbindliche Verhaltensvorgaben aus dem Bereich des Steuer- bzw. Umweltrechts und sehen, anders als die Instrumente, die vorliegend von Interesse sind, (zusätzliche) Sanktionen für rechtswidriges Verhalten vor.[97]

---

[92] Allgemein zum „green public procurement“ bzw. zur sog. grünen oder ökologischen Vergabe siehe *Wegener*, Umweltschutz in der öffentlichen Auftragsvergabe, NZBau 2010, 273 ff.; siehe auch *Siegel*, Sozial- und Umweltstandards im öffentlichen Beschaffungswesen, LKRZ 2011, 121 ff.

[93] Dazu *Ziekow*, Soziale Aspekte in der Vergabe, DÖV 2015, 897 (898 f.); *Frenz*, Soziale Vergabekriterien, NZBau 2007, 17 ff.

[94] Zu dieser Unterscheidung *Hempel*, Die Tariftreueerklärung im Lichte des deutschen und europäischen Arbeitsrechts, 2011, 65 ff. m. w. N.

[95] Vgl. § 122 Abs. 1 i. V. m. § 123 Abs. 4 Nr. 1 GWB.

[96] Vgl. § 122 Abs. 1 i. V. m. § 124 Abs. 1 Nr. 1 GWB.

[97] Weitergehend zu rechtsunverbindlichen Instrumenten, die staatlicherseits eingesetzt werden können, um rechtsverbindliche Vorgaben unterstützend zu flankieren: *J. Wolff*, Dreidimensionale Zebrastreifen, weinende Kinder und musikalische Mülleimer, in: Hilbert/Rauber, Warum befolgen wir Recht?, 2019, S. 253 ff.

Mit einer konstitutiven Tariftreueregelung, d.h. mit einem (vergaberechtlichen) Anreiz, hatte sich das BVerfG im Jahr 2006 im Rahmen eines Vorlageverfahrens nach Art. 100 Abs. 1 GG zu befassen. Der BGH hatte ihm den seinerzeit geltenden § 1 Abs. 1 S. 2 des Berliner Vergabegesetzes (VgG Bln)[98] vorgelegt, der bestimmte, dass die „Vergabe von Bauleistungen sowie von Dienstleistungen bei Gebäuden und Immobilien (...) mit der Auflage erfolgen (soll), dass die Unternehmen ihre Arbeitnehmer bei der Ausführung dieser Leistungen nach den jeweils in Berlin geltenden Entgelttarifen entlohnen und dies auch von ihren Nachunternehmern verlangen", und auf dessen Grundlage das Land Berlin von Bietern in den Vergabeverfahren die Abgabe von Tariftreueerklärungen verlangte. Konstitutiven Charakter hatten diese Erklärungen insofern, als die Tarifentgelte, deren Zahlung die Unternehmen mit der Tariftreueerklärung verbindlich zusagen sollten, höher lagen als die bundesweit verbindlichen tariflichen Mindestlöhne. Nur aufgrund der Erklärung wurde also im Falle des Zuschlags durch diesen eine originäre, schuldrechtliche Verpflichtung des Unternehmers zur Anwendung des entsprechenden Entgelttarifvertrags auf die bei der Ausführung dieses Auftrags eingesetzten Arbeitnehmer begründet.

Das BVerfG sah zwar in der fraglichen Norm keinen Anreiz, sondern behandelte sie als einen einheitlichen Rechtsakt, von dem „mittelbare Folgen" ausgingen, die allerdings nicht nur „ein bloßer Reflex einer nicht entsprechend ausgerichteten gesetzlichen Regelung" seien.[99] Es behandelte die an öffentlichen Aufträgen interessierten Unternehmer, die der Gesetzgeber zur Abgabe einer Tariftreueerklärung bringen wollte, auch nicht als Adressaten eines Anreizes in Gesetzesform, sondern führte aus, dass sich „das Gesetz regelungstechnisch" nicht an die Unternehmer, sondern an die Auftraggeber, konkret an die Vergabestellen, richte.[100] Der Sache nach beschrieb das BVerfG damit aber einen Anreiz: Die Vorschrift ziele „aus wirtschafts- und sozialpolitischen Gründen darauf ab, die Arbeitgeber bei der Gestaltung ihrer arbeitsvertraglichen Beziehungen zu einem bestimmten Verhalten zu veranlassen".[101] Auch in der vergaberechtlichen Literatur ist es unüblich, die zahlreichen vergaberechtlichen Normen, die Anreize enthalten, als Anreize zu betrachten und zu bezeichnen.[102] Stattdessen sieht man die Normen, der üblichen Betrachtungsweise entsprechend, zumeist als Einheiten an und diskutiert die Thematik unter dem Stichwort der sog. vergabe- oder auch beschaffungsfremden Zwecke.[103]

---

[98] Gesetz v. 9. Juli 1999, GVBl. S. 369.

[99] BVerfGE 116, 202 (222).

[100] BVerfGE 116, 202 (222).

[101] BVerfGE 116, 202 (222). Zur verfassungsrechtlichen Bewertung durch das BVerfG unten, S. 170ff.; siehe auch die zutreffende Kritik von *Sachs* dort in Fn. 112.

[102] Siehe aber *Ziekow*, Soziale Aspekte in der Vergabe, DÖV 2015, 897; *Sacksofsky*, Anreize, in: GVwR II, 2012, § 40 Rn. 17; *Hoffmann-Riem*, Risiko- und Innovationsrecht im Verbund, DV 38 (2005), S. 145 (171).

[103] Dazu bereits oben, S. 16ff.

Eine begriffliche Klarstellung sei an dieser Stelle insofern nachgeschoben, als die Verpflichtungserklärungen, auf deren Abgabe der hier behandelte Anreiztyp zielt, von den sog. Selbstverpflichtungen zu unterscheiden sind, wie sie zunächst im Umweltrecht und inzwischen längst auch im allgemeinen Verwaltungsrecht diskutiert werden. Die Klarstellung erscheint erforderlich, weil häufig beide Instrumententypen als indirekte Instrumente behandelt werden. Zwar ist der Begriff der Selbstverpflichtung nicht scharf konturiert; üblich ist es jedoch, solche Erklärungen als Selbstverpflichtungen zu bezeichnen, die ohne Rechtsbindungswillen abgegeben werden,[104] die also im rechtlichen Sinne gerade nicht verpflichten.[105] Sie werden typischerweise von Verbänden oder anderen Branchenvertretern abgegeben, um staatliche Normsetzung abzuwenden, und beinhalten, auch wenn Verständigungen mit staatlichen Stellen nicht ausgeschlossen sind, kein *rechtliches* Zusammenspiel zwischen dem Staat und den sich Verpflichtenden.[106] In den 1990er Jahren wurden die auch als „konsensuale Instrumente"[107] bezeichneten Selbstverpflichtungen aufgrund ihrer Beliebtheit teilweise als „Hauptinstrumente der Abfall- und Klimapolitik"[108] beschrieben. Um Anreize geht es bei diesen allerdings nicht. Zwar kann man auch Selbstverpflichtungen als Alternativen zu Rechtsbefehlen betrachten. Sie werden auch als „regelersetzende Absprachen" bezeichnet.[109] Sie sind jedoch, da sie einseitig durch die später Verpflichteten eingegangen werden, gar keine Instrumente, derer sich ein staatlicher Steuerungsakteur einseitig bedienen kann. Als anreizäquivalent können allenfalls die, der Abgabe von Selbstverpflichtungen häufig vorangehenden, Drohungen mit rechtsverbindlichen Regelungen angesehen werden. Diese haben aber ebenfalls keine Rechtsform und werden hier daher nicht als Anreize behandelt. Die Parallele legt aber nahe, dass, soweit die Parallele reicht, normative Wertungen entsprechend gelten könnten.

---

[104] Siehe nur *Eifert*, Regulierungsstrategien, in: GVwR I, 2012, § 19 Rn. 75; *M. Schröder*, Konsensuale Instrumente im Umweltschutzrecht, NVwZ 1998, 1011 (1012).

[105] *Di Fabio*, Selbstverpflichtungen der Wirtschaft, in: Kloepfer, Selbst-Beherrschung im ökologischen und technischen Bereich, 1998, S. 119 (120), kritisiert den Begriff deshalb als „paradox". Differenzierend *Cansier*, Erscheinungsformen und ökonomische Aspekte von Selbstverpflichtungen, in: Kloepfer, Selbst-Beherrschung im ökologischen und technischen Bereich, 1998, S. 105 f.

[106] *Eifert*, Regulierungsstrategien, in: GVwR I, 2012, § 19 Rn. 73 ff.

[107] *Kloepfer*, Umweltrecht, 2016, § 5 Rn. 1563 ff.; *M. Schröder*, Konsensuale Instrumente im Umweltschutzrecht, NVwZ 1998, 1011 (1012).

[108] *Cansier*, Erscheinungsformen und ökonomische Aspekte von Selbstverpflichtungen, in: Kloepfer, Selbst-Beherrschung im ökologischen und technischen Bereich, 1998, S. 105.

[109] *Burmeister*, Verträge und Absprachen zwischen der Verwaltung und Privaten, VVDStRL 52 (1993), S. 190 (230 ff.).

II. Andere Anreiztypen und weitere Instrumente

An die deskriptiv-typologische Untersuchung des Anreiztyps der einfachen Anreize sollen im Folgenden einige erste Abgrenzungen zu anderen Anreiztypen und weiteren Instrumenten angeschlossen werden, die für den Gesetzgeber als Steuerungsakteur grundsätzlich in Frage kommen, wenn er Verhalten beeinflussen will, ohne entsprechende Rechtsbefehle auszusprechen. Die Abgrenzungen sollen nicht in die Tiefe gehen. Es sollen aber einige Gemeinsamkeiten und Unterschiede zwischen einfachen Anreizen und anderen Instrumenten hervorgehoben werden, wodurch zugleich eine Idee davon entstehen soll, wie eine aus der Steuerungsperspektive zu entwickelnde Anreiztypologie und eine Anreize und weitere Instrumente erfassende Instrumentenlehre aussehen kann.[110]

1. Verlängerte (vermittelte) Anreize

Offensichtliche Unterschiede, aber auch bemerkenswerte Gemeinsamkeiten bestehen zwischen Normen, die selbst einen Anreizgehalt haben und die man also selbst als einfache Anreize betrachten kann, und Normen, die, um Verhalten zu steuern, Dritten rechtsverbindlich vorgeben, an ein bestimmtes Verhalten der Anreizadressaten einen Vor- oder Nachteil anzuknüpfen. Auch in diesem Falle nutzt der Gesetzgeber „seine" Handlungsform, also die des Gesetzes, er verknüpft darin aber nicht selbst ein erwünschtes oder unerwünschtes Verhalten mit einem Vor- oder Nachteil. Vielmehr bestimmt er in dem Gesetz staatliche Stellen oder Private dazu, den Anreizadressaten für den Fall eines erwünschten oder unerwünschten Verhaltens einen Vor- oder Nachteil in Aussicht zu stellen. Während solche Normen, etwa mit Blick auf die rechtsverbindlich verpflichteten Dritten, insbesondere in verfassungsrechtlicher Hinsicht ganz andere Fragen aufwerfen können als Normen, die selbst Anreize sind, bestehen mit Blick auf den Anreizgehalt der Normen keine wesentlichen Unterschiede. Denn der Gesetzgeber bleibt, auch wenn er sich Dritter bedient, die er „zwischenschaltet", der Steuerungsakteur, der auf die Anreizadressaten einwirkt; und auch in diesem Falle wirkt er auf diese ein, indem er ihnen, wenn auch in diesem Falle vermittelt durch ein entsprechend programmiertes Werkzeug, für den Fall eines bestimmten Verhaltens positive oder negative Folgen (in diesem Falle nicht unbedingt Rechtsfolgen) in Aussicht stellt, um sie zu unmittelbaren Verhaltensreaktionen zu bringen.

Derartige verlängerte (oder auch vermittelte) Anreize sind in großer Zahl in steuerrechtlichen Normen enthalten, die sog. indirekte Steuern vorsehen. Indirekte Steuern zeichnen sich dadurch aus, dass die Person des Steuerschuldners

[110] Abstrakt zum Mehrwert einer Instrumentenlehre oben, S. 93 ff.

und die des Steuerträgers auseinanderfallen.[111] Es ist also eine Person zur Zahlung der Steuer als solcher verpflichtet, während eine andere Person, da der Steuerschuldner die Steuer auf diese ab- oder überwälzt, letztlich die wirtschaftliche Last trägt. Als (verlängerte) Anreize können solche Normen eingesetzt werden, um das Verhalten der Steuerträger zu beeinflussen. Dass sie unter dem Gesichtspunkt der Steuerung den einfachen Anreizen entsprechen, kommt in der steuerrechtlichen Literatur dadurch zum Ausdruck, dass die sie enthaltenden Normen, genau wie diejenigen, die einfache Anreize enthalten, als Lenkungsnormen bezeichnet werden.

Als Beispiel für eine Norm, die einen verlängerten Anreiz enthält, sei hier § 5 Abs. 1 1. Alt, Abs. 2 1. Alt. StromStG[112] genannt, der festgelegt, dass Schuldner der Stromsteuer, die durch eine Entnahme von Strom aus dem Versorgungsnetz durch die Letztverbraucher entsteht, die Stromversorger sind. Zugleich ist die Stromsteuer allerdings „auf Überwälzung gerichtet".[113] Das gesetzgeberische Steuerungsziel besteht insofern darin, Letztverbraucher zum Energiesparen anzuhalten,[114] was erreicht werden soll, indem der Gesetzgeber mit dem Instrument des § 5 Abs. 1 1. Alt, Abs. 2 1. Alt. StromStG das Verhalten der Stromversorger so „programmiert", dass diese die Stromkosten erhöhen und *dadurch* im Falle des unerwünschten Verhaltens eine entsprechende Zahlungspflicht der Letztverbraucher (gegenüber den Stromversorgern) entsteht.[115] Die Parallelen zu den einfachen Anreizen stechen ins Auge: Der Gesetzgeber als Steuerungsakteur setzt wie bei den einfachen Anreizen ein Gesetz ein, um sein Steuerungsziel zu erreichen; und aus der Sicht der Anreizadressaten, die der Gesetzgeber als Steuerungsakteur antizipiert, wenn er deren Verhalten beeinflussen will, läuft es auf dasselbe hinaus, ob ein von ihnen erwogenes Verhalten (hier: Stromentnahme) eine Zahlungspflicht gegenüber dem Staat oder gegenüber einem Dritten auslösen wird.[116]

---

[111] *D. Birk/Desens/Tappe*, Steuerrecht, 2018, § 1 Rn. 44.

[112] Stromsteuergesetz v. 24. März 1999, BGBl. I, S. 378, BGBl. 2000 I, S. 147, zuletzt geändert durch Art. 1 d. Gesetzes v. 22. Juni 2019, BGBl. I, S. 856.

[113] BT-Drs. 14/40, S. 10.

[114] Der Gesetzgeber verfolgt mit dem Stromsteuergesetz daneben weitere Steuerungsziele, vgl. BT-Drs. 14/40, S. 1.

[115] Demselben Muster folgen viele andere Verbrauchsteuern wie die Energiesteuer, die Alkopopsteuer, die Branntweinsteuer, die Tabaksteuer und die Rennwett- und Lotteriesteuer. Die WHO empfiehlt außerdem die Einführung einer entsprechenden Steuer auf stark zuckerhaltige Getränke, um entsprechende Anreize zu setzen, siehe WHO Report, Fiscal Policies for Diet and Prevention of Noncommunicable Diseases, Genf 2016 (http://apps.who.int/iris/bitstream/handle/10665/250131/9789241511247-eng.pdf;jsessionid=DCF205966BEC8024A04F000765F0C1E2?sequence=1, zuletzt abgerufen am 1. Juli 2020), S. 24, demzufolge es signifikante Effekte für die Gesundheit verspräche, wenn der Preis der Getränke durch entsprechende Besteuerung um 20 Prozent oder mehr stiege. Unter anderem in Großbritannien existiert mit dem Soft Drinks Industry Levy, eingeführt durch den Finance Act 2017, part 2, ein entsprechendes Steuergesetz bereits.

[116] Dazu bereits oben, S. 127.

2. Publizitätsanreize

Ein neben einfachen Anreizen zu identifizierender, weiterer Anreiztyp kann in Gesetzen enthalten sein, die dazu verpflichten, Publizität in Bezug auf ein Verhalten der Anreizadressaten herzustellen.[117] Während mit der Publizitätspflicht als solcher die in entsprechenden Normen enthaltenen Rechtsbefehle benannt sind, kann der Gesetzgeber die Normen zugleich gezielt als Anreize einsetzen, indem er sie dazu nutzt, das Verhalten derjenigen zu beeinflussen, über deren Verhalten informiert werden soll.[118] Der Gesetzgeber setzt dabei darauf, dass die Anreizadressaten in dem Wissen um die künftige Wahrnehmbarkeit ihres Verhaltens durch Dritte sowie in Antizipation etwaiger für sie vor- oder nachteilhafter Reaktionen dieser Dritten ihr Verhalten bereits im Vorfeld der Veröffentlichung entsprechend anpassen.

Verbreitet sind Anreize durch Publizität nicht zur Beeinflussung von Menschen in ihrem Privatleben, sondern vor allem in Marktkontexten, wo sie eingesetzt werden, um das Verhalten von Wirtschaftsteilnehmern zu beeinflussen. Beispielhaft kann hier der oben bereits mehrfach erwähnte § 289f Abs. 2 Nr. 4 HGB angeführt werden.[119] Nach diesem haben börsennotierte Aktiengesellschaften zum einen die Zielgrößen im Hinblick auf den Frauenanteil in Führungspositionen zu veröffentlichen, zu deren Festlegung der Aufsichtsrat nach § 111 Abs. 5 AktG verpflichtet ist. Zum anderen haben sie öffentlich anzugeben, ob sie die festgelegten Zielgrößen, zu deren Erreichung sie nicht verpflichtet sind,[120] während des Bezugszeitraums auch erreicht haben. Während die Norm vordergründig in instrumenteller Hinsicht nur Rechtsbefehle enthält, enthält sie daneben auch Anreize: Denn der Gesetzgeber als Steuerungsakteur verwendet die Norm auch als Instrument, mit dem er die (Verantwortlichen in den) Unternehmen, ohne sie *hierzu* rechtsverbindlich zu verpflichten, dazu bringen will, sich „ambitionierte Zielgrößen" zu setzen und die gesetzten Zielgrößen auch tatsächlich zu erreichen.[121] Gebracht werden sollen die (Verantwortlichen in den) Gesellschaften dazu, wie es in der Literatur heißt, „im wesentlichen über

---

[117] Zu solchen Normen im Verwaltungsrecht *Reimer*, Adverse Publizität, JöR 58 (2010), S. 275 ff.; *Kment/Pleiner*, Veröffentlichung von immissionsschutzrechtlichen Mängelberichten nach Umweltinspektionen, ZUR 2015, 330 ff., die sich allerdings auf Normen konzentrieren, in denen Öffentlichkeit als Sanktion für einen Rechtsverstoß vorgesehen ist, die also nicht zur Verhaltenssteuerung in Bereichen vorgesehen sind, in denen alle Verhaltensalternativen rechtmäßig sind. Zu entsprechenden privatrechtlichen Normen *Irmscher*, Öffentlichkeit als Sanktion, 2019, insb. S. 15 ff.

[118] Zu dieser Möglichkeit der Verhaltenssteuerung *Hellgardt*, Regulierung und Privatrecht, 2016, S. 483 ff.

[119] Erstmals oben, S. 14 f.

[120] Siehe oben, S. 15 mit Fn. 27.

[121] BT-Drs. 18/3784, S. 46.

Reputationsmechanismen".[122] In der Gesetzesbegründung wird diese Wirkungslogik näher ausgeführt: „Da die Öffentlichkeit wahrnimmt, ob und wie sich Unternehmen anstrengen, eine gerechte Teilhabe von Frauen und Männern in den Führungsebenen (...) zu erreichen, wird dieser Druck der Öffentlichkeit zu ambitionierten Zielgrößen, die einer paritätischen Besetzung nahekommen, und zu kurzen Umsetzungsfristen führen."[123] Die (zivilrechtliche) Literatur bezeichnet diese und vergleichbare Instrumente zwar nicht als Anreize. Die stattdessen verwendete Bezeichnung als „soft law" bringt aber zum Ausdruck, dass es sich um Gehalte von Regelungen handelt, „die nicht normativ verbindlich sind, aber dennoch Verhaltenserwartungen bestimmen und trotz ihrer Unverbindlichkeit praktische Auswirkungen herbeiführen sollen".[124]

Vergleichbare Instrumente werden auch eingesetzt, um erneuerbare Energien zu fördern: Nach § 42 Abs. 1 Nr. 1 EnWG etwa sind Elektrizitätsversorgungsunternehmen verpflichtet, in oder als Anlage zu ihren Rechnungen an Letztverbraucher, in Werbematerial und im Internet den Anteil der einzelnen Energieträger (Kernkraft, Kohle, erneuerbare Energien usw.) an dem Gesamtenergieträgermix anzugeben, den der Lieferant im letzten oder vorletzten Jahr verwendet hat. Nach § 42 Abs. 1 Nr. 2 EnWG müssen sie außerdem „über die Umweltauswirkungen zumindest in Bezug auf Kohlendioxidemissionen (CO2-Emissionen) und radioaktiven Abfall" informieren, die auf den von dem Lieferanten verwendeten Gesamtenergieträgermix zurückzuführen sind.

Ergänzt werden diese Bestimmungen durch § 42 Abs. 2 EnWG, nach dem die genannten Informationen „mit den entsprechenden Durchschnittswerten der Stromerzeugung in Deutschland zu ergänzen und verbraucherfreundlich und in angemessener Größe in grafisch visualisierter Form darzustellen" sind. Auch diese Bestimmungen lassen sich nicht nur als Rechtsbefehle, sondern auch als Anreize betrachten. Denn die Elektrizitätsversorgungsunternehmen werden nicht nur zu Transparenz im Hinblick auf die genannten Daten verpflichtet. Sie und die Lieferanten von Energie sollen zugleich dazu gebracht werden, noch vor der Veröffentlichung, bei der Zusammenstellung ihres Energieträgermixes, Energieträger zu wählen, die im Hinblick auf ihre Umweltauswirkungen i. S. d. § 42 Abs. 1 Nr. 2 EnWG vergleichsweise positiv dastehen. Diese Steuerungsintention ist in der Gesetzesbegründung zwar nur angedeutet, wenn es dort heißt, durch die Norm solle es dem Letztverbraucher ermöglicht werden, „seine Nachfrageentscheidung auch daran zu orientieren, welche Primärenergieträger der Elektrizitätserzeuger eingesetzt hat und wie deren Umweltauswirkungen

---

[122] *Drygala*, Harte Quote, weiche Quote und die Organpflichten von Vorstand und Aufsichtsrat, NZG 2015, 1129 (1134).

[123] BT-Drs. 18/3784, S. 119.

[124] *Drygala*, Harte Quote, weiche Quote und die Organpflichten von Vorstand und Aufsichtsrat, NZG 2015, 1129 (1134).

sind".[125] Dass die Elektrizitätsversorgungsunternehmen diese „Nachfrageentscheidungen" antizipieren sollen, ist aber offensichtlich, zumal der Gesetzgeber mit dem EnWG insgesamt unter anderem den Zweck einer möglichst umweltverträglichen leitungsgebundenen Versorgung der Allgemeinheit mit Elektrizität und Gas verfolgt, die zunehmend auf erneuerbaren Energien beruht (vgl. § 1 Abs. 1 EnWG).

Was die Wirkungslogik betrifft, unterscheiden sich Publizitätsanreize wie die hier beschriebenen nicht grundlegend von den einfachen Anreizen. Denn in beiden Fällen setzt der Gesetzgeber letztlich darauf, dass sich die Anreizadressaten bei Verhaltensentscheidungen an den mit den ihnen grundsätzlich offenstehenden Verhaltensalternativen verbundenen Vor- bzw. Nachteilen ausrichten.[126] Ein Unterschied besteht zwar insoweit, als im Falle der Publizitätsanreize die in Aussicht gestellten positiven oder negativen Reaktionen Dritter nicht als Rechtfolge vorgesehen werden (was auch nicht möglich wäre), sondern rein tatsächliche Folgen sind, deren Eintritt der Gesetzgeber nicht rechtsverbindlich zusagt, sondern nur ermöglicht. Der Gesetzgeber stellt auch gar keine konkreten Folgen in Aussicht. Wie genau und in welchem Ausmaß die Dritten reagieren, ist nicht gesagt – selbst, ob sie überhaupt reagieren werden, liegt nicht in der Hand des Gesetzgebers und steht dementsprechend auch für die Anreizadressaten nicht fest. Für die Wirkungslogik kommt es aber auch gar nicht darauf an, ob und ggf. wie die Dritten tatsächlich reagieren. Entscheidend ist insofern nur, dass der Gesetzgeber bei der Gestaltung des Anreizes darauf setzt, dass die Anreizadressaten sich entsprechend verhalten werden, weil sie aufgrund des Anreizes verhaltensbezogene Vor- oder Nachteile *erwarten*. Im Übrigen kommt es auch für die tatsächliche Wirksamkeit entsprechender Anreize nicht in erster Linie darauf an, ob und ggf. wie die Dritten reagieren, sondern vor allem darauf, ob die Anreizadressaten, wie der Gesetzgeber, mit Reaktionen Dritter rechnen.

Soweit der Gesetzgeber oder auch die Verwaltung Publizität als Mittel zur Verhaltenssteuerung einsetzen, wird die Wirkungslogik entsprechender Instrumente in der Literatur teilweise mit der eines Prangers verglichen. Dieser Vergleich liegt insbesondere nahe, wenn es um Instrumente geht, bei denen Publizität zur Flankierung von Rechtsbefehlen eingesetzt wird und die für den Fall rechtswidrigen Verhaltens mit der Publikation des Rechtsverstoßes drohen.[127]

---

[125] BT-Drs. 15/3917, S. 67. Dass die Unternehmen nach der Vorstellung des Gesetzgebers diese Möglichkeit der Letztverbraucher antizipieren sollen, wird zwar nicht ausdrücklich gesagt, liegt aber, zumal es die Unternehmen selbst sind, die die Letztverbraucher informieren und weil eine „möglichst sichere, preisgünstige, verbraucherfreundliche, effiziente und umweltverträgliche leitungsgebundene Versorgung der Allgemeinheit mit Elektrizität und Gas, die zunehmend auf erneuerbaren Energien beruht," der in § 1 Abs. 1 EnWG genannte Zweck des Gesetzes ist, auf der Hand.

[126] Vgl. oben, S. 117 ff.

[127] Vgl. z. B. VGH Mannheim, Beschl. v. 28. Januar 2013 – 9 S 2423/12, juris Rn. 7: „Prangerwirkung"; *Reimer*, Adverse Publizität, JöR 58 (2010), S. 275 ff.; *Kment/Pleiner*, Veröffent-

Bei solchen Instrumenten handelt es sich allerdings nicht um Anreize, denn Anreize macht es nach dem hier zugrunde gelegten Begriff ja gerade aus, dass in ihrem Anwendungsbereich alle Verhaltensalternativen rechtmäßig sind. Die Gemeinsamkeit zwischen diesen Instrumenten und den Publizitätsanreizen besteht aber darin, dass die Adressaten in beiden Fällen dadurch von einem Verhalten abgeschreckt werden sollen, dass die Wahrnehmung des Verhaltens und entsprechende Reaktionen durch Dritte drohen.

3. Abgrenzung: Unmittelbare Informationen

Bei Informationen handelt es sich, schon weil diese keine Rechtsform aufweisen, nicht um Anreize im hier zugrunde gelegten Sinne.[128] Gemeinsam haben Informationsmaßnahmen mit Anreizen allerdings, dass auch sie von staatlichen Steuerungsakteuren als Instrumente eingesetzt werden können, um gezielt unmittelbar das Verhalten der Adressaten (hier Informationsempfänger) zu beeinflussen, ohne dieses zu ge- oder verbieten.[129] Informationsmaßnahmen wurden daher bereits oben, wie Anreize, als „funktionaler Ersatz" für Ge- und Verbote bezeichnet.[130]

Während sich die Bundesregierung, etwa im oben angesprochen Osho-Fall[131], und auch andere Steuerungsakteure aus dem Bereich der Exekutive mit Informationen grundsätzlich unmittelbar an diejenigen richten können, deren Verhalten sie beeinflussen wollen, nutzt der Gesetzgeber als Steuerungsakteur typischerweise die Handlungsform des Gesetzes, kann dabei aber, anstelle von Anreizen oder um diese zu ergänzen, auf eine verlängerte Variante der Verhaltenssteuerung durch Informationen zurückgreifen: Er informiert in diesem Falle nicht selbst, sondern verpflichtet Dritte durch Rechtsbefehl dazu, durch Informationsmaßnahmen unmittelbar auf die Informationsadressaten einzuwirken. Jedenfalls soweit der Gesetzgeber den Dritten konkret vorgibt, worüber und in welcher Weise zu informieren ist, ist seine Einflussnahme auf die Informationsempfänger im Ergebnis dieselbe wie eine Einflussnahme, bei der ein staatlicher Steuerungsakteur, ohne rechtliche Vermittlung, unmittelbar selbst informiert. Mit Blick auf die Wirkbeziehung zwischen dem Steuerungs-

lichung von immissionsschutzrechtlichen Mängelberichten nach Umweltinspektionen, ZUR 2015, 330 (333).

[128] Anders *Hoffmann-Riem*, Innovation und Recht – Recht und Innovation, 2016, S. 397, der auch Informationen als Anreize behandelt.

[129] Zu dieser Einsatzmöglichkeit bereits *W. Jellinek*, Verwaltungsrecht, 1931, S. 21 ff.; siehe außerdem *Gusy*, Informationsbeziehungen zwischen Staat und Bürger, in: GVwR II, 2012, § 23 Rn. 100 ff., und *Kloepfer*, Staatliche Informationen als Lenkungsmittel, 1998, S. 18, der sich allerdings vor allem mit dem Einsatz von Informationen in Dreieckskonstellationen befasst.

[130] Siehe oben, S. 94, mit Nachweis in Fn. 160.

[131] Siehe oben, S. 95.

akteur Gesetzgeber und dem Steuerungsobjekt Informationsempfänger macht es, wie bei den verlängerten Anreizen,[132] auch hier keinen wesentlichen Unterschied, ob der zur Informationstätigkeit Verpflichtete eine staatliche Stelle oder ein privater Dritter ist.

Informationsinstrumente sind, auch wenn man sie, wie hier, nur insoweit berücksichtigt, als sie gezielt eingesetzt werden, um unmittelbar das Verhalten der Informationsempfänger zu beeinflussen, im Rahmen einer an rechtswissenschaftlichen Erkenntnisinteressen orientierten Instrumentenlehre nicht nur von Anreizen abzugrenzen. Vielmehr erscheint es sinnvoll, auch innerhalb der Informationsinstrumente weitere Differenzierungen vorzunehmen, wobei sich als Unterscheidungskriterien der Inhalt der jeweiligen Informationen sowie die Art und Weise ihrer Vermittlung anbieten. Zwar werden Unterscheidungen, schon weil mangels Rechtsförmigkeit nicht an eine rechtstechnische Konstruktion angeknüpft werden kann und weil die Wirkungslogik von Informationsinstrumenten komplex sein kann, nicht mit vergleichbarer Genauigkeit zu treffen sein. Die Übergänge zwischen unterschiedlichen Typen von unmittelbaren Informationen werden auch angesichts der grundsätzlich unendlichen Variationsmöglichkeiten vielmehr zwangsläufig fließend sein. Dies spricht aber nicht dagegen, soweit möglich, Unterkategorien zu Informationsmaßnahmen zu bilden.

Zweckmäßig erscheint es, Unterscheidungen zwischen Informationsmaßnahmen insofern zu treffen, als diesen unterschiedliche Wirkungslogiken zugrunde liegen. Eine daran anknüpfende Typisierung soll hier nur skizziert werden. Schon dadurch kann aber deutlich werden, dass auf der Grundlage einer deskriptiv-typologischen Untersuchung derjenigen Maßnahmen, bei denen durch Informationen unmittelbar auf Informationsempfänger eingewirkt werden soll, unterschiedliche Varianten beschrieben werden können und dass eine insofern erweitere Instrumententypologie sowohl für ein besseres Verständnis dieser Instrumente sorgen als auch für eine fundiertere, differenziertere und kohärentere informationsbezogene Grundrechtsdogmatik nützlich sein kann.

a) Wirkungslogik: Rationalität

Herkömmlich setzen staatliche Steuerungsakteure bei Informationsmaßnahmen, ähnlich wie bei Anreizen, in erster Linie darauf, dass sich die Adressaten rational verhalten.[133] Die entsprechende Wirkungslogik liegt Informationsmaßnahmen zugrunde, durch die über die Vor- oder Nachteile aufgeklärt wird, die mit verschiedenen Verhaltensalternativen verbunden sind. Beispiele für solche Informationsmaßnahmen sind etwa Kennzeichnungen von Elektrogeräten im Hinblick auf ihren Energieverbrauch oder Kennzeichnungen von Lebensmitteln im Hinblick auf ihren Kalorien-, Zucker- oder Salzgehalt. In der vorgefun-

---

[132] Siehe oben, S. 133 f.
[133] Zum Rationalverhalten oben, S. 117 ff.

denen Literatur werden insofern häufig Warnungen, Appelle, Hinweise und Empfehlung genannt,[134] die sich wohl im Hinblick auf die Art der Inhalte voneinander unterscheiden sollen. Allerdings werden diese Bezeichnungen nicht in dem Sinne als Rechtsbegriffe verwendet, dass sie genau definiert wären,[135] und es werden an sie auch keine unterschiedlichen normativen Wertungen geknüpft.

b) Wirkungslogik: (Auch) Irrationalität

Vor allem im Rahmen der Diskussion um das „Nudging"[136] ist neuerdings deutlich geworden, dass bei der Verhaltenssteuerung durch Informationen nicht nur auf die Rationalität der Adressaten gesetzt werden muss, sondern Informationen beispielsweise auch auf eine bewusst emotionalisierende, etwa humorvolle, traurige oder beängstigende Weise vermittelt werden können. Außerdem kann etwa durch optische Hervorhebung oder auch auf andere Weise unterstützt werden, dass Informationen durch die Adressaten überhaupt oder verstärkt zur Kenntnis genommen werden, was schließlich eine notwendige Voraussetzung dafür ist, dass Reaktionen auf diese möglich sind. Die hinter dieser Idee der Steuerung stehenden Gedanken sind keineswegs neu oder auch überraschend. Im Gegenteil wird man sich fragen können, ob eine rein rationale Informationsmaßnahme überhaupt denkbar ist. Gleichwohl ist es sowohl für ein Verständnis für bereits existierende als auch für die Gestaltung neuer Informationsmaßnahmen hilfreich, sich klarzumachen, dass und inwiefern durch diese auch jenseits der neutralen Vermittlung der Information als solcher auf unmittelbare Verhaltenswirkungen gezielt werden kann.

Im Kontext des „Nudging" werden die Verhaltensmuster, auf die staatliche Steuerungsakteure insofern setzen können, als „vorhersehbare Irrationalität"[137] zusammengefasst. Wissenschaftlich erforscht werden diese Verhaltensmuster durch die sog. Verhaltensökonomie, eine wachsende Forschungsrichtung innerhalb der Ökonomie, die in Kooperation mit anderen Verhaltenswissenschaften, insbesondere der kognitiven Psychologie, im Rahmen empirischer Experimente nach systematischen Abweichungen des menschlichen Verhaltens vom klassischen ökonomischen Verhaltensmodell des *homo oeconomicus* sucht.[138]

---

[134] *Kloepfer*, Umweltrecht, 2016, § 5 Rn. 760: „Warnungen, Empfehlungen und Hinweise"; *Hillgruber*, Grundrechtlicher Schutzbereich, Grundrechtsausgestaltung und Grundrechtseingriff, in: HStR IX, 2011, § 200 Rn. 78: „staatlicherseits verbreitete Informationen und appellative Warnungen oder Empfehlungen".

[135] Siehe allerdings den systematisierenden Ansatz bei *Schoch*, Entformalisierung staatlichen Handelns, in: HStR III, 2005, § 37 Rn. 76 ff.

[136] Dazu bereits oben, insb. S. 21 f. und S. 97 f. Zu weiteren Ansätzen, die sich mit Entscheidungsstrukturen jenseits von Rationalität befassen, siehe *Hill*, Die Kunst des Entscheidens, DÖV 2017, 433 ff.

[137] *Ariely*, Predictably Irrational, 2008.

[138] Grundlegend *Kahneman/Tversky*, Prospect Theory, Econometrica 47/2 (1979), S. 263 ff.; siehe auch *Camerer*, Behavioral Economics: Reunifying Psychology and Econo-

Eine im Rahmen solcher Experimente gewonnene Erkenntnis besteht etwa darin, dass man auf Informationsempfänger nicht nur einwirken kann, indem man sie über die mit einem Verhalten verbundenen Vor- oder Nachteile aufklärt, sondern dass es Steuerungserfolge auch verspricht, wenn man stattdessen auf ein Mehrheitsverhalten hinweist. Da Menschen (anders als der *homo oeconomicus*) ihr Verhalten typischerweise auch danach ausrichten, wie sich die Menschen um sie herum verhalten,[139] kann es etwa Erfolg versprechen, Jugendliche, die vom Rauchen abgehalten bzw. abgebracht werden sollen, statt sie darauf hinzuweisen, dass Rauchen die Gesundheit gefährdet, darauf hinzuweisen, dass die Mehrheit der Jugendlichen nicht raucht.[140] Ob das zugrunde gelegte Verhaltensmuster wirklich auch außerhalb ökonomischer Kontexte sinnvollerweise als irrational zu bezeichnen ist, mag man bezweifeln. Man könnte es schließlich stattdessen gerade als rational ansehen, dass Menschen nicht bei jedem Verhalten mit viel Aufwand selbst ermitteln, welche Vor- und Nachteile mit diesem verbunden sind, sondern stattdessen auf die „Schwarmintelligenz" vertrauen und deshalb ihr Verhalten dem der Mehrheit anpassen. Von Vertretern der Psychologie wird die vermeintliche Irrationalität der von den Ökonomen als irrational bezeichneten Verhaltensmuster daher bestritten.[141] Aus rechtswissenschaftlicher Sicht ist diese Kategorisierung allerdings nicht entscheidend.

Eine Beeinflussung von Informationsempfängern durch den Hinweis auf ein Mehrheitsverhalten sieht etwa der in Deutschland geltende, schon vor der „Nudge"-Diskussion eingeführte § 40 Abs. 2 Nr. 6 EnWG vor, durch den Energielieferanten verpflichtet werden, in Rechnungen an Haushaltskunden unter Verwendung von Grafiken darzustellen, wie sich der eigene Jahresverbrauch zu dem Jahresverbrauch von Vergleichskundengruppen verhält. Denkbar ist nach der Gesetzesbegründung etwa eine Einteilung nach den Klassen „zu hoch", „hoch", „gut" und „fantastisch".[142] Während sich das Gesetz als Rechtsbefehl an die Energielieferanten richtet, hat es einen darüberhinausgehenden instrumentellen Gehalt, der darauf zielt, dass Haushaltskunden Energie sparen. Laut Gesetzesbegründung versorgt der Gesetzgeber sie mit der Information über ihr Verbrauchsverhalten auch in Relation zu vergleichbaren Haushaltskunden nämlich, weil er aufgrund von entsprechenden Studienergebnissen davon ausgeht, „dass ein solches Feedback in Rechnungen zu wesentlichen Einsparerfol-

mics, PNAS 96 (1999), S. 10575 ff. Zu der Unterscheidung zwischen klassischer Ökonomie und Verhaltensökonomie als Hintergrund des Nudge-Konzepts *J. Wolff*, Eine Annäherung an das Nudge-Konzept, Rechtswissenschaft 2/2015, S. 194 (196 f.).

[139] *Thaler/Sunstein*, Nudge, 2011, S. 97 ff.

[140] *Thaler/Sunstein*, Nudge, 2011, S. 100 m. w. N.

[141] Siehe etwa *Gigerenzer*, Bauchentscheidungen – Die Intelligenz des Unterbewussten und die Macht der Intuition, 2008; *ders.*, Bounded and rational, in: Stainton, Contemporary Debates in Cognitive Science, 2006, S. 115 ff.

[142] BT-Drs. 17/6072, S. 83.

gen führen kann".[143] Die Angabe von Verbrauchsklassen solle einen Vergleich auch mit effizienteren Verbrauchern ermöglichen und den Verbraucher dazu ermuntern, zu den effizienteren Verbrauchern aufzuschließen.[144]

§ 40 Abs. 2 Nr. 6 EnWG eignet sich, soweit die Information „unter Verwendung von Grafiken" darzustellen ist, auch zur Veranschaulichung der eingangs erwähnten Steuerungsidee, nach der es bei der Beeinflussung von Verhalten durch Informationen nicht allein auf deren Inhalt, sondern auch auf die Art der Vermittlung ankommt. Nach *Thaler* und *Sunstein* kann sich der Staat auch dieser Erkenntnis gezielt bedienen. Das Verhaltensmuster, das in den entsprechenden Maßnahmen abgebildet wird, besteht darin, dass Menschen (anders als der *homo oeconomicus*) auffällige, oder in der psychologischen Fachsprache: saliente, Informationen verstärkt wahrnehmen.[145] Die Salienz eines Reizes soll, so das kaum überraschende Ergebnis entsprechender Forschung, steigen, je überraschender und neuartiger er ist. Ein weiteres Beispiel für ein Instrument, bei dem der Gesetzgeber in besonderem Maße auf Salienz setzt, stellt schließlich der oben bereits erwähnte § 6 TabakerzG[146] dar, nach dem Tabakerzeugnisse nicht ohne die, teilweise als Schockbilder bezeichneten, gesundheitsbezogenen bildlichen Warnhinweise in Verkehr gebracht werden dürfen.[147]

4. Abgrenzung: Sog. Standardvorgaben („Nudging" in Gesetzesform)

Um keinen Anreiztyp, und bei näherem Hinsehen überhaupt nicht um ein Instrument, mit dem unmittelbar Verhalten beeinflusst werden soll, handelt es sich bei den sog. Standardvorgaben (englisch: default rules). Die ihnen zugrundeliegende Regelungsstruktur ist im Recht keinesfalls unüblich. Als ein Instrumententyp, der staatlicherseits gezielt eingesetzt werden kann, um in allen möglichen Politikbereichen Steuerungsziele zu erreichen, wurden sie aber soweit ersichtlich erstmals von *Thaler* und *Sunstein* als eine „Nudge"-Form beschrieben.[148]

---

143 BT-Drs. 17/6072, S. 83. Kritisch zu dem „teils edukativen Impetus" der seinerzeit neuen Vorschriften, mit denen der Gesetzgeber zum Energiesparen anhalten wollte: *Kühling/Rasbach*, Kernpunkte des novellierten EnWG 2011, RdE 2011, 332 (341); siehe auch *Lange*, Verbraucherschutz im neuen EnWG, RdE 2012, 41 (47): „staatlicher Dirigismus".

144 BT-Drs. 17/6072, S. 83.

145 *Thaler/Sunstein*, Nudge, 2011, S. 142 f.

146 Siehe oben, S. 95.

147 Dazu oben, S. 95 f.

148 *Thaler/Sunstein*, Nudge, 2011, S. 123 ff.; siehe auch bereits *Thaler/Sunstein*, Libertarian Paternalism Is Not an Oxymoron, University of Chicago Law Review 70 (2003), S. 1159 ff.; weitergehend *Sunstein*, Why Nudge?, 2014, S. 99 ff. Siehe auch *Friedman*, Impact – How Law Affects Behavior, 2016, S. 139 ff. Aus der deutschsprachigen, rechtswissenschaftlichen Literatur zu Standardvorgaben siehe *Englerth/Towfigh*, Verhaltensökonomik, in: Towfigh/Petersen, Ökonomische Methoden im Recht, 2017, § 8 Rn. 537 f.; *J. Wolff*, Eine Annäherung an das Nudge-Konzept, Rechtswissenschaft 2/2015, S. 194 (199 ff.).

Zwischen Standardvorgaben und Anreizen bestehen zwar auf der einen Seite vergleichsweise große Gemeinsamkeiten: So können Standardvorgaben ebenso wie Anreize, und anders als alle anderen unter dem Schlagwort „Nudging" behandelten Instrumente,[149] Gesetzesform haben. Standardvorgaben gehen außerdem, ebenfalls wie Anreize, als instrumenteller Gehalt von Gesetzen über deren normativen Gehalt hinaus. Schließlich weisen Standardvorgaben auch, wie einfache Anreize, eine Tatbestand-Rechtsfolge-Struktur auf. Allerdings besteht, wie bei einer steuerungsorientierten vergleichenden Untersuchung beider Instrumente deutlich wird, andererseits ein entscheidender Unterschied: Standardvorgaben sind, anders als Anreize, keine Instrumente, die sinnvollerweise eingesetzt werden können, um unmittelbar Verhalten zu beeinflussen. Es handelt sich vielmehr um Instrumente, mit denen der Gesetzgeber als Steuerungsakteur den Eintritt erwünschter *Rechts*folgen fördern kann. Beide Instrumententypen eignen sich dementsprechend auch zur Erreichung ganz unterschiedlicher Arten von Steuerungszielen: Während der Einsatz von Anreizen grundsätzlich dort in Frage kommt, wo der Gesetzgeber als Steuerungsakteur Menschen zu einem bestimmten Verhalten bringen will, kommt der Einsatz von Standardvorgaben in Betracht, wenn sich das Steuerungsziel des Gesetzgebers als Rechtsfolge formulieren lässt, wenn er also nicht Verhaltens-, sondern Rechtswirkungen anstrebt.

Die Verknüpfung von Tatbestand und Rechtsfolge dient im Falle der Standardvorgaben nämlich nicht dazu, die Adressaten mit den aus ihrer Sicht vor- oder nachteilhaften Rechtsfolgen zu einem tatbestandsmäßigen oder tatbestandsalternativen Verhalten zu bringen. Vielmehr verbindet der Gesetzgeber als Steuerungsakteur Tatbestand und Rechtsfolgen im Falle der Standardvorgaben, weil ihm selbst am Eintritt der Rechtsfolgen gelegen ist.[150] Um das Ziel des Eintritts der erwünschten Rechtsfolge zu erreichen, knüpft der Gesetzgeber diese Rechtsfolge an einen Tatbestand, von dem er annimmt, dass er von den Adressaten (ohnehin) relativ häufig erfüllt wird, und setzt darauf, dass sich die Adressaten nicht anders, sondern genauso verhalten, wie sie sich auch verhalten würden, wenn es die jeweilige Standardvorgabe nicht gäbe.

Verdeutlichen lässt sich diese Wirkungslogik der Standardvorgaben anhand des wohl prominentesten Beispiels für diesen Instrumententyp, nämlich anhand zweier Regelungsalternativen zur postmortalen „Organspende":[151] In

---

[149] Siehe oben, S. 97 f.

[150] So bereits *J. Wolff*, Dreidimensionale Zebrastreifen, weinende Kinder und musikalische Mülleimer, in: Hilbert/Rauber, Warum befolgen wir Recht?, 2019, S. 253 (258 ff.); etwas anders noch *J. Wolff*, Eine Annäherung an das Nudge-Konzept, Rechtswissenschaft 2/2015, S. 194 (199 ff.).

[151] Vgl. *Thaler/Sunstein*, Nudge, 2011, S. 240 ff. Siehe auch *Johnson/Goldstein*, Do Defaults Save Lives?, Science 302 (2003), S. 1338 ff.; *Abadie/Gay*, The impact of presumed consent legislation on cadaveric organ donation: a cross-country study, Journal of Health Economics 25/4 (2006), S. 599 ff.; dazu *Ulen*, The Importance of Behavioral Law, in: Zamir/Teichman, The

Deutschland gilt bekanntermaßen die sog. Zustimmungslösung, nach der einem Verstorbenen Organe zur Transplantation in der Regel nur entnommen werden dürfen, wenn er zuvor ausdrücklich seine entsprechende Bereitschaft erklärt hat (§ 3 Abs. 1 S. 1 Nr. 1 des Transplantationsgesetzes, TPG[152]).[153] Die spiegelbildliche Alternative,[154] die sog. Widerspruchslösung, ist unter anderem in Österreich geltendes Recht: Nach § 5 Abs. 1 S. 1 und 3 des österreichischen OTPG[155] ist es „zulässig, Verstorbenen einzelne Organe zu entnehmen, um durch deren Transplantation das Leben eines anderen Menschen zu retten oder dessen Gesundheit wiederherzustellen. (...) Die Entnahme ist unzulässig, wenn den Ärztinnen/Ärzten eine Erklärung vorliegt, mit der die/der Verstorbene oder, vor deren/dessen Tod, ihr/sein gesetzlicher Vertreter eine Organspende ausdrücklich abgelehnt hat".[156] Betrachtet man allein den normativen Gehalt der deutschen und der österreichischen Vorschrift, regeln beide, in welchen Fällen die postmortale Organentnahme zulässig bzw. unzulässig ist: Als Maßstäbe betrachtet, kann man an ihnen dementsprechend die Rechtmäßigkeit abgeschlossener Organentnahmen messen. In instrumenteller Hinsicht ist beiden Regelungen zunächst ein an Ärztinnen und Ärzte gerichtetes Verbot zu entnehmen, Verstorbenen Organe zu entnehmen, wenn die entsprechenden Voraussetzungen nicht vorliegen. Darüber hinaus aber enthält die österreichische Norm ein weiteres Instrument: Als Standardvorgabe betrachtet, zielt sie darauf, eine relativ hohe Zahl von „Organspenden" bzw. rechtmäßigen Organentnahmen zu erreichen, insbesondere eine höhere, als mit der Zustimmungslösung zu erreichen wäre.[157] (Die deutsche Regelung, § 3 Abs. 1 S. 1 Nr. 1 TPG, weist keinen spiegelbildlichen, über den normativen Gehalt hinausgehenden instrumentellen Gehalt auf, denn sie ist kein Instrument, um die Zahl von „Organspenden" re-

---

Oxford Handbook of Behavioral Economics and the Law, S. 93 (98 ff.); *Huster*, Selbstbestimmung, Gerechtigkeit und Gesundheit, 2015, S. 28 ff.

[152] Transplantationsgesetz in der Fassung der Bekanntmachung v. 4. September 2007, BGBl. I, S. 2206, zuletzt geändert durch Art. 1 d. Gesetzes v. 22. März 2019, BGBl. I, S. 352.

[153] Da nach § 4 TPG in dem Falle, in dem die verstorbene Person keine Entscheidung über eine Organentnahme getroffen hat, die Angehörigen entscheiden können, wird auch von der Entscheidungslösung gesprochen, die eine Variation der Zustimmungslösung darstelle.

[154] Zu weiteren Alternativen siehe etwa *Aumann/Gaertner*, Die Organknappheit, in: Breyer/Engelhard, Anreize zur Organspende, 2006, S. 59 ff.; *Becker/Elías*, Introducing Incentives in the Market for Live and Cadaveric Organ Donations, Journal of Economic Perspectives 21 (2007), S. 3 ff.; *Krainhöfner*, „Do ut des" – „Organgabe", ZRP 2015, 217.

[155] Bundesgesetz über die Transplantation von menschlichen Organen (Organtransplantationsgesetz – OTPG), Österreichisches BGBl. I, Nr. 108/2012.

[156] Entsprechendes gilt nach § 5 Abs. 2 S. 4 OTPG, wenn eine entsprechende Erklärung im Widerspruchsregister eingetragen ist.

[157] Der österreichische Gesetzgeber war damit einer Empfehlung des Europarates gefolgt, der die Einführung der Widerspruchslösung empfohlen hatte (Resolution 78 [29] v. 11. Mai 1978). Siehe auch den entsprechenden Regierungsentwurf der deutschen Bundesregierung, BT-Drs. 8/2681.

lativ niedrig zu halten. Die relativ niedrige Zahl von „Organspenden" ist vielmehr als unerwünschte Nebenwirkung des Rechtsbefehls anzusehen.)

Anders als es überwiegend dargestellt wird und anders als es auch die Bezeichnung der Standardvorgaben als „Nudges" impliziert, sollen Menschen durch die Widerspruchslösung nicht zu einem Verhalten, sei es ein Tun oder ein Unterlassen, angestoßen werden. Denn welches Verhalten sollte dies sein? Der österreichische Gesetzgeber will und kann mit § 5 Abs. 1 S. 1 und 3 OTPG weder Menschen dazu bringen, im Sinne aktiven Tuns postmortal Organe zu spenden, noch will und kann er Menschen dazu bringen, einer postmortalen Organentnahme nicht zu widersprechen (ohne Widerspruchslösung hätte kein Mensch Anlass, Widerspruch zu erheben). Vielmehr setzt der Gesetzgeber im Gegenteil darauf, dass möglichst viele Menschen sich ganz genauso verhalten, wie sie sich verhalten würden, wenn es das entsprechende Gesetz nicht gäbe. Denn sein Ziel (das Bestehen relativ vieler Fälle, in denen eine Organentnahme rechtmäßig ist) erreicht er, wenn relativ viele Menschen den Tatbestand erfüllen; und dies tun sie, wenn sie gar nicht auf das Gesetz reagieren, keinerlei Erklärung abgeben und damit die Rechtsfolge der Zulässigkeit einer postmortalen Organentnahme auslösen.

Von Standardvorgaben verspricht sich der Gesetzgeber als Steuerungsakteur die erwünschten Wirkungen also nicht, weil er den Adressaten unterstellt, dass sie ihre Verhaltensentscheidungen (auch) an den mit den Verhaltensalternativen verbundenen Vor- und Nachteilen ausrichten. Das in den Standardvorgaben abgebildete, den Adressaten unterstellte Verhaltensmuster, das in den Verhaltenswissenschaften als „Tendenz zum status quo" (englisch: „status quo bias") bezeichnet wird,[158] besteht vielmehr darin, dass Menschen dazu tendieren, gegebene Situationen beizubehalten. Auch hier kann man streiten, ob man dieses Verhaltensmuster mit der Verhaltensökonomie als irrational ansehen,[159] oder ob man es mit Vertretern der Psychologie als durchaus rational betrachten will, weil man in Rechnung stellt, dass das Erwägen eines Situationswechsels und der Wechsel selbst Kosten, zumindest in Form von Zeitverlust, verursachen.[160]

---

[158] *Thaler/Sunstein*, Nudge, 2011, S. 18f., 55ff., unter Verweis auf *Samuelson/Zeckhauser*, Status quo bias in decision making, Journal of Risk and Uncertainty 1 (1988), S. 7ff. Siehe auch *Korobkin*, Behavioral Economics, Contract Formation, and Contract Law, in: Sunstein, Behavioral Law & Economics, 2000, S. 116 (118ff.) m.w.N; *Kahneman/Knetsch/Thaler*, Anomalies, The Journal of Economic Perspectives 5/1 (1991), S. 193 (197ff.); zu unterschiedlichen Ausprägungen der Tendenz bei verschiedenen Gruppen (Unternehmern, Bankern, Studenten) *Burmeister/Schade*, Are entrepreneurs' decisions more biased?, Journal of Business Venturing 22 (2007), S. 340ff.

[159] *Korobkin*, Behavioral Economics, Contract Formation, and Contract Law, in: Sunstein (Hrsg), Behavioral Law & Economics, 2000, S. 116 (121ff.) m. w. N.; *Jolls/Sunstein/Thaler*, A Behavioral Approach to Law and Economics, Stanford Law Review 50/5 (1998), S. 1471ff.; *Ariely*, Predictably Irrational, 2008, S. 109ff. m. w. N.

[160] So etwa *Gigerenzer*, On Narrow Norms and Vague Heuristics, Psychological Review 103 (1996), S. 592 (593ff.).

Auch hier ist dieser Wertungsunterschied aber nicht relevant. Es genügt, wenn deutlich geworden ist, dass den Standardvorgaben eine völlig andere Wirkungslogik zugrunde liegt als den Anreizen.

Ergänzend sei darauf hingewiesen, dass der Gesetzgeber als Steuerungsakteur beim Einsatz von Standardvorgaben nicht darauf beschränkt ist, diese in Form von Gesetzen selbst zu schaffen. Er kann stattdessen auch hier die „verlängerte Variante"[161] wählen und Dritte (Behörden oder Private) gesetzlich dazu verpflichten, bestimmte Standardeinstellungen vorzusehen. So könnte der Gesetzgeber beispielsweise Experimente, die ergeben haben, dass kurzfristig 44 und langfristig immerhin noch 15 Prozent Druckerpapier eingespart werden, wenn Drucker mit der Voreinstellung geliefert werden, Papier beidseitig und nicht nur einseitig zu bedrucken,[162] zum Anlass nehmen, die Hersteller zu einer entsprechenden Programmierung ihrer Produkte zu verpflichten.

Dass ein breites Einsatzfeld für Standardvorgaben gerade auch in viel weniger sensiblen Lebensbereichen als im Bereich der Organspende, insbesondere im Bereich des Umweltschutzes besteht, zeigt auch ein anderes Beispiel für eine „verlängerte" Standardeinstellung, die bisher nur als rechtspolitischer Vorschlag existiert. Der Vorschlag besteht darin, dass diejenigen Energieversorgungsunternehmen, die für die Grundversorgung zuständig sind, verpflichtet werden sollten, im Grundversorgungstarif Strom aus erneuerbaren Energien zu liefern. Da die Grundversorgung (§ 36 EnWG) greift, wenn sich Haushaltskunden nicht aktiv für einen anderen Tarif bzw. Stromanbieter entscheiden, könnte, so die Steuerungsidee, auf diese Weise der Anteil von Ökostrom am Gesamtstromverbrauch erhöht werden.[163] Auch mit diesem Instrument soll das Verhalten der Stromkunden nicht beeinflusst werden. Vielmehr wird das Verhalten, das man bei ihnen auch annimmt, wenn die entsprechende Norm nicht existieren würde (Entnahme von Strom ohne vorherigen Abschlusses eines Energieliefervertrags mit einem selbst gewählten Tarif bzw. Anbieter), mit der vom Gesetzgeber ge-

---

161 Vgl. die verlängerten Anreize oben, S. 133 f.

162 Dazu *Sunstein*, The Ethics of Influence, 2016, S. 162 ff., *Reisch/Sunstein*, Automatically Green, Harvard Environmental Law Review 38/1 (2014), S. 127 (133) m. w. N.

163 *Thorun/Diels/Vetter/Reisch/Bernauer/Micklitz/Rosenow/Forster/Sunstein*, Nudge-Ansätze beim nachhaltigen Konsum, Studie im Auftrag des Umweltbundesamtes, 2017, S. 94 ff. Der Vorschlag wird letztlich als unionsrechtlich problematisch angesehen und daher nur unter der Bedingung sekundärrechtlicher Änderungen für umsetzbar gehalten, a. a. O., S. 95 f. Allgemeiner zu „grünen" Standardvorgaben mit Umweltschutzzielen *Reisch/Sandrini*, Nudging in der Verbraucherpolitik, 2015, S. 102 ff.; *Reisch/Sunstein*, Automatically Green, Harvard Environmental Law Review 38/1 (2014), S. 127 ff.; *Pichert/Katsikopoulos*, Green Defaults, Journal of Environmental Psychology 28/1 (2008), S. 63 ff.

Thaler/Sunstein, Nudge, 2011, S. 19; siehe auch *J. Wolff*, Eine Annäherung an das Nudge-Konzept, Rechtswissenschaft 2/2015, S. 194 (207 f.).

wünschten Rechtsfolge (Zustandekommen eines Grundversorgungsvertrags über den Bezug von Ökostrom) verknüpft.[164]

[164] Studien sprechen allerdings dagegen, dass die dahinterstehende Rechnung immer aufgeht. So warnt *Sunstein*, The Ethics of Influence, 2016, S. 149, davor, dass Menschen, wenn sie eine Standardvorgabe als „imposition“ (Auferlegung, Aufzwingung) empfänden, Abwehrreaktionen zeigen können. Einer vergleichenden Studie zufolge ist es dementsprechend vielversprechender, wenn der Gesetzgeber die Stromkunden zu einer Entscheidung über den Stromtarif verpflichtet, als wenn er eine „green energy default“ festlegt, dazu *Hedlin/Sunstein*, Does Active Choosing Promote Green Energy Use? Experimental Evidence, Ecology Law Quarterly 43 (2016), S. 107 ff., die sich dieses Ergebnis damit erklären, dass die Menschen im Falle der Entscheidungspflicht ein schlechtes Gewissen gehabt hätten, sich gegen einen Grünstromanbieter zu entscheiden, während bei denjenigen, die automatisch einem Grünstromanbieter zugeordnet worden seien, der Ärger über diese offenbar als Bevormundung empfundene Tatsache dazu führte, dass sie in großer Zahl „herausoptierten“. Ob und inwiefern die Ergebnisse und Erklärungen auf Deutschland übertragen werden könnten, ist offen.

§ 2 Maßstabsbezogen: Anreize am Maßstab des Verfassungsrechts

Nachdem aus der Steuerungsperspektive Ansätze einer einfachrechtlichen Anreiztypologie entwickelt wurden, wird für die folgende Untersuchung von Anreizen am Maßstab des Verfassungsrechts die Perspektive gewechselt und nunmehr die Rechtsanwendungsperspektive eingenommen. Anhand einiger grundlegender Verfassungsrechtsfragen zu Anreizen, die bisher völlig uneinheitlich beantwortet werden, soll gezeigt werden, dass auf der Grundlage der Ergebnisse einer steuerungsorientierten Untersuchung von Anreizen eine kohärentere und damit überzeugendere anreizbezogene Verfassungsrechtsdogmatik entwickelt werden kann.

Die folgenden Ausführungen werden sich im Wesentlichen auf Anreize des Typs des einfachen Anreizes bzw. der Tatbestand-Rechtsfolge-Verknüpfung, d. h. auf denjenigen Anreiztyp konzentrieren, der auch im Rahmen der steuerungsorientierten Untersuchung im Zentrum stand.[1] An geeigneten Stellen wird dabei darauf aufmerksam gemacht werden, dass die jeweils gewonnenen Erkenntnisse sich wegen bestehender Gemeinsamkeiten mit anderen Anreiztypen auch auf diese übertragen lassen bzw. dass eine Übertragung wegen bestehender Unterschiede gerade nicht möglich ist.[2]

Behandelt werden im Folgenden nicht alle verfassungsrechtlichen Fragen, die man mit Blick auf Anreize des Typs der Tatbestand-Rechtsfolge-Verknüpfung grundsätzlich stellen könnte. Vielmehr konzentriert sich die folgende Untersuchung auf die grundlegende und besonders umstrittene Frage, ob und ggf. unter welchen Voraussetzungen Anreize als rechtfertigungsbedürftige Beeinträchtigungen der Grundrechte derjenigen zu werten sind, deren Verhalten durch sie beeinflusst werden soll und für die oben der Begriff der Anreizadressaten[3] etabliert wurde. Grundsätzlich können Anreize auch die Grundrechte anderer Personen berühren. Insofern kann man etwa im Falle des oben mehrfach als Beispiel angeführten § 3d KraftStG, der als Anreiz eine Steuervergünstigung für Elektrofahrzeuge in Aussicht stellt,[4] die Grundrechte der Hersteller von

---

[1] Siehe oben, S. 111 ff.

[2] Siehe außerdem eine Zusammenfassung unten, S. 213 ff.

[3] Siehe oben, S. 15.

[4] Erstmals oben, S. 11 f.

konventionellen Fahrzeugen betrachten, die mittelbar aufgrund des Anreizes Umsatzeinbußen erleiden, oder die Rechte anderer, noch mittelbarer Betroffener in den Blick nehmen. Die folgenden Überlegungen beschränken sich aber auf die Grundrechte der Anreizadressaten, im Falle des § 3d KraftStG also derjenigen, die unmittelbar zum Kauf, Leasing usw. von Elektrofahrzeugen gebracht werden sollen. Denn während die mittelbaren Wirkungen von Anreizen grundrechtsdogmatisch im Wesentlichen so behandelt werden können wie die mittelbaren Wirkungen von Rechtsbefehlen auch, werfen Anreize im Hinblick auf die Grundrechte ihrer Adressaten spezifische Probleme auf. Unter den anreizspezifischen Verfassungsrechtsfragen handelt es sich bei der Frage des Eingriffs zudem um eine besonders grundlegende, an die sich viele andere Fragen – etwa nach Rechtfertigungsmöglichkeiten, Gesetzesvorbehalten, Rechtsschutzmöglichkeiten, Gesetzgebungskompetenzen usw. – erst anschließen.

Wie bereits in der Einleitung zu dieser Arbeit[5] überblicksartig dargestellt, ist, was Anreize angeht, grundrechtsdogmatisch fast alles offen. So beginnt der Klärungsbedarf bereits bei der Frage, ob als Maßstäbe für Anreize die Gleichheits- oder die Freiheitsrechte heranzuziehen sind oder ob womöglich beide Maßstäbe eine Rolle spielen, und wenn ja, welche. Denn schon diese Frage wird bisher völlig uneinheitlich beantwortet. Ein Austausch von Argumenten für den einen und gegen den anderen Ansatz findet dabei, wenn überhaupt, nur in Bezug auf Anreize innerhalb eines bestimmten Rechtsgebiets, etwa in Bezug auf Anreize im Steuerrecht oder in Bezug auf Anreize im Vergaberecht, statt.[6] Häufig wird die Frage nach dem richtigen Maßstab auch gar nicht diskutiert. Weil regelmäßig verkannt wird, dass zu ihr bereits Antworten entwickelt wurden, mit denen man sich auseinandersetzen müsste, wird dann, als wäre der jeweils behandelte Anreiz oder Anreiztyp der einzige, den es gibt, eine Lösung schlicht aus der Luft gegriffen.

Soweit Anreize an Freiheitsrechten gemessen werden, wird unterschiedlich auch beurteilt, ob und ggf. warum und inwieweit Anreize als Eingriffe in diese zu qualifizieren sind. Die Meinungen gehen hier denkbar weit auseinander: Während auf der einen Seite des Spektrums nicht einmal ausgeschlossen wird, dass es sich bei Anreizen durchgängig um Eingriffe im Sinne des klassischen Eingriffsbegriffs handelt, wird auf der anderen Seite bezweifelt, dass Anreize jemals einer verfassungsrechtlichen Rechtfertigung bedürfen. Dazwischen finden sich verschiedene Ansichten, die nach unterschiedlichen Kriterien zwischen Anreizen, die Grundrechte beeinträchtigen, und Anreizen, die Grundrechte nicht beeinträchtigen, unterscheiden.

---

[5] Siehe oben, S. 3 f.

[6] Zur Bedeutung(slosigkeit) des Zuschnitts klassischer Rechtsgebiete für Anreizen oben, S. 22 ff.

Es wird sich zeigen, dass viel Klarheit allein schon geschaffen werden kann, indem die bei der Untersuchung aus der Steuerungsperspektive gewonnene Erkenntnis aufgegriffen wird, wonach es sich bei Anreizen um eigenständige Instrumente handelt, die insbesondere von den Rechtsbefehlen zu unterscheiden sind, mit denen sie in Rechtakten verbunden sind und mit denen sie die äußere Form teilen. Auch im Folgenden werden Rechtsakte, insbesondere Gesetze, daher nicht, wie dies sonst üblich ist, als Einheiten angesehen, mit denen der Gesetzgeber neben weiteren Zwecken auch Anreizzwecke verfolgen kann und/oder von denen neben anderen Wirkungen auch Anreizwirkungen ausgehen können. Denn die gängige, pauschale Herangehensweise an Rechtsakte erweist sich als große Fehlerquelle. So werden, wenn eine Norm beides enthält, ihr Befehls- und ihr Anreizgehalt häufig unausgesprochen irgendwie miteinander vermengt, was nicht zu überzeugenden Ergebnissen führen kann. Teilweise werden die in Normen enthaltenen Anreize auch ganz übersehen. So werden beispielsweise Normen, die negative Anreize enthalten, die für ein Verhalten Geldzahlungspflichten in Aussicht stellen, häufig nur mit Blick auf die finanzielle Belastung grundrechtlich problematisiert, die diejenigen trifft, die dem Anreiz nicht gefolgt sind und den Tatbestand der entsprechenden Norm verwirklicht haben. Dass solche Normen, konkret: die in ihnen enthaltenen Anreize, auch insofern Grundrechtsrelevanz haben können, als sie von der Erfüllung des Tatbestandes von vornherein abschrecken sollen, fällt dann unter den Tisch. Dementsprechend zu Recht kritisiert *Wolfgang Hoffmann-Riem* in Bezug auf Abgabennormen, die zur Verhaltenslenkung eingesetzt werden, die also nach hiesiger Terminologie (auch) Anreize sind, dass die häufig allein gestellte „Frage, ob die jeweilige Abgabe *im Hinblick auf die finanzielle Belastung* als Eingriff gerechtfertigt ist“, „(f)alsch akzentuiert“ sei.[7]

Indem der Maßstab der Grundrechte im Folgenden, statt pauschal an Rechtsakte, an die enthaltenen Anreize als solche angelegt wird, wird all dies quasi automatisch vermieden. Denn die Anreize werden gesehen, und sie werden vor allem nicht mit den in den Rechtsakten ebenfalls enthaltenen Rechtsbefehlen kurzgeschlossen. Unter Zugrundelegung einer differenzierten Betrachtung der Gehalte von Rechtsakten ist von vornherein offensichtlich, dass beispielsweise ein Rechtsbefehl und ein mit ihm äußerlich verbundener Anreiz nicht an demselben Grundrecht zu messen sein müssen, sondern der richtige Maßstab für den Anreiz auch ein anderes Grundrecht sein kann. Es ist dann offensichtlich, dass ein Rechtsbefehl und ein in derselben Norm enthaltener

[7] *Hoffmann-Riem*, Verwaltungsrechtsreform, in: ders./Schmidt-Aßmann/Schuppert, Reform des Allgemeinen Verwaltungsrechts, 1993, S. 115 (139). Sein Lösungsansatz besteht allerdings nicht darin, wie hier, auf Ebene der Normen neben den enthaltenen Rechtsbefehlen auf die Anreize zu blicken. Er differenziert vielmehr auf der Ebene der Zwecke und stellt dementsprechend fest, dass „vielmehr nach der Rechtfertigung *im Hinblick auf das Stimulierungsziel* zu fragen“ sei.

Anreiz nicht die Rechte derselben Personen berühren müssen. Und es ist dann auch offensichtlich, dass die Frage, ob ein Anreiz als Eingriff in ein Grundrecht anzusehen ist, von der Frage zu trennen ist, ob der in derselben Norm enthaltene Rechtsbefehl einen Grundrechtseingriff darstellt.

Mehr Kohärenz lässt sich schließlich dadurch gewinnen, dass Gegenstand der folgenden verfassungsrechtlichen Untersuchung nicht, wie sonst üblich, nur einzelne Anreize oder Anreize in einzelnen Rechtsgebieten sind. Vielmehr wird im Folgenden, ausgehend von der im Rahmen der steuerungsorientierten Untersuchung von Anreizen gewonnenen Erkenntnis, dass es sich bei Anreizen um einen durch gemeinsame Eigenschaften gekennzeichneten Instrumenten*typ* handelt, der in allen möglichen Rechtsgebieten vorgefunden werden kann, und dass sich als Untertyp unter anderem der der Tatbestand-Rechtsfolge-Verknüpfung beschreiben lässt, von vornherein darauf gezielt, übergreifende verfassungsrechtliche Aussagen zu treffen.

I. Die Freiheitsrechte als zentraler Maßstab für Anreize

Nachdem sich Anreize im Rahmen der Untersuchung aus der Steuerungsperspektive als Instrumente erwiesen haben, mit denen staatlicherseits unmittelbar das Verhalten ihrer Adressaten beeinflusst werden soll, ist klar, dass diese in erster Linie an den Freiheitsrechten zu messen sind. Denn diese schützen im Kern die Handlungs- und Betätigungsmöglichkeiten des Einzelnen[8] und damit das, auf das der Gesetzgeber durch Anreize unmittelbar einwirkt. Die Ansicht, dass die Freiheits- und insbesondere nicht die Gleichheitsrechte[9] den zentralen Maßstab für Anreize darstellen, dürfte im Ergebnis herrschend sein,[10] wobei es allerdings einen übergreifenden Diskurs, den die Ansicht beherrschen könnte, nicht gibt und die Ansicht bisher in aller Regel auf einzelne Anreize und Anrei-

[8] *Heun*, Freiheit und Gleichheit, in: HGR II, 2006, § 34, Rn. 30; *H. Dreier*, in: ders., GG I, 2013, Vorb. vor Art. 1 Rn. 75.

[9] Zur Bedeutung der Gleichheitsrechte unten, S. 199 ff.

[10] Siehe aus zahllosen möglichen Nachweisen z. B. *Wernsmann*, Verhaltenslenkung in einem rationalen Steuersystem, 2005, S. 348 und 351; *Selmer*, Steuerinterventionismus und Verfassungsrecht, 1972, S. 225; *Droege*, Gemeinnützigkeit im offenen Steuerstaat, 2010, S. 423; *D. Birk/Desens/Tappe*, Steuerrecht, 2018, § 2 Rn. 203; *Sacksofsky*, Anreize, in: GVwR II, 2012, § 40 Rn. 77; *Wernsmann*, Steuerlenkung, in: Leitgedanken des Rechts II, 2013, § 152 Rn. 15; *D. Birk*, Das Leistungsfähigkeitsprinzip als Maßstab der Steuernormen, 1983, S. 194 ff.; *Schuppert*, Verfassungsrechtliche Prüfungsmaßstäbe bei der verfassungsgerichtlichen Überprüfung von Steuergesetzen, in: FS für Wolfgang Zeidler I, 1987, S. 691 (708); *Herzog*, Steuerrecht und Verfassungsrecht, in: 75 Jahre Reichsfinanzhof – Bundesfinanzhof, 1993, S. 105 (112); *Puhl*, Der Staat als Wirtschaftssubjekt und Auftraggeber, VVDStRL 60 (2001), S. 456 (496 f.); *Friauf*, Öffentlicher Haushalt und Wirtschaft, VVdStRL 27 (1969), S. 1 (8).

ze in einzelnen Rechtsgebieten bezogen wurde, nicht aber auf Anreize insgesamt.[11]

Für die Bestimmung des als Maßstab für einen Anreiz jeweils einschlägigen Freiheitsgrundrechts kommt es maßgeblich darauf an, in welchen Schutzbereich das (künftige) Verhalten fällt, zu dem er die Adressaten bringen bzw. von dem er die Adressaten abbringen soll.[12] Insofern gilt nichts anderes als bei der Beurteilung von Ge- und Verboten, die, wenn es um die Grundrechte ihrer Adressaten geht, ebenfalls am Maßstab desjenigen Grundrechts gemessen werden, in dessen Schutzbereich das jeweils ge- bzw. verbotene Verhalten fällt.

Für den im Rahmen dieser Arbeit immer wieder als Beispiel angeführten § 4 Abs. 4 S. 2 BEEG, der als Anreiz Eltern dazu bringen soll, dass beide Elternteile in den ersten 14 Lebensmonaten des Kindes für mindestens zwei Monate beruflich kürzer treten,[13] bedeutet dies, dass dieser – ebenso wie ein (zumindest theoretisch vorstellbares) an Eltern gerichtetes Gebot mit entsprechendem Inhalt – am Maßstab des Art. 6 Abs. 1 GG zu messen ist.[14] Denn der Anreiz berührt die von diesem Grundrecht geschützte Freiheit, „über die Art und Weise der Gestaltung des (...) familiären Zusammenlebens selbst zu entscheiden",[15] und konkret das Recht der Eltern, „in autonomer Verantwortung (zu) entscheiden, ob, wann und in welchem Umfang Kinder von einem Elternteil allein oder von beiden Elternteilen in wechselseitiger Ergänzung betreut werden"[16].

Der richtige grundrechtliche Maßstab für den Anreiz in den §§ 4, 6 der FrauFöV Bbg, der (potenzielle) Bieter dazu bringen soll, sich der Gleichstellung

---

[11] Siehe aber den übergreifenden Ansatz von *Sacksofsky*, Anreize, in: GVwR II, 2012, § 40 Rn. 77 ff.

[12] *Sacksofsky*, Anreize, in: GVwR II, 2012, § 40 Rn. 77; i. E. ebenso *P. Kirchhof*, Die Steuern, in: HStR V, 2007, § 118 Rn. 167 (mit Bezug speziell auf das Steuerrecht): „Lenkungswirkungen" seien „Eingriffe in den Schutzbereich des Grundrechts, das die Freiheit in dem gelenkten Lebensbereich schützt"; siehe auch *Schuppert*, Verfassungsrechtliche Prüfungsmaßstäbe bei der verfassungsgerichtlichen Überprüfung von Steuergesetzen, in: FS für Wolfgang Zeidler I, 1987, S. 691 (708) (mit Bezug speziell auf das Steuerrecht): Gestaltungswirkung von Steuernormen seien „unbestritten am thematisch einschlägigen Grundrecht (...) zu messen". Siehe außerdem die weiteren Nachweise in Fn. 10 auf S. 152.

[13] Erstmals oben, S. 12 f.

[14] BVerfGK 19, 33 (37); BVerfG, NJW 2012, 216 f.; LSG NRW, Beschl. v. 12. Oktober 2009 – L 13 EG 27/09, juris Rn. 28; LSG Niedersachsen-Bremen, Vorlagebeschl. v. 13. April 2011 – L 2 EG 20/10, juris Rn. 66 ff.; *Seiler*, Das Elterngeld im Lichte des Grundgesetzes, NVwZ 2007, 129 (132); jeweils § 4 Abs. 3 S. 1 BEEG in der Fassung des Art. 1 d. Gesetzes zur Einführung des Elterngeldes v. 5. Dezember 2006, BGBl I, S. 2748, betreffend.

[15] So die Beschreibung des Schutzguts des Art. 6 Abs. 1 GG in BVerfGE 99, 216 (231); BVerfGK 186 (189). Ähnlich: *Müller-Terpitz*, Vätermonate und Kindergartenpflicht – wie viel Staat verträgt die Familie, JZ 2006, 991 (994); *Herzmann*, Der Schutz von Ehe und Familie nach Art. 6 I GG, JURA 2015, 248 (251); siehe auch *Sodan*, in: ders., GG, 2018, Art. 6 Rn. 6.

[16] LSG NRW, Beschl. v. 12. Oktober 2009 – L 13 EG 27/09, juris Rn. 28, § 4 Abs. 3 S. 1 BEEG in der Fassung des Art. 1 d. Gesetzes zur Einführung des Elterngeldes v. 5. Dezember 2006, BGBl I, S. 2748, betreffend, unter Verweis auf BVerfGE 47, 46 (70); BVerfG NJW 1999, 557 (558).

von Frauen im Erwerbsleben anzunehmen,[17] ist Art. 12 Abs. 1 GG.[18] Denn er berührt die Berufsfreiheit bzw., wenn man spezieller werden möchte[19], die Unternehmerfreiheit, zu der auch das freie Führen des Unternehmens gehört[20]. Auch insofern lässt sich eine Parallele zu einem fiktiven Rechtsbefehl ziehen, mit dem dasselbe Steuerungsziel verfolgt wird. Zwar wäre ein dem Anreiz in den §§ 4, 6 FrauFöV Bbg exakt entsprechender Rechtsbefehl wohl zu unbestimmt. Denn der Anreiz ist nicht auf ein bestimmtes Verhalten gerichtet, sondern überlässt es weitgehend den Adressaten, in welcher Weise sie Frauen fördern. Denkbar ist aber ein dem Anreiz zumindest ähnliches Gebot, das den Unternehmen rechtsverbindlich vorgibt, bestimmte Frauenfördermaßnahmen vorzunehmen; und auch ein solches Gebot wäre an Art. 12 Abs. 1 GG zu messen.

Wenn es um den dritten im Rahmen dieser Untersuchung immer wieder genannten Anreiz geht, den in § 3d KraftStG enthaltenen Anreiz zum Kauf, Leasing usw. von Elektrofahrzeugen,[21] ist zwar kein Schutzbereich eines speziellen Freiheitsrechts eröffnet.[22] Die durch diesen Anreiz möglicherweise beeinträchtigte Freiheit, bei der Anschaffung eines Fahrzeugs zwischen allen möglichen Fahrzeugen und Fahrzeugtypen zu wählen, wird vielmehr (nur) durch Art. 2 Abs. 1 GG geschützt, dessen Schutzbereich nach der herrschender Meinung „jede Form menschlichen Handelns ohne Rücksicht darauf (umfasst), welches Gewicht der Betätigung für die Persönlichkeitsentfaltung zukommt“[23]. Auch insofern kann man sich zwar keinen Rechtsbefehl vorstellen, der dem Anreiz exakt entspricht. Wollte der Gesetzgeber den Absatz von Elektrofahrzeugen per Rechtsbefehl fördern, würde er dies sicher nicht mit dem Instrument eines Gebots zum Kauf, Leasing usw. solcher Fahrzeuge tun, sondern wohl eher konventionelle Fahrzeuge verbieten. Andere Ge- oder Verbote aber, die die freie Wahl zwischen verschiedenen Fahrzeugen und Fahrzeugtypen einschränken,

---

[17] Erstmals oben, S. 13 f.

[18] Vgl. BVerfGE 116, 202 (221), wonach der Anreiz zur Zahlung von Tariflöhnen im Berliner Vergaberecht den Schutzbereich der Berufsfreiheit und – da in diesem Fall, anders als im Falle der §§ 4, 6 FrauFöV Bbg, eine Verpflichtungserklärung abzugeben ist, die Teil des Vertrags wird – konkret der Vertragsfreiheit insofern berührt, als diese das Recht der Arbeitgeber gewährleistet, „die Arbeitsbedingungen mit ihren Arbeitnehmern im Rahmen der Gesetze frei auszuhandeln“. Zur Kritik an dieser Entscheidung unten, S. 171 f., Fn. 112. Siehe auch *Fehling*, in: Pünder/Schellenberg, Vergaberecht, 2019, § 97 Rn. 113; *Ziekow*, in: ders./Völlink, Vergaberecht Kommentar, 2018, GWB Einl. Rn. 18.

[19] An der Zweckmäßigkeit der Kreation kleinteiliger Freiheiten zweifelnd *Wieland*, in: Dreier, GG I, 2013, Art. 12 Rn. 53.

[20] BVerfGE 50, 290 (363).

[21] Erstmals oben, S. 11 f.

[22] Zu denken sein könnte allenfalls, mit Blick auf natürliche oder juristische Personen, für die der Kauf, das Leasing usw. der Fahrzeuge eine berufsbezogene Tätigkeit ist, an Art. 12 Abs. 1 GG.

[23] BVerfGE 80, 137 (154); 90, 145 (171); *H. Dreier*, in: ders., GG I, 2013, Art. 2 Abs. 1 Rn. 26; *Epping*, Grundrechte, 2019, Rn. 560.

sind grundsätzlich vorstellbar, und auch sie wären, soweit sie an die Fahrzeugkäufer gerichtet wären, an Art. 2 Abs. 1 GG zu messen.

Wie die Beispiele zeigen, können Anreize im Einzelfall jeweils unterschiedliche Freiheitsrechte ihrer Adressaten berühren.[24] Allerdings kommen nur die „Freiheitsrechte i. e. S.", also Freiheitsrechte mit unmittelbarem aktivem Handlungsbezug,[25] als Maßstäbe für Anreize in Betracht. Dagegen können etwa Art. 14 Abs. 1 GG und Art. 2 Abs. 2 S. 2 GG, die das Eigentum und die körperliche Unversehrtheit schützen, durch Anreize allenfalls mittelbar, d. h. als Folge davon berührt werden, dass ein oder mehrere Anreizadressaten einem Anreiz *gefolgt sind* und sich entsprechend *verhalten haben*. Berührt sind dann nicht die Eigentumsfreiheit bzw. das Recht auf körperliche Unversehrtheit der Anreizadressaten, sondern die entsprechenden Grundrechte Dritter. So könnte man etwa erwägen, ob § 3d KraftStG als Anreiz Grundrechte der Hersteller konventioneller Fahrzeuge berührt, soweit diese mittelbar Umsatzeinbußen dadurch erleiden, dass Menschen dem Anreiz gefolgt sind und statt konventioneller Fahrzeuge Elektrofahrzeuge gekauft haben. Was *Michael Sachs* in Bezug auf die Maßstäbe für Rechtsbefehle schreibt, gilt entsprechend auch für Anreize: „Befehle können nur auf die Verhaltensfreiheit einwirken. Abwehrrechtliche Schutzgegenstände anderer Art werden durch Ge- und Verbote selbst nicht beeinträchtigt, können aber mittelbar durch sie betroffen sein."[26]

Dem hier verfolgten Ansatz, nicht einzelne Anreize zu untersuchen, sondern übergreifende, grundrechtsdogmatische Gedanken zu entwickeln, entspricht es, dass die jeweils individuell zu beantwortende Frage der Schutzbereichsbestimmung vorliegend nicht tiefergehend behandelt wird.[27] Eine Auseinandersetzung mit ihr erscheint hier vor allem auch deshalb nicht erforderlich, weil für Anreize, wie gesehen, nichts grundsätzlich anderes gilt als für Rechtsbefehle. Um die weiteren Ausführungen, insbesondere die nun folgenden zum Grundrechtseingriff, nicht in der Luft denken zu müssen, wird es genügen, sich vorzustellen, dass stets jedenfalls der Schutzbereich der in Art. 2 Abs. 1 GG gewährleisteten allgemeinen Handlungsfreiheit eröffnet ist.[28]

---

[24] So auch *P. Kirchhof*, Die Steuern, in: HStR V, 2007, § 118 Rn. 167 (mit Bezug speziell auf das Steuerrecht): betroffen sein könnten „nahezu alle Grundrechte"; *Sacksofsky*, Anreize, in: GVwR II, 2012, § 40 Rn. 77; *Schuppert*, Verfassungsrechtliche Prüfungsmaßstäbe bei der verfassungsgerichtlichen Überprüfung von Steuergesetzen, in: FS für Wolfgang Zeidler I, 1987, S. 691 (708) (mit Bezug speziell auf das Steuerrecht); *Ziekow/Siegel*, Das Vergabeverfahren als Verwaltungsverfahren, ZfBR 2004, 30 (35) (mit Bezug speziell auf das Vergaberecht).

[25] *H. Dreier*, in: ders., GG I, 2013, Vorb. vor Art. 1 Rn. 75.

[26] *Sachs*, Grundrechtseingriff und Grundrechtsbetroffenheit, in: Stern, Staatsrecht III/2, 1994, § 78 S. 108 f.

[27] Vgl. die entsprechende Herangehensweise bei *Sacksofsky*, Anreize, in: GVwR II, 2012, § 40 Rn. 77.

[28] Vgl. *Sacksofsky*, Anreize, in: GVwR II, 2012, § 40 Rn. 77.

II. Zur Eingriffsqualität einfacher Anreize

Die Prüfung der Vereinbarkeit von staatlichen Maßnahmen mit den im Grundgesetz garantierten Freiheitsrechten erfolgt heute üblicherweise in drei Schritten: Nachdem die Frage der Schutzbereichsbestimmung beantwortet ist, ist zu klären, ob die fragliche Maßnahme in das entsprechende Grundrecht eingreift bzw. ob sie es beeinträchtigt; anschließend ist gegebenenfalls zu untersuchen, ob der Eingriff bzw. die Beeinträchtigung verfassungsrechtlich gerechtfertigt ist.[29] Abgebildet wird in diesem Dreischritt, dass die Freiheitsrechte in ihrer primären Funktion als Abwehrrechte die Freiheitssphäre des Einzelnen sichern und alle Einheiten des Staates dazu verpflichten, ungerechtfertigte Eingriffe in diese zu unterlassen[30]. Als Instrumente, mit denen ein staatlicher Steuerungsakteur auf spezifische Weise Verhalten zu beeinflussen versucht, werfen Anreize spezifische Fragen vor allem in Bezug auf den zweiten Prüfungsschritt, d.h. den des Eingriffs, auf. Im Folgenden wird es deshalb vertieft darum gehen, eine Einordnung von Anreizen in die überkommene Eingriffsdogmatik vorzunehmen und konkret die bislang völlig uneinheitlich beantwortete Frage zu klären, ob bzw. in welchen Fällen Anreize, und zwar speziell einfache Anreize, als Eingriffe in Grundrechte ihrer Adressaten zu qualifizieren und dementsprechend verfassungsrechtlich rechtfertigungsbedürftig sind.

Auf der Basis der obigen steuerungsorientierten Untersuchung kann diese Frage, was hier vorweggenommen sei, im Ergebnis wie folgt beantwortet werden: Einfache Anreize, d.h. solche des Typs der Tatbestand-Rechtsfolge-Verknüpfung, sind dann – und nur dann – als rechtfertigungsbedürftige Eingriffe in die Freiheitsrechte ihrer Adressaten zu qualifizieren, wenn sie diesen für den Fall eines künftigen Verhaltens Nachteile in Aussicht stellen. Denn der Grundrechtseingriff markiert eine „Reduktion des Freiheitsbereichs durch den Staat“[31], und eine solche Reduktion geht von Anreizen des Typs der Tatbestand-Rechtsfolge-Verknüpfung dann aus, wenn den Anreizadressaten für den Fall eines künftigen Verhaltens Nachteile angedroht werden. Winken dagegen Vorteile, wird der Freiheitsbereich der Anreizadressaten nicht verkleinert, sondern vergrößert, sodass es sich bei entsprechenden Anreizen nicht um Eingriffe handelt. Während also positive Anreize gar keine Eingriffe sind,[32] sind negative Anreize Grundrechtseingriffe einer eigenen Art. Denn einerseits handelt es

[29] *H. Dreier*, in: ders., GG I, 2013, Vorb. vor Art. 1 Rn. 119ff.; *Jarass/Pieroth*, GG, 2016, Vorb. vor Art. 1 Rn. 14; *Peine*, Der Grundrechtseingriff, in: HGR III, 2009, § 57 Rn. 4; *Sodan*, in: ders., GG, 2018, Vorb. Art. 1 Rn. 45; siehe aber auch *Merten*, Grundrechtlicher Schutzbereich, in: HGR III, 2009, § 56, Rn. 17, der einen vierstufigen Prüfungsaufbau für vorzugswürdig hält.

[30] BVerfGE 7, 198 (204f.); *Peine*, Der Grundrechtseingriff, in: HGR III, 2009, § 57 Rn. 2; *H. Dreier*, in: ders., GG I, 2013, Vorb. vor Art. 1 Rn. 84.

[31] *Bethge*, Der Grundrechtseingriff, VVdStRL 57 (1998), S. 7 (10).

[32] Dazu vertieft unten, S. 183ff.

sich bei ihnen, wie im Folgenden gezeigt wird, nicht um klassische, imperative Eingriffe. Anderseits haben sie mit den klassischen, imperativen Eingriffen mehr gemeinsam als mit denjenigen Maßnahmen, die typischerweise als Eingriffe (oder Grundrechtsbeeinträchtigungen[33]) im weiteren Sinne behandelt werden.

1. Die Eingriffsqualität negativer Anreize

Im Anschluss an die obige steuerungsorientierte Untersuchung von Anreizen ist festzustellen, dass Anreize, entgegen in der Literatur gelegentlich geäußerter Zweifel,[34] niemals Eingriffe i.S.d. sog. klassischen Eingriffsbegriffs sind. Während positive Anreize überhaupt nicht in Grundrechte eingreifen, sind negative Anreize mit Eingriffen im klassischen Sinne aber denkbar eng verwandt.[35] Denn zwar fehlt es ihnen an Imperativität und damit gerade an dem Merkmal, das die klassischen Eingriffe letztlich ausmacht. Zum einen weisen negative Anreize aber alle anderen Merkmale des klassischen Eingriffsbegriffs auf, und zum anderen haben sie mit den Eingriffen im klassischen Sinne gemeinsam, dass sich ihre Eingriffsqualität, jedenfalls abstrakt, instrumentenbezogen feststellen lässt und nicht auf tatsächlich eingetretene Wirkungen abgestellt werden muss.

a) Der klassische / imperative Eingriff als Ausgangspunkt

Eine systematische Einordnung von Anreizen in die überkommene Eingriffsdogmatik hat vom sog. klassischen Eingriffsbegriff schon deshalb auszugehen, weil es sich bei diesem um so etwas wie den kleinsten gemeinsamen Nenner der Eingriffsdogmatik handelt. Da er diejenigen Fälle zusammenfasst, die von „frageloser Grundrechtsrelevanz“[36] sind, die „zweifelsfrei und ausnahmslos“[37] als Grundrechtseingriffe gelten, ist er der Ausgangspunkt aller Erweiterungsbemühungen.[38]

aa) Imperativität als entscheidendes Merkmal

Nach heute üblicher Lesart hat der klassische Eingriffsbegriff drei bis vier Merkmale: Das der Imperativität, das der Unmittelbarkeit und das der Finalität,

---

[33] Zu dieser Terminologie unten, S. 164.

[34] Zu diesen näher unten, S. 165 ff.

[35] Die Nähe zum klassischen Eingriff betont auch *Friauf*, Verfassungsrechtliche Grenzen der Wirtschaftslenkung und Sozialgestaltung durch Steuergesetze, 1966, S. 41; siehe auch *Sacksofsky*, Anreize, in: GVwR II, 2012, § 40 Rn. 78.

[36] *Bethge*, Der Grundrechtseingriff, VVDStRL 57 (1998), S. 7 (38).

[37] *Jarass*, Grundrechte als Wertentscheidungen, AöR 110 (1985), S. 363 (364).

[38] Vgl. *Sachs*, Grundrechtseingriff und Grundrechtsbetroffenheit, in: Stern, Staatsrecht III/2, 1994, § 78 S. 83: Der Eingriff erscheine „als eine durch die verfassungsgeschichtliche Tradition mit festen Konturen versehene Rechtsfigur, die der aktuellen Fortbildung der Grundrechtsdogmatik einen ihrer wenigen unumstrittenen Fixpunkte bietet“.

darüber hinaus nach vielen Darstellungen auch das der Rechtsförmigkeit.[39] Dementsprechend wird auch nach der von der Literatur häufig als begriffsbildend in Bezug genommenen[40] Formulierung des BVerfG unter einem Eingriff im herkömmlichen Sinne „ein rechtsförmiger Vorgang verstanden, der unmittelbar und gezielt (final) durch ein vom Staat verfügtes, erforderlichenfalls zwangsweise durchzusetzendes Ge- oder Verbot, also imperativ, zu einer Verkürzung grundrechtlicher Freiheiten führt“.[41] Festzustellen ist allerdings, dass Vorgänge, die imperativ zu einer Verkürzung grundrechtlicher Freiheiten führen, dies *immer* auch unmittelbar und final tun, und dass sie stets rechtsförmig sind.[42] Einen Mehrwert hat die Nennung aller genannten Merkmale daher nur, wenn es nicht um die Identifizierung klassischer Eingriffe, sondern um deren ausführliche Beschreibung geht, von der ausgehend Kriterien für im doppelten Sinne weitere Fälle rechtfertigungsbedürftiger Freiheitsbeschränkungen entwickelt werden können. So sind also Erweiterungsdiskussionen der Kontext, in dem die Ausführlichkeit des klassischen Eingriffsbegriffs zu verstehen ist.

Dass der Begriff als solcher erst im Rahmen von Bemühungen um eine Erweiterung des Eingriffsverständnisses entstanden ist, lässt sich schon an seiner Bezeichnung als „klassisch“ sehen, die – mangels tatsächlicher Klassizität des Begriffs[43] – nur dann treffend erscheint, wenn man den Begriff als Teil eines Begriffspaares begreift und ihn mit dem ihn erweiternden sog. modernen Eingriffsbegriff[44] kontrastiert. Interessiert der klassische Eingriff dagegen, wie vorliegend zunächst, an sich, genügt für die zweifelsfreie Identifikation der ihm unterfallenden Fälle das Merkmal der Imperativität, und es bietet sich an, synonym vom „imperativen Eingriff“[45] zu sprechen.

---

[39] *Peine*, Der Grundrechtseingriff, in: HGR III, 2009, § 57 Rn. 20; *Hillgruber*, Grundrechtlicher Schutzbereich, Grundrechtsausgestaltung und Grundrechtseingriff, in: HStR IX, 2011, § 200 Rn. 89; *H. Dreier*, in: ders., GG I, 2013, Vorb. vor Art. 1 Rn. 124; *Bethge*, Der Grundrechtseingriff, VVDStRL 57 (1998), S. 7 (38); *Kingreen/Poscher*, Grundrechte, 2019, Rn. 292; *Epping*, Grundrechte, 2019, Rn. 392.

[40] Ausdrücklich etwa durch *Hillgruber*, Grundrechtlicher Schutzbereich, Grundrechtsausgestaltung und Grundrechtseingriff, in: HStR IX, 2011, § 200 Rn. 89 (dort Fn. 130); *Epping*, Grundrechte, 2019, Rn. 392.

[41] BVerfGE 105, 279 (300).

[42] *Lübbe-Wolff*, Die Grundrechte als Eingriffsabwehrrechte, 1988, S. 43 f.; *Sachs*, Grundrechtseingriff und Grundrechtsbetroffenheit, in: Stern, Staatsrecht III/2, 1994, § 78 S. 104; *Peine*, Der Grundrechtseingriff, in: HGR III, 2009, § 57 Rn. 23 und 28; *Weber-Dürler*, Der Grundrechtseingriff, VVDStRL 57 (1998), S. 57 (60).

[43] Dazu ausführlich *Sachs*, Grundrechtseingriff und Grundrechtsbetroffenheit, in: Stern, Staatsrecht III/2, 1994, § 78 S. 85 ff.; siehe auch *Bethge*, Der Grundrechtseingriff, VVDStRL 57 (1998), S. 7 (38 f.).

[44] Zu diesem (und anderen erweiternden Konzepten) unten, S. 173 ff.

[45] *H. Dreier*, in: ders., GG I, 2013, Vorb. vor Art. 1 Rn. 124; *Jarass*, Grundrechte als Wertentscheidungen, AöR 110 (1985), S. 363 (364); ähnlich *Gallwas*, Dulden wider Willen als Problem der Grundrechtsdogmatik, in: FS für Hans F. Zacher, 1998, S. 185 (186): „imperative Einwirkungen“.

bb) Normative Reduktion des Freiheitsbereichs durch Rechtsbefehle

Als Instrumente, die als imperative Eingriffe zu qualifizieren sind, werden – häufig unter Bezugnahme auf den lateinischen Ursprung des Wortstamms (lat. imperare = befehlen) – (Rechts-)Befehle, also Ge- und Verbote, genannt.[46] Was diese zu einem spezifischen Fall der Freiheitsbeeinträchtigung macht, ist, dass sie, und nur sie, die Handlungs- und Betätigungsmöglichkeiten des Einzelnen *rechtlich* einschränken,[47] die grundrechtlich geschützte Freiheit also „von Rechts wegen"[48] verkürzen. Dies tun sie freilich, wie *Hans-Ullrich Gallwas* zu Recht betont, nicht in jeder Hinsicht, sondern nur im Hinblick auf die Befehlsadressaten.[49] Für jemanden dagegen, auf den es Auswirkungen hat, dass *ein anderer* einen Rechtsbefehl *befolgt hat*, mag darin zwar unter Umständen ein (mittelbarer) Eingriff im weiteren Sinne liegen; um einen imperativen Eingriff handelt es sich *insofern* jedoch nicht.

Imperativ wirken Rechtsbefehle also (nur) mit Blick auf diejenigen, für die sie Verhaltenspflichten begründen und für die sie damit zugleich festlegen, dass das jeweils ge- oder verbotswidrige Alternativverhalten rechtswidrig ist.[50] Zur Veranschaulichung dieser Eingriffswirkung kann man sich hier das oben im Rahmen der steuerungsorientierten Untersuchung von Anreizen etablierte Bild der Weggabelung[51] vor Augen führen. Denn die Befehlsadressaten stehen, insofern wie die Anreizadressaten, zu dem Zeitpunkt, in dem der Gesetzgeber als Steuerungsakteur mit dem Instrument des Rechtsbefehls auf sie einwirkt, an einer Weggabelung, an der sie grundsätzlich mehrere Verhaltensoptionen haben. Der Rechtsbefehl lässt nun an dieser Weggabelung mindestens eine dieser

---

[46] Vgl. *Sachs*, Grundrechtseingriff und Grundrechtsbetroffenheit, in: Stern, Staatsrecht III/2, 1994, § 78 S. 104; *Sodan/Ziekow*, Grundkurs Öffentliches Recht, 2018, § 24 Rn. 5; *Lübbe-Wolff*, Die Grundrechte als Eingriffsabwehrrechte, 1988, S. 43; wohl auch *Hufen*, Staatsrecht II, 2018, § 8 Rn. 5, der neben dem „klassischen Ge- und Verbot", ohne den Begriff näher zu erläutern, auch die „Auferlegung einer grundrechtsrelevanten Verpflichtung" als Fall des klassischen Eingriffs nennt. Darüber hinaus kann man solche staatlichen Maßnahmen als imperative Eingriffe ansehen, die ohne konkreten Handlungsbezug Rechte entziehen oder beschränken; diese Art von Eingriffen kommt insbesondere mit Blick auf Freiheitsrechte im weiteren Sinne (z. B. das Eigentumsrecht) in Betracht, die anders als die Freiheitsrechte i. e. S. nicht (nur) Verhaltensfreiheiten sichern. Soweit allerdings zum Teil auch Vollstreckungsmaßnahmen und sonstige Akte tatsächlichen Zwangs als erfasst angesehen werden, ist dies weniger überzeugend.

[47] Ähnlich *Lübbe-Wolff*, Die Grundrechte als Eingriffsabwehrrechte, 1988, S. 43, die von einer befehlenden Beschränkung von Handlungsmöglichkeiten spricht: „Als imperativ wird hier im Anschluß an Gallwas die befehlende, – mit notfalls sanktionsbewehrten Ge- oder Verboten operierende –, Beschränkung von Handlungsmöglichkeiten bezeichnet (...)."

[48] *Hillgruber*, Grundrechtlicher Schutzbereich, Grundrechtsausgestaltung und Grundrechtseingriff, in: HStR IX, 2011, § 200 Rn. 89.

[49] Vgl. *Gallwas*, Faktische Beeinträchtigungen im Bereich der Grundrechte, 1970, S. 11 f.

[50] Vgl. *Sachs*, Grundrechtseingriff und Grundrechtsbetroffenheit, in: Stern, Staatsrecht III/2, 1994, § 78 S. 105; *Gallwas*, Faktische Beeinträchtigungen im Bereich der Grundrechte, 1970, S. 12; zust. *Peine*, Der Grundrechtseingriff, in: HGR III, § 57 Rn. 23.

[51] Siehe oben, S. 115 ff.

Optionen als solche entfallen. Denn durch das Verbot eines Verhaltens wird der entsprechende Weg, da er keine rechtmäßige Option mehr darstellt, ungangbar. Er kommt *normativ gesehen* nicht mehr in Frage, sodass – und darin liegt der imperative Eingriff – *normativ gesehen* eine „Reduktion der individuellen Handlungsoptionen“[52]eintritt. Entsprechendes passiert, wenn der Gesetzgeber statt eines Verbotes ein Gebot ausspricht: Es besteht dann für die Gebotsadressaten eine Rechtspflicht, sich dem Gebot entsprechend zu verhalten, während alternative Verhaltensoptionen, da sie nunmehr rechtswidrig sind, *normativ gesehen* schlicht wegfallen.

Indem die den imperativen Eingriff ausmachende jeweilige Reduktion der Handlungsoptionen rein normativ geschieht, ist auch klar, warum es sich bei Befehlen um den „Prototyp des Grundrechtseingriffs“[53] handelt, dessen Grundrechtsrelevanz den Juristen als evident gilt[54]: Schon in dem Bestehen einer rechtlichen Verhaltenspflicht als solcher eine Beschränkung von Verhaltensoptionen zu sehen, entspricht der genuin juristischen, normativen Sichtweise.[55] „Weiterer Kenntnis, zumal der Wirklichkeit, auf die die Regelung trifft“, bedarf es zur Feststellung eines imperativen Eingriffs nicht.[56] Für die Feststellung der Eingriffsqualität eines Ge- oder Verbotes gegenüber seinen Adressaten ist insbesondere irrelevant, welche *tatsächliche* Wirkung dieses hat. „Jeder Befehl“, schreibt *Gallwas*, „läßt bereits als solcher, d.h. unabhängig davon, welche konkrete Person er betrifft und welches Ausmaß die Beeinträchtigung im Einzelfall erreicht, ein exakt bestimmtes Quantum an zwangsläufiger Beeinträchtigung erkennen.“[57]

Ausgehend davon, dass der imperative Eingriff feststellbar ist, ohne dass es auf seine tatsächlichen Wirkungen ankäme, ist es konsequent, dass der klassische Eingriffsbegriff üblicherweise auf die eingreifende Maßnahme, also das Instrument des Rechtsbefehls, bezogen wird, und nicht auf die beim Betroffenen stattfindende Freiheitsbeeinträchtigung. Da als Instrumente üblicherweise Rechtsakte als ganze angesehen werden, heißt es dementsprechend häufig, die

---

[52] *Peine*, Der Grundrechtseingriff, in: HGR III, 2009, § 57 Rn. 23.

[53] *Gallwas*, Faktische Beeinträchtigungen im Bereich der Grundrechte, 1970, S. 22; ähnlich *Lübbe-Wolff*, Die Grundrechte als Eingriffsabwehrrechte, 1988, S. 43: „Modellfall des Grundrechtseingriffs“; *Sachs*, in: ders., GG, 2018, Vor Art. 1 Rn. 78: „Grundfall“.

[54] Vgl. *Hufen*, Staatsrecht II, 2018, § 8 Rn. 5: „Greift der Staat mit einem Gebot oder Verbot unmittelbar und gezielt in ein Grundrecht ein, so sind auf der zweiten Stufe der Grundrechtsprüfung nicht viele Worte zu verlieren.“; *Gallwas*, Faktische Beeinträchtigungen im Bereich der Grundrechte, 1970, S. 11: „Grundrechtsschutz problemlos“; *Martens*, Grundrechte im Leistungsstaat, VVDStRL 30 (1972), S. 8 (13): Dass „Befehl, Verbot und Zwang“ in „grundrechtliche geschützte Bezirke eindringen“, bedürfte „keiner Begründung“; siehe auch *Gallwas*, Dulden wider Willen als Problem der Grundrechtsdogmatik, in: FS für Hans F. Zacher, 1998, S. 185 (187).

[55] Dazu bereits oben, S. 25 ff.

[56] *Gallwas*, Faktische Beeinträchtigungen im Bereich der Grundrechte, 1970, S. 12.

[57] *Gallwas*, Faktische Beeinträchtigungen im Bereich der Grundrechte, 1970, S. 24.

fragliche Norm stelle einen Eingriff dar (genauer wäre es, auf den in der fraglichen Norm enthaltenen Rechtsbefehl abzustellen). Auch das BVerfG verwendet den klassischen Eingriffsbegriff in diesem Sinne instrumentenbezogen. So wird nach der oben zitierten Formulierung des BVerfG als Eingriff nicht eine bestimmte Art der Verkürzung grundrechtlicher Freiheiten bezeichnet, sondern ein *Vorgang*, der auf bestimmte, nämlich imperative, Weise zu einer Verkürzung grundrechtlicher Freiheiten *führt*.

Die Instrumentenbezogenheit des klassischen Eingriffs*begriffs* schließt ein auf die Auswirkung im Freiheitsbereich der Betroffenen bezogenes Verständnis des Eingriffs allerdings nicht aus. Vielmehr wird es als Charakteristikum des imperativen Eingriffs beschrieben, dass sein Instrumenten- und sein Freiheitsbezug „nicht voneinander zu trennen" sind.[58] So soll es den imperativen Eingriff ausmachen, dass das staatlicherseits aktiv eingesetzte imperative Instrument (der Rechtsbefehl) und die rechtliche Freiheitsbeeinträchtigung als dessen „passive Kehrseite"[59] zwei Seiten derselben Medaille sind. *Gallwas* hat dies mit der Feststellung der „Identität von Regelung und Beeinträchtigung" auf den Punkt gebracht.[60]

Rechtsbefehle stellen demnach selbst in den theoretisch denkbaren Fällen Eingriffe dar, in denen sich keiner ihrer Adressaten an sie hält. Entscheidend ist allein, dass sich die Adressaten von Rechts wegen an die Rechtsbefehle halten *müssen*. Denn die normative Sichtweise schließt aus, denjenigen, die sich durch einen Rechtsbefehl in ihrer Freiheit eingeschränkt sehen, entgegenzuhalten, sie könnten doch gegen diesen verstoßen, sodass ihre Verhaltensfreiheit faktisch erhalten bliebe. Eine Rechtsordnung, die dieses Argument zuließe, würde sich selbst aufgeben.[61]

Da die Freiheitsverkürzung, die aufgrund von Rechtsbefehlen bei ihren Adressaten eintritt, bereits darin besteht, dass Optionen *rechtlich* entfallen, ist es für den Eingriffscharakter dieser Instrumente im Übrigen auch unerheblich, ob das jeweils befehlskonforme Verhalten zwangsweise durchgesetzt werden kann, ob also entsprechende Vollstreckungsmaßnahmen vorgesehen sind oder nicht.[62]

---

[58] Vgl. *Sachs*, Grundrechtseingriff und Grundrechtsbetroffenheit, in: Stern, Staatsrecht III/2, 1994, § 78 S. 105.

[59] Vgl. *Sachs*, Grundrechtseingriff und Grundrechtsbetroffenheit, in: Stern, Staatsrecht III/2, 1994, § 78 S. 105. Ähnlich bereits *Gallwas*, Faktische Beeinträchtigungen im Bereich der Grundrechte, 1970, S. 12: Die imperative Beeinträchtigung sei „gewissermaßen das Spiegelbild der Regelung im Bereich des Betroffenen".

[60] *Gallwas*, Faktische Beeinträchtigungen im Bereich der Grundrechte, 1970, S. 12; zust. *Peine*, Der Grundrechtseingriff, in: HGR III, 2009, § 57 Rn. 23; *Grabitz*, Freiheit und Verfassungsrecht, 1976, S. 25; ähnlich *H. Dreier*, in: ders., GG I, 2013, Vorb. vor Art. 1 Rn. 124: „Regelungsidentität".

[61] Vgl. *Sachs*, Grundrechtseingriff und Grundrechtsbetroffenheit, in: Stern, Staatsrecht III/2, 1994, § 78 S. 110.

[62] Vgl. *Sachs*, Grundrechtseingriff und Grundrechtsbetroffenheit, in: Stern, Staatsrecht III/2, 1994, § 78 S. 110; *Peine*, Der Grundrechtseingriff, in: HGR III, 2009, § 57 Rn. 23.

In den Worten *Michael Sachs'* löst der Befehl „seine normative Wirkung, den Adressaten zu verpflichten, bei Erfüllung seiner Wirksamkeitsvoraussetzungen aus; für die resultierende rechtliche Beschränkung der Verhaltensfreiheit bedarf es keines weiteren Zwangs. Der Zusammenhang von Befehl und Zwang zeigt sich erst, wenn es um die tatsächliche Befolgung des Befehls geht; der Zwang umfasst wichtige Mittel, die Umsetzung der normativ verbindlichen Anordnung in faktisch normentsprechendes Verhalten sicherzustellen".[63] Dementsprechend stellen auch Ge- und Verbote, die, wie etwa strafrechtliche Verbote, in allererster Linie durch nachträgliche Sanktionen flankiert werden, und Ge- und Verbote, bei denen der Staat ganz davon absieht, eine zwangsweise Durchsetzbarkeit vorzusehen, imperative Eingriffe dar.[64] Bei der Begründung des Eingriffscharakters von Ge- und Verboten auf ein Zwangselement abzustellen, ist nur zutreffend, wenn damit gemeint sein soll, dass diese in einem *normativen* Sinne *selbst* „Zwangscharakter"[65] haben und ihnen insofern „von vornherein ein Zwangselement eigen"[66] ist.

b) Negative Anreize als enge Verwandte des klassischen Eingriffs

Richtigerweise werden Anreize ganz überwiegend nicht als Eingriffe i.S.d. klassischen Eingriffsbegriffs behandelt.[67] Denn Anreizen fehlt es am, wie ausgeführt entscheidenden,[68] Merkmal der Imperativität. Mit der Feststellung, dass Anreize keine imperativen Eingriffe in die Grundrechte ihrer Adressaten darstellen, ist indes nicht gesagt, dass sie die grundrechtlich geschützte Freiheit ihrer Adressaten nicht dennoch in verfassungsrechtlich relevanter Weise verkürzen. Zwar verneinte etwa das Landessozialgericht (LSG) NRW eine Beeinträchtigung der Grundrechte der Eltern aus Art. 6 Abs. 1 GG durch den Anreiz in einer Vorgängernorm der BEEG-Norm über die Partnermonate[69] u.a. mit dem Argument, dass die Frage, „(o)b ein oder beide Elternteile ihre Berufstätigkeit unterbrechen und die Partnermonate wählen, (...) ihre eigene Entscheidung" bleibe und die Eltern „zu einer bestimmten Gestaltung ihres Familienlebens weder durch ein staatliches Ge- noch ein Verbot gezwungen" würden.[70]

---

[63] *Sachs*, Grundrechtseingriff und Grundrechtsbetroffenheit, in: Stern, Staatsrecht III/2, 1994, § 78 S. 110.

[64] *Sachs*, Grundrechtseingriff und Grundrechtsbetroffenheit, in: Stern, Staatsrecht III/2, 1994, § 78 S. 110f.

[65] Vgl. *Sachs*, Grundrechtseingriff und Grundrechtsbetroffenheit, in: Stern, Staatsrecht III/2, 1994, § 78 S. 110; vgl. auch *Peine*, Der Grundrechtseingriff, in: HGR III, 2009, § 57 Rn. 24.

[66] *Peine*, Der Grundrechtseingriff, in: HGR III, 2009, § 57 Rn. 24.

[67] Häufig wird diese Ansicht nicht expliziert, geschweige denn begründet. Ausdrücklich aber u.a. bei *Wernsmann*, Verhaltenslenkung in einem rationalen Steuersystem, 2005, S. 353; *Droege*, Gemeinnützigkeit im offenen Steuerstaat, 2010, S. 427.

[68] Siehe oben, S. 157f.

[69] Erstmals oben, S. 12f.

[70] LSG NRW, Beschl. v. 12. Oktober 2009 – L 13 EG 27/09, juris Rn. 29, § 4 Abs. 3 S. 1

Ähnliche Argumente finden sich zu demselben Anreiz auch in der Literatur, wo etwa vertreten wird, in der Norm liege „kein Verstoß gegen die in Art. 6 Abs. 1 GG geschützte Erziehungsautonomie der Eltern und (sie sei) deshalb nicht verfassungswidrig, da der Staat die Eltern nicht unmittelbar zu einem solchen Verhalten zwingt (...)".[71] Dem gegenwärtigen Stand der Grundrechtsdogmatik entspricht dieses Argumentationsmuster jedoch nicht.[72] Denn es besteht heute längst Einigkeit darüber, dass ein adäquater Grundrechtsschutz nicht mehr gewährleistet wäre, wenn dieser allein gegen Ge- und Verbote griffe.[73]

Während Staatstätigkeit und Grundrechtsschutz unter Zugrundelegung des klassischen Eingriffsbegriffs nach einer Formulierung von *Dieter Grimm* solange „zur Deckung" gekommen sind, wie der Staat „dem Einzelnen allein durch gegen ihn gerichtete und ihn unmittelbar belastende Zwangsakte" begegnet sei,[74] werde diese „Kongruenz" „angesichts der enormen Ausweitung der Staatstätigkeit" nur aufrechterhalten, wenn nicht mehr allein imperative Eingriffe als Freiheitsverkürzungen wahrgenommen würden.[75] In der Konsequenz verwendet die Literatur heute ganz überwiegend den – wie sich noch

---

BEEG in der Fassung d. Art. 1 des Gesetzes zur Einführung des Elterngeldes v. 5. Dezember 2006, BGBl I, S. 2748, betreffend. Das Gericht stellt anschließend fest, dass es „sowohl an einer unmittelbaren wie auch an einem final-mittelbaren Eingriff" in die elterliche Freiheit fehle, scheint es für die Verneinung des final-mittelbaren Eingriffs aber für ausreichend zu halten, dass die Eltern weder rechtlich noch tatsächlich zu einer bestimmten Entscheidung gezwungen seien.

[71] *U.-A. Birk*, Das neue Elterngeld nach dem Bundeselterngeld- und Elternzeitgesetz (BEEG), ZFSH/SGB 2007, 3 (8).

[72] *Im Ergebnis* wird die Eingriffsqualität des Anreizes in § 4 Abs. 4 S. 2 BEEG zu Recht verneint, was aber damit zu begründen ist, dass es sich um einen positiven Anreiz handelt; dazu näher unten, S. 184.

[73] *Peine*, Der Grundrechtseingriff, in: HGR III, 2009, § 57 Rn. 14; *Hillgruber*, Grundrechtlicher Schutzbereich, Grundrechtsausgestaltung und Grundrechtseingriff, in: HStR IX, 2011, § 200 Rn. 89; *Epping*, Grundrechte, 2019, Rn. 393; *Kingreen/Poscher*, Grundrechte, 2019, Rn. 293; speziell in Bezug auf Anreize im Steuerrecht *Friauf*, Verfassungsrechtliche Grenzen der Wirtschaftslenkung und Sozialgestaltung durch Steuergesetze, 1966, S. 40 ff.

[74] Zugeschrieben wird dieser Zustand dem „liberalen Ordnungsstaat", vgl. *Grimm*, Verfassungsrechtliche Anmerkungen zum Thema Prävention, KritV 1986, 38 (49).

[75] Vgl. *Grimm*, Verfassungsrechtliche Anmerkungen zum Thema Prävention, KritV 1986, 38 (49 f.); ähnlich, speziell mit Bezug zu Anreizen im Steuerrecht, bereits *Friauf*, Verfassungsrechtliche Grenzen der Wirtschaftslenkung und Sozialgestaltung durch Steuergesetze, 1966, S. 41: „Das Instrumentarium des Freiheitsschutzes muß sich, um nicht obsolet zu werden, den Veränderungen anpassen, die sich im Instrumentarium der staatlichen Eingriffe ergeben haben."; siehe auch *Hillgruber*, Grundrechtlicher Schutzbereich, Grundrechtsausgestaltung und Grundrechtseingriff, in: HStR IX, 2011, § 200 Rn. 90. Anders: *Grabitz*, Freiheit und Verfassungsrecht, 1976, S. 37, nach dem die „Auflösung der Eingriffsvorstellung" Folge eines verfassungsrechtlichen Wandels ist, den das Grundgesetz mitgebracht habe; die Freiheitsrechte seien nach der Freiheitskonzeption des Grundgesetzes nicht mehr „nur die tautologische und ins Individuelle gekehrte Umschreibung des Prinzips der Gesetzmäßigkeit der Verwaltung", sondern würden „jetzt, da die Freiheit prinzipiell unbegrenzt ist, zu prinzipiell absoluten Negationen des Staates".

zeigen wird, im Zusammenhang mit Anreizen nicht ganz unproblematischen[76] – sog. modernen Eingriffsbegriff, nach dem als Eingriff jedes staatliche Handeln anzusehen ist, das dem Einzelnen ein Verhalten, das in den Schutzbereich eines Grundrechts fällt, ganz oder teilweise unmöglich macht oder wesentlich (teilweise auch erheblich) erschwert.[77]

Das BVerfG behält den Begriff des Eingriffs als solchen zwar dem klassischen, imperativen Fall vor, erkennt aber ebenfalls an, dass Grundrechtsschutz unter der Geltung des Grundgesetzes „nicht auf Eingriffe im herkömmlichen Sinne begrenzt", sondern „ausgedehnt worden" ist, womit „die Rechtsordnung auf geänderte Gefährdungslagen" reagiert habe.[78] Das Gericht stellt daher fest, dass ein „Schutz vor Grundrechtsbeeinträchtigungen"[79] nicht nur in diesem Fall erforderlich ist, sondern auch in Fällen sog. faktischer und mittelbarer Beeinträchtigungen, in denen es – so die im Ergebnis insofern gleichbedeutenden Formulierungen – ein „funktionales Äquivalent eines Eingriffs"[80], eine „eingriffsgleiche Maßnahme",[81] eine „eingriffsgleiche Beeinträchtigung"[82] oder „eine Maßnahme mit eingriffsgleicher Wirkung"[83] erkennt.

Während im Rahmen von Erweiterungsbemühungen letztlich alle drei bzw. vier oben aufgezählten Merkmale des klassischen Eingriffsbegriffs gelockert wurden, muss man sich, um Anreize eingriffsdogmatisch in den Griff zu bekommen, vom klassischen Eingriffsbegriff nur vergleichsweise wenig lösen. Denn Anreize schränken mangels Imperativität die Betätigungsmöglichkeiten des Einzelnen zwar nicht dadurch ein, dass einzelne Optionen normativ betrachtet wegfallen. Soweit der Gesetzgeber den Anreizadressaten aber für den Fall eines künftigen Verhaltens Nachteile androht, werden deren Handlungs- und Betätigungsmöglichkeiten auf andere, und zwar spezifische Weise beschränkt. Denn während der moderne Eingriffsbegriff und sonstige erweiternde Konzepte auf Konstellationen zugeschnitten sind, die zu erfassen es notwendig ist, mehrere oder gar alle Merkmale des klassischen Eingriffs zu lockern, reichen geringfüge Modifikationen, um etwaige Freiheitsbeeinträchtigungen durch Anreize greifbar zu machen.

Abgesehen vom Merkmal der Imperativität weisen negative einfache Anreize nämlich alle Merkmale des klassischen Eingriffs auf. Insbesondere greifen sie

---

[76] Dazu unten, S. 173 ff.

[77] *Hillgruber*, Grundrechtlicher Schutzbereich, Grundrechtsausgestaltung und Grundrechtseingriff, in: HStR IX, 2011, § 200 Rn. 89; *Peine*, Der Grundrechtseingriff, in: HGR III, 2009, § 57 Rn. 31; *Epping*, Grundrechte, 2019, Rn. 39; vgl. auch *Kingreen/Poscher*, Grundrechte, 2019, Rn. 294.

[78] BVerfGE 105, 279 (303).

[79] BVerfGE 105, 279 (300).

[80] BVerfGE 105, 279 (300); 116, 202 (222); 120, 378 (406).

[81] BVerfGE 113, 63 (76).

[82] BVerfGE 113, 63 (80); 118, 1 (22).

[83] BVerfGE 118, 1 (16).

unmittelbar in Grundrechte ein, weshalb bei der Feststellung etwaiger Grundrechtsbeeinträchtigungen durch Anreize, ähnlich wie bei der Beurteilung der Eingriffsqualität von Rechtsbefehlen, in erster Linie auf das Instrument zu blicken ist, während es als Charakteristikum von Eingriffen im weiteren Sinne gilt, dass diese gerade nicht instrumentenbezogen, sondern wirkungsbezogen festzustellen sind.

aa) Fehlende Imperativität von Anreizen

Auch wenn es in aller Regel nicht einmal für begründungsbedürftig gehalten wird, dass es sich bei Anreizen nicht um klassische, imperative Eingriffe handelt, herrscht selbst insofern keine Einigkeit. Zumindest stehen Zweifel im Raum. Auf der Basis der oben erfolgten steuerungsorientierten Untersuchung von Anreizen lassen sich diese allerdings ausräumen. Denn wenn man Anreize als eigenständige Instrumente betrachtet, die sich insbesondere von Rechtsbefehlen gerade dadurch unterscheiden, dass sie Verhalten nicht rechtsverbindlich vorgeben, ist offensichtlich, dass es ihnen an dem für klassische Eingriffe entscheidenden Merkmal der Imperativität fehlt. Es macht Anreize schließlich gerade aus, dass sie keine Verhaltensoptionen als rechtswidrig entfallen lassen, sodass sie die grundrechtlich geschützte Freiheit ihrer Adressaten (jedenfalls) nicht von Rechts wegen verkürzen.[84]

Der hier immer wieder als Beispiel dienende § 4 Abs. 4 S. 2 BEEG soll als Anreizinstrument Elternpaare zwar dazu bringen, sich die Elternzeit zu teilen. Er nimmt Eltern aber nicht rechtlich die Möglichkeit, sich alternativ zu verhalten. Vielmehr handeln Eltern unabhängig davon rechtmäßig, ob sie sich für oder gegen die staatlicherseits erwünschte Verhaltensoption entscheiden. Ebenso nehmen die §§ 4, 6 FrauFöV Bbg denjenigen, die sich für einen öffentlichen Auftrag interessieren, nicht rechtlich die Möglichkeit, von jeglichen frauenfördernden Maßnahmen abzusehen. Die (potenziellen) Bieter handeln vielmehr unabhängig davon rechtmäßig, ob sie solche Maßnahmen durchführen oder nicht. Und auch § 3d KraftStG lässt als Anreiz keine Verhaltensoptionen als rechtswidrig entfallen, da der Kauf, das Leasing usw. sowohl von konventionellen Fahrzeugen als auch von Elektrofahrzeugen rechtmäßige Optionen sind.

Dass Anreize niemals imperativ in Grundrechte eingreifen, wird in der vorgefundenen Literatur zu Anreizen so eindeutig nicht immer gesehen. Unklarheiten beginnen schon damit, dass im Kontext mit Anreizen ausgerechnet das Wort Befehl inflationär gebraucht wird. Vor allem in der steuerrechtlichen Literatur werden Anreize unglücklicherweise immer wieder als „Verhaltensbefehl(e)“ (die allerdings „auf ökonomischem Weg“ übermittelt würden)[85], als

[84] Vgl. die Ausführungen zur Bedeutung des Merkmals der Imperativität oben, S. 157 ff.

[85] *F. Kirchhof*, Die Tauglichkeit von Abgaben zur Lenkung des Verhaltens, DVBl. 2000, 1166 (1168); vgl. auch *Waldhoff*, Grundzüge des Finanzrechts des Grundgesetzes, in: HStR V, 2007, § 116 Rn. 100.

„Lenkungsbefehl(e)" (von denen man sich allerdings „freikaufen" könne)[86], als „Wirtschaftsbefehl(e)"[87], als „Befehle" (gegenüber Mittellosen)[88] oder auch als „Verhaltensimperativ(e)" (die sich aber durch „Elastizität" auszeichneten)[89] bezeichnet. Die zitierten Formulierungen dienen dabei allerdings ihrem jeweiligen Kontext nach wohl nur dazu, rhetorisch eine rechtspolitische Skepsis gegenüber dem Einsatz des Instrumententyps der Anreize (im Steuerrecht) zum Ausdruck zu bringen.

Während die zitierten Formulierungen also letztlich wohl nicht aussagen sollen, dass es sich bei Anreizen tatsächlich um imperative Eingriffe handelt, tendiert namentlich *Ute Sacksofsky* jedenfalls im Hinblick auf negative Anreize ausdrücklich dazu, sie als imperative Eingriffe zu qualifizieren.[90] Ihr Urteil, nach dem es „so einfach nicht" sei, die Qualität von Anreizen als Eingriffe im klassischen Sinne zu verneinen, begründet sie mit einer angeblichen „Zweischichtigkeit der Anreiz-Instrumente"[91]. Zur Veranschaulichung dessen, was sie damit meint, führt sie eine abwasserrechtliche Norm an, die einen (negativen) Anreiz zum Unterlassen der Einleitung von Abwasser enthält und in der der Gesetzgeber den Tatbestand der Einleitung von Abwasser in bestimmte Gewässer mit der Rechtsfolge der Entstehung einer Zahlungspflicht verbunden hat: Zwar sei mit „Blick auf die eigentliche Handlungspflicht, etwa die Vermeidung der Einleitung von Abwasser, (...) ein imperativer Gehalt klar zu verneinen", da der Einzelne normativ gesehen nicht verpflichtet sei, die Abwassereinleitung zu unterlassen.[92] „(M)it Blick auf die Rechtsfolge bei einer Verweigerung der geforderten Handlung" könne „jedoch ein imperativer Gehalt nicht bezweifelt werden".[93] Die Frage, ob es bei der Beurteilung der Eingriffsqualität „auf die primäre Handlungspflicht oder auf die sekundäre Rechtsfolge" ankomme, lässt *Ute Sacksofsky* schließlich offen und verweist darauf, dass Anreize *jedenfalls* Eingriffe im Sinne des modernen Eingriffsbegriff seien.[94]

---

[86] *D. Birk/Desens/Tappe*, Steuerrecht, 2018, § 2 Rn. 198.

[87] *Mann*, Steuerpolitische Ideale, 1937, S. 348.

[88] *P. Kirchhof*, Verfassungsrechtliche Grenzen von Umweltabgaben, DStJG 15 (1993), S. 3 (7): Im Falle von Umweltabgaben sei die Umweltschonung „für den Mittellosen Befehl, für den Zahlungsfähigen Empfehlung".

[89] *F. Kirchhof*, Abgaben und Grundrechte, in: Merten/Papier, Grundsatzfragen der Grundrechtsdogmatik, 2007, S. 35 (37), wo auch von einem „ökonomisch dargebrachten Verhaltensbefehl" und einem „ökonomischen Verhaltensbefehl" die Rede ist. In eine ähnliche Richtung geht es, wenn *Sacksofsky*, Anreize, in: GVwR II, 2012, § 40 Rn. 78, gerade im Hinblick auf eine als Anreiz betrachtete Norm von einer (eigentlichen bzw. primären) Handlungs*pflicht* schreibt.

[90] *Sacksofsky*, Anreize, in: GVwR II, 2012, § 40 Rn. 78.

[91] *Sacksofsky*, Anreize, in: GVwR II, 2012, § 40 Rn. 78.

[92] Im Hinblick auf die Vermeidung der Einleitung von Abwasser von einer Handlungspflicht zu sprechen, ist dementsprechend unzutreffend.

[93] *Sacksofsky*, Anreize, in: GVwR II, 2012, § 40 Rn. 78.

[94] *Sacksofsky*, Anreize, in: GVwR II, 2012, § 40 Rn. 78.

Zwar ist ihr insofern Recht zu geben, als es für die Frage der Eingriffsqualität von Anreizen in der Tat nicht unbeachtlich sein kann, wenn für die Anreizadressaten eine *drohende* Geldzahlungspflicht als Folge eines möglichen künftigen Verhaltens zum Zeitpunkt der Verhaltensentscheidung bereits „im Raum steht".[95] Die Drohung mit der Entstehung einer Geldzahlungspflicht für den Fall der Verwirklichung eines Tatbestandes ist aber nicht selbst ein Rechtsbefehl, und die Drohung mit einem imperativen Eingriff hat nicht selbst imperativen Charakter. Die Frage, ob der genannte Anreiz im Abwasserabgabengesetz als imperativer Eingriff zu qualifizieren ist, ist damit letztlich klar zu verneinen. Denn sieht man aufgrund der obigen steuerungsorientierten Untersuchung von Anreizen statt eines „zweischichtigen" Anreizinstruments eine Norm, die zwei (einschichtige) Instrumente enthält, zeigt sich, dass zwei voneinander getrennte verfassungsrechtliche Prüfungen notwendig sind[96] und dass im Hinblick auf die Unterlassung der Abwassereinleitung, auf die das Instrument des Anreizes zielt, gerade keine „Handlungspflicht" besteht. Der Anreiz ist zwar *in einem Rechtsakt enthalten*, dem *auch* ein imperativer Gehalt innewohnt; dies macht ihn aber nicht selbst zu einem imperativen Eingriff.

Bei der für die Beurteilung ihrer jeweiligen Eingriffsqualität notwendigen, trennscharfen Isolierung der in einem Rechtsakt enthaltenen Instrumente ist neben der Steuerungsperspektive auch der Steuerungsbegriff hilfreich. Denn erstere bestimmt die Blickrichtung, und letzterer leitet den vom Steuerungsakteur (hier: Gesetzgeber) ausgehenden Blick vom jeweiligen Steuerungsinstrument (Rechtsbefehl bzw. Anreiz) zu den Steuerungsobjekten (Befehlsadressaten bzw. Anreizadressaten) und den Steuerungszielen (unmittelbar: ein bestimmtes Verhalten; darüber hinaus mittelbar: weitere Zwecke). Angewendet auf die angesprochene Norm aus dem Abwasserrecht wird so deutlich, dass in dieser mit einem Rechtsbefehl und einem Anreiz *zwei* Instrumente enthalten sind und dass diese sowohl unterschiedliche Personenkreise adressieren als auch auf unterschiedliche Verhaltensweisen gerichtet sind. Denn Adressaten des Rechtsbefehls sind all diejenigen, die Abwasser eingeleitet *haben*. Sie haben den Tatbestand der Norm erfüllt und sind in der Folge rechtlich zur Zahlung von Geld verpflichtet. Indem sie entsprechend verpflichtet werden, entfällt für sie an der bildlichen Weggabelung, an der sie Geld zahlen könnten oder auch nicht, das Unterlassen der Geldzahlung als rechtmäßige Verhaltensoption, und es liegt *diesem Personenkreis gegenüber* und *insofern* ein imperativer Eingriff vor.[97]

---

[95] Dazu unten, S. 169ff.

[96] Die Notwendigkeit einer „Zweigleisigkeit der verfassungsrechtlichen Überprüfung" stellt mit Blick auf steuerrechtliche Lenkungsnormen in großer Klarheit *Wernsmann*, Verhaltenslenkung in einem rationalen Steuersystem, 2005, S. 346ff., insb. S. 350ff., fest. Im Unterschied zu hier verfolgt allerdings auch er im Ausgangspunkt den herkömmlichen Ansatz, bei dem nicht schon zwei Instrumente, sondern erst zwei verschiedene Wirkungen unterschieden und getrennt voneinander beurteilt werden.

[97] Imperativ eingegriffen wird durch die Geldzahlungspflicht zumindest in die allgemeine

Der in derselben Norm enthaltene Anreiz dagegen ist an einen anderen, zumindest nicht identischen, sondern größeren Adressatenkreis gerichtet: Mit ihm adressiert der Gesetzgeber all diejenigen, die *vor* der Entscheidung stehen, ob sie Abwasser einleiten oder nicht. Der Anreiz wirkt damit auch zu einem anderen Zeitpunkt auf die Adressaten ein als der Rechtsbefehl, nämlich eben *vor* einer (möglichen) Wassereinleitung und nicht in der logischen Sekunde nach dieser. Auch was das durch den Gesetzgeber angestrebte Verhalten betrifft, unterscheidet sich der Anreiz vom Rechtsbefehl. Denn der Anreiz ist nicht auf die Zahlung von Geld, sondern auf die Unterlassung der Einleitung von Abwasser gerichtet. Schließlich unterscheidet sich der Anreiz vom Rechtsbefehl auch im Hinblick auf die Eingriffsqualität: Denn an der Weggabelung, an der die Anreizadressaten sich zwischen dem Einleiten und dem Nichteinleiten von Abwasser entscheiden können, bewirkt der Anreiz keine normative Reduktion der Verhaltensoptionen, wie sie für das Vorliegen eines imperativen Eingriffs notwendig ist. Die Anreizadressaten können vielmehr, jedenfalls rechtlich betrachtet, den einen *oder* den anderen Weg einschlagen und verhalten sich in beiden Fällen gleichermaßen rechtmäßig.

Dass sie nicht imperativ in die Grundrechte ihrer Adressaten eingreifen, gilt im Übrigen nicht nur für einfache Anreize, bei denen der Gesetzgeber für den Fall tatbestandlichen Verhaltens den Eintritt einer Rechtsfolge in Aussicht stellt, sondern definitionsgemäß auch für alle anderen Anreiztypen. So nimmt beispielsweise auch der oben als Publizitätsanreiz qualifizierte Anreiz in § 289f Abs. 2 Nr. 4 HGB[98] den adressierten (Verantwortlichen in) Aktiengesellschaften weder im Hinblick darauf, zu welchen Anteilen sie Führungspositionen an Männer und Frauen vergeben, noch im Hinblick darauf, in welcher Höhe sie sich diesbezügliche Zielgrößen setzen, rechtlich irgendwelche Optionen. Vielmehr sind alle insofern bestehenden tatsächlichen Verhaltensmöglichkeiten gleichermaßen rechtmäßig. Entsprechendes gilt schließlich auch für Informationsmaßnahmen, die eingesetzt werden, um das Verhalten der jeweiligen Informationsempfänger zu beeinflussen. Denn auch diese bewirken keine normative Reduktion der Handlungsmöglichkeiten und stellen daher ebenfalls niemals imperative Eingriffe dar.

Handlungsfreiheit, Art. 2 Abs. 1 GG, der zur Geldzahlung Verpflichteten. Ob ein imperativer Eingriff auch in die Eigentumsgarantie nach Art. 14 Abs. 1 GG zu bejahen ist, kann hier offenbleiben, dürfte aber, weil Art. 14 Abs. 1 GG das Vermögen als solches nicht schützt, zu verneinen sein. Siehe zu der entsprechenden, insbesondere in Bezug auf den Steuereingriff umstrittenen Frage hier nur *Friauf*, Verfassungsrechtliche Anforderungen an die Gesetzgebung über die Steuern vom Einkommen und vom Ertrag, DStJG 12 (1989), S. 3 (19 ff.); *Rodi*, Die Rechtfertigung von Steuern als Verfassungsproblem, 1994, S. 86 ff.; *P. Kirchhof*, Die Steuern, in: HStR V, 2007, § 118 Rn. 140 ff.

98 Erstmals oben, S. 14 f.; allgemein zu Publizitätsanreizen oben, S. 135 ff.

bb) (Nicht-normative) Reduktion des Freiheitsbereichs durch negative Anreize

Anreize beschränken den Freiheitsbereich ihrer Adressaten zwar nicht imperativ, d.h. nicht, indem sie einzelne Verhaltensoptionen normativ gesehen entfallen lassen. Negative Anreize jedoch beschränken die Betätigungsmöglichkeiten ihrer Adressaten auf eine andere Weise, nämlich dadurch, dass sie eine diesen grundsätzlich offenstehende Verhaltensoption mit einem Nachteil verknüpfen. Diese Art der Beschränkung entspricht der durch Rechtsbefehle insofern, als beide Instrumente *im Vorfeld* des Verhaltens ansetzen und *künftige* Verhaltens*möglichkeiten* beeinträchtigen.[99]

Besteht der Eingriff durch negative Anreize danach darin, dass eine Verhaltensoption mit einem Nachteil verknüpft und so der Betätigungsraum der Adressaten beschränkt wird, kann es nicht überzeugen, wenn die Eingriffsqualität von Anreizen teilweise mit dem Argument verneint wird, dass den Adressaten ja andere, alternative Verhaltensoptionen unverändert offenstehen. So ist der Bewertung nicht zuzustimmen, wonach ein negativer Anreiz in einer Abgabennorm, der seine Adressaten zum Reduzieren des Autofahrens und dadurch zum Benzineinsparen anhalten soll, solange nicht in Grundrechte eingreifen soll, wie er „lediglich auf ein Substitutionsmittel lenk(t), z.B. auf ein umweltschonendes Transportmittel", und wonach er folglich nur dann einer verfassungsrechtlichen Rechtfertigung bedürfen würde, wenn er „jeglichen Transport unterbinden" würde.[100] Eine Einschränkung von Verhaltensfreiheiten wird schließlich auch, wenn es um die Bewertung von Rechtsbefehlen geht, nicht erst angenommen, wenn durch sie die Freiheitsausübung in ganzen Lebensbereichen eingeschränkt wird, sondern bereits, wenn sie sich auf einzelne Verhaltensalternativen beziehen. So verliert auch ein Verbot des Autofahrens seine Qualität als Grundrechtseingriff nicht, nur weil zeitgleich mit dem Verbot viele neue Busverbindungen eingeführt werden.

Die Situation, in der der Gesetzgeber die Anreizadressaten antrifft, wurde bereits im Rahmen der steuerungsorientierten Untersuchung oben[101] als im Vorfeld des Verhaltens liegend beschrieben und mit dem Bild einer Weggabelung veranschaulicht, von der verschiedene Wege abgehen, die die den Anreizadressaten grundsätzlich offenstehenden Verhaltensoptionen symbolisieren. Im Rahmen der Auseinandersetzung mit dem klassischen, imperativen Eingriff wurde sodann festgestellt, dass sich auch die Situation der Adressaten von Ge- und Verboten anhand des Bildes einer Weggabelung veranschaulichen lässt. Denn auch wenn der Gesetzgeber das Instrument des Rechtsbefehls einsetzt,

---

[99] Vgl. *Wernsmann*, Verhaltenslenkung in einem rationalen Steuersystem, 2005, S.348, der mit Bezug allein auf Steuerrechtsnormen beschreibt, dass etwaige Anreizwirkungen „im *Vorfeld* der Verwirklichung des Steuertatbestandes" eintreten.

[100] So aber *F. Kirchhof*, Abgaben und Grundrechte, in: Merten/Papier, Grundsatzfragen der Grundrechtsdogmatik, 2007, S.35 (38).

[101] Siehe oben, S.115ff.

wirkt er auf die Befehlsadressaten im Vorfeld von Verhalten ein, indem er auf Verhaltensoptionen zugreift. Der Unterschied besteht insofern darin, und aber eben auch nur darin, dass der Gesetzgeber Verhaltensoptionen mit dem Instrument des Rechtsbefehls normativ abschneidet, während er sie mit dem Instrument des negativen Anreizes (nur) mit einer Belastung in Form einer Rechtsfolge verbindet. Abgesehen davon, dass negative Anreize die Betätigungsmöglichkeiten ihrer Adressaten nicht imperativ reduzieren, reduzieren sie sie damit auf eine den Rechtsbefehlen vergleichbare Weise.

Die denkbar enge Verwandtschaft zwischen negativen Anreizen und klassischen Eingriffen wird auch deutlich, wenn man die oben genannten, den klassischen Eingriff beschreibenden Merkmale rekapituliert. Denn es fällt auf, dass es Anreizen im Vergleich zu Rechtsbefehlen zwar an Imperativität fehlt, dass sie die übrigen Merkmale des klassischen Eingriffsbegriffs jedoch erfüllen.[102] Die enge Verwandtschaft der negativen Anreize mit dem imperativen Eingriff kommt schließlich auch dadurch zum Ausdruck, dass sich ihr freiheitsreduzierender Charakter, wie der der Rechtsbefehle, nicht nur wirkungsbezogen, sondern auch instrumentenbezogen fassen lässt.

(1) Finalität des Eingriffs durch negative Anreize

Dass Anreize das Merkmal der Finalität, also der Zielgerichtetheit[103], Bewusstheit und Gewolltheit[104], erfüllen, ist dem hier zugrunde gelegten Anreizbegriff immanent. Definitionsgemäß werden Anreize vom Gesetzgeber gezielt als (Steuerungs-)Instrumente eingesetzt, um unmittelbar Verhalten zu beeinflussen. Und auch die Freiheitsbeschränkung durch negative Anreize erfolgt zielgerichtet, denn die Beeinträchtigung der Verhaltensalternativen der Anreizadressaten tritt nicht als Nebenfolge ein, sondern ist gerade der Grund für den Einsatz dieser Instrumente.

Dementsprechend kann auch die Ansicht, wonach es vergaberechtlichen Anreizen zur Zahlung von Tariflöhnen an Finalität fehlen soll,[105] nicht überzeugen. Begründet wird diese Ansicht damit, dass „keine Verbote oder Gebote ausgesprochen" würden und es dem Staat auch nicht darum gehe, „die Betroffenen zur Teilnahme an Koalitionen (...) zu veranlassen"; an einem Eingriff in die

[102] Ähnlich *Sacksofsky*, Anreize, in: GVwR II, 2012, § 40 Rn. 78, nach der Anreize „mindestens zwei der Eingriffsmerkmale unproblematisch" erfüllen. Sie bejaht Rechtsförmigkeit und Finalität und legt sich im Hinblick auf das Merkmal der Imperativität nicht fest. Das Merkmal der Unmittelbarkeit wird nicht erörtert.

[103] Vgl. die bereits oben (S. 158 mit Nachweis in Fn. 41) zitierte Formulierung des BVerfG, nach der unter einem klassischen Eingriff im herkömmlichen Sinne „ein rechtsförmiger Vorgang verstanden (wird), der unmittelbar und gezielt (final) durch ein vom Staat verfügtes, erforderlichenfalls zwangsweise durchzusetzendes Ge- oder Verbot, also imperativ, zu einer Verkürzung grundrechtlicher Freiheiten führt".

[104] *Eckhoff*, Der Grundrechtseingriff, 1992, S. 186.

[105] *Burgi*, Vergabefremde Zwecke und Verfassungsrecht, NZBau 2001, 64 (71).

negative Koalitionsfreiheit des Art. 9 Abs. 3 GG dürfe es daher fehlen.[106] Dem ist zwar insofern zuzustimmen, als die entsprechenden Regelungen keinen Anreiz enthalten, Bieter im Vergabeverfahren zur Teilnahme an Koalitionen zu veranlassen. Das BVerfG führte mit Blick auf einen entsprechenden Anreiz – konkret: den bereits oben behandelten Anreiz zur Tariftreue im Berliner Vergaberecht[107] – insofern zutreffend aus, dass es fern liege, dass „sich ein nicht tarifgebundener Unternehmer wegen des Tariftreuezwangs veranlasst sehen könnte, der tarifvertragsschließenden Koalition beizutreten, um als Mitglied auf den Abschluss künftiger Tarifverträge Einfluss nehmen zu können, auf die er durch die Tariftreueerklärung verpflichtet wird".[108] Schon der Schutzbereich des Art. 9 Abs. 3 GG ist daher nicht berührt.[109] Konstitutive Tariftreueregelungen enthalten allerdings Anreize, die darauf zielen, die Bieter gerade unabhängig von der Teilnahme an Koalitionen zu der Zahlung von Tariflöhnen zu veranlassen; und in Bezug auf *dieses* Verhalten ist die Finalität also zu bejahen.[110] Auch insofern ist dem BVerfG zuzustimmen, das die Norm des Berliner Vergaberechts an der Berufsfreiheit gemessen und im Ergebnis einen finalen Eingriff in Art. 12 Abs. 1 GG, speziell in die Vertragsfreiheit, angenommen hat.[111] Die Norm (nach hiesigem Verständnis: der in ihr enthaltene Anreiz) ziele „aus wirtschafts- und sozialpolitischen Gründen darauf ab, die Arbeitgeber bei der Gestaltung ihrer arbeitsvertraglichen Beziehungen zu einem bestimmten Verhalten zu veranlassen. (...) Mit dieser gesetzlichen Regelung soll (...) erreicht werden, dass die Geltung tarifvertraglicher Entgeltabreden ausgeweitet wird. Die Einflussnahme auf die Arbeitsbedingungen ist damit von der Zweckrichtung des Gesetzgebers umfasst. Sie tritt nicht nur reflexartig als faktische Folge eines anderen Zielen dienenden Gesetzes ein".[112]

---

[106] *Burgi*, Vergabefremde Zwecke und Verfassungsrecht, NZBau 2001, 64 (71).

[107] Zu diesem oben, S. 131.

[108] BVerfGE 116, 202 (218). Das BVerfG spricht insofern a. a. O. von einem „bloße(n) Anreiz", verwendet dieses Wort damit aber anders als in dem hier zugrunde gelegten Sinne.

[109] BVerfGE 116, 202 (218). Auch *Burgi*, Vergabefremde Zwecke und Verfassungsrecht, NZBau 2001, 64 (71), stellt auf dieses Verhalten („Zahlung von Tariflöhnen" durch die sog. Außenseiter) ab, erwägt als Maßstab aber gleichwohl nur Art. 9 Abs. 3 GG.

[110] Anders mag dies beim zweiten von *Burgi* a. a. O. genannten Beispiel liegen: Wenn vergaberechtliche Regelungen, nach denen sich Bieter, um Chancen auf den Zuschlag zu haben, verpflichten müssen, keine Inhalte und Methoden von Scientology zu pflegen, nicht darauf zielen, Menschen zur Abkehr von Scientology zu bewegen, sondern z. B. sicherstellen sollen, dass kein staatliches Geld mittelbar an Scientology fließt, fehlt es ihnen mit Blick auf die Religionsfreiheit der Bieter an Finalität. Es handelt sich dann im Übrigen nicht um Anreize im hier zugrunde gelegten Sinne.

[111] BVerfGE 116, 202 ff.; zust. *Ziekow*, in: ders./Völlink, Vergaberecht Kommentar, 2018, GWB Einl. Rn. 18.

[112] BVerfGE 116, 202 (222 f.). Soweit das BVerfG, a. a. O., S. 226, allerdings ausführt, dass das Gewicht dieses Eingriffs dadurch gemindert werde, „dass die Verpflichtung zur Zahlung der Tariflöhne nicht unmittelbar aus einer gesetzlichen Anordnung folgt, sondern erst infolge der eigenen Entscheidung, im Interesse der Erlangung eines öffentlichen Auftrags eine Ver-

Der Gesetzgeber legt, etwa in der Gesetzesbegründung oder auch im Gesetz selbst, häufig ausdrücklich offen, dass er eine Norm (auch) als Anreiz einsetzen will. So wurden als Beispiele für Anreize im Rahmen der vorliegenden Untersuchung nur solche Gesetze herangezogen, für die sich entsprechende eindeutige Nachweise findet. Anders als aus der Steuerungsperspektive, die als Perspektive des Steuerungsakteurs Gesetzgeber eine subjektive Perspektive ist, kann es aus der Rechtsanwendungsperspektive allerdings erforderlich sein, die Frage der Finalität auch im Hinblick auf Normen zu beantworten, bei denen der Gesetzgeber seine Steuerungsabsicht nicht offenlegt, sie möglicherweise verschleiert oder gar wahrheitswidrig abstreitet. In solchen Fällen besteht ein Problem, das im Hinblick auf Rechtsbefehle nicht besteht. Denn während man, wenn der Gesetzgeber einen Rechtsbefehl ausspricht, ohne Weiteres rückschließen kann, dass er die entsprechende Freiheitseinschränkung will, ist es durchaus denkbar, dass der Gesetzgeber eine Tatbestand-Rechtsfolge-Verknüpfung tatsächlich nur um des enthaltenen Rechtsbefehls Willen schafft, und damit nicht auch einen Anreiz setzen will. Dass der Gesetzgeber keine Anreize setzen will, ist offensichtlich beispielsweise mit Blick auf Normen, die tatbestandlich an feststehende und unveränderbare Tatsachen wie das Alter einer Person anknüpfen und dieses mit positiven oder negativen Rechtsfolgen verbinden. Dasselbe gilt für Normen, bei denen Rechtsfolgen an Tatbestände geknüpft werden, die bei Erlass der Normen schon erfüllt sein müssen, Normen also, die allein der Honorierung für Vergangenes, nicht aber der Motivation zu Künftigem dienen. Viele andere Fälle sind jedoch nicht so eindeutig.

Ob Rechtsakte, die wie Anreize aussehen, bei deren Erlass der Gesetzgeber aber keine entsprechende Steuerungsabsicht erklärt hat, Anreize enthalten, muss letztlich im Wege der Auslegung ermittelt werden. Diese kann im Einzelfall freilich Probleme bereiten, auf die hier mangels Verallgemeinerbarkeit nicht näher einzugehen ist. Es sei aber bereits an dieser Stelle darauf hingewiesen, dass der Gesetzgeber aus einem Grund, auf den noch einzugehen sein wird, einen starken „Anreiz“ (im weiteren Sinne) hat, seine Steuerungsabsicht deutlich zu machen, wenn er nicht riskieren will, dass ein Gesetz, das einen einfachen Anreiz enthält, aus anderen Gründen verfassungswidrig ist.[113]

(2) Rechtsförmigkeit des Eingriffs durch negative Anreize

Als zweites Merkmal des klassischen Eingriffs, das auch negative Anreize aufweisen, sei das der Rechtsförmigkeit behandelt. Dieses wird nur teilweise als

pflichtungserklärung abzugeben“, entsteht später der Eindruck, das BVerfG behandle als Eingriff, dass für diejenigen, die dem Anreiz gefolgt sind, eine Verpflichtung zur Zahlung der Tariflöhne besteht, und nicht den Eingriff, der „in der Tariftreueregelung“, a.a.O., S. 222, liegt. Zu Recht kritisch *Sachs*, Vereinbarkeit von Tariftreueregelungen, JuS 2007, 575 (578).

[113] Siehe unten, S. 211 f.

eigenständiges Merkmal des klassischen Eingriffs genannt, was daran liegen dürfte, dass es nach aktuellem Stand der Eingriffsdogmatik nicht als Anknüpfungspunkt für Differenzierungen geeignet ist. Denn als rechtsförmige Vorgänge werden bislang allein Ge- und Verbote behandelt, und diese können, wie oben ausführlich erläutert, anhand des Merkmals der Imperativität vollständig beschrieben werden. Allerdings erfüllen auch Anreize das Merkmal der Rechtsförmigkeit.[114]

Gelegentlich werden zwar rechtsförmige Eingriffe den faktischen Eingriffen gegenübergestellt und zugleich alle nicht-imperativen Eingriffe als faktische Eingriffe bezeichnet. So nimmt etwa *Hans-Ullrich Gallwas* immer dann eine faktische Grundrechtsbeeinträchtigung an, wenn es an einer imperativen Einwirkung fehlt, „es aber gleichwohl zu einer grundrechtserheblichen Grundrechtsberührung" kommt; hierher gehörten „zumal die Fälle, (...) wenn Anreize zum Verzicht auf eine Grundrechtsausübung[115] geschaffen werden oder wenn eine imperative Beeinträchtigung nicht nur den Adressaten betrifft, sondern sich auch auf Dritte auswirkt".[116] Dieses Verständnis zugrunde gelegt, wären auch Anreize im hier zugrunde gelegten Sinne keine rechtsförmigen, sondern faktische Eingriffe. Sieht man allerdings Anreize als einen spezifischen instrumentellen Gehalt von Rechtsakten an, ist die Gegenüberstellung der Adjektive rechtsförmig und nicht-imperativ/faktisch nicht überzeugend. Vielmehr erscheint als passender Gegenbegriff zu rechtsförmigem Staatshandeln das Handeln in Form von Realakten,[117] und Realakte sind Anreize nicht.

(3) Unmittelbarkeit / instrumentenbezogene Feststellbarkeit des Eingriffs durch negative Anreize

In Untersuchungen zu einzelnen Anreizen werden diese häufig als mittelbare[118], mittelbar-faktische[119] oder auch indirekte[120] Eingriffe qualifiziert. Allerdings sollte nicht vorschnell[121] aus der der Tatsache, dass Anreize keine imperativen Eingriffe sind, darauf geschlossen werden, dass es sich dann wohl um

---

[114] So auch *Sacksofsky*, Anreize, in: GVwR II, 2012, § 40 Rn. 78.

[115] Was genau *Gallwas* unter Anreizen zum Verzicht auf eine Grundrechtsausübung versteht, und ob er zu diesen (auch) die negativen Anreize im hier zugrunde gelegten Sinne zählen würde, ist nicht ganz klar.

[116] *Gallwas*, Dulden wider Willen als Problem der Grundrechtsdogmatik, in: FS für Hans F. Zacher, 1998, S. 185 (186).

[117] So *H. Dreier*, in: ders., GG I, 2013, Vorb. Rn. 125; *Epping*, Grundrechte, 2019, Rn. 398.

[118] In Bezug auf Anreize im Vergaberecht *Fehling*, in: Pünder/Schellenberg, Vergaberecht, 2019, § 97 GWB Rn. 113; in Bezug auf verschiedene Anreize im BEEG *Seiler*, Das Elterngeld im Lichte des Grundgesetzes, NVwZ 2007, 129 (132 f.).

[119] So in Bezug auf Anreize im Steuerrecht *Wernsmann*, Verhaltenslenkung in einem rationalen Steuersystem, 2005, S. 348.

[120] *Hufen*, Staatsrecht II, 2018, § 8 Rn. 6 (in Bezug auf Anreize im Steuer- und Abgabenrecht).

[121] Die Beobachtung, dass allzu oft kurzerhand von mittelbar-faktischen Eingriffen bzw.

mittelbare Eingriffe handeln muss. Negative Anreize sind zwar keine imperativen Eingriffe, sie greifen aber gleichwohl unmittelbar in Grundrechte ein.

Das Merkmal der Unmittelbarkeit, das ursprünglich der Beschreibung des imperativen Eingriffs diente, bezieht sich auf das Verhältnis zwischen Instrument und Freiheitsbeeinträchtigung. Letztere tritt, wie oben ausführlich dargestellt,[122] beim imperativen Eingriff unabhängig von etwaigen tatsächlichen Wirkungen des Instruments, nämlich rein normativ ein: Das Merkmal der „Unmittelbarkeit der Beeinträchtigung" geht damit, wie *Hans-Ullrich Gallwas* schreibt, auf die „besondere Relation" zwischen Rechtsbefehl und Freiheitsbeeinträchtigung zurück, die darin besteht, dass jeder Befehl „bereits als solcher (...) ein exakt bestimmtes Quantum an zwangsläufiger Beeinträchtigung erkennen" lässt: „eben das ‚befohlene' Verhalten".[123]

Im Anschluss an die steuerungsorientierte Untersuchung von Anreizen ist nun festzustellen, dass negative Anreize die Freiheit ihrer Adressaten in vergleichbarer Weise unmittelbar beeinträchtigen. Denn auch ihre freiheitsbeeinträchtigende „Wirkung" liegt „ohne Hinzutreten weiterer Faktoren bereits im Verhalten öffentlicher Gewalt selbst"[124]. Auch negative Anreize lassen schließlich als solche die von ihnen „bewirkte" Freiheitsbeeinträchtigung erkennen, die nämlich darin besteht, dass eine grundsätzlich bestehende Verhaltensoption, in diesem Falle zwar nicht verboten, aber vom Gesetzgeber mit einem Nachteil verbunden wird.[125] So ähnlich sieht es etwa auch *Peter Selmer*, der einen

---

Beeinträchtigungen gesprochen wird, macht, allerdings ohne Bezugnahme speziell auf Anreize, auch *H. Dreier*, in: ders., GG I, 2013, Vorb. vor Art. 1 Rn. 125 m. w. N.

[122] Siehe oben, S. 159 ff.

[123] *Gallwas*, Faktische Beeinträchtigungen im Bereich der Grundrechte, 1970, S. 24.

[124] Vgl. die Erläuterung des Begriffs der Unmittelbarkeit bei *Sodan*, in: ders., GG, 2018, Vorb. Art. 1 Rn. 47: „Die unmittelbare Beeinträchtigung ist dadurch gekennzeichnet, dass eine beeinträchtigende Wirkung ohne Hinzutreten weiterer Faktoren bereits im Verhalten öffentlicher Gewalt selbst liegt."

[125] Zuzustimmen ist insofern den abstrakten Ausführungen zur Unmittelbarkeit von Anreizen des LSG Niedersachsen-Bremen, Vorlagebeschl. v. 13. April 2011 – L 2 EG 20/10, juris Rn. 78 f., in Bezug auf § 4 Abs. 3 S. 1 BEEG in der Fassung des Art. 1 des Gesetzes zur Einführung des Elterngeldes v. 5. Dezember 2006, BGBl I, S. 2748: „Weitergehende Eingriffsbefugnisse des Gesetzgebers lassen sich im vorliegenden Zusammenhang (...) nicht unter dem Gesichtspunkt herleiten, dass die grundrechtlich geschützte innerfamiliäre Gestaltungsfreiheit nur ‚mittelbar' beeinträchtigt werden könnte. Soweit eine Qualifizierung der Beeinträchtigung als ‚mittelbar' zum Ausdruck bringen soll, dass der Gesetzgeber das gewünschte Verhalten nicht durch Zwangsmaßnahmen, sondern durch das Vorenthalten von Begünstigungen (zielgerichtet) herbeiführen will, ergibt sich (...), dass diese Wahl des Mittels nicht bereits die Zulässigkeit der Grundrechtsbeeinträchtigung beinhaltet. Soweit ‚mittelbar' im Sinne einer nicht zielgerichtet herbeigeführten Nebenfolge und damit im Sinne eines ‚bloßen Reflexes' verstanden wird, der sich bei der Verfolgung eines anderen unmittelbar angestrebten Zieles ergibt, fehlt es an dem erforderlichen Sachzusammenhang mit dem vorliegenden zu beurteilenden Regelungsbereich. Die Limitierung der Anspruchshöchstdauer für jeden der beiden Elternteile (...) auf jeweils 12 Monate dient ausschließlich dem Ziel, Einfluss auf die innerfamiliäre Aufgabenverteilung zu nehmen." Letztlich wird allerdings in Bezug auf den Anreiz in der Regelung über die Partnermonate beim Elterngeld durch das LSG nicht überzeugend sub-

Eingriff dann annimmt, wenn „Hemmungswirkungen" ein „*Essentiale* der Regelung" sind.[126] In diesem Falle – und damit letztlich im Falle der Anreize – soll es sich „um gezielt verhaltensregulierende und damit unmittelbare Ingerenzen in die Rechtssphäre der (...) Lenkungsadressaten"[127] handeln.

Konkret sichtbar wird die erfolgreiche Einwirkung durch negative Anreize freilich erst, wenn einzelne Anreizadressaten diesen tatsächlich folgen und das mit dem Nachteil verbundene Verhalten aufgrund des Anreizes unterlassen. Der Grundrechtseingriff findet aber im Vorfeld des tatsächlichen Verhaltens statt und besteht in dem Einsatz des fraglichen Instruments.[128] Die Frage, ob der Gesetzgeber eine verfassungsrechtliche Rechtfertigung anführen können muss, wenn er das Instrument eines negativen Anreizes einsetzt, lässt sich daher beantworten, ohne dass tatsächliche Wirkungen in Form von nachteilsvermeidendem Verhalten bereits eingetreten sind. Sie kann, wie die Frage nach der Eingriffsqualität von Rechtsbefehlen, jedenfalls abstrakt, allein mit Blick auf das Instrument beantwortet werden.

Für die Frage, ob ein Anreiz, abstrakt betrachtet, in Grundrechte eingreift und einer verfassungsrechtlichen Rechtfertigung bedarf, ist dementsprechend auch nicht entscheidend, ob einzelne Adressaten das mit einem Nachteil verbundene Verhalten möglicherweise ohnehin nicht vornehmen wollen. Indem die vorgefundenen Verhaltenspräferenzen der Anreizadressaten, auf die der Anreiz trifft, damit für die Bestimmung der abstrakten Eingriffsqualität von Anreizen unerheblich sind, werden Anreize wiederum wie Rechtsbefehle behandelt. Denn auch für die Eingriffsqualität von Rechtsbefehlen kommt es nicht darauf an, wie sich konkrete Befehlsadressaten verhalten möchten. So än-

---

sumiert. Denn das LSG qualifiziert diesen Anreiz als negativ. In Aussicht gestellt wird aber nicht, wie das Gericht meint, eine „Limitierung der Anspruchshöchstdauer" auf zwölf Monate für den Fall unerwünschten Verhaltens, sondern eine Erhöhung der Anspruchsdauer von zwölf auf 14 Monate für den Fall erwünschten Verhaltens, siehe unten, S. 197 f.

[126] *Selmer*, Steuerinterventionismus und Verfassungsrecht, 1972, S. 221. Die vom Steuerrecht ganz generell ausgehenden, unbeabsichtigten „Hemmungswirkungen" bezeichnet *Selmer*, a. a. O., dagegen als „eingriffsneutral". Die Frage, ob er damit Recht hat, ist nicht Gegenstand der vorliegenden Untersuchung. Es sei an dieser Stelle aber darauf hingewiesen, dass die heute herrschende Steuerlehre davon ausgeht, dass unbeabsichtigte Hemmungswirkungen zumindest verfassungsrechtlich beachtlich sind, soweit sie vorhersehbar sind, siehe hier nur *D. Birk*, Das Leistungsfähigkeitsprinzip als Maßstab der Steuernormen, 1983, S. 196 ff.

[127] *Selmer*, Steuerinterventionismus und Verfassungsrecht, 1972, S. 225.

[128] So wohl auch BVerfGE 116, 202 (222), zu der Frage des Eingriffs durch den oben (S. 131) schon behandelten Anreiz zur Abgabe von Tariftreueerklärungen im VgBln: In der Tariftreueregelung des § 1 Abs. 1 S. 2 VgG Bln sei eine „eingriffsgleiche Beeinträchtigung der Berufsfreiheit zu sehen. Regelungsinhalt und Zielrichtung der Norm gehen über einen bloßen Reflex auf Seiten der Unternehmen hinaus, auch wenn sich das Gesetz regelungstechnisch nicht an sie, sondern an die Auftraggeber richtet und die Unternehmer, die keine Verträge mit öffentlichen Stellen abschließen wollen, nicht vom Regelungsbereich des Gesetzes erfasst werden." Im weiteren Verlauf der Begründung erscheint allerdings zweifelhaft, ob das BVerfG den Eingriff wirklich „in der Tariftreueregelung des § 1 Abs. 1 S. 2 VgG Bln" sieht. Dazu oben, S. 171 f., Fn. 112, mit Verweis auf die zutreffende Kritik aus der Literatur.

dert es an der abstrakt feststellbaren Eingriffsqualität von Rechtsbefehlen nichts, wenn sich ein Teil der Befehlsadressaten, oder theoretisch gar alle, ohnehin befehlskonform verhalten will.

Die Eingriffsqualität negativer Anreize in dieser Form instrumentenbezogen zu begründen, ist – schon weil Anreize üblicherweise gar nicht als eigenständige Instrumente gesehen werden – unüblich. Stattdessen wird – als Konsequenz davon, dass Rechtsakte als Einheiten angesehen werden, von denen aber unter Umständen neben den Befehls- auch Anreiz- und weitere Wirkungen ausgehen – häufig auf die Anreiz*wirkungen* geblickt und eine etwaige Freiheitsbeeinträchtigung wirkungsbezogen von vornherein in diesen Wirkungen verortet. So erklärt sich auch, warum etwaige Eingriffe durch Anreize häufig nicht als unmittelbar, sondern als mittelbar qualifiziert werden. Es ist insofern konsequent, als die „verhaltenslenkende Wirkung", das einem Anreiz folgende tatsächliche Verhalten der Adressaten, anders als der Anreiz selbst, ja tatsächlich nicht unmittelbar in der Norm gesehen werden kann, sondern aus dieser nur resultiert.[129] Es fehlt dem Eingriff durch einen Anreiz nach dieser Logik an Unmittelbarkeit, „da die Verhaltensänderung auf eigener Entscheidung" der Anreizadressaten „beruht".[130]

Die wirkungsbezogene Beurteilung der Eingriffsqualität von Anreizen wird dadurch befördert, dass das den imperativen Eingriff erweiternde, moderne Eingriffsverständnis – wohl auch als Konsequenz daraus, dass Rechtsakte als Einheiten gesehen und auf ihren Befehlsgehalt reduziert werden – schon konzeptionell (nur) wirkungs- und nicht instrumentenbezogen ist. Terminologisch zum Ausdruck kommt die Trennung von Instrument und Wirkung, wenn das BVerfG insofern statt von Eingriffen von „Maßnahmen mit eingriffsgleicher Wirkung" spricht[131] und wenn sich auch Teile der Literatur ganz vom Eingriffsbegriff lösen und nicht mehr auf die eingreifenden staatlichen Maßnahmen, sondern auf deren „grundrechtswidrige Effekte"[132] bei den Betroffenen abstel-

---

[129] Vgl. *Lübbe-Wolff*, Die Grundrechte als Eingriffsabwehrrechte, 1988, S. 44: „So konnte (...) die verhaltenslenkende Wirkung steuerrechtlicher Regelungen vom Bundesverfassungsgericht nur unter Aufgabe des traditionellen Unmittelbarkeitskriteriums grundrechtlich erfasst werden, denn ‚unmittelbar' eingreifenden Charakter hat nur der in der Auferlegung der Abgabe bestehende primäre Steuereingriff; die problematisierte verhaltenslenkende Wirkung ist dagegen selbst nicht Gegenstand der Regelung, sondern resultiert aus dem mit der Regelung geschaffenen Anreiz zu tatbestandsvermeindendem Verhalten, durch das die Betroffenen dem primären Steuereingriff entgehen können." In diese Richtung auch *Grabitz*, Freiheit und Verfassungsrecht, 1976, S. 34.

[130] *Wernsmann*, Steuerlenkung, in: Leitgedanken des Rechts II, 2013, § 152 Rn. 3, in Bezug auf Anreize im Steuerrecht.

[131] Vgl. oben, S. 164.

[132] *Gallwas*, Faktische Beeinträchtigungen im Bereich der Grundrechte, 1970, S. 25 ff.; *Gallwas*, Dulden wider Willen als Problem der Grundrechtsdogmatik, in: FS für Hans F. Zacher, 1998, S. 185 (192 f.); *Lindner*, „Grundrechtseingriff" oder „grundrechtswidriger Effekt"? – Plädoyer für einen grundrechtsdogmatischen Paradigmenwechsel, DÖV 2004, 765 ff. Siehe auch *Grimm*, Verfassungsrechtliche Anmerkungen zum Thema Prävention, KritV 1986,

len. Aber auch soweit weiterhin von Eingriffen gesprochen wird, wird es als *das* Charakteristikum des modernen Eingriffsverständnisses beschrieben, dass nicht mehr in erster Linie auf das freiheitsbeeinträchtigende Instrument, sondern nunmehr auf die die Grundrechtsträger treffenden, freiheitsbeeinträchtigenden, tatsächlichen Wirkungen staatlichen Handelns geblickt wird.[133] Der „entscheidende Unterschied" zwischen dem klassischen und dem modernen Eingriffsverständnis bestehe „im Wechsel der Perspektive vom handelnden Staat als Akteur zum betroffenen Grundrecht als dem normativ allein maßgeblichen Bezugspunkt", da das Vorliegen eines Eingriffs sich nun „nicht mehr ausschließlich nach dem rechtsförmigen Willen des Staates zur Grundrechtsbeschneidung" bestimme, sondern „von den nachteiligen Wirkungen staatlichen Handelns auf das jeweilige grundrechtliche Schutzgut ab(hänge)".[134] Der Staat habe nicht mehr nur für „grundrechtsverletzendes Handlungsunrecht, sondern für jedes ihm zurechenbare Erfolgsunrecht einzustehen".[135]

Gerade anhand des letzten Zitates wird allerdings deutlich, dass negative Anreize dem imperativen, unmittelbaren Eingriff näherstehen als den Fällen, die typischerweise als „sonstige Eingriffe"[136] behandelt werden. Denn negative Anreize eignen sich, wie Rechtsbefehle, als solche als normativ maßgeblicher Bezugspunkt für die Feststellung eines Eingriffs; und sie sind, wenn sie überhaupt Unrecht sind, weil sie nicht verfassungsrechtlich gerechtfertigt werden können, schon Handlungs- und nicht erst Erfolgsunrecht. Denn die durch sie „bewirkte" Freiheitsbeeinträchtigung besteht nicht erst im Eintritt irgendwelcher tatsächlicher Wirkungen, die erst mühsam auf eine staatliche Handlung zurückgeführt werden müssen, um dem Staat zugerechnet werden zu können, sondern ist in den Instrumenten selbst zu sehen. Stattdessen das Verhalten der einem verfassungswidrigen Anreiz folgenden Adressaten als Erfolgsunrecht anzusehen, ist dagegen als Kunstgriff nur nötig, wenn man die Anreize als solche, also als Instrumente, gar nicht sieht, sondern nur die Anreizwirkungen, als Wirkungen von als Einheiten betrachteten Normen, wahrnimmt. Er lässt die Anreiz-

---

38 (49). Auch die Anhänger des Konzeptes vom grundrechtswidrigen Effekt setzen allerdings selbstverständlich voraus, dass ein solcher Effekt ein „auf staatliches Handeln rückführbare(r)" Effekt sein muss. In dieselbe Richtung geht auch *Hillgruber*, Grundrechtlicher Schutzbereich, Grundrechtsausgestaltung und Grundrechtseingriff, in: HStR IX, 2011, § 200 Rn. 91, wenn er handlungsformunabhängig auf grundrechtswidrige Zustände abstellt.

[133] *Gallwas*, Dulden wider Willen als Problem der Grundrechtsdogmatik, in: FS für Hans F. Zacher, 1998, S. 185 (186); siehe auch *Grabitz*, Freiheit und Verfassungsrecht, 1976, S. 32 ff. m. w. N.

[134] *Hillgruber*, Grundrechtlicher Schutzbereich, Grundrechtsausgestaltung und Grundrechtseingriff, in: HStR IX, 2011, § 200 Rn. 91.

[135] *Hillgruber*, Grundrechtlicher Schutzbereich, Grundrechtsausgestaltung und Grundrechtseingriff, in: HStR IX, 2011, § 200 Rn. 91.

[136] Ausdrücklich etwa *Jarass*, Funktionen und Dimensionen der Grundrechte, in: HGR II, 2006, § 38 Rn. 20.

adressaten fast schizophren erscheinen, da es danach ihr eigenes Verhalten sein soll, das in ihre Grundrechte eingreift.

Benötigt wird der wirkungsbezogene Ansatz im Hinblick auf Anreize ebenso wie auf Rechtsbefehle, wenn es um tatsächliche Wirkungen geht, die ein Anreiz oder ein Rechtsbefehl *mittelbar* dadurch verursacht, dass Anreizadressaten dem Anreiz bzw. Befehlsadressaten dem Befehl gefolgt sind.[137] Denn etwaige in *solchen* Wirkungen liegende Freiheitsbeeinträchtigungen sind nicht unmittelbar in dem jeweiligen Instrument angelegt, sondern treten nur ein, wenn als selbständige Zwischenursache das tatsächliche Verhalten der Adressaten stattfindet. Geht es dagegen um die Grundrechte der Adressaten eines in einem Rechtsakt enthaltenen Instrumentes, ist für die Feststellung von Eingriffen in diese auf das Instrument abzustellen und im Falle negativer Anreize deren freiheitsbeeinträchtigende „Wirkung" (positive Anreize haben, wie noch zu zeigen ist, keine freiheitsbeeinträchtigende Wirkung) ebenso instrumentenbezogen festzustellen wie die der Rechtsbefehle.

Praktisch führt der wirkungsbezogene Ansatz bei negativen Anreizen in aller Regel nicht zu anderen Ergebnissen als der instrumentenbezogene. Denn zwar liegt es in der Logik des ersteren, in Fällen, in denen niemand auf einen Anreiz reagiert, keinen Eingriff anzunehmen: Ändere niemand sein Verhalten, sei die Verhaltensänderung nicht rechtfertigungsbedürftig, weil diese ja gar nicht eintrete.[138] Nach letzterem, hier vertretenem, Ansatz ist es dagegen nicht die Verhaltensänderung bzw. das Verhalten der Adressaten, sondern der Einsatz des Instruments des negativen Anreizes als solcher, der die Rechtfertigungsbedürftigkeit auslöst. Zu Recht wird aber davon ausgegangen, dass Anreize kaum je ganz ohne jegliche tatsächliche Wirkung bleiben werden.[139] Die Unterschiede zwischen beiden Ansätzen beschränken sich damit, wenn es um negative Anreize geht, im Ergebnis zum einen darauf, dass ersterer mehr Aufwand verursacht, weil empirisch nachgewiesen sein muss, dass jemand einem Anreiz gefolgt ist, was unter Umständen nicht einfach ist, da zumindest die Feststellung anreizkonformen Verhaltens allein nicht ausreicht, um auch die notwendige Ursächlichkeit des Anreizes für dieses zu belegen. Zum anderen kann die Verfassungsmäßig- bzw. -widrigkeit eines Anreizes auch festgestellt werden, bevor dieser tatsächliche Wirkungen entfaltet, also etwa auch bevor er überhaupt zum Einsatz kommt.

---

[137] Vgl. *Sodan*, in: ders., GG, 2018, Vorb. Art. 1 Rn. 48: „Eine mittelbare Beeinträchtigung liegt vor, wenn ein bestimmtes Verhalten öffentlicher Gewalt eine – ggf. die maßgebende – von mehreren Ursachen setzt, deren Zusammenwirken den nachteiligen Effekt auslöst."

[138] *Wernsmann*, Steuerlenkung, in: Leitgedanken des Rechts II, 2013, § 152 Rn. 15, in Bezug auf Anreize im Steuerrecht. Im Ergebnis ebenso *Lüdemann*, Edukatorisches Staatshandeln, 2004, S. 103, nach dem schon „die Verhaltenssteuerung eines einzelnen Bürgers verfassungsrechtlichen Rechtfertigungszwang auszulösen" vermag.

[139] Vgl. *Wernsmann*, Steuerlenkung, in: Leitgedanken des Rechts II, 2013, § 152 Rn. 15.

Zu völlig unterschiedlichen Ergebnissen führen der wirkungs- und der instrumentenbezogene Ansatz aber mit Blick auf positive Anreize. Denn das Abstellen auf die Anreizwirkungen statt auf die Anreize selbst lässt auch positive Anreize als Freiheitseingriffe erscheinen, wenn diese tatsächliche Wirkungen haben, wenn ihnen also gefolgt wird. Dies allerdings ist, worauf unten noch ausführlich einzugehen ist,[140] nicht nur im Hinblick auf die Begründung, sondern auch im Hinblick auf das Ergebnis nicht überzeugend.

cc) Zum Erfordernis einer gewissen Intensität der Einwirkung

Mit Blick auf negative Anreize machen diejenigen, die deren Eingriffsqualität grundsätzlich bejahen, es dabei teilweise zur Bedingung, dass die Anreize nicht nur irgendwelche Nachteile, sondern Nachteile von gewissem Gewicht in Aussicht stellen.[141] Nach dem hier entwickelten Verständnis, nach dem ein Eingriff instrumentenbezogen in den jeweiligen negativen Anreizen selbst zu sehen ist, müsste man dabei auch die Intensität der Einwirkung am Instrument festmachen.

Eine in diese Richtung gehende Ansicht vertritt etwa *Roman Herzog*, der zwar die Eingriffsqualität von Anreizen grundsätzlich wirkungsbezogen am „Lenkungseffekt" festmacht, die nach seiner Ansicht entscheidende Intensität des Lenkungseffektes aber letztlich doch unmittelbar am Instrument abliest. Ein Eingriff soll ihm zufolge nicht in jeder Drohung mit einem Nachteil liegen, sondern nur gegeben sein, wenn der „‚Wert' der für den Fall eines ‚unerwünschten' Verhaltens eingesetzten ‚Drohung'"[142] ein gewisses Gewicht hat: Sei dieser „Wert" relativ gering, so sei „es auch der Lenkungseffekt, gegen den sich dann auch schwerlich verfassungsrechtliche Bedenken erheben lassen. Bei massiven Belastungen dagegen kann der entstehende Einfluss auf die Willensbildung des betroffenen Bürgers durchaus einmal die Stringenz eines Ge- oder Verbots erreichen – und dazwischen lassen sich alle möglichen Abstufungen mit allen daraus folgenden verfassungsrechtlichen Zweifelsfragen denken".[143] Je größer der von einem steuerlichen Anreiz ausgehende Einfluss auf die Willensentschließung des Bürgers sei, desto berechtigter sei es auch, „die zum Gebot bzw. Verbot entwickelten verfassungsrechtlichen Grundsätze anzuwenden".[144]

---

[140] Dazu unten, S. 186ff.

[141] Entsprechendes wird teilweise auch mit Blick auf positive Anreize vertreten, bei denen es demnach auf das Gewicht der Vorteile ankommen soll, S. 187f.

[142] *Herzog*, Steuerrecht und Verfassungsrecht, in: 75 Jahre Reichsfinanzhof – Bundesfinanzhof, 1993, S. 105 (112).

[143] *Herzog*, Steuerrecht und Verfassungsrecht, in: 75 Jahre Reichsfinanzhof – Bundesfinanzhof, 1993, S. 105 (112f.).

[144] *Herzog*, Steuerrecht und Verfassungsrecht, in: 75 Jahre Reichsfinanzhof – Bundesfinanzhof, 1993, S. 105 (113); im Ergebnis ähnlich *Rodi*, Die Rechtfertigung von Steuern als Verfassungsproblem, 1994, S. 100ff.

Noch weiter gehen andere, die in Anreizen überhaupt nur dann Grundrechtseingriffe sehen wollen, wenn diese ein Verhalten faktisch unmöglich machen. Dogmatischer Ansatzpunkt für dieses Erfordernis ist der imperative Eingriff, der schließlich darin besteht, dass Verhaltensoptionen der Betroffenen nicht nur erschwert werden, sondern (bei normativer Betrachtung) vollständig entfallen.[145] So soll „Richtpunkt" auch für die Feststellung rechtfertigungsbedürftiger Grundrechtsbeeinträchtigungen durch Anreize[146] „die Unmöglichkeit (sein), ein an sich grundrechtlich geschütztes Interesse auszuüben".[147] Ein ähnlicher Gedanke liegt auch der Wertung zugrunde, wonach ein Anreiz nur dann einen Eingriff darstellen soll, wenn er Entscheidungen der Adressaten „alternativlos determiniert".[148]

Eine Schwäche dieser Ansichten, besteht schon darin, dass nicht klar wird, wonach sich beurteilt, ob ein Anreiz faktisch zwingend wirkt. Ab welcher Schwelle machen etwa Geldzahlungspflichten, die im Falle eines Verhaltens drohen, dieses Verhalten unmöglich? *Stephan Rixen* etwa nimmt, dass Verhalten „alternativlos determiniert" wird, offenbar schon an, wenn „vernünftigerweise, etwa wegen ansonsten drohender ökonomischer Nachteile, kein Spielraum mehr verbleibt",[149] was das einschränkende Kriterium mit Blick auf nega-

---

[145] Siehe oben, S. 157 ff.

[146] *Gallwas*, Dulden wider Willen als Problem der Grundrechtsdogmatik, in: FS für Hans F. Zacher, 1998, S. 185 (186), behandelt Einwirkungen durch Anreize, die zum Verzicht auf eine Grundrechtsausübung geschaffen werden, als „faktische Einwirkungen". In Bezug auf Subventionen siehe auch *Lübbe-Wolff*, Die Grundrechte als Eingriffsabwehrrechte, 1988, S. 267: Nur wenn deren verhaltensbeeinflussende Wirkung „*faktisch* dem imperativen Eingriff gleichkommt", sei von einer Grundrechtsbeeinträchtigung auszugehen. *Dies.*, a. a. O., S. 276: „Ob die Beeinflussung individueller Willensentscheidungen durch Verknüpfung staatlicher Leistungen mit Verhaltensanforderungen an den Empfänger dessen Grundrechte unter dem Gesichtspunkt der Lenkungswirkung berührt, hängt (…) von der *Intensität* (faktischen Befehlsäquivalenz) der Verhaltensbeeinflussung und von der *Selbständigkeit* der Belastung durch die gestellten Anforderungen ab."

[147] *Gallwas*, Dulden wider Willen als Problem der Grundrechtsdogmatik, in: FS für Hans F. Zacher, 1998, S. 185 (187); siehe auch *Di Fabio*, in: Maunz/Dürig, GG, Art. 2 Abs. 1 Rn. 95, der verlangt, dass Anreize „gleichsam eine prohibitive Wirkung" entfalten.

[148] *Rixen*, Verfassungsgemäße Familienförderung nach dem Urteil zum Betreuungsgeld, NJW 2015, 3136 (3139), mit Bezug auf das Betreuungsgeld (untechnisch auch: die „Herdprämie"). Die inzwischen vom BVerfG aus Kompetenzgründen für nichtig erklärte Norm, die Eltern einen entsprechenden Anspruch für den Fall in Aussicht stellte, dass sie keine staatlich geförderte Kinderbetreuung in Anspruch nehmen, stellte damit einen Vorteil in Aussicht und beschränkte dementsprechend auch keine Betätigungsmöglichkeiten. Nur der Vollständigkeit halber sei darauf hingewiesen, dass man darüber streiten kann, ob es sich bei der Norm, die das Betreuungsgeld in Aussicht stellte, um einen Anreiz im Sinne des hier zugrunde gelegten Begriffs handelt. Denn der Gesetzgeber hat nie ausdrücklich die Absicht erklärt, mit diesem Instrument Eltern von der Inanspruchnahme von Betreuungsplätzen abbringen zu wollen, dazu BVerfGE 140, 65 ff.

[149] *Rixen*, Verfassungsgemäße Familienförderung nach dem Urteil zum Betreuungsgeld, NJW 2015, 3136 (3139). Andererseits kommt er im Ergebnis dazu, dass sich ein Eingriff, „wenn überhaupt, nur selten plausibilisieren lassen" wird.

tive Anreize sehr weitgehend leerlaufen lässt. Dass auf der anderen Seite negative Anreize in dem Sinne wie Rechtsbefehle wirken, dass sie *all* ihre Adressaten zu dem staatlicherseits gewünschten Verhalten zwingen (im Unterschied zu Befehlen wäre freilich ein entsprechender *faktischer* Zwang erforderlich), ist in aller Regel nicht der Fall.[150] Genügt es für die Annahme von Zwang, dass die Adressaten umdisponieren und das Geld an anderer Stelle einsparen müssten? Kann man von Zwang erst sprechen, wenn das Existenzminimum erreicht würde? Oder schon, wenn man einen Kredit aufnehmen müsste? Und reicht es aus, wenn nur ein Teil der Adressaten in eine Zwangslage kommt, müssen auch die finanzstärksten Adressaten entsprechend betroffen sein, oder lässt sich ein Grundrechtseingriff durch einen Anreiz nur mit Blick auf eine ganz konkrete Adressaten-Person überhaupt feststellen? Grundsätzlich ist jedenfalls nicht ersichtlich, warum die Zwangslage auch nur eines Einzelnen grundrechtlich nicht relevant sein sollte. Würde es allerdings ausreichen, dass ein negativer Anreiz nur eine einzige Person in Bedrängnis bringt, dürfte das einschränkende Kriterium häufig ebenfalls leerlaufen. Denn schließlich wird sich der Gesetzgeber, der Verhalten durch negative Anreize beeinflussen will, immer bemühen, diese so zu gestalten, dass die Nachteile für viele Adressaten spürbar sind. Dass Nachteile, die für viele spürbar sind, für Einzelne in ihrer konkreten Situation auch schmerzlich sein können, dürfte typischerweise der Fall sein.

Während sich die aufgeworfenen Fragen, wenn auch nicht mit mathematischer Genauigkeit, so doch wertend, wohl irgendwie beantworten ließen, spricht dogmatisch gegen das Erfordernis einer zwangsgleichen Wirkung, dass es nach modernem Eingriffsverständnis ausreicht, wenn dem Einzelnen ein Verhalten erschwert wird. Teilweise wird zwar verlangt, dass es wesentlich bzw. erheblich erschwert wird. Dass ein Verhalten gänzlich unmöglich gemacht oder sein Unterlassen erzwungen wird, ist aber keine anerkannte Voraussetzung des modernen Eingriffs, so dass diese Anforderung auch als Anforderung an Eingriffe durch negative Anreize als zu weitgehend erscheint.[151]

Aber auch wenn stattdessen nur für erforderlich gehalten wird, dass eine „Eingriffsschwelle" überschritten wird, wenn also eine Art Bagatellvorbehalt angenommen wird,[152] ist dies nicht überzeugend. Denn zwar ist die Annahme eines solchen Vorbehalts grundsätzlich nicht unüblich.[153] Es erscheint aber zum einen ganz allgemein – also auch, wenn es nicht um Anreize geht – sauberer, die Frage der Intensität der Beeinträchtigung nicht als Frage des Eingriffs zu be-

---

150 So, in Bezug auf Anreize im Steuerrecht, auch die Einschätzung von *Wernsmann*, Verhaltenslenkung in einem rationalen Steuersystem, 2005, S. 355: „Lenkungssteuern kommen in ihrer Intensität jedoch normalerweise nicht Ge- oder Verboten nahe."

151 So auch *Wernsmann*, Verhaltenslenkung in einem rationalen Steuersystem, 2005, S. 355.

152 *Wernsmann*, Verhaltenslenkung in einem rationalen Steuersystem, 2005, S. 355.

153 *Kingreen/Poscher*, Grundrechte, 2019, Rn. 301; *Voßkuhle/Kaiser*, Der Grundrechtseingriff, JuS 2009, 313 (314); siehe auch *Epping*, Grundrechte, 2019, Rn. 568.

handeln, sondern sie im Rahmen der Prüfung der Verhältnismäßigkeit zu berücksichtigen.[154] Mit Blick auf Anreize kommt hinzu, dass bei der Übertragung des Ansatzes auf diese ein Bruch entsteht. Denn Rechtsbefehle werden, wenn überhaupt, unter einen Bagatellvorbehalt nur gestellt, wenn sie sich auf ein Verhalten beziehen, dem keine nennenswerte Relevanz zugestanden wird. Bei einer Übertragung des Bagatellansatzes auf Anreize müsste man folglich ebenfalls auf die Trivialität bzw. Bedeutsamkeit (Grundrechtssensibilität) der konkret beeinträchtigten Verhaltensoption und nicht auf das Gewicht des in Aussicht gestellten Nachteils abstellen. Und tut man dies doch, ergeben sich ganz ähnliche Anwendungsprobleme wie beim Erfordernis faktischen Zwangs: Wann ist ein in Aussicht gestellter Nachteil so klein, dass er grundrechtlich zu vernachlässigen ist? Und kann ein Nachteil, den der Gesetzgeber Bürgern mit dem dezidierten Ziel der Verhaltenssteuerung in Aussicht stellt, überhaupt unterhalb dieser Schwelle bleiben? Insofern spricht auch die enge Verwandtschaft der negativen Anreize mit dem klassischen Eingriff gegen die Anwendbarkeit eines Bagatellvorbehalts.[155]

Freiheitsbeeinträchtigungen durch negative Anreize gegebenenfalls unterhalb der Eingriffsschwelle ansiedeln zu wollen, erscheint, unabhängig davon, ob man auf eine Geringfügigkeit des in Aussicht gestellten Nachteils oder auf eine geringe Zahl der einem Anreiz folgenden Personen abstellt (oder beides fragwürdiger Weise wie eins behandelt), auch aus einem weiteren Grund nicht unproblematisch. Unter Umständen sieht sich der Einzelne nämlich nicht nur einem einzelnen Anreiz ausgesetzt, durch den er zu einem Verhalten gebracht werden soll, sondern einer großen Zahl von solchen und anderen, rechtlich nicht zwingenden Instrumenten, die alle auf dasselbe Verhalten zielen. So wird teilweise etwa in Bezug auf Fragen der Organisation des Familienlebens und der innerpartnerschaftlichen Rollenverteilung von Eltern beobachtet, dass es in diesem Feld „nicht nur um einen Edukationseffekt geht, sondern eine Effektverstärkung durch das Zusammenwirken zahlreicher staatlicher Maßnahmen erzeugt wird“[156], und festgestellt, dass „(a)us verfassungsrechtlich noch zulässigen erzieherischen Tendenzen einzelner Gesetze auf einem bestimmten Gebiet (…) in der Summe eine verfassungsrechtlich unzulässige Erziehung des Bürgers

---

[154] *Schulze-Fielitz*, in: Dreier, GG I, 2013, Art. 2 Abs. 2 Rn. 49 f., in Bezug auf das Recht auf körperliche Unversehrtheit; *Murswiek/Rixen*, in: Sachs, GG, 2018, Art. 2 Rn. 163.

[155] Als Beispiele für mögliche Bagatellen werden in der Literatur häufig nur faktische und unbeabsichtigte Beeinträchtigungen genannt, vgl. *Murswiek/Rixen*, in: Sachs, GG, 2018, Art. 2 Rn. 163; anders *Wernsmann*, Verhaltenslenkung in einem rationalen Steuersystem, 2005, S. 355, der davon ausgeht, dass der Bagatellvorbehalt für „klassische wie für mittelbare oder faktische Eingriffe in gleicher Weise gilt“.

[156] *Schumann*, Edukatorisches Staatshandeln am Beispiel der Etablierung eines neuen Familienleitbildes, in: dies., Das erziehende Gesetz, 2013, S. 1 (26).

durch den Staat werden“[157] könne. Wie das Problem, das auch als „Belastungskumulation“ auf einen Begriff gebracht wird,[158] rechtsdogmatisch am besten verarbeitet werden kann, ist zwar bisher nicht abschließend geklärt. Zunehmend wird die Figur eines „‚additiven‘ Grundrechtseingriffs“[159] verwendet und ein „Verbot der übermäßigen Gesamtbelastung“ postuliert.[160] Die Gesamtbelastung des „Eingriffsbündels“ könne man etwa im Rahmen der Rechtfertigung eines Einzeleingriffs, konkret im Rahmen der Prüfung der Angemessenheit, berücksichtigen.[161] Nimmt man aber nun einzelne Freiheitsbeschränkungen von vornherein nicht als Eingriffe wahr, weil sie unerheblich erscheinen, können sie nicht in eine Addition von Eingriffen einfließen und nicht als Teil eines Eingriffsbündels angesehen werden.

2. Die fehlende Eingriffsqualität positiver Anreize

Anders als negative Anreize stellen positive Anreize[162] keine Eingriffe in die Grundrechte ihrer Adressaten dar. Denn positive Anreize schränken den Freiheitsbereich ihrer Adressaten nicht ein, sondern erweitern diesen. In der Literatur wird zwar verbreitet vertreten, dass ein Eingriff durch negative *und* positive Anreize allein schon darin liege, dass der Gesetzgeber diese ja schließlich einsetzt, um das Verhalten der Adressaten zu beeinflussen, oder dass ein Eingriff durch Anreize jedenfalls dann zu bejahen sei, wenn der Gesetzgeber damit Erfolg hat und die Anreizadressaten tatsächlich zu dem gewünschten Verhalten bringt. Dies für sich genommen reicht jedoch für die Annahme eines Eingriffs nicht aus.

---

[157] *Schumann*, Edukatorisches Staatshandeln am Beispiel der Etablierung eines neuen Familienleitbildes, in: dies., Das erziehende Gesetz, 2013, S. 1 (27).

[158] So in Bezug auf den Bereich des Umweltrechts *Klement*, Die Kumulation von Grundrechtseingriffen im Umweltrecht, AöR 134 (2009), S. 35, 41 f.

[159] BVerfGE 112, 304 (319 f.); 114, 196 (247); 123, 186, (266); 130, 372 (392). Begriffsprägend *Lücke*, Der additive Grundrechtseingriff sowie das Verbot der übermäßigen Gesamtbelastung des Bürgers, DVBl 2001, 1469 ff.; siehe auch *Ruschemeier*, Der additive Grundrechtseingriff, 2019; *Hofmann*, Grundrechtskonkurrenz oder Schutzbereichsverstärkung? Die Rechtsprechung des Bundesverfassungsgerichts zum „additiven“ Grundrechtseingriff, AöR 133 (2008), S. 523 ff.

[160] Dazu *Lücke*, Der additive Grundrechtseingriff sowie das Verbot der übermäßigen Gesamtbelastung des Bürgers, DVBl 2001, 1469 ff.; siehe auch *Schumann*, Edukatorisches Staatshandeln am Beispiel der Etablierung eines neuen Familienleitbildes, in: dies., Das erziehende Gesetz, 2013, S. 1 (26).

[161] *Hofmann*, Grundrechtskonkurrenz oder Schutzbereichsverstärkung? Die Rechtsprechung des Bundesverfassungsgerichts zum „additiven“ Grundrechtseingriff, AöR 133 (2008), S. 523 (550 f.); kritisch *Ruschemeier*, Der additive Grundrechtseingriff, 2019, S. 187 ff.

[162] Zum gelegentlich auftretenden Problem der Unterscheidung ersterer von letzteren unten, S. 193 ff.

a) Keine Reduktion des Freiheitsbereichs durch positive Anreize

Im Unterschied zu Anreizen, mit denen Nachteile angedroht werden, reduzieren Anreize, die ihren Adressaten für den Fall eines bestimmten künftigen Verhaltens Vorteile in Aussicht stellen, deren Freiheitsbereich nicht. Denn indem den vor einer Verhaltensentscheidung stehenden Anreizadressaten für den Fall einer Verhaltensoption eine Begünstigung angeboten wird, werden ihre Handlungs- und Betätigungsmöglichkeiten in keiner Weise eingeschränkt.[163] Um dies zu veranschaulichen sei ein weiteres Mal das oben entwickelte Bild der Weggabelung[164] herangezogen, an der die Anreizadressaten stehen, wenn der Gesetzgeber mit dem Instrument des Anreizes auf sie einwirkt, und von der mehrere Wege abgehen, die die Verhaltensoptionen der Adressaten symbolisieren: An dieser Weggabelung wertet ein positiver Anreiz einen der möglichen Wege auf, während der oder die anderen Wege unverändert offenstehen.

Stellt etwa § 3d KraftStG[165] den Anreizadressaten für den Fall, dass sie ein Elektrofahrzeug kaufen, leasen usw., eine befristete Steuerbefreiung in Aussicht, wird dieser Weg dadurch aufgewertet, während den Anreizadressaten die Option, den anderen Weg zu gehen und konventionelle Fahrzeuge zu kaufen, zu leasen usw., in genau derselben Weise offensteht, wie sie offenstehen würde, wenn es § 3d KraftStG nicht gäbe. Entsprechendes gilt für den Anreiz in § 4 Abs. 4 S. 2 BEEG, der Eltern dazu bringen soll, dass beide Elternteile Elternzeit nehmen, und der ihnen dafür einen Anspruch auf zwei zusätzliche Monatsbeiträge Elterngeld in Aussicht stellt. Auch dieser Anreiz erleichtert es Eltern, sich die Elternzeit zu teilen, steigert also die Attraktivität dieses Weges. Daneben bleibt die alternative Verhaltensoption, d. h. dass nur ein Elternteil Elternzeit nimmt, unverändert bestehen.[166] Nach den passenden Worten des LSG NRW handelt es sich bei dem in Aussicht gestellten Anspruch auf zwei zusätzliche Monate Elterngeld, die sog. Partnermonate, „um ein Angebot, das der Freiheitsberechtigte annehmen oder eben ausschlagen kann".[167] Im Ergebnis stellen beide Anreize keine Eingriffe in die Grundrechte ihrer Adressaten dar.

---

[163] So auch *Voß*, Der Karlsruher Entwurf – Ein Weg nach vorn oder ein Weg in die Vergangenheit?, ZRP 2003, 458 (459), in Bezug auf bestimmte positive Anreize im Steuerrecht: „Das Freiheitsargument sticht nicht, weil es sich bei den steuerlichen Verschonungssubventionen nur um Angebote des Staates handelt, deren Annahme oder Ablehnung jedem frei steht."

[164] Siehe oben, S. 115 ff.

[165] Erstmals oben, S. 11 f.

[166] Anders noch: *J. Wolff*, ‚Partner Months' and the Fundamantal Rights of Parents, in: Kemmerer/Möllers/Steinbeis/Wagner, Choice Architecture in Democracies, 2016, S. 255 (262), wo ein Eingriff in Art. 6 Abs. 1 GG schon allein damit begründet wurde, dass der Staat unterschiedliche Folgen an unterschiedliche Verhaltensweisen geknüpft habe. Diese Tatsache wird im Rahmen der vorliegenden Untersuchung nunmehr als gleichheitsrechtliches Problem gefasst und nicht am Anreiz, sondern an dem in derselben Norm enthaltenen Rechtsbefehl festgemacht, dazu unten, S. 205 ff.

[167] LSG NRW, Beschl. v. 12. Oktober 2009 – L 13 EG 27/09, juris Rn. 29; a. A. LSG Niedersachsen-Bremen, Vorlagebeschl. v. 13. April 2011 – L 2 EG 20/10, juris Rn. 40 und 66, das

Teilweise wird die mangelnde Eingriffsqualität einzelner positiver Anreize damit begründet, dass ihre jeweiligen Anreizwirkungen zu schwach seien.[168] Dementsprechend soll es sich etwa bei dem Anreiz in § 4 Abs. 4 S. 2 BEEG deshalb um keinen Grundrechtseingriff handeln, weil von diesem keine „solch starke(n) Anreizwirkungen aus(gehen), dass diese im Regelfall andere Präferenzentscheidungen der Eltern *a limine* in den Hintergrund drängen".[169] Die Stärke der Anreizwirkungen soll danach offenbar indizieren, ob die mit dem Anreiz konfrontierten Eltern noch „eine eigene (...) Entscheidung" treffen.[170] Dass es sich bei dem Anreiz in § 4 Abs. 4 S. 2 BEEG um keinen Eingriff handelt, kann jedoch, wie schon ausgeführt, überzeugender damit begründet werden, dass er keine Verhaltensoption erschwert und folglich den Freiheitsbereich seiner Adressaten nicht reduziert. Denn zwar werden die Adressaten dieses Anreizes den in Aussicht gestellten Vorteil bei ihrer Entscheidungsfindung berücksichtigen, und es liegt nahe (wenngleich es nicht sicher ist), dass dieser Vorteil umso mehr Berücksichtigung findet, je größer er ist. Die Annahme aber, dass ein Vorteil, der für den Fall eines Verhaltens angeboten wird, überhaupt so groß sein kann, dass nicht nur die entsprechende Verhaltensentscheidung der Adressaten im Ergebnis anders ausfällt, als sie ohne das Vorteilsangebot ausfallen würde, sondern dass gleich die Entscheidungsfähigkeit der Adressaten völlig verloren geht, ist nicht plausibel.

Ebenso wenig wie eine Freiheitsbeschränkung durch positive Anreize anzunehmen ist, wenn nur der in Aussicht gestellte Vorteil eine gewisse Größe erreicht, ist eine Freiheitsbeschränkung durch positive Anreize darin zu sehen, dass durch diese die nicht begünstigte Verhaltensoption in dem Sinne benachteiligt ist, dass sie *im Vergleich zu der jeweils begünstigten Option* zwangsläufig unattraktiver wird. Zwar werden es im Falle positiver Anreize konkrete Anreizadressaten, die die nicht begünstigten Verhaltensoptionen präferieren oder sich durch irgendwelche anderen Umstände davon abgehalten sehen, dem Anreiz zu folgen, vielleicht als ungerecht empfinden, dass ihnen eine Begünstigung entgehen wird, die andere bekommen. *Paul Kirchhof* etwa scheint eine solche Empfindung zum Eingriff erheben zu wollen, wenn er ausführt, ein Steuerpflichtiger, der das Angebot einer Steuerbegünstigung ausschlage, „empfinde" die ihn in der Folge treffende „Regellast als Grundrechtseingriff".[171] Der Grundrechts-

---

einen Eingriff in Art. 6 Abs. 1 GG annimmt. Beide Entscheidungen betreffen § 4 Abs. 3 S. 1 BEEG in der Fassung d. Art. 1 d. Gesetzes zur Einführung des Elterngeldes v. 5. Dezember 2006, BGBl I, S. 2748.

[168] Zum Erfordernis einer gewissen Intensität der Einwirkung mit Blick auf negative Anreize oben, S. 179 ff.

[169] So aber *Müller-Terpitz*, Vätermonate und Kindergartenpflicht – wie viel Staat verträgt die Familie, JZ 2006, 991 (994).

[170] *Müller-Terpitz*, Vätermonate und Kindergartenpflicht – wie viel Staat verträgt die Familie, JZ 2006, 991 (994).

[171] *P. Kirchhof*, Steuersubventionen, in: FS für Peter Selmer, 2004, S. 745 (754): „Schlägt der

eingriff ist aber tatsächlich allenfalls ein empfundener. Denn eigentlich wird durch den von *Kirchhof* angeführten Anreiz und auch durch andere positive Anreize die Freiheit, sich nach Belieben zu verhalten, nicht berührt, da schließlich die Verhaltensoptionen der Anreizadressaten durch positive Anreize uneingeschränkt bleiben.

Mehr als ein Gefühl und von grundrechtlicher Relevanz ist die angesprochene „Ungerechtigkeit" (nur) als Gleichheitsproblem, welches allerdings nicht die Anreize als solche, sondern die mit ihnen verbundenen Rechtsbefehle betrifft. Auf dieses wird unten noch einzugehen sein.[172]

b) Kein Eingriff allein wegen des (erfolgreichen) Einwirkens auf Verhaltensentscheidungen

Ein Teil der Literatur kommt, im Unterschied zur hier vertretenen Ansicht, zu dem Ergebnis, dass Anreize stets und insbesondere unabhängig davon als Eingriffe zu qualifizieren sind, ob den Adressaten Belastungen drohen oder Begünstigungen winken.[173] Anreize sollen danach schon allein deshalb Grundrechtseingriffe sein, weil durch sie „Einfluss auf den Entscheidungsprozess" der Anreizadressaten genommen wird, was schließlich auch dann der Fall ist, wenn für diese etwa die Aussicht besteht, für ein bestimmtes Verhalten Geld zu erhalten.[174] Negative *und* positive Anreize nähmen ihren Adressaten „durch Motivationslenkung" einen Teil ihrer Freiheit und hinderten sie „bereits bei der Entstehung individuellen Willens" daran, „einen eigenen Willen unabhängig vom Staat zu bilden".[175] Teilweise klingt sogar an, dass positive Anreize besonders eingriffsintensiv seien: Als „Eingriff in die Phase beginnender Willensbildung" müssten positive Anreize (konkret betreffen die Ausführungen solche im Steuerrecht) „besonders sorgfältig geprüft und gemäßigt" werden.[176] Durch sie wer-

---

Steuerpflichtige das Subventionsangebot aus und wählt die Regelsteuerlast, steht er zwar nicht schlechter als die Allgemeinheit der Steuerpflichtigen, empfindet diese Regellast aber als Grundrechtseingriff, deren Beschwer dadurch gesteigert wird, dass er statt der unvermeidlichen nunmehr eine vermeidliche Last zu tragen hat."

172 Siehe unten, S. 205 ff.

173 *Sacksofsky*, Anreize, in: GVwR II, 2012, § 40 Rn. 81; *P. Kirchhof*, Die Steuern, in: HStR V, 2007, § 118 Rn. 47; *Hufen*, Staatsrecht II, 2018, § 8 Rn. 6, nach dem „Steuern und Abgaben bzw. Ausnahme- und Ermäßigungstatbestände", die auf Verhaltens- und Verbrauchslenkung zielen, einen „zumindest indirekten Eingriff" darstellen können; in Bezug auf Anreize im Vergaberecht wohl auch *Puhl*, Der Staat als Wirtschaftssubjekt und Auftraggeber, VVDStRL 60 (2001), S. 456 (496 f.), der aber von in der Regel gerechtfertigten Eingriffen in Freiheitsgrundrechte ausgeht, sodass die Freiheitsrechte „materiell (…) den eingesetzten Lenkungsinstrumenten im Grundsatz keine unüberwindbaren Hindernisse in den Weg legen" würden.

174 *Sacksofsky*, Anreize, in: GVwR II, 2012, § 40 Rn. 89.

175 *P. Kirchhof*, Der Karlsruher Entwurf und seine Fortentwicklung zu einer Vereinheitlichten Ertragsteuer, StuW 2002, 3 (6). Siehe auch *P. Kirchhof*, Die Steuern, in: HStR V, 2007, § 118 Rn. 47.

176 *P. Kirchhof*, Die Steuern, in: HStR V, 2007, § 118 Rn. 167.

de dem Bürger „von vornherein seine Freiheit abgekauft"; die Verhaltenslenkung wirke unauffälliger und beschränke die Freiheit fast unmerklich.[177] In dieselbe Richtung geht es, wenn die Beeinflussung durch positive Anreize als besonders „subtil" beschrieben wird: „Der Einzelne empfindet sie als Vorteil und bemerkt oft nicht, dass er in seiner Handlungsfreiheit, in der Nutzung seines Eigentums oder in seiner Berufsausübung beeinträchtigt wird."[178]

Teilweise werden im Ergebnis zwar nicht alle Anreize als Eingriffe angesehen, da teilweise, mit Blick auf negative und positive Anreize gleichermaßen, eine gewisse Intensität der Beeinflussung vorausgesetzt wird.[179] Soweit die Einwirkungen durch positive Anreize aber hinreichend intensiv sind – was offenbar angenommen wird, wenn die in Aussicht gestellte Begünstigung hinreichend gewichtig ist –, soll es sich auch bei diesen Anreizen um Grundrechtseingriffe handeln. In diese Richtung gehen etwa Ausführungen von *Roman Herzog*, der mit Blick auf positive Anreize schreibt, es bleibe grundsätzlich der Entscheidung des Einzelnen überlassen, „ob er den Tatbestand, von dessen Verwirklichung die staatliche Leistung oder überhaupt der vom Staat in Aussicht gestellte Vorteil abhängig gemacht ist, herbeiführt oder ob er lieber darauf verzichten will"; die Entscheidung werde „aber um so unfreier und der ‚Gehorsam' tritt daher um so regelmäßiger ein, je größer der Vorteil ist, der durch die Nichtbeachtung des staatlichen ‚Wunsches' verloren geht".[180] Ähnliches vertritt *Hans D. Jarass*, der im Rahmen von Ausführungen zum erweiterten Eingriffsbegriff auch „Anreizeinwirkungen" als mögliche grundrechtsrelevante Beeinträchtigungen nennt. Wie der von ihm verwendete Begriff der Anreiz*ein*wirkungen nahe legt, meint er mit diesen nicht die auf Einwirkungen durch Anreize folgenden etwaigen tatsächlichen Wirkungen in Form des anreizkonformen Verhaltens der Adressaten, sondern die Einwirkungen durch Anreize selbst, die er beschreibt als „influenzierende Einwirkungen, mit denen der Verzicht auf eine Grundrechtsausübung mit einem Vorteil verknüpft wird". Ob diese im Einzelfall einen Eingriff darstellen, will er davon abhängig machen, ob bestimmte, nicht näher konkretisierte Eingriffsschwellen überschritten werden.[181] Schließlich kann als Vertreter dieses Ansatzes wohl auch *Christian Seiler* angeführt werden, der mit Blick auf bestimmte Anreize im BEEG das Vorliegen eines Eingriffs verneint und dies (im Unterschied zum hier vertretenen Ansatz) nicht mit der positiven Natur der Anreize begründet, sondern damit, dass die Eltern

---

[177] *P. Kirchhof*, Der sanfte Verlust der Freiheit – Für ein neues Steuerrecht – klar, verständlich, gerecht, 2004, S. 15.

[178] *Hufen*, Staatsrecht II, 2018, § 8 Rn. 6, mit Verweis auf *F. Kirchhof*, Abgabenerhebung als Grundrechtsbeeinträchtigung, in: HGR III, 2009, § 59.

[179] Siehe den entsprechenden Gedanken zu negativen Anreizen oben, S. 179 ff.

[180] *Herzog*, Allgemeine Staatslehre I, 1971, S. 165.

[181] *Jarass*, Funktionen und Dimensionen der Grundrechte, in: HGR II, 2006, § 38 Rn. 20 und 21.

„nicht intensiv genug in ihrer unabhängig von staatlich eröffneten Vorteilen bestehenden Autonomie“ bedrängt würden.[182]

Gegen all diese Ansichten spricht allerdings, dass sie mit der überkommenen Grundrechtsdogmatik nicht im Einklang stehen. Denn die Eingriffsqualität von Anreizen wird hier letztlich allein damit begründet, dass der Gesetzgeber mit dem Instrument des Anreizes (ggf. hinreichend intensiv) auf den Entscheidungsfindungsprozess bzw. auf die Willensbildung der Adressaten einwirkt. Dass die Freiheitsgrundrechte Verhaltensfreiheiten schützen, während die verhaltensbezogene Willens- und Entscheidungsfreiheit kein eigenständiges Schutzgut der Grundrechte ist, und dass dementsprechend ein Eingriff in eine Verhaltensfreiheit anerkanntermaßen eine *verhaltensbezogene* Erschwernis voraussetzt, wird übergangen.

aa) Kein selbständiger Grundrechtsschutz einer Entscheidungs- oder Willensfreiheit

Wenn die Eingriffsqualität von Anreizen allein daraus folgen soll, dass es sich um zielgerichtete staatliche Einwirkungen auf den Entscheidungs- und Willensbildungsprozess handelt, und wenn damit im Ergebnis auch in positiven Anreizen Eingriffe in die Grundrechte ihrer Adressaten gesehen werden, überzeugt dies schon auf Grund des Bezugspunkts für die Feststellung einer Beeinträchtigung nicht. Denn die Entscheidungs- bzw. Willensfreiheit ist grundsätzlich kein eigenständiges Schutzgut der Grundrechte, sodass in diese auch nicht isoliert eingegriffen werden kann. Die Entscheidungs- und Willensfreiheit wird vielmehr als Vorfeld des eigentlichen Schutzgutes der Freiheitsrechte, der Ver-

---

[182] *Seiler*, Das Elterngeld im Lichte des Grundgesetzes, NVwZ 2007, 129 (132); siehe aber auch *Seiler*, Grundzüge eines öffentlichen Familienrechts, 2008, S. 115, der hier doch darauf abzustellen scheint, dass das BEEG positive Anreize setzt („als begünstigende Leistung“). Grundsätzlich könnte sein Ansatz im Ergebnis auf dasselbe oder jedenfalls Ähnliches hinauslaufen wie der hiesige, dann nämlich, wenn man davon ausgeht, dass positive Anreize niemals einen hinreichenden Intensitätsgrad erreichen. Ob *Seiler* speziell den Anreiz der Partnermonate als (gerechtfertigten) Eingriff ansieht oder (schon) die Eingriffseigenschaft verneint, ist ebenfalls nicht ganz eindeutig, vgl. *Seiler*, Das Elterngeld im Lichte des Grundgesetzes, NVwZ 2007, 129 (132): Der Gesetzgeber wahre damit „den nach der grundgesetzlichen Wertentscheidung angezeigten Respekt vor der autonomen Entscheidung der Eltern nur ungenügend. Gleichwohl ist das Elterngeld nicht aus diesem Grund verfassungswidrig. Dies belegt die hypothetische Alternative eines jedem Elternteil gewährten siebenmonatigen, dabei im Umfang von fünf Leistungsmonaten übertragbaren Erziehungsgeldes, das mit dieser positiven Formulierung den Anspruchsverlust bei nicht konformem Verhalten vermiede und deshalb insofern grundgesetzkonform wäre, das folglich nicht allein durch andere Gesetzesformulierungen verfassungswidrig werden könnte.“ Eindeutig auf die Höhe des Vorteils abstellend dagegen *Pernice-Warnke*, Elterngeld und Betreuungsgeld im Spannungsfeld zwischen verfassungsrechtlichem Familienschutz und Gleichberechtigung, FamRZ 2014, 263 (268): „Anreizwirkung (der Partnermonate sei, Erg. durch Verf.) nicht stark genug (…), da eine fortgeführte Berufstätigkeit, beispielsweise des Ehemannes, finanziell jedenfalls attraktiver als eine Inanspruchnahme der Elternzeit“ sei.

haltensfreiheit,[183] mitgeschützt. „Der Grundrechtsschutz", so das BVerfG, „bezieht sich auf Bürgerverhalten. Dieses soll frei sein."[184]

Dafür, eine Entscheidungs- oder Willensfreiheit als Maßstab für Anreize heranzuziehen, scheint zwar zu sprechen, dass der Gesetzgeber Anreize ja tatsächlich einsetzt, um auf die Verhaltens*entscheidungen* der Adressaten Einfluss zu nehmen. Dies veranschaulicht das oben entwickelte Bild der Weggabelung.[185] Die Einwirkung durch Anreize findet zeitlich gesehen statt, *bevor* die Adressaten einen der Wege einschlagen und das vom Gesetzgeber gewünschte Verhalten vornehmen oder auch nicht; und das erwünschte Verhalten soll dadurch erreicht werden, dass sich die Adressaten aufgrund des jeweiligen Anreizes für dieses entscheiden. Selbst wenn – worauf Erkenntnisse der Hirnforschung hindeuten – nicht jedes menschliche Verhalten Ausdruck eines zuvor gefassten Willens sein mag,[186] setzt also der Instrumententyp des Anreizes schon seiner Konzeption nach auf der Ebene der dem Verhalten vorgelagerten Entscheidungen an. Auch wenn aber Anreize fraglos im Vorfeld von Verhalten wirken sollen, sind sie an den Freiheitsgrundrechten als Garanten von *Verhaltens*freiheit zu messen. Denn die Freiheitsgrundrechte schützen die dem Verhalten vorgelagerte Entscheidungsfreiheit – als *verhaltensbezogene* Entscheidungsfreiheit – mit. So setzt der verfassungsrechtliche Schutz der Freiheit stets an der, gegebenenfalls auch in der Zukunft liegenden, „außenwirksamen menschlichen Handlung" und nicht an einem verhaltensbezogenen Willen an.[187] Dies kommt zum einen negativ dadurch zum Ausdruck, dass eine Entscheidungs- oder Willensfreiheit im Grundgesetz an keiner Stelle erwähnt ist.[188] Zum anderen kommt es positiv insbesondere in der Dogmatik zu Art. 2 Abs. 1 GG zum Ausdruck, nach der dieses Grundrecht die „allgemeine Handlungsfreiheit"[189] oder auch die „allgemeine Verhaltensfreiheit"[190] schützt und nach der diese Norm als ein den

[183] Ausdrücklich verhaltensbezogen beschreiben den Gewährleistungsgehalt der Freiheitsrechte etwa auch *Sodan*, in: ders., GG, 2018, Vorb. Art. 1 Rn. 46; *Kingreen/Poscher*, Grundrechte, 2019, Rn. 253 ff.; *Wernsmann*, Verhaltenslenkung in einem rationalen Steuersystem, 2005, S. 362. Siehe auch bereits oben, S. 152 ff.

[184] BVerfG 85, 386 (397).

[185] Siehe oben, S. 115 ff.

[186] Dazu *H. A. Wolff*, Die Willensfreiheit und die Grundrechte, JZ 2006, 925 ff. Siehe auch die Beiträge, insbesondere den von *Pauen*, in *Lampe/Pauen/Roth* (Hrsg.), Willensfreiheit und rechtliche Ordnung, 2008, sowie die Beiträge in *Gestrich/Wabel* (Hrsg.), Freier oder unfreier Wille? Handlungsfreiheit und Schuldfähigkeit im Dialog der Wissenschaften, BThZ Beiheft 2005.

[187] So ausdrücklich *H. A. Wolff*, Die Willensfreiheit und die Grundrechte, JZ 2006, 925 (926).

[188] Nahe läge womöglich eine Verortung beim allgemeinen Persönlichkeitsrecht nach Art. 2 Abs. 1 i. V. m. Art. 1 Abs. 1 GG.

[189] BVerfGE 6, 32 (37); 80, 137 (152 ff.); *Murswiek/Rixen*, in: Sachs, GG, 2018, Art. 2 Rn. 43; *Dreier*, in: ders., GG I, 2013, Art. 2 Abs. 1 Rn. 22 und 26 ff.

[190] Siehe *Sachs*, in: Leitgedanken des Rechts I, 2013, § 47 Rn. 1, der mit dieser Formulierung betont, dass nicht nur Handeln, sondern auch Unterlassen erfasst ist.

Schutz durch die übrigen Freiheitsrechte ergänzendes „Auffanggrundrecht“[191] angesehen wird.

Es entspricht dem herkömmlichen Verständnis der Freiheitsgrundrechte, dass der Schutz der Handlungs- und Betätigungsmöglichkeiten des Einzelnen gerade auch die Freiheit miteinschließt, sich im Verhaltensvorfeld überhaupt erst für oder gegen ein Verhalten zu entscheiden. Dementsprechend werden insbesondere auch Ge- und Verbote, obwohl auch sie auf ihre Adressaten im Vorfeld des Verhaltens einwirken (auch hier passt, wie gesehen, das Bild der Weggabelung), am Maßstab der jeweils thematisch einschlägigen Verhaltensfreiheit gemessen.[192] Zwar werden auch Eingriffe durch Rechtsbefehle gelegentlich als Beeinträchtigungen der Entscheidungs- oder Willensentschließungsfreiheit[193] beschrieben. Im Zusammenhang mit Rechtsbefehlen wird die Entscheidungs- oder Willensfreiheit aber nie als eigenständiges grundrechtliches Schutzgut behandelt, sondern selbstverständlich als zu den Verhaltensfreiheiten gehörendes Vorfeld. Begrifflich kommt dieser Vorfeldschutz zum Ausdruck, wenn als Schutzgut der Freiheitsrechte i.e.S. regelmäßig die Handlungs- und Betätigungs*möglichkeiten* des Einzelnen genannt werden.

bb) Die Eingriffsvoraussetzung einer verhaltensbezogenen Erschwernis

Wenn die Eingriffsqualität von Anreizen allein daraus folgen soll, dass es sich um zielgerichtete staatliche Einwirkungen auf den Entscheidungs- und Willensbildungsprozess handelt, und dementsprechend auch positive Anreize als Grundrechtseingriffe qualifiziert werden, überzeugt dies auch deshalb nicht, weil dabei übergangen wird, dass bei aller Einigkeit darüber, dass der Grundrechtsschutz über den Schutz vor imperativen Eingriffen hinausgehen muss, stets daran festgehalten wurde, dass ein Grundrechtseingriff zumindest eine verhaltensbezogene Erschwernis voraussetzt. So ist das moderne Eingriffsverständnis zwar in Abgrenzung zu, zugleich aber anerkanntermaßen auch in Anlehnung an den klassischen Eingriffsbegriff entwickelt worden und weiterhin zu verstehen.[194] Anderenfalls würde eintreten, wovor im Kontext mit den Erweiterungen des Eingriffsverständnisses über den klassischen Eingriffsbegriff hinaus immer wieder gewarnt wurde: Die Fälle rechtfertigungsbedürftiger Grundrechtsbeeinträchtigungen würden ins Uferlose steigen, effektiver Grundrechtsschutz würde aufgeweicht und letztlich unterlaufen.[195]

---

191 Siehe hier nur *Kahl*, Die allgemeine Handlungsfreiheit, in: HGR V, 2013, § 124 Rn. 32; *Merten*, Grundrechtlicher Schutzbereich, in: HGR III, 2009, § 56 Rn. 3.

192 Siehe oben, S. 153 ff.

193 Siehe z. B. *Roth*, Faktische Eingriffe in Freiheit und Eigentum, 1994, S. 181, nach dem „Befehle die Willensentschließungsfreiheit beseitigen“.

194 Vgl. *Sachs*, Grundrechtseingriff und Grundrechtsbetroffenheit, in: Stern, Staatsrecht III/2, 1994, § 78 S. 83; *Grabitz*, Freiheit und Verfassungsrecht, 1976, S. 28.

195 Zur Gefahr einer Uferlosigkeit bei der Annahme von Eingriffen siehe *Gallwas*, Faktische Beeinträchtigungen im Bereich der Grundrechte, 1970, S. 75; *D. Birk*, Das Leistungsfä-

Bei der Darstellung des heute herrschenden Eingriffsverständnisses wird daher in der Regel vom klassischen Eingriffsbegriff ausgegangen[196] und das Erfordernis einer gewissen Nähe bzw. gewisser Parallelen zum klassischen Eingriff betont. Es gehe bei der Erweiterung nicht darum, etwas Gegenläufiges, völlig Anderes zu entwickeln, sondern nur darum, partielle Lockerungen vorzunehmen bzw. „das klassische Gebäude der Eingriffsabwehr" durch „Anbauten" zu „ergänzen"[197]. Dementsprechend ist auch nach dem von der Literatur heute ganz überwiegend verwendeten sog. modernen Eingriffsbegriff als Eingriff (nur) jedes staatliche Handeln anzusehen, das dem Einzelnen ein Verhalten, das in den Schutzbereich eines Grundrechts fällt, ganz oder teilweise unmöglich macht oder wesentlich (teilweise auch erheblich) erschwert.[198]

Vordergründig stützen sich zwar auch diejenigen, die einen Eingriff durch Anreize in der bloßen Einwirkung auf die Willensbildung sehen, häufig auf den modernen Eingriffsbegriff, den sie zum Teil auch ausdrücklich zitieren. Sie gehen dabei aber stillschweigend darüber hinweg, dass ein Eingriff danach eben nicht etwa eine Erschwernis der (in welchem Sinne auch immer) Willensbildung oder Entscheidungsfindung erfordert, sondern die Unmöglichkeit oder Erschwernis eines Verhaltens. Damit gehen sie auch deshalb ersichtlich zu weit, weil nach ihrer Konzeption nicht nur über die Rechtmäßigkeit von Anreizen „grundsätzlich auf der Ebene der Rechtfertigung" [199] zu entscheiden wäre, sondern man konsequenterweise auch sämtliche anderen Maßnahmen des Staates, die unmittelbar auf Verhaltensbeeinflussung zielen, als Eingriffe zu qualifizieren hätte.

Eine Argumentation, nach der jegliche unmittelbare Einwirkung auf die Willensbildung einen Grundrechtseingriff konstituieren soll, setzt sich schließlich in Widerspruch zu der in Bezug auf staatliche Informationsvermittlung anerkannten Eingriffsdogmatik. Denn im Hinblick auf Informationsmaßnahmen, die im Vorfeld des Verhaltens und teils auch sehr subtil auf die Willensbildung und Entscheidungsfindung einwirken, wird, wie bereits im Ersten Teil der vorliegenden Untersuchung[200] ausgeführt, in der Regel nicht einmal daran gedacht, diese mit Blick auf die Grundrechte der Informationsempfänger überhaupt zu

higkeitsprinzip als Maßstab der Steuernormen, 1983, S. 197; *Weber-Dürler*, Der Grundrechtseingriff, VVDStRL 57 (1998), S. 57 (76); *Friauf*, Zur Rolle der Grundrechte im Interventions- und Leistungsstaat, DVBl 1971, 674 (681); *Voßkuhle/Kaiser*, Der Grundrechtseingriff, JuS 2009, 313 (314).

[196] Z.B. *Sachs*, Grundrechtseingriff und Grundrechtsbetroffenheit, in: Stern, Staatsrecht III/2, 1994, § 78 S. 82 f.; *Hillgruber*, Grundrechtlicher Schutzbereich, Grundrechtsausgestaltung und Grundrechtseingriff, in: HStR IX, 2011, § 200 Rn. 89; *Epping*, Grundrechte, 2019, Rn. 393; *Kingreen/Poscher*, Grundrechte, 2019, Rn. 293.

[197] *Bethge*, Der Grundrechtseingriff, VVdStRL 57 (1998), S. 7 (14) m.w.N.: „Anbauten (...), die das klassische Gebäude der Eingriffsabwehr ergänzen."

[198] Siehe bereits oben, S. 164 mit Nachweisen in Fn. 77.

[199] So *Sacksofsky*, Anreize, in: GVwR II, 2012, § 40 Rn. 81.

[200] Siehe oben, S. 95 f.

problematisieren. Und soweit vereinzelt die Frage einer möglichen Grundrechtsbeeinträchtigung der Informationsempfänger doch gestellt wird, wird jedenfalls nicht von der bloßen zielgerichteten staatlichen Einflussnahme gleich auf einen Eingriff geschlossen.[201] Vielmehr wird ein Eingriff überzeugenderweise und ganz dem hiesigen Ansatz entsprechend nur angenommen, wenn die fragliche Informationsmaßnahme Verhaltensoptionen der Adressaten einschränkt.[202] So führt *Christoph Gusy* zutreffend aus, dass eine staatliche Information, die, wie etwa eine Information über die Behördenöffnungszeiten, „ausschließlich eine Vergrößerung der Zahl der Handlungsmöglichkeiten oder -optionen der Bürger" bewirke, deren Freiheit damit vergrößere und nicht in sie eingreife.[203] Anderes möge (nur) gelten, „wenn Informationen auf eine Verringerung der Handlungsoptionen gerichtet sind, indem (die Adressaten) aufgefordert werden, rechtlich und faktisch mögliche Verhaltensweisen zu unterlassen. In solchen Fällen sind Anwendbarkeit und Einschlägigkeit von Grundrechten jedenfalls nicht von vornherein zu verneinen".[204]

c) Kein Eingriff allein wegen verursachter Verhaltensänderung

Wie bereits am Schluss der Ausführungen zur Eingriffsqualität negativer Anreize angesprochen, kommt auch der dort geschilderte wirkungsbezogene Ansatz zu dem Ergebnis, positive Anreize (in der Regel) als Eingriffe in die Grundrechte ihrer Adressaten anzusehen. Denn nach diesem kommt es entscheidend darauf an, ob – und gar nicht darauf, wie – Anreize Verhaltenswirkungen verursachen.[205] Während dieser Ansatz im Hinblick auf negative Anreize zu dem vergleichsweise restriktiven Ergebnis führt, dass diese nur dann als rechtfertigungsbedürftige Grundrechtseingriffe angesehen werden, wenn sie Verhaltensänderungen bewirken,[206] führt er im Hinblick auf positive Anreize, die er als Eingriffe erscheinen lässt, wenn sie denn tatsächliche Verhaltensänderungen

---

[201] Siehe etwa *Hillgruber*, Grundrechtlicher Schutzbereich, Grundrechtsausgestaltung und Grundrechtseingriff, in: HStR IX, 2011, §200 Rn. 78. „Die bloße Eignung zur Verhaltensbeeinflussung oder -steuerung, die man kaum einer wie auch immer gearteten staatlichen Maßnahme wird absprechen können, reicht (für die Annahme eines Eingriffs, Erg. durch Verf.) dagegen nicht aus. Daher bedeuten auch staatlicherseits verbreitete Informationen und appellative Warnungen oder Empfehlungen keinen Eingriff in die Verhaltensfreiheit der Informierten, Gewarnten oder zu einem bestimmten Verhalten Angeregten (…)." In Bezug auf Gesundheitsinformationen, mit denen Verhalten beeinflusst werden soll, *Huster*, Selbstbestimmung, Gerechtigkeit und Gesundheit, 2015, S. 20f.: „Die reine Aufklärung über Gesundheitsrisiken stellt keinen Freiheitseingriff dar (…)".

[202] Dazu auch noch unten, S. 215.

[203] *Gusy*, Informationsbeziehungen zwischen Staat und Bürger, in: GVwR II, 2012, §23 Rn. 100, mit dem Beispiel der Behördenöffnungszeiten in Fn. 417.

[204] *Gusy*, Informationsbeziehungen zwischen Staat und Bürger, in: GVwR II, 2012, §23 Rn. 100.

[205] *Wernsmann*, Steuerlenkung, in: Leitgedanken des Rechts II, 2013, §152 Rn. 3 und 15.

[206] Dazu oben, S. 178.

bewirken[207], zu einer vergleichsweise großzügigen Annahme von Grundrechtseingriffen. Überzeugend ist dies nicht. Denn auch dieser Ansatz übergeht, dass Voraussetzung eines Eingriffs, auch nach dem modernen Verständnis, eine verhaltensbezogene Erschwernis ist.

3. Zum Problem einer Unterscheidung positiver und negativer Anreize

Wenn die Eingriffsqualität von Anreizen nach den bisherigen Ausführungen davon abhängt, ob den Anreizadressaten Vor- oder Nachteile in Aussicht gestellt werden, kommt entscheidende Bedeutung der entsprechenden Unterscheidung zu. Diese kann Schwierigkeiten machen. Denn, wie *Ute Sacksofsky* zu Recht betont, ist eine klare Unterscheidung positiver und negativer Anreize nur möglich, „wo der ‚Normalzustand' eindeutig definiert ist".[208] Nur von diesem „Normalzustand" ausgehend, lässt sich sagen, ob der Gesetzgeber das gewünschte Verhalten mit einem Vorteil oder das unerwünschte Verhalten mit einem Nachteil verbunden hat. Auch in der steuerrechtlichen Literatur wird im Kontext mit Anreizen das Problem gesehen, „die Regel von der Ausnahme zu unterscheiden"[209]. Die Größe dieses Problems wird allerdings überschätzt, wenn davon ausgegangen wird, dass es nur in Ausnahmefällen überhaupt möglich sein soll, Anreize eindeutig als positiv oder negativ zu qualifizieren.[210] Denn unbeschadet einzelner Zweifelsfälle ist die Unterscheidung grundsätzlich möglich. So geht denn auch die steuerrechtliche Literatur und Rechtsprechung, die mit der Frage angesichts der großen Zahl von Anreizen im Steuerrecht häufig konfrontiert ist, trotz einzelner Streitfragen,[211] selbstverständlich davon aus, dass eine eindeutige Zuordnung von Lenkungsnormen zu den Kategorien der Begünstigung und der Belastung grundsätzlich möglich ist.[212] Das Problem, die Regel von der Ausnahme zu unterscheiden, stellt sich demnach nur „in Einzelfällen".[213]

---

[207] *Wernsmann*, Steuerlenkung, in: Leitgedanken des Rechts II, 2013, § 152 Rn. 3, in Bezug auf Anreize im Steuerrecht.

[208] *Sacksofsky*, Anreize, in: GVwR II, 2012, § 40 Rn. 5.

[209] *P. Kirchhof*, Steuersubventionen, in: FS für Peter Selmer, 2004, S. 745 (751).

[210] So aber *Sacksofsky*, Anreize, in: GVwR II, 2012, § 40 Rn. 5, nach der es sich bei der früheren Eigenheimzulage (nach § 19 Abs. 9 des Eigenheimzulagengesetzes in der Fassung der Bekanntmachung v. 26. März 1997, BGBl. I, S. 734, zuletzt geändert durch Art. 8 d. Gesetzes v. 18. Juli 2014, BGBl. I, S. 1042) um eines der wenigen Beispiele für einen eindeutig positiven Anreiz handeln soll.

[211] Zu diesen unten, S. 193 ff.

[212] *Jochum*, Die Steuervergünstigung, 2006, S. 56 ff.; *Wernsmann*, Verhaltenslenkung in einem rationalen Steuersystem, 2005, S. 91 ff.; *Tipke*, Steuerrechtsordnung I, 2000, § 4 S. 78; *Hey*, Steuersystem und Steuerverfassungsrecht, in: Tipke/Lang, Steuerrecht, 2018, § 3 Rn. 21 m. w. N.

[213] *P. Kirchhof*, Steuersubventionen, in: FS für Peter Selmer, 2004, S. 745 (751); für die Unterscheidung im Hinblick auf das Steuerrecht verweist *Kirchhof* auf die Rechtsprechung des BVerfG, nach der der Steuergesetzgeber „einen Entscheidungs- und Gestaltungsspielraum

a) Der „normative Normalfall“ als Ausgangspunkt

Um eine eindeutige Zuordnung der Anreize zu erreichen, ist eine normativ-wertende Betrachtung des konkreten Regelungskontextes vorzunehmen, in dem ein Anreiz eingesetzt wird, und auf dieser Basis der maßgebliche Normalfall zu bestimmen, im Vergleich zu dem sodann festgestellt werden kann, ob der Eintritt der in Aussicht gestellten Rechtsfolge für die Anreizadressaten einen Vor- oder einen Nachteil bedeutet.

Da der maßgebliche „normative Normalfall“ danach nur mit Blick auf den jeweiligen konkreten Regelungszusammenhang bestimmt werden kann, lässt sich über diesen kaum Allgemeines sagen. Was gemeint ist, soll hier aber beispielhaft anhand des Anreizes in § 3d KraftStG gezeigt werden: Im Ergebnis handelt es sich bei diesem, wie oben zunächst ohne weitere Begründung angenommen wurde, um einen positiven Anreiz. Denn der Gesetzgeber hat sich bei dessen Gestaltung dafür entschieden, das erwünschte Verhalten (Kauf eines Elektrofahrzeugs) mit einer positiven Rechtsfolge (befristete Steuerbefreiung) zu verbinden.

Dass § 3d KraftStG nicht nur seinem Wortlaut nach, sondern auch „materiell“ eine Begünstigung für das Halten von Elektrofahrzeugen – und nicht eigentlich eine (zusätzliche) Belastung für das Halten konventioneller Fahrzeuge – vorsieht, kann (nur) festgestellt werden, wenn man aufgrund einer normativen Betrachtung des konkreten Regelungskontextes richtigerweise davon ausgeht, dass der in diesem Falle maßgebliche Normalfall die Pflicht zur Zahlung der KFZ-Steuer ist. Zwar soll auf die Steuerrechtsdogmatik hier nicht vertieft eingegangen werden. Das insofern Wesentliche lässt sich aber, unter Inkaufnahme des Verlusts von Tiefenschärfe, kurz darstellen: Ganz grundsätzlich wird im Steuerrecht als Normalfall, von dem ausgehend die belastende oder begünstigende Qualität von Rechtsfolgen zu bestimmen ist, die Besteuerung nach der individuellen wirtschaftlichen Leistungsfähigkeit angesehen. Dass die Gleichheit der Besteuerung als „Ausgangsfall“[214] anzusehen ist, folgt aus dem sog. Leistungsfähigkeitsprinzip, das als Konkretisierung des allgemeinen Gleichbehandlungsgebotes in Art. 3 Abs. 1 GG verortet wird.[215] Das KraftStG fügt sich

---

hat, er dann aber die einmal getroffene Belastungsentscheidung grundsätzlich folgerichtig und widerspruchsfrei ausgestalten und umsetzen muss“; sei etwa „die Einkommensteuer als staatliche Teilhabe an dem individuell verfügbaren Erfolg am Markt verstanden“, so ließen sich insofern „Regel und Ausnahme deutlich unterscheiden“.

[214] *Jochum*, Die Steuervergünstigung 2006, S. 87; vgl. auch *Osterloh*, Lenkungsnormen im Einkommensteuerrecht, DStJG 24 (2001), S. 383 (388).

[215] Zum Leistungsfähigkeitsprinzip BVerfGE 61, 319 (344); 66, 214 (223); 82, 60 (86); 135, 126 (144 f.); *D. Birk*, Das Leistungsfähigkeitsprinzip als Maßstab der Steuernormen, 1983, S. 161 ff.; *Wieland*, Die Konzessionsabgaben, 1992, S. 239 ff.; *Desens*, Die Verwirklichung des Leistungsfähigkeitsprinzips als Maßstab der Steuernormen in der Rechtsprechung des BVerfG, StuW 2016, 240 ff.; *F. Kirchhof*, Das Leistungsfähigkeitsprinzip nach dem Grundgesetz – Zustand und Zukunft, BB 2017, 662 ff.; *Waldhoff*, Grundzüge des Finanzrechts des

in dieses System ein, indem es das Halten von Fahrzeugen zum Verkehr auf öffentlichen Straßen unter Zugrundelegung einer zulässigen, typisierenden Betrachtung als Ausdruck erhöhter finanzieller Leistungsfähigkeit begreift[216] und es grundsätzlich einer speziellen Besteuerung unterwirft (§ 1 KraftStG). Die (befristete) Steuerbefreiung für bestimmte Fahrzeuge ist in diesem normativen Kontext als positive Rechtsfolge zu qualifizieren, denn sie „entlastet den Steuerpflichtigen von einer Regelsteuerlast"[217].

Ein (verlängerter) negativer Anreiz und daher ein rechtfertigungsbedürftiger Grundrechtseingriff gegenüber seinen Adressaten ist dagegen im Luftverkehrsteuergesetz enthalten, soweit dieses vom Gesetzgeber als Instrument eingesetzt wird,[218] um zu umwelt- und klimapolitischen Zwecken das Fliegen zu reduzieren. Der Steuergesetzgeber verbindet dieses Verhalten dabei mit der Entstehung einer besonderen Steuer, deren Schuldner zwar die Luftverkehrsunternehmen sind, die aber auf Abwälzung auf die Endverbraucher gerichtet ist[219]. Auffällig ist insofern, dass das BVerfG, als es das Luftfahrzeugsteuergesetz im Rahmen eines Normenkontrollverfahrens zu überprüfen hatte, die Freiheitsrechte der potenziellen Passagiere als Anreizadressaten, die vom Fliegen abgehalten werden sollen (und ggf. werden), nicht angesprochen hat. Zwar registrierte das Gericht ausdrücklich, dass das Gesetz neben der Einnahmenerzielung darauf gerichtet ist, „zum Schutz der Umwelt, insbesondere des Klimas, Flugkilometer zu begrenzen".[220] Auch behandelte das Gericht die Besteuerung des Fliegens als belastende Ausnahme von einer Regelsteuerlast,[221] sodass es der Sache nach einen negativen Anreiz annahm und einen rechtfertigungsbedürftigen Eingriff in die Grundrechte der Anreizadressaten hätte feststellen müssen. Stattdessen aber prüfte es in freiheitsrechtlicher Hinsicht nur eine etwaige Verletzung der Grundrechte derjenigen, die dem Anreiz nicht folgen, d. h. der „Passagiere"[222],

Grundgesetzes, in: HStR V, 2007, § 116 Rn. 98, 100 und 105; *Schuppert*, Verfassungsrechtliche Prüfungsmaßstäbe bei der verfassungsgerichtlichen Überprüfung von Steuergesetzen, in: FS für Wolfgang Zeidler I, 1987, S. 691 (710 ff.).

216 Als negative Rechtsfolge ist die Entstehung eines Steueranspruchs aufgrund des Haltens von Kraftfahrzeugen im Allgemeinen freilich zu werten, wenn man in der KFZ-Besteuerung selbst einen Anreiz sehen will, der darauf gerichtet ist, Menschen dazu zu bringen, auf das Halten eines Fahrzeugs zu verzichten. Der Gesetzgeber hat eine entsprechende Steuerungsabsicht allerdings, soweit ersichtlich, nicht geäußert. Und auch in der Literatur geht man davon aus, dass es sich bei der KFZ-Besteuerung als solcher um eine Besteuerung handelt, die im Rahmen zulässiger Typisierung an der Leistungsfähigkeit orientiert ist.

217 So die allgemeine Definition der Steuersubvention bei *P. Kirchhof*, Steuersubventionen, in: FS für Peter Selmer, 2004, S. 745 (750).

218 Vgl. BT-Drs. 17/3030, S. 23.

219 Zu indirekten Steuern und verlängerten Anreizen oben, S. 133 f.

220 BVerfGE 137, 350 (368).

221 BVerfGE 137, 350 (368 f.).

222 BVerfGE 137, 350 (376 ff.). Daneben prüft und verneint das BVerfG die Verletzung der Rechte der Luftverkehrsunternehmen.

die von dem entsprechenden Rechtsbefehl betroffenen sind und als Steuerträger[223] durch die Steuer belastet werden.[224]

Für nicht-steuerliche Abgaben muss der „normative Normalfall“ gegebenenfalls abweichend bestimmt werden. So folgt beispielsweise für Gebühren aus Art. 3 Abs. 1 GG und dem aus dem Verhältnismäßigkeitsprinzip hergeleiteten Äquivalenzprinzip[225], dass deren Höhe grundsätzlich dem Wert der staatlichen Gegenleistung entsprechen muss.[226] Da derartige Abgaben, wenn sie zu Lenkungszwecken eingesetzt werden, in der Regel höher ausfallen als der Wert der Gegenleistung, handelt es sich bei den entsprechenden (Satzungs-)Normen in der Regel um negative Anreize.

Wie bereits erwähnt, ist die Bestimmung des entscheidenden jeweiligen normativen Normalfalls keineswegs immer einfach. Streiten kann man etwa in Bezug auf Steuerrechtsnormen, die die begrenzte Absetzbarkeit bestimmter Kosten (Kosten für Kinderbetreuung, Kinderfreibetrag, Kosten fürs Pendeln) vorsehen, darüber, ob diese Begünstigungen oder Belastungen bedeuten – oder ob sie nur für eine dem Leistungsfähigkeitsprinzip entsprechende Besteuerung sorgen.[227] Die Existenz umstrittener Fälle stellt aber nicht in Frage, dass eine Bestimmung des normativen Normalfalls grundsätzlich möglich ist.

Klarzustellen bleibt, dass losgelöst von einem normativen Normalfall eine eindeutige Qualifizierung von Anreizen als positiv oder negativ und damit eine Aussage über ihre Eingriffsqualität nicht möglich ist. Insbesondere kommt man zu keinen eindeutigen Ergebnissen, wenn man bei der Beantwortung der Frage,

---

[223] Die Luftverkehrsteuer ist als indirekte Steuer ausgestaltet, d. h. sie ist von den Luftverkehrsunternehmen zu entrichten, wird aber auf die Fluggäste überwälzt. Zu indirekten Steuern oben, S. 133 f.

[224] Das BVerfG prüfte nur die Berufsfreiheit der Passagiere und verneinte einen Eingriff in die Grundrechte der Passagiere, da die Steuer alle Verbraucher ungeachtet ihrer beruflichen Tätigkeit trifft und es daher an einer berufsregelnden Tendenz fehlt, BVerfGE 137, 350 (376 f.). Neben einer Verletzung der Berufsfreiheit prüfte das BVerfG zurecht auch eine Verletzung von Art. 3 Abs. 1 GG. Zu der entsprechenden Gleichheitsfrage, die durch Normen, die einfache Anreize enthalten, stets aufgeworfen wird, unten S. 205 ff.

[225] BVerfG 83, 363 (392); allgemein zum Äquivalenzprinzip *Schmehl*, Das Äquivalenzprinzip im Recht der Staatsfinanzierung, 2004; *Tipke*, Steuerrechtsordnung I, 2000, § 9 S. 476 ff.

[226] BVerfG 83, 363 (392); *Wieland*, Die Konzessionsabgaben, 1992, S. 318; *Schmehl*, Das Äquivalenzprinzip im Recht der Staatsfinanzierung, 2004, S. 112 ff.; *Seer*, Finanzverfassungsrechtliche Grundlagen der Steuerrechtsordnung, in: Tipke/Lang, Steuerrecht, 2018, § 2 Rn. 20 (mit Ausführungen zu Lenkungsgebühren und w.N. in Rn. 22). *Wieland*, Gebühren, Beiträge und Sonderabgaben im System der Kommunalfinanzierung, DStJG 35 (2012), S. 159 (168).

[227] Siehe etwa speziell zur Unterscheidung von Regel und Ausnahme im Kontext des § 9 Abs. 1 S. 3 Nr. 4 EStG *P. Kirchhof*, Steuersubventionen, in: FS für Peter Selmer, 2004, S. 745 (752 f.); *Wernsmann*, Verhaltenslenkung in einem rationalen Steuersystem, 2005, S. 93 f. Ebenfalls streiten kann man über die Frage, ob es sich beim sog. Ehegattensplitting um eine Steuervergünstigung handelt oder ob § 26b EStG der Sicherung einer leistungsgerechten Besteuerung dient; BVerfGE 61, 319 (345 f.) geht von Letzterem aus, kritisch dazu *Osterloh*, Lenkungsnormen im Einkommensteuerrecht, DStJG 24 (2001), S. 383 (392).

ob der Gesetzgeber den Anreizadressaten einen Vor- oder einen Nachteil in Aussicht stellt, darauf abstellt, ob durch die jeweilige fragliche Norm eine Verhaltensalternative *gegenüber der jeweils anderen* bevorzugt oder benachteiligt wird.[228] Denn es entspricht ja gerade der Wirkungslogik der Anreize des Typs der Tatbestand-Rechtsfolge-Verknüpfung, dass *immer* beides der Fall ist, dass also immer eine Verhaltensalternative gegenüber der anderen bevorzugt und im Umkehrschluss auch eine Verhaltensalternative gegenüber der anderen benachteiligt wird.

Zumindest missverständlich erscheinen demnach Ausführungen, wonach zwar „nicht schon jedes Einwirken des Staates auf den im Übrigen freien Entschluss des Einzelnen" ein Grundrechtseingriff sein soll, Verhalten aber etwa da in grundrechtserheblicher Weise faktisch erschwert sein könne, „wo ein Grundrecht nur unter Inkaufnahme empfindlicher Nachteile, zum Beispiel dem Verzicht auf öffentliche Leistungen, ausgeübt werden kann (...)".[229] Zwar ist dieser Aussage zuzustimmen, soweit danach ein Eingriff nur anzunehmen ist, wenn Verhalten mit Nachteilen verbunden wird, wenn also negative Anreize vorliegen.[230] Soweit aber ausgerechnet der „Verzicht" auf öffentliche Leistungen als Beispiel für einen Nachteil genannt wird, muss nach dem bisher Gesagten betont werden, dass es keineswegs immer als freiheitsrechtlich relevanter Nachteil anzusehen ist, wenn ein Anspruch auf eine Leistung nicht entsteht, sondern nur dann, wenn der Anspruch auf diese Leistung den normativen Normalfall darstellt. Eindeutig zu widersprechen ist daher dem LSG Niedersachsen-Bremen, wenn es bei seiner Bewertung des bereits mehrfach erwähnten Anreizes in der Regelung über die Partnermonate beim Elterngeld dessen vermeintliche Eingriffsqualität damit begründet, dass eine Freiheitsbeeinträchtigung immer dann vorliege, „wenn der Staat (oder auch private Dritte) an einzelne in Betracht kommende Entscheidungsvarianten Nachteile anknüpfen".[231] Denn die §§ 4 Abs. 4 S. 1 und 2 BEEG benachteiligen (als Rechtsbefehle) zwar Eltern, die sich die Elternzeit nicht teilen, gegenüber Eltern, die dies tun, was, worauf noch einzugehen ist,[232] *gleichheits*rechtlich problematisiert werden muss. Die *freiheits*rechtlich entscheidende Frage aber ist, ob § 4 Abs. 4 S. 2 BEEG (als Anreiz) den Adressaten mit dem Anspruch auf 14 Monate Elterngeld einen Vorteil in Aussicht stellt *oder* ob vielmehr § 4 Abs. 4 S. 1 BEEG (als Anreiz) mit dem An-

---

228 Siehe aber *Sacksofsky*, Anreize, in: GVwR II, 2012, § 40 Rn. 5, mit Blick auf eine dem § 3d KraftStG sehr ähnliche Norm, den inzwischen außer Kraft getretenen § 3b KraftStG, der eine Steuerermäßigung für Fahrzeuge mit neuem Luftschadstoff-Filtern vorsah.

229 *Grimm*, Verfassungsrechtliche Anmerkungen zum Thema Prävention, KritV 1986, 38 (50).

230 Siehe oben, S. 157 ff.

231 LSG Niedersachsen-Bremen, Vorlagebeschl. v. 13. April 2011 – L 2 EG 20/10, juris Rn. 84, in Bezug auf § 4 Abs. 3 S. 1 BEEG in der Fassung des Art. 1 des Gesetzes zur Einführung des Elterngeldes v. 5. Dezember 2006, BGBl I, S. 2748.

232 Siehe unten, S. 206.

spruch auf (nur) zwölf Monate einen Nachteil in Aussicht stellt. Da auf keine der Leistungen ein verfassungsrechtlicher Anspruch besteht, sind sie beide als (unterschiedlich große) Vorteile anzusehen, es trifft also ersteres zu.

b) Spezialfall: Auch-negative Anreize

Kommt es nach dem bisher Gesagten bei der Unterscheidung zwischen positiven und negativen Anreizen darauf an, ob den Anreizadressaten, ausgehend vom normativen Normalfall, ein Vor- oder ein Nachteil in Aussicht gestellt wird, sind zwar die meisten Anreize *entweder* positiv *oder* negativ. Als Spezialfall wurden allerdings schon im Rahmen der Untersuchung von Anreizen aus der Steuerungsperspektive oben solche Anreize des Typs der Tatbestand-Rechtsfolge-Verknüpfung angeführt, bei denen der Gesetzgeber den Adressaten nicht einen für sich stehenden Vor- *oder* einen Nachteil in Aussicht stellt, sondern das erwünschte oder unerwünschte Verhalten mit einer Bevorzugung oder Benachteiligung gegenüber Dritten bei Verteilung von etwas nur begrenzt Vorhandenem (Güter, Ressourcen, Aufträge) verbindet.[233] Zu diesen Anreizen, die sich in großer Zahl in Normen des Vergabe- und Subventionsrecht finden, wurde oben festgestellt, dass der Steuerungsakteur den Adressaten mit diesen im Ergebnis einen Vor- *und* einen Nachteil in Aussicht stellt.[234] Verfassungsrechtlich sind solche Anreize als auch-negative Anreize und damit als Grundrechtseingriffe zu behandelt.[235]

Einen Eingriff in die Berufsfreiheit der Adressaten stellt dementsprechend der im Rahmen dieser Arbeit schon mehrfach beispielhaft angeführte Anreiz in §§ 4, 6 FrauFöV Bbg[236] dar, der darauf gerichtet ist, die an Aufträgen des Landes Brandenburg interessierten Unternehmen dazu zu bringen, Frauenfördermaßnahmen vorzunehmen.[237] Um dieses Ziel zu erreichen, hat der Gesetzgeber formell das erwünschte Verhalten mit einem Vorteil verbunden. Denn nach § 4 FrauFöV Bbg sind Bieter, „die sich der Gleichstellung von Frauen im Erwerbsleben angenommen haben und im Verhältnis zu den übrigen Bietern im Zeitpunkt der Angebotsabgabe einen höheren Frauenanteil an den Beschäftigten (…) aufweisen und Frauen in höherem Maße in qualifizierten Positionen beschäftigen", „bevorzugte Bieter", was nach § 6 FrauFöV Bbg bedeutet, dass diesen, wenn ihr Angebot gleichwertig ist mit dem wirtschaftlichsten oder an-

---

233 Siehe oben, S. 122f.

234 Siehe oben, S. 122.

235 A. A. *Burgi*, Vergabefremde Zwecke und Verfassungsrecht, NZBau 2001, 64 (66).

236 Erstmals oben, S. 13f.

237 Vgl. *Fehling*, in: Pünder/Schellenberg, Vergaberecht, 2019, § 97 Rn. 113, der im Hinblick auf Anreize zur Abgabe rechtsverbindlicher Verpflichtungserklärungen (zu diesem Typus oben, S. 128ff.) feststellt, dass es sich um Eingriffe handele. Diese sollen nach *Fehling* ein relativ geringes Gewicht haben, allerdings, wie er betont, nicht wegen der freiwilligen Teilnahme am Vergabewettbewerb und der nur punktuellen auftragsbezogenen Wirkung der eingegangenen Verpflichtung, sondern weil es sich um bloße Berufsausübungsregelungen handelt.

nehmbarsten Angebot eines anderen Bieters, der Zuschlag gegeben werden soll. Materiell allerdings stellen die §§ 4, 6 FrauFöV Bbg, wie oben im Rahmen der steuerungsorientierten Untersuchung festgestellt,[238] zugleich für den Fall des unerwünschten Verhaltens einen Nachteil in Aussicht. Denn der maßgebliche, im Wege einer normativ-wertenden Betrachtung zu ermittelnde Normalfall bei der Vergabe öffentlicher Aufträge besteht darin, dass Chancengleichheit besteht und das wirtschaftlichste und annehmbarste Angebot den Zuschlag erhält.[239] Mit der insofern bestehenden Vorteilhaftigkeit der Rechtsfolge der Bevorzugung geht hier folglich spiegelbildlich eine Benachteiligung bei der Zuschlagserteilung einher.

III. Einfache Anreize und Gleichheitsfragen

Neben den Freiheitsrechten kommen als Maßstäbe für Anreize grundsätzlich auch die Gleichheitsrechte in Betracht. Denn als staatlicherseits eingesetzte Instrumente müssen diese selbstverständlich gleichheitsgerecht ausgestaltet sein. Dass *Normen*, die einfache Anreize *enthalten*, insofern problematisch sind, ist offensichtlich. Denn sie sind ihrer ganzen Konzeption nach auf eine Ungleichbehandlung, nämlich darauf angelegt, dass zugunsten oder -ungunsten derjenigen, die den Tatbestand erfüllen, die Rechtsfolge eintritt, während sie zugunsten oder -ungunsten derjenigen, die den Tatbestand nicht erfüllen, ausbleibt. Auf der Grundlage der steuerungsorientierten Untersuchung dieser Anreize ist dazu allerdings zunächst festzustellen, dass die damit angesprochene Ungleichbehandlung nicht von den Anreizen als solchen ausgeht. Vielmehr ist die Ungleichbehandlung in dem in denselben Normen enthaltenen jeweiligen Rechtsbefehl angelegt, sodass es dieser ist, der insoweit der verfassungsrechtlichen Rechtfertigung bedarf.

Im Ergebnis jedoch bedeutet dies, dass der Gesetzgeber am Einsatz bestimmter Anreize gehindert sein kann. Denn wenn die Rechtfertigung der Ungleichbehandlung im Einzelfall nicht gelingt, macht der Gleichheitsverstoß die gesamte Norm verfassungswidrig, sodass im Ergebnis auch der entsprechende Anreiz aus verfassungsrechtlichen Gründen nicht gesetzt werden kann. Da auch Normen, die positive Anreize enthalten und die damit freiheitsrechtlich unbedenklich sind, gegen Gleichheitsrechte verstoßen können, erweisen sich

---

[238] Siehe oben, S. 122.

[239] Vgl. *Ziekow*, in: ders./Völlink, Vergaberecht Kommentar, 2018, GWB Einl. Rn. 19 und § 97 Rn. 18 f.; *Pünder*, Vergaberecht, in: Ehlers/Fehling/Pünder, Besonderes Verwaltungsrecht I, 2019, § 17 Rn. 96; *Dörr*, in: Burgi/Dreher, Beck'scher Vergaberechtskommentar I, 2017, Einl. 95. Zur zentralen Bedeutung des Gleichbehandlungsgrundsatzes als unionsrechtliches Prinzip bei der Vergabe staatlicher Aufträge siehe hier nur *Huerkamp*, Gleichbehandlung und Transparenz als gemeinschaftsrechtliche Prinzipien der staatlichen Auftragsvergabe, 2010.

gleichheitsrechtliche Maßstäbe damit als für das Schicksal der Anreize insgesamt letztlich noch bedeutsamer als die freiheitsrechtlichen Maßstäbe, an denen die Anreize als solche zu messen sind.

1. Einfache Anreize am Maßstab der Gleichheitsrechte

Vergegenwärtigt man sich die im Rahmen der steuerungsorientierten Untersuchung von Anreizen beschriebene Wirkungslogik von Anreizen des Typs der Tatbestand-Rechtsfolge-Verknüpfung,[240] ist leicht ersichtlich, dass diese, als solche, das in Art. 3 Abs. 1 GG enthaltene Verbot, wesentlich Gleiches willkürlich ungleich und wesentlich Ungleiches willkürlich gleich zu behandeln,[241] typischerweise[242] nicht verletzen.[243] Denn mit dem Instrument des Anreizes wirkt der Gesetzgeber auf alle Anreizadressaten in gleicher Weise ein, behandelt diese also nicht ungleich. Zugleich bestehen zwischen den Adressaten von Anreizen auch keine Ungleichheiten, die *verlangen* würden, dass man sie ungleich behandelt.

a) Regelmäßig keine Ungleichbehandlung der Anreizadressaten

Die Untersuchung aus der Steuerungsperspektive hat ergeben, dass der Gesetzgeber, der einen Anreiz des Typs der Tatbestand-Rechtsfolge-Verknüpfung einsetzt, um Verhalten zu beeinflussen, dabei *einer einheitlichen* Gruppe, nämlich allen Anreizadressaten, *gleichermaßen* für den Fall eines bestimmten Verhaltens den Eintritt einer Rechtsfolge und für den Fall eines alternativen Verhaltens deren Ausbleiben in Aussicht stellt.[244] Zur Veranschaulichung kann ein weiteres Mal das bei der Untersuchung der Anreize aus der Steuerungsperspektive entwickelte Bild der Weggabelung herangezogen werden, an der sich der Weg tatbestandsmäßigen von dem tatbestandsalternativen Verhaltens scheidet.[245] Indem der Gesetzgeber einen Anreiz setzt, stellt er der an diesem Ort stehenden Gruppe der Anreizadressaten für den Fall, dass sie den einen Weg einschlagen, den Eintritt einer Rechtsfolge in Aussicht, und signalisiert ihnen zugleich, dass, wenn sie den anderen Weg gehen, der Eintritt der Rechtsfolge ausbleiben wird. Greift der Anreiz damit, zeitlich betrachtet, *bevor* einer der Wege beschritten wird, also im *Vorfeld* der Verwirklichung des Tatbestandes, greift er erst recht

240 Siehe oben, S. 117ff.

241 St. Rspr., BVerfGE 42, 64 (72); 49, 148 (165). *Pietzcker*, Der Allgemeine Gleichheitssatz, in: HGR V, 2013, § 125 Rn. 32; *Wollenschläger*, in: v. Mangoldt/Klein/Starck, GG I, 2018, Art. 3 Rn. 66. Spiegelbildlich ist z. T. auch von dem Gebot, „wesentlich Gleiches gleich und wesentlich Ungleiches ungleich zu behandeln", die Rede, siehe z. B. BVerfGE 98, 365 (385)

242 Zu einer Ausnahme unten, S. 202f.

243 Entsprechendes gilt für etwaige thematisch einschlägige spezielle Gleichheitssetze, insb. das Gleichbehandlungsgebot in Art. 6 Abs. 1 GG.

244 Siehe oben, S. 115ff.

245 Siehe oben, S. 116.

(das ergibt ein Umkehrschluss aus der oben beschriebenen logischen Verbindung[246] zwischen Tatbestand und Rechtsfolge), bevor zugunsten oder zuungunsten eines Teils der Adressaten eine Rechtsfolge eintritt, während der Eintritt für den anderen Teil der Adressaten ausbleibt, und sich damit zwei Gruppen bilden. Insofern ist eine Ungleichbehandlung der Adressaten durch einfache Anreize chronologisch typischerweise nicht gegeben.[247]

Um auf die bekannten Beispiele zurückzukommen, ist so etwa auch im Hinblick auf den Anreiz in § 4 Abs. 4 S. 2 BEEG[248] keine Ungleichbehandlung zweier Gruppen festzustellen. Denn die Einwirkung durch den Anreiz besteht darin, dass *allen* (werdenden) Eltern für den Fall, dass beide Elternteile zu einem im Zeitpunkt der Einwirkung noch in der *Zukunft* liegenden Zeitpunkt beruflich kürzer treten, der Eintritt einer Rechtsfolge (Entstehen eines Anspruchs auf zwei zusätzliche Monate Elterngeld) und für den Fall alternativen Verhaltens deren Ausbleiben in Aussicht gestellt wird. Auch der Anreiz in § 3d KraftStG, der alle adressiert, die *vor* der Entscheidung stehen, Halter eines Elektrofahrzeugs zu werden oder nicht,[249] stellt diesem gesamten Personenkreis für den Fall, dass sie sich dafür entscheiden, eine Steuerbefreiung in Aussicht, und für den Fall, dass sie sich anders entscheiden, nicht. Auch er behandelt also keine zwei Gruppen unterschiedlich. Und auch der Anreiz in den §§ 4, 6 FrauFöV Bbg[250] behandelt seine Adressaten nicht ungleich, da auch diesen für dieselben Verhaltensmöglichkeiten dieselben Folgen in Aussicht gestellt werden.

Entsprechendes gilt schließlich auch für den Anreiz in § 289f Abs. 2 Nr. 4 HGB, obwohl dieser nicht dem Typ der Tatbestand-Rechtsfolge-Verknüpfung zuzuordnen ist, sondern oben als Publizitätsanreiz bezeichnet worden ist.[251] Als solcher stellt er ebenfalls all seinen Adressaten dieselben Folgen, wenn auch keine Rechtsfolgen, in Aussicht. Dass speziell § 289f Abs. 2 Nr. 4 HGB, der ja der Frauenförderung dient, *mittelbar* zu einer (wohl gerechtfertigten) Ungleichbehandlung von Männern und Frauen führen kann, soweit die Adressaten des Anreizes diesem tatsächlich folgen, ist hier, da es nur um die Grundrechte der Anreizadressaten geht, nicht das Thema, sei aber kurz erwähnt.

Erwähnt sei an dieser Stelle, im Vorgriff auf vertieftere Ausführungen zu diesem Aspekt unten, auch, dass jedenfalls durch Normen, die einfache Anreize enthalten, zu einem späteren Zeitpunkt – dann allerdings nicht durch den Anreiz, sondern durch den Rechtsbefehl – sehr wohl zwei Gruppen ungleichbehandelt werden: *Nachdem* nämlich ein Teil der Anreizadressaten dem Anreiz

---

246 Siehe oben, S. 115 ff.

247 Siehe unten zur Möglichkeit einer Ungleichbehandlung beim Zuschnitt des Adressatenkreises, S. 202 f.

248 Erstmals oben, S. 12 f.

249 Erstmals oben, S. 11 f.

250 Erstmals oben, S. 13 f.

251 Dazu oben, S. 135 f.

gefolgt und ein anderer ihm nicht gefolgt ist, treten zugunsten bzw. -ungunsten dieser beiden Gruppen unterschiedliche Folgen ein (Eintritt und Ausbleiben der Rechtsfolge). Im Falle des § 4 Abs. 4 S. 2 BEEG beispielsweise hat nun ein Teil der Eltern einen Anspruch auf 14 Monatsbeiträge Elterngeld, während die anderen Eltern nur zwölf Monate lang vom Elterngeld profitieren. Im Falle des § 3d KraftStG wird ein Teil der Fahrzeughalter Kraftfahrzeugsteuer zahlen müssen, ein anderer dagegen (befristet) nicht. Und im Falle der §§ 4, 6 FrauFöV wird ein Bieter als bevorzugter Bieter behandelt, während die anderen benachteiligt werden. Auf dieses Gleichheitsproblem wird unten noch eingegangen, da es für die Beurteilung der Rechtmäßigkeit der *Normen*, die einfache Anreize *enthalten*, insgesamt durchaus relevant ist[252] Für die Beurteilung der Anreize als solcher ist es jedoch irrelevant.

b) Mögliche Ungleichbehandlung durch den Zuschnitt des Adressatenkreises

Grundsätzlich besteht die Möglichkeit, dass einzelne Anreize gleichheitsrechtlich insofern problematisch sind, als sie von vornherein nur einen bestimmten Personenkreis adressieren, während ein anderer, im Wesentlichen gleicher Personenkreis willkürlich nicht adressiert wird. Diese Art der Ungleichbehandlung geht mit Anreizen keineswegs zwangsläufig einher. Im Gegenteil dürfte sie praktisch eher selten sein.[253] Gleichwohl sei hier kurz auf dieses Problemfeld eingegangen.

Eine im Hinblick auf Art. 3 Abs. 1 GG rechtfertigungsbedürftige (und nicht zu rechtfertigende) Ungleichbehandlung aufgrund des Zuschnitts des Adressatenkreises würde beispielsweise darin liegen, wenn § 4 Abs. 4 S. 2 BEEG als Anreiz nicht allen Eltern, sondern nur solchen, die über 30 Jahre alt sind, zwei zusätzliche Monatsbeiträge Elterngeld für den Fall in Aussicht stellen würde, dass beide Elternteile für mindestens zwei Monate Elternzeit nehmen. Würde der Anreiz nur an Eltern von Kindern mit heller Hautfarbe gerichtet sein, läge darin eine offensichtliche, gegen Art. 3 Abs. 3 GG verstoßende rassistische Diskriminierung.

Schwieriger ist die für den Bereich des Vergaberechts aufgeworfene Frage, ob der Gesetzgeber möglicherweise gegen Art. 3 Abs. 1 GG verstößt, wenn er mit Anreizen, die er etwa zum Zweck der Frauenförderung oder des Umweltschutzes setzt, nur solche Unternehmen adressiert, die auf Märkten aktiv sind, in denen staatliche Aufträge zu vergeben sind. In diesem Sinne hat *Thomas Puhl* in seinem Referat auf der Staatsrechtslehrertagung im Jahr 2000 gefragt, „ob etwa das legitime Ziel, die Chancengleichheit von Frauen im Erwerbsleben zu si-

---

252 Siehe unten, S. 205 ff.

253 Entsprechend kurz geht etwa *Wernsmann*, Verhaltenslenkung in einem rationalen Steuersystem, 2005, S. 351 (dort Fn. 24), in Bezug auf Anreize im Steuerrecht auf dieses Problem ein.

chern, es rechtfertigt, dies gerade über das Beschaffungswesen und damit faktisch vor allem im Baugewerbe zu befördern – Friseur-, Juwelier- und Gastronomiebetriebe, bei denen die öffentliche Hand wenig nachfragt, jedoch davon auszunehmen; oder ob nicht doch meist das allgemeinverbindliche Gesetz das einzig gleichheitskonforme Mittel ist, ein solches Ziel durchzusetzen".[254] Für *Puhls* Zweifel spricht, dass jedenfalls ein *Gebot*, das allein Bauunternehmer zu Frauenförder- oder allgemeinen, bauunspezifischen Umweltschutzmaßnahmen verpflichten würde, wohl recht eindeutig willkürlich und damit gleichheitswidrig wäre. Letztlich dürften Anreize insofern aber anders zu beurteilen sein als Rechtsbefehle. Im konkreten Fall determiniert der Anwendungsbereich des Vergaberechts, das mit den Anreizen „bepackt" wurde, den Zuschnitt des Adressatenkreises der Anreize in diesem Rechtsgebiet. Denn die Bauunternehmer werden durch diese Anreize nicht als Bauunternehmer adressiert und damit gegenüber Friseuren, Juwelieren und Gastronomiebetrieben benachteiligt. Adressiert werden die Bauunternehmer vielmehr als (potenzielle) Bieter um öffentliche Aufträge, und diese Adressatengruppe wird einheitlich adressiert. In diesem Sinne hält auch *Martin Burgi* den Bedenken *Puhls* entgegen, dass es zu weit ginge, „würde man in der Gesamtheit aller Wirtschaftsunternehmen den relevanten Bezugsrahmen erblicken (...), da in der Tatsache der Bereitschaft (und grundsätzlichen Qualifikation) zur Übernahme des staatlichen Auftrages ein die Vergleichbarkeit von vornherein nicht entstehen lassendes Kriterium zu sehen sein dürfte".[255]

c) Keine „Diskriminierung" aufgrund der Finanzkraft

Nach herrschender Meinung verbietet Art. 3 Abs. 1 GG nicht nur die ungerechtfertigte Ungleichbehandlung wesentlich Gleicher, sondern auch die ungerechtfertigte Gleichbehandlung wesentlich Ungleicher.[256] Dementsprechend

[254] *Puhl*, Der Staat als Wirtschaftssubjekt und Auftraggeber, VVDStRL 60 (2001), S. 456 (497), unter Verweis auf *P. Kirchhof*, Verwalten durch „mittelbares" Einwirken, 1977, S. 345 ff.; *Pietzcker*, Rechtsbindungen der Vergabe öffentlicher Aufträge, AöR 107 (1982), S. 61 (64).

[255] *Burgi*, Vergabefremde Zwecke und Verfassungsrecht, NZBau 2001, 64 (69). Einen anderen, rechtlich nur schwer greifbaren Einwand äußert *Fehling*, in: Pünder/Schellenberg, Vergaberecht, 2019, § 97 GWB, Rn. 114: Die gleichheitsrechtlichen Bedenken vernachlässigten, „dass Methoden indirekter ökonomischer Steuerung in einer immer komplexeren Umwelt vielfach unverzichtbar sind, um die Durchsetzungsschwächen des Ordnungsrechts auszugleichen und die Steuerungsfähigkeit des Staates im Interesse des Gemeinwohls aufrechtzuerhalten". Im Ergebnis ebenfalls gegen einen Verstoß gegen Art. 3 Abs. 1 GG: *Pünder*, Vergaberecht, in: Ehlers/Fehling/Pünder, Besonderes Verwaltungsrecht I, 2012, § 17 Rn. 52: Der Staat dürfe „goldene Zügel" nutzen, „statt allgemeinverbindliche Rechtssätze zu schaffen".

[256] BVerfGE 4, 144 (155) unter Verweis auf BVerfGE 1, 14 (52), 1, 208 (247); siehe zu der diese Schutzdimension betreffenden, hier nicht weiter zu vertiefenden Kontroverse nur *Pietzcker*, Der Allgemeine Gleichheitssatz, in: HGR V, 2013, § 125 Rn. 16 ff.; *Boysen*, in: v. Münch/Kunig, GG I, 2012, Art. 3 Rn. 64 ff., und *Wollenschläger*, in: v. Mangoldt/Klein/Starck, GG I, 2018, Art. 3 Rn. 169 ff., jeweils m. w. N.

könnten grundsätzlich auch Anreize gegen Art. 3 Abs. 1 GG dadurch verstoßen, dass sie wesentlich Ungleiche gleichbehandeln. Vor diesem Hintergrund könnte man darüber nachdenken, ob nicht Anreize, die Geldzahlungsansprüche oder -pflichten oder andere letztlich finanzwirksame Folgen in Aussicht stellen, unter Umständen finanzschwache Adressaten gegenüber finanzstarken unzulässig benachteiligen.

Dafür spricht, dass in diesen Instrumenten schon ihrer Konstruktion nach die Annahme abgebildet ist, dass Menschen sich in ihren Verhaltensentscheidungen (auch) nach den mit den Verhaltensalternativen verbundenen finanziellen Vor- oder Nachteilen richten, wobei sie Finanzschwachen im Vergleich zu Finanzstarken relativ große Vor- oder Nachteile in Aussicht stellen und umgekehrt. Auch wenn man über die tatsächlichen Wirkungen dieser Anreize nachdenkt, ist, bei allen diesbezüglichen Unsicherheiten, doch sicher anzunehmen, dass solche Anreize auf erstere jedenfalls *tendenziell* stärker wirken als auf letztere. Wenn ein Verhalten mit der Rechtsfolge einer Pflicht zur Zahlung eines Geldbetrages verbunden wird, wird man schließlich davon ausgehen können, dass diejenigen Adressaten, die über nur wenige Geldmittel verfügen, jedenfalls tendenziell eher auf das Verhalten verzichten als diejenigen, für die dieser Geldbetrag angesichts ihres Gesamtbudgets kaum ins Gewicht fällt. Und auch wenn für den Fall eines Verhaltens ein Geldzahlungsanspruch in Aussicht gestellt wird, dürfte dies gegenüber Finanzschwachen eine stärkere Anziehungskraft entfalten als gegenüber Finanzstarken.

Die Überlegung, dass darin ein Gleichheitsproblem liegen könnte, hat, speziell in Bezug auf Anreize zu umweltfreundlichem Verhalten im Abgabenrecht, *Paul Kirchhof* geäußert. Er hat ausgeführt, dass ein abgabenrechtliches Umweltschutzprogramm „für den Zahlungsfähigen Empfehlungen, für den Mittellosen hingegen Befehle“ überbringe und „in dieser Differenzierung einer gleichheitsrechtlichen Rechtfertigung“ bedürfe.[257] Zumindest im Ansatz hat der Gedanke auch in die Rechtsprechung des BVerfG Eingang gefunden: So heißt es in der Entscheidung zur Kasseler Verpackungsteuer, die auf Abfallvermeidung gerichtete „steuerliche Lenkung“ gestatte „dem Leistungsfähigen ein Ausweichen in die Umweltbelastung“, wirke „jedoch gegenüber dem Nichtleistungsfähigen wie ein verbindliches Verbot“.[258] Kritik daran, dass der Gesetzgeber, wenn er für den Fall bestimmter Verhaltensweisen finanzielle Belastungen androht, Ärmere tendenziell härter trifft als Reichere, klingt schließlich auch an, wenn *Ferdinand Kirchhof* mit Blick auf negative Anreize im Steuerrecht feststellt, dass diese „das verfassungsrechtliche Ärgernis (verursachen), die Ausübung von Grundrechten erst bei entsprechender Verfügbarkeit von Fi-

[257] *P. Kirchhof*, Verfassungsrechtliche Grenzen von Umweltabgaben, DStJG 15 (1993), S. 3 (5).

[258] BVerfGE 98, 106 (122).

nanzmitteln zu erlauben"; solche Anreize verknüpften nämlich „die Grundrechtsbetätigung mit der Finanzierbarkeit der Abgabenschuld, obwohl ihr Freiheitsbereich nicht nach dem Maßstab der Liquidität des Grundrechtsinhabers eingeräumt ist. Fünf Mark pro Liter Benzin drosselt die Umweltbelastung, macht aber zugleich die Straßen frei für die zahlungskräftigen Autofahrer. Die anderen bleiben draußen".[259]

Jedenfalls als rechtspolitische Kritik an entsprechenden Anreizen ist dies nicht von der Hand zu weisen. Tatsächlich erscheint es sozial weitaus gerechter, wenn etwa zum Zweck des Umwelt- und Klimaschutzes und konkret zur Reduzierung des Benzinverbrauchs Radwege ausgebaut werden und die Attraktivität des öffentlichen Personenverkehrs gesteigert wird. Auch ein allgemeinverbindliches Verbot der Herstellung oder des Gebrauchs von PKWs, die übermäßig viel Kraftstoff verbrauchen, setzt allgemeiner und gleichmäßiger an als eine erhöhte Besteuerung des Kraftstoffs. Das Gerechtigkeitsproblem, das darin liegt, dass beim Einsatz insbesondere negativer finanzieller Anreize das Ziel vor allem auf Kosten derjenigen erreicht werden soll, die sich das verpönte Verhalten nicht mehr leisten können, ist allerdings grundrechtsdogmatisch als Gleichheitsproblem kaum zu greifen. Denn nach überkommenem Verständnis, das zu hinterfragen hier nicht der richtige Ort ist, wird eine „Diskriminierung" nach finanzieller Leistungsfähigkeit weder durch den allgemeinen Gleichheitssatz noch durch besondere Gleichheitssätze untersagt.

Konsequenterweise verorten auch das BVerfG und *Ferdinand Kirchhof* ihre Kritik nicht im Gleichheitsrechtskontext; ihre oben zitierten Aussagen stehen vielmehr im Kontext freiheitsrechtlicher Erwägungen.[260] Auch *Paul Kirchhof*, der, wie oben zitiert, einst eine gleichheitsrechtliche Rechtfertigung für erforderlich hielt, führt seine Bedenken in neueren Texten nur noch im Kontext mit Freiheitsrechten an.[261]

2. Die mit einfachen Anreizen verbundenen Rechtsbefehle am Maßstab der Gleichheitsrechte

Zwar behandeln Anreize als solche, wie gezeigt, typischerweise weder Gleiche ungleich noch Ungleiche gleich. Nicht zu bezweifeln ist aber, dass *Normen*, die positive oder negative Anreize des Typs der Tatbestand-Rechtsfolge-Verknüpfung *enthalten*, immer auf Ungleichbehandlungen wesentlich Gleicher angelegt sind: Zugunsten bzw. zuungunsten derjenigen, die den Tatbestand verwirkli-

---

259 *F. Kirchhof*, Die Tauglichkeit von Abgaben zur Lenkung des Verhaltens, DVBl. 2000, 1166 (1170); ganz ähnlich *F. Kirchhof*, Abgaben und Grundrechte, in: Merten/Papier, Grundsatzfragen der Grundrechtsdogmatik, 2007, S. 35 (37).

260 *F. Kirchhof* verweist a.a.O. allerdings auf den in der voranstehenden Fn. 259 zitierten Beitrag von *P. Kirchhof*.

261 *P. Kirchhof*, Die Steuern, in: HStR V, 2007, § 118 Rn. 166f.

chen, tritt eine positive oder negative Rechtsfolge ein, während der Eintritt der Rechtsfolge zuungunsten bzw. zugunsten der anderen Gruppe ausbleibt, (nur) weil sich die ihr Angehörenden anders verhalten haben.

In der Regelung über die Partnermonate beim Elterngeld in § 4 Abs. 4 S. 1 und 2 BEEG[262] beispielsweise ist offensichtlich eine Ungleichbehandlung insofern angelegt, als von zwei Elternpaaren, die im Übrigen identisch sein könnten, eines zwölf und eines 14 Monate lang Elterngeld bekommt, (nur) weil in dem einen Falle nur ein Elternteil Elternzeit nimmt, während in dem anderen Falle beide Elternteile für mindestens zwei Monate ihre Berufstätigkeit reduzieren oder unterbrechen. Im Falle des § 3d KraftStG, mit dem der Gesetzgeber die Elektromobilität fördern will,[263] muss ein Fahrzeughalter Kraftfahrzeugsteuer bezahlen und ein anderer (zeitlich befristet) nicht, (nur) weil sich ersterer für ein Elektrofahrzeug und letzterer für ein konventionelles Fahrzeug entschieden hat. Und im Falle der §§ 4 und 6 FrauFöV Bbg werden diejenigen Bieter, die frauenfördernde Maßnahmen ergriffen haben, gegenüber denjenigen Bietern, die keine entsprechenden Maßnahmen ergriffen haben, aber im Übrigen gleichwertige Angebote abgegeben haben, beim Zuschlag bevorzugt.

Die Frage, ob diese und vergleichbare Normen *insofern* am Maßstab der Gleichheitsrechte bestehen können, ist keine Frage, die unmittelbar die in diesen Normen enthaltenen Anreize betrifft, denn es ist der Befehlsgehalt dieser Normen, der ungleichbehandelt. *Als Rechtsbefehl* verpflichtet § 4 Abs. 4 S. 2 BEEG die Elterngeldstelle zur Auszahlung zweier zusätzlicher Monatsbeiträge Elterngeld (nur) an diejenigen, die die Tatbestandsvoraussetzungen erfüllen. *Als Rechtsbefehl* nimmt § 3d KraftStG (nur) die Halter von Elektrofahrzeugen von der Pflicht zur Zahlung der KFZ-Steuer aus. Und *als Rechtsbefehl* verpflichten die §§ 4, 6 FrauFöV Bbg die Vergabestellen zur Bevorzugung von Bietern, die sich in bestimmter Weise verhalten, gegenüber anderen. Dass entsprechend differenziert werden muss, wird im Ergebnis insbesondere in der steuerrechtlichen Literatur ähnlich gesehen. Zwar wird, weil Rechtsakte üblicherweise als Einheiten betrachtet werden, in der Regel nicht schon auf der Normebene zwischen den enthaltenen Instrumenten, sondern erst auf der Wirkungsebene zwischen den verschiedenen Wirkungen differenziert. Wenn aber vertreten wird, dass „(v)orrangiger Prüfungsmaßstab der Belastungswirkungen (…) der Gleichheitssatz" sei, „während die Gestaltungswirkungen insbesondere auf ihre Vereinbarkeit mit den Freiheitsrechten überprüft werden müssen",[264] kommt dies dem hier entwickelten Gedanken zumindest nahe.

Als gleichheitsrechtlicher Maßstab für den Befehlsgehalt von Normen, die einfache Anreize enthalten, kommt in erster Linie Art. 3 Abs. 1 GG in Betracht,

---

[262] Erstmals oben, S. 12 f.

[263] Erstmals oben, S. 11 f.

[264] *Wernsmann*, Verhaltenslenkung in einem rationalen Steuersystem, 2005, S. 351; siehe auch *ders.*, Steuerlenkung, in: Leitgedanken des Rechts II, 2013, § 152 Rn. 13 ff.

daneben unter Umständen auch Art. 3 Abs. 3 GG sowie ggf. Art. 6 Abs. 1 GG, der nach heute wohl herrschender Meinung einen speziellen auf den Bereich von Ehe und Familie bezogenen Gleichheitssatz[265] enthält. Die Bestimmung des im Einzelfall anwendbaren Gleichheitssatzes hängt davon ab, wegen welcher Aspekte der fragliche Rechtsbefehl differenziert.

Wenn also § 3d KraftStG als Rechtsbefehl bewirkt, dass diejenigen, die (weil sie durch den Anreiz dazu bewegt wurden oder aus anderen Gründen) Halter eines Elektrofahrzeuges geworden sind, von einer Steuerbegünstigung profitieren, diejenigen, die ein konventionelles Fahrzeug halten, dagegen nicht, knüpft diese Ungleichbehandlung nicht an einen Aspekt an, den ein spezieller Gleichheitssatz abdeckt. Der richtige Maßstab ist daher der allgemeine Gleichheitssatz, Art. 3 Abs. 1 GG. Der Befehlsgehalt des § 4 Abs. 4 S. 2 BEEG ist ebenfalls an Art. 3 Abs. 1 GG zu messen, der nach überzeugender und wohl herrschender Ansicht in Fällen, in denen verschiedene Familienformen unterschiedlich behandelt wird, allerdings durch Art. 6 Abs. 1 GG freiheitsrechtlich „verstärkt" wird.[266] Zwar könnte man, da die Ungleichbehandlung in diesem Falle daran geknüpft ist, wie Elternpaare ihr Familienleben organisieren (und, soweit sie verheiratet sind, innerhalb der Ehe ihre Rollen verteilen), auch daran denken, den speziellen Gleichheitssatz aus Art. 6 Abs. 1 GG[267] als Maßstab heranzuziehen. Allerdings bezieht sich dieser nur auf das Verhältnis von Familien zu nichtfamiliären Lebensgemeinschaften und Alleinstehenden ohne Kinder, sodass er keinen Maßstab für Normen enthält, die unterschiedliche Familienmodelle unterschiedlich behandeln.[268] Schließlich ist auch der Befehlsgehalt der §§ 4, 6 FrauFöV Bbg an Art. 3 Abs. 1 GG zu messen. Denn die Ungleichbehandlung im

---

265 BVerfGE 99, 216 (232); *Kingreen/Poscher*, Grundrechte, 2019, Rn. 553 m. w. N.; *G. Kirchhof*, Der besondere Schutz der Familie in Art. 6 Abs. 1 des Grundgesetzes, AöR 129 (2004), S. 542 (558 ff.); *Herzmann*, Der Schutz von Ehe und Familie nach Art. 6 I GG, JURA 2015, 248 (256 ff.). Skeptisch: *Epping*, Grundrechte, 2019, Rn. 511, der es bevorzugt, Art. 6 Abs. 1 GG im Rahmen von Art. 3 Abs. 1 GG zu berücksichtigen.

266 Häufig wird die freiheitsrechtliche „Verstärkung" des Gleichheitssatzes dadurch zum Ausdruck gebracht, dass Art. 3 Abs. 1 und 6 Abs. 1 GG zusammen zitiert werden: BVerfGE 87, 234 (255 ff.); 107, 205 (212 ff.); *Müller-Terpitz*, Vätermonate und Kindergartenpflicht – wie viel Staat verträgt die Familie, JZ 2006, S. 991 (995). Vom Ansatz her (dabei aber nicht unbedingt im Ergebnis) anders: *Brosius-Gersdorf*, Demografischer Wandel und Familienförderung, 2011, S. 221 f.; *dies.*, Vätermonate – Staatliche Familienförderung zwischen Neutralitätspflicht und Durchsetzung der Gleichberechtigung der Geschlechter, VSSR 2008, 299 (306), die in Art. 6 Abs. 1 GG ein Neutralitätsgebot sieht, das umfassender und erschöpfender Vorgaben für die Förderung verschiedener Formen des familiären Zusammenlebens machen und Art. 3 Abs. 1 GG verdrängen soll. Kritisch dazu *Rixen*, Verfassungsgemäße Familienförderung nach dem Urteil zum Betreuungsgeld, NJW 2015, 3136 (3139, dort Fn. 39), der in *Brosius-Gersdorfs* Ansatz einen „Versuch" erkennt, „die Anforderungen an einen Eingriff als Folge einer sog. staatlichen ‚Neutralitätspflicht' abzusenken".

267 Siehe oben auf dieser Seite.

268 *Kingreen/Poscher*, Grundrechte, 2019, Rn. 553; *Epping*, Grundrechte, 2019, Rn. 854, mit Einwänden in Rn. 511.

Rahmen der Zuschlagserteilung knüpft an unternehmensbezogene Unterschiede, nämlich daran an, ob in den Unternehmen Frauenfördermaßnahmen durchgeführt werden oder nicht.

Soweit betont wird, dass richtiger Maßstab für entsprechende Vergaberechtsnormen nicht etwa Art. 3 Abs. 3 GG ist, da nicht wegen des Geschlechts, „sondern wegen bestimmter ‚unternehmensbezogener' Umstände" ungleichbehandelt werde,[269] ist dem zuzustimmen. Es sei nur wiederholt, dass die in solchen Normen enthaltenen *Anreize*, und zwar was ihre *mittelbaren Wirkungen* betrifft, sehr wohl an Art. 3 Abs. 3 GG zu messen sein können, da sie zu einer Ungleichbehandlung von Frauen und Männern am Arbeitsmarkt führen können, soweit die Unternehmen den Anreizen folgen.

IV. Ergebnisse und offene Fragen

Im Rahmen der Untersuchung von einfachen Anreizen am Maßstab der Grundrechte ihrer Adressaten, bei der auf die zuvor erfolgte deskriptiv-typisierende Untersuchung dieses Anreiztyps aus der Steuerungsperspektive aufgebaut wurde, konnte einige Kohärenz hergestellt werden. Ein erster Gewinn dürfte darin bestehen, dass die vielen unterschiedlichen und einander widersprechenden Ansichten, die weitgehend ohne gegenseitige Bezugnahmen entwickelt worden sind, aufeinander bezogen wurden und dadurch Meinungsunterschiede und Streitstände als solche erkennbar geworden sind. Darüber hinaus konnte, mit dem Fokus auf den Anreiztyp der einfachen Anreize/Tatbestand-Rechtsfolge-Verknüpfung und einige besonders grundlegende Grundrechtsfragen, eine erste systematische Einordnung des Phänomens der Anreize in die überkommene Verfassungsrechtsdogmatik erfolgen. Die dabei gefundenen Ergebnisse seien im Folgenden noch einmal kurz zusammengefasst. Darüber hinaus sei auf die Möglichkeiten und Grenzen einer Übertragung dieser Ergebnisse auf andere Anreiztypen und weitere Instrumente eingegangen, derer sich staatliche Steuerungsakteure bedienen können, um unmittelbar Verhalten zu beeinflussen.

1. Zum Zusammenspiel von Freiheits- und Gleichheitsfragen bei einfachen Anreizen

Zu der Untersuchung einfacher Anreize aus der Rechtsanwendungsperspektive ist zusammenfassend festzustellen, dass der Gesetzgeber, wenn er solche Anreize einsetzen will, grundsätzlich sowohl freiheitsrechtliche als auch gleichheitsrechtliche Erwägungen anzustellen hat.

[269] *Burgi*, Vergabefremde Zwecke und Verfassungsrecht, NZBau 2001, 64 (69), unter Bezugnahme auf die a. A.

Dabei erweist sich der Einsatz positiver Anreize zur unmittelbaren Beeinflussung von Verhalten als freiheitsrechtlich unbedenklich. Denn positive Anreize beeinträchtigen die Freiheit ihrer Adressaten nicht.[270] Anders ist es beim Einsatz negativer Anreize, die den Freiheitsbereich ihrer Adressaten reduzieren und mithin als Freiheitseingriffe einer verfassungsrechtlichen Rechtfertigung bedürfen.[271]

Darüber hinaus ist in den die entsprechenden Anreize enthaltenden Normen, sowohl im Falle positiver als auch im Falle negativer Anreize, stets eine Ungleichbehandlung angelegt, die der Rechtfertigung bedarf. Diese Ungleichbehandlung geht zwar nicht von den Anreizen als solchen aus. Da die Verfassungsmäßigkeit von Normen aber letztlich nur einheitlich bejaht oder verneint werden kann und muss und auch eine etwaige Nichtigkeit als Folge einer Verfassungswidrigkeit die Normen als ganze betrifft, hängt das Schicksal der einfachen Anreize im Ergebnis auch von der Verfassungsmäßigkeit der Rechtsbefehle ab, mit denen sie die Form teilen.

2. Zur Frage der verfassungsrechtlichen Rechtfertigung

Im Ergebnis bedarf der Gesetzgeber nach dem Voranstehenden, auch wenn er einen positiven einfachen Anreiz einsetzten will, einer verfassungsrechtlichen Rechtfertigung, wenn auch nicht für einen Freiheitseingriff, so doch für die mit dem Setzen dieses Anreizes zwangsläufig verbundene Ungleichbehandlung durch den entsprechenden Rechtsbefehl. Die Rechtfertigungsanforderungen sind insofern nicht allzu hoch. Denn „(w)ill der Gesetzgeber lediglich ein bestimmtes Verhalten der Bürger fördern, das ihm aus wirtschafts-, sozial-, umwelt- oder gesellschaftspolitischen Gründen erwünscht ist, hat er", so das BVerfG in ständiger Rechtsprechung, „einen großen Gestaltungsspielraum".[272] Es gelte nur, „dass er seine Vergünstigungen nicht nach unsachlichen Gesichtspunkten, also nicht willkürlich verteilen darf".[273] Die Regelung darf sich also nur „nicht auf eine der Lebenserfahrung geradezu widersprechende Würdigung der jeweiligen Lebenssachverhalte" stützen, insbesondere muss „der Kreis der von der Maßnahme Begünstigten sachgerecht abgegrenzt" sein.[274]

Auch wenn es danach die Ausnahme sein dürfte, ist gleichwohl denkbar, dass im Einzelfall einmal keine Rechtfertigungsgründe zur Verfügung stehen oder sich eine Ungleichbehandlung als unverhältnismäßig erweist, was dann im Ergebnis bedeutet, dass der entsprechende positive Anreiz nicht eingesetzt werden kann. Ob eine Ungleichbehandlung zu rechtfertigen ist, hängt dabei auch davon

---

270 Siehe oben, S. 183 ff.

271 Siehe oben, S. 156 ff.

272 BVerfGE 118, 79 (101), vgl. auch BVerfGE 17, 210 (216); 93, 319 (350).

273 BVerfGE 118, 79 (101) mit Verweis auf BVerfGE 110, 274 (293).

274 BVerfGE 118, 79 (101) mit Verweis auf BVerfGE 17, 210 (216); 110, 274 (293).

ab, welchen Lebensbereich sie betrifft. Die Ungleichbehandlung der Halter von Elektroautos und konventionellen Fahrzeugen durch § 3d KraftStG etwa, ist mit Blick auf das Ziel einer „klimagerechten Verkehrs- und Energiepolitik"[275] nicht nur deshalb unproblematisch zu rechtfertigen, weil ein großer Gestaltungsspielraum des Gesetzgebers besteht, sondern auch, weil der Anknüpfungspunkt für die Ungleichbehandlung nur das Halten verschiedener Fahrzeugtypen ist. Problematischer sind Ungleichbehandlungen dagegen in sensibleren Lebensbereichen wie etwa dem der Ehe und Familie. Anreize, auch positive, mit denen der Gesetzgeber auf die Gestaltung des Ehe- und Familienlebens einwirken will, sind dementsprechend grundsätzlich kritisch zu sehen. Denn Ungleichbehandlungen von verschiedenen Familienformen bei der Familienförderung sind an dem insofern freiheitsrechtlich „verstärkten" Art. 3 Abs. 1 GG zu messen,[276] und es stehen kaum passende Rechtfertigungsgründe zur Verfügung.

Eine bedeutende Ausnahme bildet allerdings das in Art. 3 Abs. 2 S. 1 GG enthaltene Förder- und Durchsetzungsgebot, das eine Ungleichbehandlung verschiedener Familienmodelle rechtfertigen kann, wenn diese dazu dient, die tatsächliche Durchsetzung der Gleichberechtigung von Frauen und Männern zu fördern und bestehende Nachteile zu beseitigen. So kann etwa die in § 4 Abs. 4 S. 2 BEG angelegte Ungleichbehandlung mit Art. 3 Abs. 2 S. 1 GG gerechtfertigt werden, sodass die Norm insgesamt grundrechtskonform ist und der Gesetzgeber den in ihr enthaltenen Anreiz setzen darf.[277]

Umgekehrt sind Ungleichbehandlungen aufgrund von Normen, die als Anreize auf eine Verfestigung überkommener Rollenbilder zielen, wegen Art. 3 Abs. 2 S. 1 GG grundsätzlich unzulässig, sodass auch entsprechende Anreize – und seien es positive – verfassungsrechtlich unzulässig sind.[278] Dasselbe würde im Ergebnis auch für einen in der Literatur beispielhaft angeführten, fiktiven Anreiz gelten, mit dem der Gesetzgeber Menschen zum Eintritt in eine be-

---

[275] Zu § 3d KraftStG und den entsprechenden gesetzgeberischen Erwägungen erstmals oben, S. 11 f.

[276] Dazu oben, S. 207.

[277] Vgl. BVerfGK 19, 33 (38 f.); *Pernice-Warnke*, Elterngeld und Betreuungsgeld im Spannungsfeld zwischen verfassungsrechtlichem Familienschutz und Gleichberechtigung, FamRZ 2014, 263 (268); im Ergebnis ebenso *Brosius-Gersdorf*, Demografischer Wandel und Familienförderung, 2011, S. 557 ff.; *dies.*, Vätermonate – Staatliche Familienförderung zwischen Neutralitätspflicht und Durchsetzung der Gleichberechtigung der Geschlechter, VSSR 2008, 299 (320), die allerdings nicht die Rechtfertigung einer Ungleichbehandlung im Sinne des Art. 3 Abs. 1 GG, sondern die Rechtfertigung einer Beeinträchtigung eines von ihr in Art. 6 Abs. 1 GG verorteten Neutralitätsgebotes (siehe oben, S. 207, Fn. 266) prüft; jeweils § 4 Abs. 3 S. 1 BEEG in der Fassung des Art. 1 des Gesetzes zur Einführung des Elterngeldes v. 5. Dezember 2006, BGBl I, S. 2748, betreffend.

[278] In einem freiheitsrechtlichen Kontext, aber im Ergebnis ebenso: *Sacksofsky*, Anreize, in: GVwR II, 2012, § 40 Rn. 81a.

stimmte Religionsgemeinschaft motivieren will.[279] Dieser greift als positiver Anreiz zwar nicht in die Religionsfreiheit seiner Adressaten ein.[280] Die ihn enthaltende Norm behandelt aber die Mitglieder einer Religionsgemeinschaft gegenüber denen anderer Religionsgemeinschaften ungleich. Da Rechtfertigungsgründe nicht ersichtlich sind und die Ungleichbehandlung jedenfalls unverhältnismäßig wäre, wäre eine entsprechende Norm aufgrund eines Verstoßes gegen Art. 3 Abs. 3 GG verfassungswidrig, und der entsprechende Anreiz könnte nicht eingesetzt werden.[281]

Will der Gesetzgeber nicht positive, sondern negative einfache Anreize setzen, um Verhalten zu beeinflussen, muss die entsprechende Norm nicht nur in einfacher, sondern in doppelter[282] – bzw. wenn man den Freiheitseingriff in die Grundrechte derjenigen mitbedenkt, die dem Anreiz folgen: dreifacher[283] – Hinsicht gerechtfertigt sein. Im Einzelfall kann die Verhältnismäßigkeitsprüfung mit Blick auf die Ungleichbehandlung auch anders ausfallen als die mit Blick auf die Freiheitsbeeinträchtigung(en).[284] Häufig, ja sogar typischerweise, werden die Verhältnismäßigkeitsprüfungen aber zu demselben Ergebnis führen.

Was die Rechtfertigungsmöglichkeiten für Anreize und die sie enthaltenden Normen betrifft, soll hier nicht weiter in die Tiefe gegangen werden. Sie sind grundsätzlich jeweils im Einzelfall zu erwägen. Was allerdings mit Blick sowohl auf positive als auch auf negative Anreize noch gesagt sei, ist, dass das Bundesverfassungsgericht es nicht als ausreichend ansieht, wenn der Gesetzgeber mögliche oder tatsächliche Steuerungserfolge zur Rechtfertigung von Ungleichbehandlungen erst nachträglich anführt.[285] Der Gesetzgeber kann sich also nicht einfach nachträglich darauf berufen, mit einer Norm, in der eine Ungleichbehandlung angelegt ist, einen Anreiz gesetzt und mit diesem einen legitimen Zweck verfolgt zu haben, wenn dies nicht von vornherein „von erkennba-

---

[279] Siehe *Sacksofsky*, Anreize, in: GVwR II, 2012, § 40 Rn. 81a.

[280] A. A. *Sacksofsky*, Anreize, in: GVwR II, 2012, § 40 Rn. 81a, die nicht nur in negativen, sondern auch in positiven Anreizen Grundrechtseingriffe sieht.

[281] Im Ergebnis ebenso *Sacksofsky*, Anreize, in: GVwR II, 2012, § 40 Rn. 81a, die dieses Ergebnis allerdings anders begründet: Von der Eingriffsqualität positiver Anreize ausgehend, hält sie für den genannten Anreiz eine Rechtfertigung für erforderlich, diese aber für von vornherein unmöglich, da die Religionsfreiheit ein „anreizfeindliche(s)" Grundrecht sei.

[282] Vgl. *Wernsmann*, Steuerlenkung, in: Leitgedanken des Rechts II, 2013, § 152 Rn. 15; siehe auch *D. Birk/Desens/Tappe*, Steuerrecht, 2018, § 2 Rn. 203.

[283] A. A. *Di Fabio*, in: Maunz/Dürig, GG, Art. 2 Abs. 1 Rn. 95, der in freiheitsrechtlicher Hinsicht in der Regel nur den Steuereingriff für rechtfertigungsbedürftig hält und die Einwirkung durch den entsprechenden Anreiz grundsätzlich „nur mit einer gewissen Zurückhaltung etwa bei der Verhältnismäßigkeitsprüfung in Rechnung stellen" will. Eine „selbstständige Eingriffswirkung hinsichtlich des Lenkungsziels" komme „nur insoweit in Betracht, als die finanzielle Belastung gleichsam eine prohibitive Wirkung" entfalte.

[284] Vgl. *Rodi*, Die Rechtfertigung von Steuern als Verfassungsproblem, 1994, S. 85: „Es ist denkbar, daß Belastungs- oder Gestaltungswirkungen als solche gerechtfertigt werden können, nicht aber die mit ihnen einhergehenden Differenzierungswirkungen."

[285] BVerfGE 93, 121 (147); *D. Birk/Desens/Tappe*, Steuerrecht, 2018, § 2 Rn. 205.

ren gesetzgeberischen Entscheidungen getragen" ist[286]. Dies ist im vorliegenden Kontext insofern bemerkenswert, als hierdurch für den Gesetzgeber, wenn auch kein „Begründungszwang"[287], so doch eine „Obliegenheit und letztlich eine Art ‚Klugheitsgebot'"[288] besteht, es erkennbar zu machen, wenn er einen Anreiz setzen will. Dies wiederum ist im vorliegenden Kontext nützlich, da der Gesetzgeber grundsätzlich nicht gehindert ist, seine Absicht, einen Anreiz setzen zu wollen, nicht offenzulegen, sodass im Hinblick auf so manche Norm, die eine Tatbestand-Rechtsfolge-Struktur aufweist, fraglich sein kann, ob der Gesetzgeber diese als Anreiz einsetzen wollte oder nicht.[289] Insofern besteht, wie oben schon angesprochen, ein Unterschied zu Ge- und Verboten, bei denen ausgeschlossen ist, dass der Gesetzgeber sie unbewusst setzt.[290] Soweit das Bundesverfassungsgericht vom Gesetzgeber für die Rechtfertigung von Ungleichbehandlungen verlangt, dass „der Lenkungszweck mit hinreichender Bestimmtheit tatbestandlich vorgezeichnet"[291] ist, wird daher zu Recht darauf hingewiesen, dass dies „eher materiell(...)" verstanden werden muss.[292] Denn allein der Form nach ist eben nicht zu erkennen, ob eine Norm, die eine Tatbestand-Rechtsfolge-Struktur aufweist, einen Anreiz enthält oder nicht.

Betrachtet man statt der abstrakten Rechtfertigungslast, die den Gesetzgeber trifft, die konkrete Situation der Anreizadressaten, stellt sich schließlich die Frage nach den konkreten Rechtsschutzmöglichkeiten des Einzelnen. Insofern folgt aus der Feststellung, dass negative Anreize in die Grundrechte ihrer Adressaten eingreifen und somit subjektive Rechte verletzt sein können, dass nach Art. 19 Abs. 4 GG insoweit der Rechtsweg offenstehen muss. Da Anreize nicht durch einen Vollzugsakt vollzogen werden, sondern der Einzelne, wenn überhaupt, unmittelbar durch einen Anreiz in seinen Grundrechten verletzt ist, kommt aber als einzige Rechtsschutzmöglichkeit die Verfassungsbeschwerde gegen das den fraglichen Anreiz enthaltende Gesetz in Betracht. Es liegt nahe, Anreize insofern wie Rechtsbefehle zu behandeln, die straf- oder bußgeldbewehrt sind. Denn zu diesen ist einerseits anerkannt, dass der Einzelne nicht erst gegen diese verstoßen muss, um dann im Straf- oder Bußgeldverfahren die Ver-

---

[286] St. Rspr., BVerfGE 93, 121 (147); 99, 280 (296f.); 105, 73 (112f.); 116, 164 (182); 117, 1 (31ff.); 118, 79 (101); 122, 210 (231ff.). Entsprechend im Hinblick auf Kompetenzfragen BVerfG 140, 65 (85).

[287] So aber *Breinersdorfer*, Abzugsverbote und objektives Nettoprinzip – Neue Tendenzen in der verfassungsgerichtlichen Kontrolle des Gesetzgebers, DStR 2010, 2492 (2495).

[288] *Schwarz/Bravidor*, Kunst der Gesetzgebung und Begründungspflichten des Gesetzgebers, JZ 2011, 653 (655); siehe auch *Waldhoff*, „Der Gesetzgeber schuldet nichts als das Gesetz", in: FS für Josef Isensee, 2007, S. 325 (342).

[289] Zu diesem Problem auch oben, S. 172.

[290] *Eckhoff*, Der Grundrechtseingriff, 1992, S. 186: Die Beeinträchtigung der Adressaten durch einen Befehl – *Eckhoff* spricht vom „Hoheitsakt" – werde „notwendig bewusst und gewollt bewirkt".

[291] BVerfGE 93, 121 (148).

[292] *Osterloh*, Lenkungsnormen im Einkommensteuerrecht, DStJG 24 (2001), S. 383 (396).

fassungswidrigkeit der Normen geltend machen zu können.[293] Andererseits ist aber auch anerkannt, dass, obwohl Rechtsbefehle, wie oben ausführlich erläutert, in die Grundrechte aller ihrer Adressaten imperativ eingreifen, nicht alle Adressaten von straf- und bußgeldbewährten Rechtsbefehlen vor das Bundesverfassungsgericht ziehen können, sondern nur diejenigen, die selbst, gegenwärtig und unmittelbar betroffen sind.

Eine Selbstbetroffenheit durch Anreize bei ihren Adressaten dürfte grundsätzlich zu bejahen sein. Denn zwar wird diese in erster Linie bejaht, wenn der Einzelne Adressat der angegriffenen Maßnahme ist;[294] Anreizadressaten aber gelten nicht als Adressaten von Normen.[295] Eine Selbstbetroffenheit der Anreizadressaten dürfte aber mit der Begründung zu bejahen sein, dass diese zwar nicht Normadressaten, aber – so eine weitere grundsätzlich anerkannte Fallgruppe der Selbstbetroffenheit[296] – durch die Norm gleichwohl rechtlich und insbesondere nicht nur reflexartig betroffen sind. Was genau die Anreizadressaten darüber hinaus, insbesondere in Bezug auf die Anforderung der Gegenwärtigkeit, darzulegen haben, ist, zumal die Eingriffsfrage uneinheitlich beantwortet wird, offen. Der von *Wolfgang Hoffmann-Riem* schon vor Jahrzehnten aufgeworfenen „Frage, wie der am Regelungscharakter (etwa eines Verwaltungsaktes) ausgerichtete Rechtsschutz greifen kann, wenn der Stimulus von einer Norm ausgeht, die Ausweichverhalten zur Vermeidung der Normanwendung nahelegt",[297] wird weiter nachzugehen sein.

3. Möglichkeiten und Grenzen der Übertragung der Ergebnisse auf andere Anreiztypen und weitere Instrumente

Die entwickelten Ansätze zur grundrechtlichen Bewertung einfacher Anreize und der sie enthaltenden Normen beziehen sich als solche nicht auf andere Anreiztypen und weitere Instrumente. Einige Grundgedanken lassen sich jedoch auf diese übertragen:

Bereits oben wurde, nicht nur mit Blick auf einfache Anreize, sondern mit Blick auf Anreize insgesamt festgestellt, dass zentraler Maßstab für diese die Freiheitsrechte sind, da diese die Handlungs- und Betätigungsmöglichkeiten des Einzelnen schützen.[298] Im Anschluss an die obige steuerungsorientierte Untersuchung lässt sich auch darüber hinaus eine einheitliche Linie feststellen.

---

[293] BVerfGE 81, 70 [82f.); 97, 157 (165).

[294] BVerfGE 97, 157 (164); 102, 197 (206f.); 108, 370 (384).

[295] Dazu bereits oben, S. 15.

[296] BVerfGE 108, 370 (384); BVerfG, Nichtannahmebeschl. v. 30. Oktober 2010 – 1 BvR 3196/09, juris Rn. 18.

[297] *Hoffmann-Riem*, Verwaltungsrechtsreform, in: ders./Schmidt-Aßmann/Schuppert, Reform des Allgemeinen Verwaltungsrechts, 1993, S. 115 (140).

[298] Siehe oben, S. 152ff.

Danach sind die Freiheitsrechte zentraler Maßstab nicht nur für alle Anreize, sondern auch für alle anderen Instrumente, mit denen der Staat unmittelbar auf die Adressaten einwirkt, um deren Verhalten zu beeinflussen. So sind insbesondere auch Informationsmaßnahmen, die staatlicherseits eingesetzt werden, um unmittelbar Verhalten zu beeinflussen, an den Freiheitsrechten ihrer Adressaten, d.h. der Informationsempfänger, zu messen.[299]

Während oben festgestellt wurde, dass Normen, die einfache Anreize enthalten, darüber hinaus an Gleichheitsrechten zu messen sind, weil mit ihrem normativen Gehalt in diesen stets eine Ungleichbehandlung angelegt ist, gilt dies für andere Anreiztypen und für Informationsmaßnahmen nicht. So ist in den im Rahmen der Untersuchung von Anreizen aus der Steuerungsperspektive behandelten Publizitätsanreizen, für die § 289f Abs. 2 Nr. 4 HGB als Beispiel angeführt wurde,[300] keine Ungleichbehandlung angelegt. Zwar stellt der Gesetzgeber den Adressaten mit derartigen Anreizen insofern unterschiedliche Folgen in Aussicht, als Dritte, die aufgrund der späteren Publikation das Verhalten der Anreizadressaten kennen werden, auf verschiedene Verhaltensweisen unterschiedlich reagieren könnten. Ob die Dritten allerdings wirklich unterschiedlich reagieren, ist eine Frage der tatsächlichen Wirkungen und ist viel zu unsicher, um bereits in der Publikationspflicht selbst eine Ungleichbehandlung zu erblicken.[301] Dementsprechend ist es für die Wirkungslogik der Publikationsanreize auch nicht entscheidend, ob die Dritten tatsächlich reagieren; vielmehr kommt es allein darauf an, dass die Anreizadressaten davon ausgehen, dass sie dies tun. Und selbst wenn die Dritten tatsächlich reagieren, ist ihre Reaktion, die ja nur mittelbar von den entsprechenden Normen ausgeht, nicht mehr als eine dem Staat zurechenbare Ungleichbehandlung derjenigen, die dem Anreiz gefolgt sind, gegenüber denjenigen, die ihm nicht gefolgt sind, zu werten.

Noch offensichtlicher ist, dass in den Instrumenten des Typs der unmittelbaren Informationen[302] keine Ungleichbehandlung angelegt ist. Denn wenn durch diese überhaupt Vor- und Nachteile in Aussicht gestellt werden, dann nur in einem weiteren Sinne: Die Wirkungslogik dieser Maßnahmen besteht dann darin, die Informationsempfänger über die mit Verhaltensoptionen ohnehin verbundenen Vor- und Nachteile, etwa über Gesundheitsgefahren oder Umweltschädlichkeit, aufzuklären. Einen etwaigen späteren Eintritt dieser Vor- und Nachteile bei dem Teil der Informationsempfänger, die dem Instrument gefolgt oder nicht gefolgt sind, verantwortet der Staat in diesem Falle nicht.

---

[299] So auch *Gusy*, Informationsbeziehungen zwischen Staat und Bürger, in: GVwR II, 2012, § 23 Rn. 100; *Huster*, Selbstbestimmung, Gerechtigkeit und Gesundheit, 2015, S. 20f.

[300] Erstmals oben, S. 14; allgemein zum Anreiztyp der Publizitätsanreize, S. 135ff.

[301] Nicht ausgeschlossen ist, aber dies ist ein anderer Aspekt, dass im Einzelfall eine Ungleichbehandlung im Zuschnitt des Adressatenkreises zu sehen ist (zu dem Parallelproblem, das sich im Hinblick auf einfache Anreize stellt, S. 202f.).

[302] Siehe oben, S. 138ff.

Sind Publizitätsanreize und unmittelbare Informationen danach allein an den Freiheitsrechten ihrer Adressaten zu messen, bedeutet dies nicht, dass diese Instrumente unbedingt auch Freiheits*eingriffe* sind. Denn es hat sich gezeigt, dass es für die Qualifizierung eines Instruments als Grundrechtseingriff nicht ausreicht, dass mit diesem das Verhalten seiner Adressaten beeinflusst werden soll. Der Ansicht, nach der es sich bei „Nudges" pauschal um Grundrechtseingriffe handeln soll, allein weil diese darauf zielen, Verhalten zu beeinflussen,[303] ist demnach zu widersprechen. Es ist vielmehr zu differenzieren, und dabei ist es, entsprechend den obigen Ausführungen, nicht entscheidend, ob ein etwaiger tatsächlicher Effekt dieser Maßnahmen auf das Verhalten „von der freien Entscheidung der Adressaten" abhängt.[304] Vielmehr kommt es darauf an, ob die Maßnahmen den Freiheitsbereich ihrer Adressaten reduzieren oder ob sie deren Verhaltensoptionen unberührt lassen bzw. gar erweitern.[305] Gerade Informationen, mit denen ein Steuerungsakteur unmittelbar Verhalten beeinflussen will – und auch viele „Nudges" sind, wie gezeigt[306], diesem Instrumententyp zuzurechnen –, stellen daher regelmäßig keine Grundrechtseingriffe dar, denn sie reduzieren Verhaltensoptionen typischerweise nicht. Von einer Reduktion des Freiheitsbereichs der Adressaten und damit von einem Eingriff wird man ausnahmsweise aber etwa dann auszugehen haben, wenn Verhalten durch die Vermittlung unwahrer Informationen beeinflusst werden soll. Entsprechendes könnte auch gelten, wenn Informationen völlig unausgewogen sind. An der Konturierung dieser und möglicher weiterer Fallgruppen wird ebenso noch zu arbeiten sein wie insgesamt an einer kohärenten Anwendung der entsprechenden Maßstäbe auf Publizitätsanreize und weitere Anreiztypen.

---

303 *van Aaken*, Constitutional Limits to Paternalistic Nudging, in: Kemmerer/Möllers/Steinbeis/Wagner, Choice Architecture in Democracies, 2016, S. 161 (185): „If the measure is aimed at the sphere of liberty, e.g. decision making in private matters, there is no doubt, that it counts as an interference, even if it interferes indirect (finality)." Wohl auch *Heinig*, Autonomy vs. Technocracy, in: Kemmerer/Möllers/Steinbeis/Wagner, Choice Architecture in Democracies, 2016, S. 219 (222).

304 So aber, mit Bezug auf Informationen, *Gusy*, Informationsbeziehungen zwischen Staat und Bürger, in: GVwR II, 2012, § 23 Rn. 101.

305 So bereits *J. Wolff*, Eine Annäherung an das Nudge-Konzept, Rechtswissenschaft 2/2015, S. 194 (216 ff.); *Gusy*, Informationsbeziehungen zwischen Staat und Bürger, in: GVwR II, 2012, § 23 Rn. 100.

306 Siehe oben, S. 140 ff.

Schlussbetrachtung und Ausblick

Das rechtswissenschaftliche Forschungsfeld der Anreize im Recht ist ein weites. Während es schon lange intensiv, aber jeweils nur teilflächenweise beackert wird, war es der Ansatz der vorliegenden Untersuchung, die Gesamtfläche in den Blick zu nehmen und auf dieser nach Zusammenhängen und übergreifenden Strukturen zu suchen. Herausgekommen ist dabei vor allem, dass es solche Zusammenhänge und übergreifenden Strukturen gibt und dass diese gut zu erkennen sind, wenn man die Rechtsakte, die Anreize enthalten, aus zwei unterschiedlichen Perspektiven untersucht: Im Rahmen einer Untersuchung aus der Steuerungsperspektive wurden Zusammenhänge und übergreifende Strukturen ermittelt, die sich im einfachen Recht finden. Insofern wurde insbesondere ein besonders häufig auftretender Anreiztyp beschrieben, und es wurden Ansätze für eine weiterreichende Anreiztypologie sowie für eine über Anreize hinausgehende an rechtswissenschaftlichen Erkenntnisinteressen ausgerichtete Instrumentenlehre entwickelt. Für die anschließende Untersuchung aus der Rechtsanwendungsperspektive war damit von vornherein klar, dass verfassungsrechtliche Fragen zu Anreizen, wenn auch nicht anreizübergreifend einheitlich, so doch anreizübergreifend kohärent, d.h. in sich widerspruchsfrei, beantwortet werden müssen. Dass auch in verfassungsrechtlicher Hinsicht Zusammenhänge und übergreifende Strukturen bestehen, konnte sodann anhand des auch zuvor im Mittelpunkt stehenden Anreiztyps der einfachen Anreize und einiger besonders grundlegender verfassungsrechtlicher Fragen gezeigt werden.

Mit den gefundenen Lösungsansätzen und Antworten ist weder die einfachrechtliche noch die verfassungsrechtliche Diskussion über Anreize zu Ende. So ist die Anreiztypologie ebenso unfertig wie die Typisierung anderer Instrumente, die eingesetzt werden können, um unmittelbar Verhalten zu steuern. Und auch in verfassungsrechtlicher Hinsicht gilt es, die Möglichkeiten und Grenzen weiter auszuloten, in denen die gefundenen Ergebnisse auf weitere Anreiztypen und andere Instrumente übertragbar sind. Nicht zuletzt sind alle oben entwickelten Gedanken weiter auf die Probe zu stellen. Indem Begriffe und sprachliche Bilder für die Beschreibung und Bewertung von Anreizen entwickelt und verwendet wurden, wurde auch insofern die Grundlage dafür gelegt, dass nunmehr die bislang nicht vorhandene übergreifende Diskussion stattfinden kann, dass Argumente ausgetauscht und Meinungsstreits geführt werden können.

Zusammenfassende Thesen

Bei Anreizen handelt es sich, so die Grundthese der vorliegenden Arbeit, um ein rechtsgebietsübergreifendes Phänomen, das rechtsgebietsübergreifende Rechtsfragen aufwirft, die in sich widerspruchsfrei beantwortet werden können und müssen. Im Gegensatz dazu steht die Ausgangsbeobachtung, nach der Anreize in der rechtswissenschaftlichen Literatur bisher nur unsystematisch untersucht und anreizbezogene (Verfassungs-)Rechtsfragen allenfalls in separaten „Diskussionsblasen" diskutiert werden, wodurch im Ergebnis inkohärente dogmatische Ansätze isoliert nebeneinanderstehen. Dies kann damit erklärt werden, dass sich die dogmatisch arbeitende Rechtswissenschaft Recht und Rechtssystem traditionell aus der Rechtsanwendungsperspektive erschließt, aus der Anreize nur unzureichend wahrgenommen werden. Um das Phänomen der Anreize vollständig zu erfassen, so die zweite wesentliche These der vorliegenden Arbeit, muss die herkömmliche Perspektive durch die Steuerungsperspektive ergänzt werden. Während das Verhältnis beider Perspektiven bisher unklar ist, sie aber häufig jedenfalls in einem Konkurrenzverhältnis zueinander gesehen werden, werden sie im Rahmen dieser Arbeit als notwendige gegenseitige Ergänzungen begriffen. Indem gezeigt wird, dass sie zum Zweck der Beantwortung klassischer rechtswissenschaftlicher (Verfassungs-)Rechtsfragen zu Anreizen gewinnbringend miteinander verzahnt werden können, werden „alte" und Neue Verwaltungsrechtswissenschaft praktisch miteinander versöhnt.

I. Als ein rechtsgebietsübergreifendes Phänomen, das rechtsgebietsübergreifende Rechtsfragen aufwirft, die in sich widerspruchsfrei beantwortet werden können und müssen, stellen sich Anreize dar, wenn man als Anreize Rechtsakte, insbesondere Gesetze, betrachtet, soweit diese staatlicherseits als Instrumente eingesetzt werden, die unmittelbar Verhalten beeinflussen sollen, ohne dass ein entsprechender Rechtsbefehl ausgesprochen wird. Mit dem entsprechenden Anreizbegriff wird kein feststehender, etwa ökonomischer, Begriff aufgegriffen, sondern ein Begriff zweckorientiert gebildet. Er ist zugleich Ausgangspunkt und ein wesentliches Ergebnis der vorliegenden Untersuchung. Denn zum einen wird durch „Anreize" der Gegenstand der Untersuchung bezeichnet. Zum anderen zeigt erst die Untersuchung als ganze, dass und inwieweit unter der Bezeichnung „Anreize" etwas zusammengefasst und benannt wird, das zusammenzufassen und zu benennen im Hinblick auf rechtswissenschaftliche Erkenntnisinteressen zweckmäßig ist.[1]

1. Die Befassung mit Anreizen in diesem Sinne setzt voraus, dass die sie enthaltenden Rechtsakte, wenngleich sie phänomenologisch als Einheiten erscheinen, nicht als Einheiten behandelt werden. Zu unterscheiden sind vielmehr verschiedene Gehalte von Rechtsakten, insbesondere ihr stets vorhandener normativer und ihr häufig hinzutretender Anreizgehalt. Innerhalb des normativen Gehalts der Rechtsakte kann weiter unterschieden werden zwischen einer Maßstabsdimension, die in den Blick zu nehmen ist, wenn anhand der Rechtsakte die Rechtmäßigkeit abgeschlossener Gegebenheiten beurteilt werden soll, und einer instrumentellen Dimension, die im Fokus steht, wenn man die Rechtsakte als Rechtsbefehle (Ge- oder Verbote) betrachtet, mit denen künftige Sachverhalte beeinflusst werden sollen. Der Maßstabs- und der Befehlsgehalt, die gemeinsam den normativen Gehalt von Rechtsakten bilden, sind sehr eng miteinander verwandt. Denn Maßstab und Befehl beziehen dieselbe normative Aussage nur auf zwei unterschiedliche zeitliche Dimensionen, Zukunft und Vergangenheit. Im Unterschied zum normativen Gehalt ist der etwaige Anreizgehalt von Rechtsakten nur eindimensional: Der Anreiz ist nur auf die Beeinflussung künftiger Gegebenheiten gerichtet, also bloßes Instrument.[2]

2. Indem Rechtsakte üblicherweise als Einheiten wahrgenommen werden, werden sie auch den Rechtsgebieten pauschal und nicht gehaltsweise zugeordnet. Da die Rechtsakte bei dieser Zuordnung auf ihren normativen Gehalt reduziert werden, ist der Zuschnitt der klassischen Rechtsgebiete, was die in den Normen enthaltenen Anreize betrifft, im Ergebnis völlig willkürlich. Denn Anreize werden dabei nicht als rechtsgebietsübergreifendes Phänomen erkannt, sondern ungesehen demjenigen Rechtsgebiet zugeschlagen, dem der normative Gehalt zugeordnet wird, mit dem sie in einem Rechtsakt verbunden sind. Willkürlich verlaufen im Hinblick auf Anreize nicht nur die Grenzen zwischen den verschiedenen Gebieten des besonderen Verwaltungsrechts. Auch ob Anreize dem Öffentlichen Recht oder dem Privatrecht zugeordnet werden, ist reiner Zufall.[3]

3. Bei Rechtsbefehlen und Anreizen handelt es sich jeweils um in Rechtsakten enthaltene, zukunftsgerichtete Instrumente, die unmittelbar Verhalten beeinflussen sollen. Ein entscheidender Unterschied besteht zwischen ihnen aber insofern, als Rechtsbefehle rechtlich verpflichtend und Anreize rechtlich unverbindlich sind. Dieser Unterschied ist (nur) unter Zugrundelegung einer genuin juristischen, normativen Sichtweise kategorial.[4]

[1] Siehe oben, S. 7 ff.
[2] Siehe oben, S. 10 ff.
[3] Siehe oben, S. 22 ff.
[4] Siehe oben, S. 25 ff.

4. In tatsächlicher Hinsicht besteht zwischen Rechtsbefehlen und Anreizen die Gemeinsamkeit, dass keines dieser Instrumente seine Adressaten zu einem Verhalten zwingt. Außerdem haben Rechtsbefehle und Anreize gemeinsam, dass sie darauf gerichtet sind, Verhalten unmittelbar zu beeinflussen, und dass sie über etwaige unmittelbare Verhaltenswirkungen hinaus auch mittelbare Wirkungen verursachen können. Die verbreitete Terminologie, nach der Anreize zu den sog. Instrumenten mittelbaren Einwirkens/indirekter Verhaltenssteuerung gezählt und Rechtsbefehle dagegen als unmittelbare/direkte Instrumente bezeichnet werden, ist insofern missverständlich, und führt auch tatsächlich zu Missverständnissen und Fehlvorstellungen über beide Instrumententypen.[5]

II. Dass Anreize bisher nur unsystematisch zum Gegenstand rechtlicher Untersuchungen gemacht werden und die Ergebnisse uneinheitlich bis widersprüchlich ausfallen, ist damit zu erklären, dass die dogmatisch arbeitende Rechtswissenschaft das Recht typischerweise aus der Rechtsanwendungsperspektive betrachtet, aus der die im Recht enthaltenen Anreize strukturell unterbelichtet sind. Um das Schattendasein der Anreize zu beenden, ist es notwendig, die Perspektive zu wechseln und zunächst die sog. Steuerungsperspektive einzunehmen. Indem gezeigt wird, dass beide Perspektiven miteinander verzahnt werden müssen, um anreizbezogene (Verfassungs-)Rechtsfragen überzeugend beantworten zu können, ergibt sich anhand der Anreize eine praktische Versöhnung im einst hitzig geführten sog. Methodenstreit zwischen „alter“ und Neuer Verwaltungsrechtswissenschaft.[6]

1. Die Rechtswissenschaft erschließt sich das Recht und das Rechtssystem traditionell, indem sie Rechtsakte aus der Rechtsanwendungsperspektive und damit in erster Linie als Maßstäbe betrachtet, anhand derer sich Rechtmäßigkeitsurteile über tatsächliche oder fiktive Gegebenheiten fällen lassen. Rechtsfragen sind für sie typischerweise Recht*mäßig*keitsfragen.[7]

2. Diese Maßstabsbezogenheit prägt die Verwaltungsrechtswissenschaft, seit es diese gibt. Denn was ihre Erkenntnisinteressen und ihre Perspektive angeht, ist eine Tradition bis heute lebendig, die sich bis in die Mitte des 19. Jahrhunderts zurückverfolgen lässt. Ihren Ursprung hat sie in der als spezifisch rechtswissenschaftliche Herangehensweise entwickelten sog. Juristischen Methode.[8]

3. Mit der Juristischen Methode und aus der Rechtsanwendungsperspektive lassen sich nicht nur auf einzelne Sachverhalte bezogene Rechtsfragen beantworten und letztlich „Fälle lösen“. Der maßstabsbezogene Zugang erlaubt vor allem auch die Erschließung des Rechts als System: Verschiedene Rechtsakte derselben Normenhierarchiestufe können in der Breite untersucht und, während sie als Maßstäbe betrachtet werden, der Form nach erfasst und systemati-

[5] Siehe oben, S. 28 ff. und 32 ff.
[6] Siehe oben, S. 43 ff.
[7] Siehe oben, S. 45 ff.
[8] Siehe oben, S. 46 ff.

siert werden. Anschließend kann die Systembildung auf der nächsthöheren Stufe fortgesetzt werden, indem die zunächst *als* Maßstäbe betrachteten Rechtsakte, da sie nunmehr der Form nach bekannt und benannt sind, bei einer normativ-wertenden Betrachtung *am* Maßstab höherrangigen Rechts wiedererkannt werden, bei der sie als Instrumente behandelt werden. Ein systematisches Vorgehen vorausgesetzt, entsteht so ein grundsätzlich umfassendes Bild des Rechtssystems als normatives System.[9]

4. Unvollständig bleibt dieses Bild allerdings mit Blick auf den nicht-normativen Gehalt des Rechts und damit auf die (zur Zeit der Herausbildung der Juristischen Methode noch zu vernachlässigenden, heute jedoch allgegenwärtigen) Anreize im Recht. Als reine Instrumente werden sie systematisch vernachlässigt. Denn solange Rechtsakte *als* Maßstäbe betrachtet werden, sind die in ihnen enthaltenen Anreize schlicht unsichtbar. Ins Spiel kommen können sie erst, wenn man die sie enthaltenden Rechtsakte als Instrumente *am* Maßstab anderer (höherrangiger) Rechtsakte misst. So werfen Anreize in formellen Gesetzen Rechtsfragen nur auf, soweit es um ihre Vereinbarkeit mit verfassungsrechtlichen Maßstäben geht. Bei der Beantwortung dieser Fragen hängen Rechtswissenschaft und Rechtsprechung aber insofern in der Luft, als die systematisierenden und begriffsbildenden Vorarbeiten fehlen, die eine zentrale und systematische Einspeisung verfassungsrechtlicher Vorgaben ermöglichen und die für den Bereich des Öffentlichen Rechts nach der überkommenen inner-öffentlich-rechtlichen Arbeitsteilung grundsätzlich die Verwaltungsrechtswissenschaft erbringt.[10]

5. Ist die fehlende Integration der Anreize in die verwaltungsrechtliche Dogmatik, insbesondere in die verwaltungsrechtliche Handlungsformenlehre, mit der Maßstabsbezogenheit der klassischen rechtswissenschaftlichen Perspektive zu erklären, erfordert ihre Integrationen das Einnehmen einer instrumentenbezogenen Perspektive: Die Anreize im Recht sind, bevor aus der Rechtsanwendungsperspektive normativ-wertende Aussagen über sie getroffen werden können, zunächst deskriptiv-typologisierend aus der sog. Steuerungsperspektive zu untersuchen.[11]

6. Auf die Möglichkeit und Notwendigkeit, das Recht (auch) steuerungsorientiert zu betrachten, hat die sog. Neue Verwaltungsrechtswissenschaft aufmerksam gemacht, deren Vorreiter zu Beginn der 1990er Jahre das ursprünglich aus den Sozialwissenschaften stammende Konzept der Steuerung aufgegriffen haben, ohne allerdings ganz klar zu machen, welcher Stellenwert und Nutzen dem Steuerungsansatz in der Rechtswissenschaft zukommen kann.[12]

---

[9] Siehe oben, S. 50ff.
[10] Siehe oben, S. 63ff.
[11] Siehe oben, S. 67ff.
[12] Siehe oben, S. 69ff.

7. Aus der Steuerungsperspektive heraus kann die bisher fehlende Integration der Anreize in die Verwaltungsrechtsdogmatik vorgenommen und eine Art „Allgemeines Verwaltungsrecht der Anreize" entwickelt werden. Denn sie macht aus, dass aus ihr die instrumentelle Dimension des Rechts losgelöst von (höherrangigen) rechtlichen Maßstäben betrachtet und untersucht werden kann. Damit ist sie, im Unterschied zur Rechtsanwendungsperspektive, zwar keine spezifisch und exklusiv rechtswissenschaftliche Perspektive. Sie kann aber nach hiesigem Verständnis gleichwohl eine Perspektive *auch* für die Rechtswissenschaft sein, die einzunehmen nicht nur dann zweckmäßig ist, wenn interdisziplinäre Anschlussfähigkeit hergestellt werden, sondern auch wenn klassische rechtswissenschaftliche Dogmatik betrieben werden soll und klassische rechtswissenschaftliche Erkenntnisinteressen verfolgt werden. Soweit sich die Neue Verwaltungsrechtswissenschaft von der Dogmatik abgrenzt und Vertreter der „alten" Verwaltungsrechtswissenschaft sie als eine Domäne allein der traditionellen, aus der Rechtsanwendungsperspektive betriebenen Rechtswissenschaft vereinnahmen, wird dem widersprochen.[13]

8. Ein erster und besonders wichtiger Teil einer aus der Steuerungsperspektive zu erarbeitenden, einfachrechtlichen Anreizdogmatik ist eine Typologie, die entwickelt werden kann, indem im geltenden Recht die entsprechenden wiederkehrenden Formen gesucht, entdeckt und beschrieben werden.[14] Im Rahmen einer steuerungsorientierten Untersuchung können Anreize außerdem auf Gemeinsamkeiten mit und Unterschiede zu anderen verhaltenssteuernden Instrumenten, wie etwa Informationen und den als „Nudges" bezeichneten Maßnahmen, hin untersucht und in eine noch zu schaffende, auf rechtswissenschaftliche Erkenntnisinteressen zugeschnittene Instrumentenlehre integriert werden.[15] Weiteres Potential der Steuerungsperspektive liegt schließlich darin, dass Anreize aus dieser auch im Hinblick auf Kriterien wie Wirtschaftlichkeit, Transparenz, Akzeptanz, Bürgernähe, Effizienz sowie nicht zuletzt Wirksamkeit untersucht werden können, wobei man damit über rechtswissenschaftliche Erkenntnisinteressen im engeren Sinne allerdings hinausgeht.[16]

III. Dass die Entwicklung einer kohärenten Verfassungsrechtsdogmatik zu Anreizen möglich ist, wenn dabei auf systematisierende und begriffsbildende Vorarbeiten zurückgegriffen werden kann, die im Rahmen einer zunächst allein auf das einfache Recht bezogenen Untersuchung von Anreizen aus der Steuerungsperspektive zu erbringen sind, lässt sich nicht nur theoretisch begründen. Es lässt sich auch praktisch zeigen, und zwar indem erste Ansätze einer einfach-

---

[13] Siehe oben, S. 77 ff.
[14] Siehe oben, S. 87 ff.
[15] Siehe oben, S. 93 ff.
[16] Siehe oben, S. 98 ff.

rechtlichen sowie einer darauf aufbauenden verfassungsrechtlichen Anreizdogmatik entwickelt werden.[17]

1. Im Rahmen der chronologisch zuerst vorzunehmenden deskriptiv-typologischen Untersuchung von Anreizen aus der Steuerungsperspektive können zunächst Ansätze einer einfachrechtlichen Anreiztypologie erarbeitet werden.[18]

2. Als Grund- oder auch Prototyp der Anreize erweist sich dabei der hier so bezeichnete einfache Anreiz in Form der Tatbestand-Rechtsfolge-Verknüpfung. Mit einfachen Anreizen sucht der Gesetzgeber als Steuerungsakteur ein erwünschtes Verhalten zu erreichen bzw. ein unerwünschtes, aber rechtmäßiges Verhalten zu verhindern, indem er es tatbestandlich erfasst und mit einer vor- oder nachteilhaften Rechtsfolge verknüpft. Auf diese Weise versetzt der Gesetzgeber die Anreizadressaten in die Lage, mit ihrer Verhaltensentscheidung zugleich zu entscheiden, ob die für den Fall der Verwirklichung des tatbestandlichen Verhaltens in Aussicht gestellte Rechtsfolge eintritt oder ausbleibt.[19]

3. Durch die Verbindung von Tatbestand und Rechtsfolge in einem Rechtsakt werden zwei logische Verhältnisse geschaffen: Zum einen entsteht die Wenn-Dann-Konstruktion zwischen Tatbestand und Rechtsfolge und zum anderen die, aus der Steuerungsperspektive gut erkennbare, Wenn-nicht-dann-nicht-Verbindung zwischen der Nicht-Verwirklichung des Tatbestandes und dem Ausbleiben der Rechtsfolge.[20]

4. Steuerungserfolge verspricht sich der Gesetzgeber von einfachen Anreizen, weil er den Adressaten unterstellt, dass sie ihr Verhalten (zumindest auch) danach ausrichten, welche Vor- oder Nachteile mit einem Verhalten verbunden sind. Das den Adressaten damit unterstellte Verhaltensmuster kann man als Rationalverhalten bezeichnen und anhand des in den Wirtschafts- und Sozialwissenschaften gebräuchlichen Modells des *homo oeconomicus* beschreiben und erklären. Die Wirkungslogik einfacher Anreize ist aber auch ohne Bezugnahmen auf wissenschaftliche Modelle begreiflich. Dass sich Verhalten grundsätzlich, wenngleich keineswegs immer, durch die Verknüpfung mit vor- oder nachteilhaften Folgen beeinflussen lässt, wissen gerade auch Juristen.[21]

5. Einfache Anreize können so gestaltet sein, dass für erwünschtes Verhalten ein Vorteil oder für unerwünschtes Verhalten ein Nachteil in Aussicht gestellt wird.[22] Darüber hinaus können einfache Anreize in vielen weiteren Variationen auftreten.[23] Neben dem Anreiztyp des einfachen Anreizes können außerdem weitere Anreiztypen identifiziert und beschrieben werden.[24] Schließlich

---

[17] Siehe oben, S. 107 ff.
[18] Siehe oben, S. 109 ff.
[19] Siehe oben, S. 111 ff.
[20] Siehe oben, S. 113 ff.
[21] Siehe oben, S. 117 ff.
[22] Siehe oben, S. 120 ff.
[23] Siehe oben, S. 122 ff.
[24] Siehe oben, S. 133 ff.

lassen sich Abgrenzungen zu anderen Instrumententypen, konkret zu unmittelbaren Informationen und zu den sog. Standardvorgaben, vornehmen, wodurch auch das Verhältnis zwischen Anreizen und einigen als „Nudges“ diskutierten Maßnahmen klarer wird.[25]

6. Im Anschluss an die steuerungsorientierte Untersuchung von Anreizen und auf der Grundlage dieser kann eine kohärentere und damit überzeugendere anreizbezogene Verfassungsrechtsdogmatik entwickelt werden. Viel Klarheit kann allein schon geschaffen werden, indem die bei der Untersuchung aus der Steuerungsperspektive gewonnene Erkenntnis aufgegriffen wird, wonach es sich bei Anreizen um eigenständige Instrumente handelt, die insbesondere von den Rechtsbefehlen zu unterscheiden sind, mit denen sie die äußere Form eines Rechtsaktes teilen. Denn die gängige, pauschale Herangehensweise an Rechtsakte erweist sich als große Fehlerquelle. Zeigen lässt sich dies anhand der einfachen Anreize und im Hinblick auf die bisher völlig uneinheitlich beantwortete Frage, ob und ggf. unter welchen Voraussetzungen diese als rechtfertigungsbedürftige Beeinträchtigungen der Grundrechte der Anreizadressaten zu werten sind.[26]

7. Nachdem Anreize im Rahmen der steuerungsorientierten Untersuchung als Instrumente beschrieben wurden, mit denen staatlicherseits unmittelbar das Verhalten ihrer Adressaten beeinflusst werden soll, ist klar, dass diese, was ihre Adressaten betrifft, in erster Linie an den Freiheitsrechten zu messen sind. Denn diese schützen im Kern die Handlungs- und Betätigungsmöglichkeiten des Einzelnen.[27]

8. Für die Bestimmung des als Maßstab für einen konkreten Anreiz einschlägigen Freiheitsgrundrechts ist entscheidend, in welchen Schutzbereich das (künftige) Verhalten fällt, zu dem er die Adressaten bringen bzw. von dem er die Adressaten abbringen soll. Insofern gilt nichts anderes als bei der Beurteilung von Ge- und Verboten, die, wenn es um die Grundrechte ihrer Adressaten geht, ebenfalls am Maßstab des jeweils thematisch einschlägigen Grundrechts gemessen werden.[28]

9. Als rechtfertigungsbedürftige Eingriffe in die Freiheitsrechte ihrer Adressaten sind einfache Anreize dann – und nur dann – zu qualifizieren, wenn sie diesen für den Fall eines künftigen Verhaltens Nachteile in Aussicht stellen. Denn der Grundrechtseingriff markiert eine Reduktion des Freiheitsbereichs, und eine solche Reduktion geht von einfachen Anreizen aus, wenn eine den Adressaten grundsätzlich offenstehende Verhaltensoption mit einem Nachteil verknüpft wird.[29]

---

[25] Siehe oben, S. 138 ff.
[26] Siehe oben, S. 149 ff.
[27] Siehe oben, S. 152 ff.
[28] Siehe oben, S. 153 ff.
[29] Siehe oben, S. 156 ff.

10. Negative Anreize sind Grundrechtseingriffe einer eigenen Art. Denn zwar handelt es sich bei ihnen mangels Imperativität nicht um klassische Eingriffe.[30] Mit den klassischen, imperativen Eingriffen haben sie aber mehr gemeinsam als mit denjenigen Maßnahmen, die typischerweise als Eingriffe im weiteren Sinne behandelt werden.[31]

11. Keinen Eingriff in die Grundrechte ihrer Adressaten stellen dagegen Anreize dar, die Verhalten dadurch beeinflussen sollen, dass sie Vorteile in Aussicht stellen. Denn winken Vorteile, wird der Freiheitsbereich der Anreizadressaten nicht verkleinert, sondern vergrößert. Der verbreiteten Ansicht, nach der ein Eingriff durch negative ebenso wie durch positive Anreize allein schon darin besteht, dass der Gesetzgeber Verhalten beeinflussen will, bzw. nach der negative und positive Anreize jedenfalls dann in Grundrechte eingreifen, wenn der Gesetzgeber die Anreizadressaten tatsächlich erfolgreich beeinflusst, ist zu widersprechen.[32]

12. Wenn die Eingriffsqualität von Anreizen davon abhängt, ob den Anreizadressaten Vor- oder Nachteile in Aussicht gestellt werden, kommt entscheidende Bedeutung der entsprechenden Unterscheidung zu. Diese kann im Einzelfall Schwierigkeiten machen. Unbeschadet einzelner Zweifelsfälle ist die Unterscheidung aber grundsätzlich möglich.[33]

13. Als staatlicherseits eingesetzte Instrumente müssen Anreize selbstverständlich auch mit den gleichheitsrechtlichen Anforderungen des Grundgesetzes vereinbar sein. Typischerweise verletzen sie, als solche, das in Art. 3 Abs. 1 GG enthaltene Verbot, wesentlich Gleiches willkürlich ungleich und wesentlich Ungleiches willkürlich gleich zu behandeln, allerdings nicht.[34]

14. Zwar könnte man grundsätzlich meinen, dass insbesondere Anreize, die Geldzahlungsansprüche oder -pflichten in Aussicht stellen, finanzschwache Adressaten benachteiligen, wenn sie diesen für den Fall eines bestimmten Verhaltens gleichhohe Vor- oder Nachteile in Aussicht stellen wie finanzstarken Adressaten. Wenn man über die tatsächlichen Wirkungen solcher Anreize nachdenkt, ist, bei allen diesbezüglichen Unsicherheiten, sicher anzunehmen, dass sie auf erstere jedenfalls *tendenziell* stärker wirken als auf letztere. Nach überkommenem Verständnis wird allerdings eine „Diskriminierung“ nach finanzieller Leistungsfähigkeit weder durch den allgemeinen Gleichheitssatz noch durch besondere Gleichheitssätze untersagt, sodass ein etwaiges Gleichheitsproblem nur als rechtspolitische Kritik formuliert werden kann.[35]

---

[30] Siehe oben, S. 157 ff.
[31] Siehe oben, S. 162 ff.
[32] Siehe oben, S. 183 ff.
[33] Siehe oben, S. 193 ff.
[34] Siehe oben, S. 199 ff.
[35] Siehe oben, S. 203 ff.

15. Ein Gleichheitsverstoß durch einzelne Anreize kann grundsätzlich vorliegen, wenn diese von vornherein nur einen bestimmten Personenkreis adressieren, während ein anderer, im Wesentlichen gleicher Personenkreis willkürlich nicht adressiert wird. Diese Art der Ungleichbehandlung geht mit Anreizen allerdings keineswegs zwangsläufig einher, dürfte praktisch vielmehr eher selten sein.[36]

16. Dass *Normen*, die einfache Anreize *enthalten*, gleichheitsrechtlich problematisch sind, ist offensichtlich. Denn sie sind ihrer ganzen Konzeption nach auf eine Ungleichbehandlung, nämlich darauf angelegt, dass zugunsten oder -ungunsten derjenigen, die den Tatbestand erfüllen, die Rechtsfolge eintritt, während diese zugunsten oder -ungunsten derjenigen, die den Tatbestand nicht erfüllen, ausbleibt. Es ist zwar festzustellen, dass diese Ungleichbehandlung nicht von den Anreizen als solchen, sondern von den in denselben Normen enthaltenen jeweiligen Rechtsbefehlen ausgeht. Im Ergebnis aber kann der Gesetzgeber durch das Gleichheitsgebot durchaus am Einsatz einzelner (positiver und negativer) Anreize gehindert sein, da, wenn die Rechtfertigung der Ungleichbehandlung im Einzelfall nicht gelingt, der Gleichheitsverstoß die gesamte Norm verfassungswidrig macht.[37]

17. Die entwickelten Ansätze zur grundrechtlichen Bewertung einfacher Anreize beziehen sich als solche nicht auf andere Anreiztypen und weitere Instrumente. Teilweise lassen sie sich jedoch auf diese übertragen.[38]

IV. Mit den gefundenen Lösungsansätzen und Antworten ist weder die auf das einfache Recht bezogene noch die verfassungsrechtliche Diskussion über Anreize zu Ende. Die Ansätze sind weiterzuentwickeln, und nicht zuletzt sind alle hier entwickelten Gedanken weiter auf die Probe zu stellen. Indem Begriffe und sprachliche Bilder für die Beschreibung und Bewertung von Anreizen entwickelt und verwendet wurden, wurde die Grundlage dafür gelegt, dass nunmehr die bislang nicht vorhandene rechtsgebietsübergreifende Diskussion stattfinden kann, dass Argumente ausgetauscht und Meinungsstreits geführt werden können.[39]

---

[36] Siehe oben, S. 202 f.
[37] Siehe oben, S. 205 ff.
[38] Siehe oben, S. 213 ff.
[39] Siehe oben, S. 217.

Literaturverzeichnis

Abadie, Alberto/Gay, Sebastien: The impact of presumed consent legislation on cadaveric organ donation: a cross-country study, Journal of Health Economics 25/4 (2006), S. 599 ff.

Appel, Ivo: Das Verwaltungsrecht zwischen klassischem dogmatischen Verständnis und steuerungswissenschaftlichem Anspruch, VVDStRL 67 (2008), S. 226 ff.

Ariely, Dan: Predictably Irrational – The Hidden Forces that Shape Our Decisions, HarperCollins, New York 2008.

Aumann, Christian/Gaertner, Wulf: Die Organknappheit – ein Plädoyer für eine Marktlösung, in: Breyer, Friedrich/Engelhard, Margret (Hrsg.), Anreize zur Organspende, Bad Neuenahr-Ahrweiler 2006, S. 59 ff.

Bachof, Otto: Die Dogmatik des Verwaltungsrechts vor den Gegenwartsaufgaben der Verwaltung, VVDStRL 30 (1972), S. 193 ff.

Badura, Peter: Das Verwaltungsrecht des liberalen Rechtsstaats – Methodische Überlegungen zur Entstehung des wissenschaftlichen Verwaltungsrechts, Göttingen 1967.

Baer, Susanne: Rechtssoziologie, 3. Aufl., Baden-Baden 2017.

–*:* Der Bürger – Subjektkonstruktion durch Leitbilder vom Staat, Tübingen 2006.

–*:* Schlüsselbegriffe, Typen und Leitbilder als Erkenntnismittel und ihr Verhältnis zur Rechtsdogmatik, in: Schmidt-Aßmann, Eberhard/Hoffmann-Riem, Wolfgang (Hrsg.), Methoden der Verwaltungsrechtswissenschaft, Baden-Baden 2004, S. 223 ff.

Bauer, Hartmut: Verwaltungsrechtslehre im Umbruch?, DV 25 (1992), S. 301 ff.

Becker, Gary S./Elías, Julio Jorge: Introducing Incentives in the Market for Live and Cadaveric Organ Donations, Journal of Economic Perspectives 21 (2007), S. 3 ff.

Bethge, Herbert: Der Grundrechtseingriff, VVDStRL 57 (1998), S. 7 ff.

Birk, Dieter: Das Leistungsfähigkeitsprinzip als Maßstab der Steuernormen – Ein Beitrag zu den Grundfragen des Verhältnisses Steuerrecht und Verfassungsrecht, Köln 1983.

Birk, Dieter/Desens, Marc/Tappe, Henning: Steuerrecht, 21. Aufl., Heidelberg 2018.

Birk, Ulrich-Arthur: Das neue Elterngeld nach dem Bundeselterngeld- und Elternzeitgesetz (BEEG), Zeitschrift für die sozialrechtliche Praxis (ZFSH/SGB) 2007, S. 3 ff.

Böhret, Carl (Hrsg.)*:* Gesetzgebungspraxis und Gesetzgebungslehre, Speyer 1980.

Böhret, Carl/Konzendorf, Götz: Handbuch Gesetzesfolgenabschätzung (GFA) – Gesetze, Verordnungen, Verwaltungsvorschriften, Baden-Baden 2001.

Bohne, Eberhard: Verwaltungswissenschaft – Eine interdisziplinäre Einführung in die Grundlagen, Wiesbaden 2018.

Braun, Dietmar: Diskurse zur staatlichen Steuerung – Übersicht und Bilanz, in: Burth, Hans-Peter/Görlitz, Axel (Hrsg.), Politische Steuerung in Theorie und Praxis, Baden-Baden 2001, S. 101 ff.

Breinersdorfer, Stefan: Abzugsverbote und objektives Nettoprinzip – Neue Tendenzen in der verfassungsgerichtlichen Kontrolle des Gesetzgebers, DStR 2010, S. 2492 ff.

Brennan, Geoffrey/Buchanan, James M.: Die Begründung von Regeln – Konstitutionelle politische Ökonomie, Tübingen 1993.

Brohm, Winfried: Die Dogmatik des Verwaltungsrechts vor den Gegenwartsaufgaben der Verwaltung, VVDStRL 30 (1972), S. 245 ff.

Brosius-Gersdorf, Frauke: Demografischer Wandel und Familienförderung, Tübingen 2011.

–: Vätermonate – Staatliche Familienförderung zwischen Neutralitätspflicht und Durchsetzung der Gleichberechtigung der Geschlechter, Vierteljahresschrift für Sozialrecht (VSSR) 2008, S. 299 ff.

Bumke, Christian: Rechtsdogmatik – eine Disziplin und ihre Arbeitsweise. Zugleich eine Studie über das rechtsdogmatische Arbeiten Friedrich Carl von Savignys, Tübingen 2017.

–: Relative Rechtswidrigkeit, Tübingen 2004.

–: Die Entwicklung der verwaltungsrechtswissenschaftlichen Methodik in der Bundesrepublik Deutschland, in: Schmidt-Aßmann, Eberhard/Hoffmann-Riem, Wolfgang (Hrsg.), Methoden der Verwaltungsrechtswissenschaft, Baden-Baden 2004, S. 73 ff.

–: Publikumsinformation – Erscheinungsformen, Funktion und verfassungsrechtlicher Rahmen einer Handlungsform des Gewährleistungsstaates, DV 37 (2004), S. 10 ff.

Burgi, Martin: Ökologische und soziale Beschaffung im künftigen Vergaberecht – Kompetenzen, Inhalte, Verhältnismäßigkeit, NZBau 2015, S. 597 ff.

–: Rechtsregime, in: Hoffmann-Riem, Wolfgang/Schmidt-Aßmann, Eberhard/Voßkuhle, Andreas (Hrsg.), Grundlagen des Verwaltungsrechts, Bd. I, 2. Aufl., München 2012, § 18.

–: „Vergabefremde" Kriterien, in: Grabitz, Eberhard/Hilf, Meinhard (Hrsg.), Recht der Europäischen Union, B 13, 36. EL, München 2008.

–: Vergabefremde Zwecke und Verfassungsrecht, NZBau 2001, S. 64 ff.

Burgi, Marin/Dreher, Meinrad (Hrsg.): Beck'scher Vergaberechtskommentar, Bd. 1 (Gesetz gegen Wettbewerbsbeschränkungen, GWB, 4. Teil), 3. Aufl., München 2017.

Burmeister, Joachim: Verträge und Absprachen zwischen der Verwaltung und Privaten, VVDStRL 52 (1993), S. 190 ff.

Burmeister, Katrin/Schade, Christian: Are entrepreneurs' decisions more biased? An experimental investigation of the susceptibility to status quo bias, Journal of Business Venturing 22 (2007), S. 340 ff.

Camerer, Colin F.: Behavioral Economics: Reunifying Psychology and Economics, Proceedings of the National Academy of Science (PNAS) 96/19 (1999), S. 10575 ff.

Cansier, Dieter: Erscheinungsformen und ökonomische Aspekte von Selbstverpflichtungen, in: Kloepfer, Michael (Hrsg.), Selbst-Beherrschung im ökologischen und technischen Bereich – Selbststeuerung und Selbstregulierung in der Technikentwicklung und im Umweltschutz, Berlin 1998, S. 105 ff.

Christensen, Ralph: Was heißt Gesetzesbindung?, Berlin 1989.

Cottier, Michelle/Estermann, Josef/Wrase, Michael (Hrsg.): Wie wirkt Recht?, Baden-Baden 2010.

Czada, Roland: Disziplinäre Identität als Voraussetzung interdisziplinärer Verständigung?, in: Bizer, Kilian/Führ, Martin/Hüttig, Christoph (Hrsg.), Responsive Regulierung – Beiträge zur interdisziplinären Institutionenanalyse und Gesetzesfolgenabschätzung, Tübingen 2002, S. 23 ff.

Dahl, Robert A./Lindblom, Charles E.: Politics, Economics, and Welfare, Harper & Brothers New York 1953.

Desens, Marc: Die Verwirklichung des Leistungsfähigkeitsprinzips als Maßstab der Steuernormen in der Rechtsprechung des BVerfG, StuW 2016, S. 240 ff.

Di Fabio, Udo: Selbstverpflichtungen der Wirtschaft – Grenzgänger zwischen Freiheit und Zwang, in: Kloepfer, Michael (Hrsg.), Selbst-Beherrschung im ökologischen und technischen Bereich – Selbststeuerung und Selbstregulierung in der Technikentwicklung und im Umweltschutz, Berlin 1998, S. 119 ff.

Dreier, Horst (Hrsg.)*:* Grundgesetz Kommentar: GG, Bd. I, 3. Aufl., Tübingen 2013.

–: Merkls Verwaltungsrechtslehre und die heutige deutsche Dogmatik des Verwaltungsrechts, in: Walter, Robert (Hrsg.), Adolf J. Merkl – Werk und Wirksamkeit, Wien 1990, S. 55 ff.

Dreier, Ralf: Zum Selbstverständnis der Jurisprudenz als Wissenschaft, Rechtstheorie 2 (1971), S. 37 ff.

Droege, Michael: Steuerrecht als besonderes Verwaltungsrecht: Zur Geschichte einer disziplinären Entfremdung und zu den Potentialen einer Wiederannäherung, in: ders./Seiler, Christian (Hrsg.), Eigenständigkeit des Steuerrechts, Tübingen 2019, S. 127 ff.

–: Eigenheiten der Steuerrechtswissenschaft, Berlin 2016.

–: Gemeinnützigkeit im offenen Steuerstaat, Tübingen 2010.

Drygala, Tim: Harte Quote, weiche Quote und die Organpflichten von Vorstand und Aufsichtsrat, NZG 2015, S. 1129 ff.

Duden: Das Synonymwörterbuch, 7. Aufl., Berlin 2019.

–: Deutsches Universalwörterbuch – Das umfassende Bedeutungswörterbuch der deutschen Gegenwartssprache, 9. Aufl., Berlin 2019.

Eckhoff, Rolf: Der Grundrechtseingriff, Köln 1992.

Ehlers, Dirk: Verwaltungsrecht in: ders./Pünder, Hermann (Hrsg.), Allgemeines Verwaltungsrecht, 15. Aufl., Berlin 2016, § 3.

–: Otto Mayer (1846-1924), in: Häberle, Peter/Kilian, Michael/Wolff, Heinrich A. (Hrsg.), Staatsrechtslehrer des 20. Jahrhunderts, Berlin, 2015.

–: Rechtsprobleme der Kommunalwirtschaft, DVBl. 1998, S. 497 ff.

Ehlers, Dirk/Fehling, Michael/Pünder, Hermann (Hrsg.): Besonderes Verwaltungsrecht, Bd. 1 (Öffentliches Wirtschaftsrecht), 4. Aufl., Heidelberg 2019.

–: Besonderes Verwaltungsrecht, Bd. 2 (Planungs-, Bau- und Straßenrecht, Umweltrecht, Gesundheitsrecht, Medien- und Informationsrecht), 3. Aufl., Heidelberg 2013.

–: Besonderes Verwaltungsrecht, Bd. 3 (Kommunalrecht, Haushalts- und Abgabenrecht, Ordnungs-, Sozial-, Bildungs- und Dienstrecht), 3. Aufl., Heidelberg 2013.

–: Besonderes Verwaltungsrecht, Bd. 1 (Öffentliches Wirtschaftsrecht), 3. Aufl., Heidelberg 2012.

Ehlers, Dirk/Pünder, Hermann (Hrsg.)*:* Allgemeines Verwaltungsrecht, 15. Aufl., Berlin 2016.

Eifert, Martin: Regulierungsstrategien, in: Hoffmann-Riem, Wolfgang/Schmidt-Aßmann, Eberhard/Voßkuhle, Andreas (Hrsg.), Grundlagen des Verwaltungsrechts, Bd. I, 2. Aufl., München 2012, § 19.

–: Das Verwaltungsrecht zwischen klassischem dogmatischen Verständnis und steuerungswissenschaftlichem Anspruch, VVDStRL 67 (2008), S. 286 ff.

Emmenegger, Sigrid: Gesetzgebungskunst: Gute Gesetzgebung als Gegenstand einer legislativen Methodenbewegung in der Rechtswissenschaft um 1900 – Zur Geschichte der Gesetzgebungslehre, Tübingen 2006.

Engel, Christoph: Verhaltenswissenschaftliche Analyse – Eine Gebrauchsanweisung für Juristen, in: Engel, Christoph/Englerth, Markus/Lüdemann, Jörn/Spiecker gen. Döhmann, Indra (Hrsg.), Recht und Verhalten – Beiträge zu Behavioral Law and Economics, Tübingen 2007, S. 363 ff.

Englerth, Markus: Behavioral Law and Economics – Eine kritische Einführung, in: Engel, Christoph/Englerth, Markus/Lüdemann, Jörn/Spiecker gen. Döhmann, Indra (Hrsg.): Recht und Verhalten – Beiträge zu Behavioral Law and Economics, Tübingen 2007, S. 60 ff.

Englerth, Markus/Towfigh Emanuel V.: Verhaltensökonomik, in: Towfigh Emanuel V./Petersen, Niels (Hrsg.), Ökonomische Methoden im Recht – Eine Einführung für Juristen, 2. Aufl., Tübingen 2017, § 8.

Epping, Volker: Grundrechte, 8. Aufl., Berlin 2019 (e-book).

Erbguth, Wilfried: Allgemeines Verwaltungsrecht, 7. Aufl., Baden-Baden 2014.

Fante, Jan: Die Instrumentalisierung des öffentlichen Beschaffungswesens zur Durchsetzung politischer Ziele – Erscheinungsformen und rechtliche Schranken im europäischen und deutschen Recht, Aachen 2004.

Fehling, Michael: Die „neue Verwaltungsrechtswissenschaft" – Problem oder Lösung – Innovation durch Kanonisierung?, in: Burgi, Martin (Hrsg.), Zur Lage der Verwaltungsrechtswissenschaft, DV Beiheft 12 (2017), S. 66 ff.

–: Verwaltung zwischen Unparteilichkeit und Gestaltungsaufgabe, Tübingen 2001.

Firsching, Karl/Schmid, Jürgen: Familienrecht, 1. Halbband (Familiensachen), 8. Aufl., München 2015.

Flaskühler, Christina Agnetha: Föderale Klimaschutzgesetzgebung in Deutschland im Lichte des wohlgeordneten Rechts, Baden-Baden 2018.

Franzius, Claudio: Funktionen des Verwaltungsrechts im Steuerungsparadigma der Neuen Verwaltungsrechtswissenschaft, DV 39 (2006), S. 335 ff.

–: Die Herausbildung der Instrumente indirekter Verhaltenssteuerung im Umweltrecht der Bundesrepublik Deutschland, Berlin 2000.

Frenz, Walter: Soziale Vergabekriterien, NZBau 2007, S. 17 ff.

Friauf, Karl Heinrich: Verfassungsrechtliche Anforderungen an die Gesetzgebung über die Steuern vom Einkommen und vom Ertrag, in: ders. (Hrsg.), Steuerrecht und Verfassungsrecht, DStJG 12 (1989), S. 3 ff.

–: Zur Rolle der Grundrechte im Interventions- und Leistungsstaat, DVBl 1971, S. 674 ff.

–: Öffentlicher Haushalt und Wirtschaft, VVdStRL 27 (1969), S. 1 ff.

–: Verfassungsrechtliche Grenzen der Wirtschaftslenkung und Sozialgestaltung durch Steuergesetze, Tübingen 1966.

Friedman, Lawrence M.: Impact – How Law Affects Behavior, Harvard University Press, Cambridge Massachusetts/London 2016.

Fürst, Dietrich: Diversifikation staatlicher Steuerungsinstrumente, in: Ellwein, Thomas/Hesse, Joachim Jens (Hrsg.), Staatswissenschaften – Vergessene Disziplin oder neue Herausforderung, Baden-Baden 1990, S. 291 ff.

Gärditz, Klaus Ferdinand: Die „Neue Verwaltungsrechtswissenschaft" – Alter Wein in neuen Schläuchen, in: Burgi, Martin (Hrsg.), Zur Lage der Verwaltungsrechtswissenschaft, DV Beiheft 12 (2017), S. 105 ff.

Gallwas, Hans-Ullrich: Dulden wider Willen als Problem der Grundrechtsdogmatik, in: Ruland, Franz/Papier, Hans-Jürgen/Maydell, Bernd (Hrsg.), Verfassung, Theorie und Praxis des Sozialstaats, Festschrift für Hans F. Zacher zum 70. Geburtstag, Heidelberg 1998, S. 185 ff.

–: Faktische Beeinträchtigungen im Bereich der Grundrechte, Berlin 1970.

Gellner, Wienand/Hammer, Eva-Maria: Policyforschung, München 2010.

Gerg, Stephan: Nudging – Verfassungsrechtliche Maßstäbe für das hoheitliche Einwirken auf die innere Autonomie des Bürgers, Tübingen, 2019.

Gestrich, Christof/Wabel, Thomas (Hrsg.): Freier oder unfreier Wille? Handlungsfreiheit und Schuldfähigkeit im Dialog der Wissenschaften, Berliner Theologische Zeitschrift (BThZ) Beiheft 2005.

Gigerenzer, Gerd: Bauchentscheidungen – Die Intelligenz des Unterbewussten und die Macht der Intuition, München 2008.

–: Bounded and rational, in: Stainton, Robert J. (Hrsg.), Contemporary Debates in Cognitive Science, Malden 2006, S. 115 ff

–: On Narrow Norms and Vague Heuristics – A Reply to Kahneman and Tversky, Psychological Review 103 (1996), S. 592 ff.

Glagow, Manfred/Willke, Helmut: Dezentrale Gesellschaftssteuerung – Probleme der Integration polyzentrischer Gesellschaft, Pfaffenweiler 1987.

Görlitz, Axel/Voigt, Rüdiger (Hrsg.): Grenzen des Rechts, Jahresschrift für Rechtspolitologie, Bd. 1, Pfaffenweiler 1987.

Grabitz, Eberhard: Freiheit und Verfassungsrecht – Kritische Untersuchungen zur Dogmatik und Theorie der Freiheitsrechte, Tübingen 1976.

Grimm, Dieter: Verfassungsrechtliche Anmerkungen zum Thema Prävention, KritV 1986, S. 38 ff.

Gusy, Christoph: Informationsbeziehungen zwischen Staat und Bürger, in: Hoffmann-Riem, Wolfgang/Schmidt-Aßmann, Eberhard/Voßkuhle, Andreas (Hrsg.), Grundlagen des Verwaltungsrechts, Bd. II, 2. Aufl., München 2012, § 23.

–: Was bewirken Gesetze? Zusammenfassende Thesen, in: Hof, Hagen/Lübbe-Wolff, Gertrude (Hrsg.), Wirkungsforschung zum Recht I – Wirkungen und Erfolgsbedingungen von Gesetzen, Baden-Baden 1999, S. 289 ff.

Hedlin, Simon/Sunstein, Cass R.: Does Active Choosing Promote Green Energy Use? Experimental Evidence, Ecology Law Quarterly 43 (2016), S. 107 ff.

Heinig, Michael: Autonomy vs. Technocracy – Libertarian Paternalism Revisited, in: Kemmerer, Alexandra/Möllers, Christoph/Steinbeis, Maximilian/Wagner, Gerhard (Hrsg.), Choice Architecture in Democracies – Exploring the Legitimacy of Nudging, Baden-Baden 2016, S. 219 ff.

Hellgardt, Alexander: Regulierung und Privatrecht – Staatliche Verhaltenssteuerung mittels Privatrecht und ihre Bedeutung für Rechtswissenschaft, Gesetzgebung und Rechtsanwendung, Tübingen 2016.

Hempel, Deike: Die Tariftreueerklärung im Lichte des deutschen und europäischen Arbeitsrechts, Berlin 2011.

Hennis, Wilhelm: Aufgaben einer modernen Regierungslehre, PVS 6 (1965), S. 43 ff.

Herzmann, Karsten: Der Schutz von Ehe und Familie nach Art. 6 I GG, JURA 2015, 248 ff.

Herzog, Roman: Steuerrecht und Verfassungsrecht, in: Der Präsident des Bundesfinanzhofs (Hrsg.), 75 Jahre Reichsfinanzhof – Bundesfinanzhof, Bonn 1993, S. 105 ff.

–: Allgemeine Staatslehre, Bd. 1, Frankfurt am Main 1971.

Heun, Werner: Freiheit und Gleichheit, in: Merten, Detlef/Papier, Hans-Jürgen (Hrsg.), Handbuch der Grundrechte in Deutschland und Europa, Bd. II, Heidelberg 2006, § 34.

Hey, Johanna: Steuersystem und Steuerverfassungsrecht, in: Tipke, Klaus/Lang, Joachim/Seer, Roman/Hey, Johanna/Montag, Heinrich/Englisch, Joachim/Hennrichs, Joachim (Hrsg.), Steuerrecht, 23. Aufl., Köln 2018, § 3.

Hilbert, Patrick/Rauber, Jochen: Fragen nach der Rechtsbefolgung – Eine Einführung, in: dies. (Hrsg.), Warum befolgen wir Recht? – Rechtsverbindlichkeit und Rechtsbefolgung in interdisziplinärer Perspektive, Tübingen 2019, S. 1 ff.

Hill, Hermann: Die Kunst des Entscheidens, DÖV 2017, S. 433 ff.

–*:* Einführung in die Gesetzgebungslehre, Heidelberg 1982.

Hill, Hermann/Hof, Hagen (Hrsg.)*:* Wirkungsforschung zum Recht II – Verwaltung als Adressat und Akteur, Baden-Baden 2000.

Hillgruber, Christian: Grundrechtlicher Schutzbereich, Grundrechtsausgestaltung und Grundrechtseingriff, in: Isensee, Josef/Kirchhof, Paul (Hrsg.), Handbuch des Staatsrechts der Bundesrepublik Deutschland, Bd. IX, 3. Aufl., Heidelberg 2011, § 200.

–*:* Grundrechtsschranken, in: Isensee, Josef/Kirchhof, Paul (Hrsg.), Handbuch des Staatsrechts der Bundesrepublik Deutschland, Bd. IX, 3. Aufl., Heidelberg 2011, § 201.

Hof, Hagen: Verhaltensgrundlagen des Rechts – Ein Themenfeld des Schwerpunkts „Recht und Verhalten", in: Haft, Fritjof/Hof, Hagen/Wesche, Steffen (Hrsg.), Bausteine zu einer Verhaltenstheorie des Rechts, Baden-Baden 2001, S. 11 ff.

–*:* Einführung, in: ders./Lübbe-Wolff, Gertrude (Hrsg.), Wirkungsforschung zum Recht I – Wirkungen und Erfolgsbedingungen von Gesetzen, Baden-Baden 1999, S. 15 ff.

Hof, Hagen/Lübbe-Wolff, Gertrude (Hrsg.)*:* Wirkungsforschung zum Recht I – Wirkungen und Erfolgsbedingungen von Gesetzen, Baden-Baden 1999.

Hof, Hagen/Schulte, Martin (Hrsg.)*:* Wirkungsforschung zum Recht III – Folgen von Gerichtsentscheidungen, Baden-Baden 2001.

Hofmann, Ekkehard: Grundrechtskonkurrenz oder Schutzbereichsverstärkung? Die Rechtsprechung des Bundesverfassungsgerichts zum „additiven" Grundrechtseingriff, AöR 133 (2008), S. 523 ff.

Hoffmann-Riem, Wolfgang: Innovation und Recht – Recht und Innovation. Recht im Ensemble seiner Kontexte, Tübingen 2016.

–*:* Rechtsformen, Handlungsformen, Bewirkungsformen, in: Hoffmann-Riem, Wolfgang/Schmidt-Aßmann, Eberhard/Voßkuhle, Andreas (Hrsg.), Grundlagen des Verwaltungsrechts, Bd. II, 2. Aufl., München 2012, § 33.

–*:* Risiko- und Innovationsrecht im Verbund, DV 38 (2005), S. 145 ff.

–*:* Methoden einer anwendungsorientierten Verwaltungsrechtswissenschaft, in: Schmidt-Aßmann, Eberhard/Hoffmann-Riem, Wolfgang (Hrsg.), Methoden der Verwaltungsrechtswissenschaft, Baden-Baden 2004, S. 9 ff.

–*:* Modernisierung von Recht und Justiz, Frankfurt am Main 2001.

–*:* Verwaltungsrechtsreform – Ansätze am Beispiel des Umweltschutzes, in: Hoffmann-Riem, Wolfgang/Schmidt-Aßmann, Eberhard/Schuppert, Gunnar Folke (Hrsg.), Reform des Allgemeinen Verwaltungsrechts – Grundfragen, Baden-Baden 1993, S. 115 ff.

–*:* Instrumente indirekter Verhaltenssteuerung, in: Koch, Hans-Joachim (Hrsg.), Auf dem Weg zum Umweltgesetzbuch – Symposium über den Entwurf eines AT-UGB, Baden-Baden 1992, S. 108 ff.

Hoffmann-Riem, Wolfgang/Schmidt-Aßmann, Eberhard (Hrsg.)*:* Öffentliches Recht und Privatrecht als gegenseitige Auffangordnungen, Baden-Baden 1996.

Hoffmann-Riem, Wolfgang/Schmidt-Aßmann, Eberhard/Voßkuhle, Andreas (Hrsg.): Grundlagen des Verwaltungsrechts, Bd. III, 2. Aufl., München 2013.

–: Grundlagen des Verwaltungsrechts, Bd. II, 2. Aufl., München 2012.

–: Grundlagen des Verwaltungsrechts, Bd. I, 2. Aufl., München 2012.

Holle, Martin: Rechtliche Rahmenbedingungen für den Einsatz des Nudging als staatliches Steuerungsinstrument, ZLR 2016, S. 596 ff.

Huerkamp, Florian: Gleichbehandlung und Transparenz als gemeinschaftsrechtliche Prinzipien der staatlichen Auftragsvergabe, Tübingen 2010.

Hufen, Friedhelm: Staatsrecht II – Grundrechte, 7. Aufl., München 2018.

Huster, Stefan: Selbstbestimmung, Gerechtigkeit und Gesundheit. Normative Aspekte von Public Health, Baden-Baden 2015.

Ipsen, Hans Peter: Planungselemente im Recht der wirtschaftlichen Berufsausbildung, in: Kaiser, Josef H. (Hrsg.), Planung III – Mittel und Methoden planender Verwaltung, Baden-Baden 1968.

Irmscher, Philipp Florian: Öffentlichkeit als Sanktion – Bankaufsicht zwischen Repression und Prävention – Eine Einordnung des „naming und shaming“ in das Sanktionssystem des KWG, Tübingen 2019.

Jahrmarkt, Lena: Internationales Klimaschutzrecht: der Weg zu einem Weltklimavertrag im Sinne gemeinsamer, aber differenzierter Verantwortlichkeit, Baden-Baden 2016.

Jarass, Hans D.: Funktionen und Dimensionen der Grundrechte, in: Merten, Detlef/Papier, Hans-Jürgen (Hrsg.), Handbuch der Grundrechte in Deutschland und Europa, Bd. II, Heidelberg 2006, § 38.

–: Grundrechte als Wertentscheidungen bzw. objektivrechtliche Prinzipien in der Rechtsprechung des Bundesverfassungsgerichts, AöR 110 (1985), S. 363 ff.

Jarass, Hans D./Pieroth, Bodo: Grundgesetz für die Bundesrepublik Deutschland: GG, 14. Aufl., München 2016.

Jellinek, Georg: Otto Mayer, Deutsches Verwaltungsrecht, 2 Bände, 1895/1896 (Besprechung), VerwArch 5 (1897), S. 304 ff.

Jellinek, Walter: Verwaltungsrecht, 3. Aufl., Berlin 1931.

Jochum, Georg: Die Steuervergünstigung – Vergünstigungen und vergleichbare Subventionsleistungen im deutschen und europäischen Steuer-, Finanz- und Abgabenrecht, Münster 2006.

Johnson, Eric J./Goldstein, Daniel: Do Defaults Save Lives?, Science 302 (2003), S. 1338 ff.

Jolls, Christine/Sunstein, Cass R./Thaler, Richard H.: A Behavioral Approach to Law and Economics, Stanford Law Review 50/5 (1998), S. 1471 ff.

Kahl, Wolfgang: Die allgemeine Handlungsfreiheit, in: Merten, Detlef/Papier, Hans-Jürgen (Hrsg.), Handbuch der Grundrechte in Deutschland und Europa V, Heidelberg 2013, § 124.

Kahneman, Daniel/Knetsch, Jack L./Thaler, Richard H.: Anomalies – The Endowment Effect, Loss Aversion, and Status Quo Bias, The Journal of Economic Perspectives 5/1 (1991), S. 193 ff.

Kahneman, Daniel/Tversky, Amos: Prospect Theory – An analysis of decision under risk, Econometrica 47/2 (1979), S. 263 ff.

Kant, Immanuel: Metaphysische Anfangsgründe der Rechtslehre, Akademieausgabe von Kants Werken, Bd. 6, Berlin 1914 (Neudruck der 1. Aufl. von 1907).

Karpen, Ulrich: Gesetzgebungslehre – neu evaluiert. Legistics – freshly evaluated, 2. Aufl., Baden-Baden 2008.

Kemmerer, Alexandra/Möllers, Christoph/Steinbeis, Maximilian/Wagner, Gerhard (Hrsg.)*:* Choice Architecture in Democracies – Exploring the Legitimacy of Nudging, Baden-Baden 2016.

Kingreen, Thorsten/Poscher, Ralf: Grundrechte – Staatsrecht II, 35. Aufl., Heidelberg 2019.

Kirchgässner, Gebhard: Homo oeconomicus: Das ökonomische Modell individuellen Verhaltens und seine Anwendung in den Wirtschafts- und Sozialwissenschaften, Tübingen 2000.

–*:* Es gibt keinen Gegensatz zwischen dem Menschenbild des Grundgesetzes und dem homo oeconomicus!, in: Engel, Christoph/Morlok, Martin (Hrsg.), Öffentliches Recht als Gegenstand ökonomischer Forschung, Tübingen 1998, S. 449 ff.

–*:* Führt der homo oeconomicus das Recht in die Irre?, JZ 1991, S. 104 ff.

Kirchhof, Ferdinand: Das Leistungsfähigkeitsprinzip nach dem Grundgesetz – Zustand und Zukunft, BB 2017, S. 662 ff.

–*:* Abgabenerhebung als Grundrechtsbeeinträchtigung, in: Merten, Detlef/Papier, Hans-Jürgen (Hrsg.), Handbuch der Grundrechte in Deutschland und Europa, Bd. III, Heidelberg 2009, § 59.

–*:* Abgaben und Grundrechte, in: Merten, Detlef/Papier, Hans-Jürgen (Hrsg.), Grundsatzfragen der Grundrechtsdogmatik, Heidelberg 2007, S. 35 ff.

–*:* Die Tauglichkeit von Abgaben zur Lenkung des Verhaltens, DVBl. 2000, S. 1166 ff.

Kirchhof, Gregor: Nudging – zu den rechtlichen Grenzen informalen Verwaltens, ZRP 2015, S. 136 ff.

–*:* Der besondere Schutz der Familie in Art. 6 Abs 1 des Grundgesetzes – Abwehrrecht, Einrichtungsgarantie, Benachteiligungsverbot, staatliche Schutz- und Förderpflicht, AöR 129 (2004), S. 542 ff.

Kirchhof, Paul: Die Steuern, in: Isensee, Josef/Kirchhof, Paul (Hrsg.), Handbuch des Staatsrechts der Bundesrepublik Deutschland, Bd. V, 3. Aufl., Heidelberg 2007, § 118.

–*:* Mittel staatlichen Handelns, in: Isensee, Josef/Kirchhof, Paul (Hrsg.), Handbuch des Staatsrechts der Bundesrepublik Deutschland, Bd. V, 3. Aufl., Heidelberg 2007, § 99.

–*:* Der sanfte Verlust der Freiheit – Für ein neues Steuerrecht – klar, verständlich, gerecht, München 2004.

–*:* Steuersubventionen, in: Osterloh, Lerke/Schmidt, Karsten/Weber, Hermann (Hrsg.), Staat, Wirtschaft, Finanzverfassung, Festschrift für Peter Selmer zum 70. Geburtstag, Berlin 2004, S. 745 ff.

–*:* Der Karlsruher Entwurf und seine Fortentwicklung zu einer Vereinheitlichten Ertragsteuer, StuW 2002, S. 3 ff.

–*:* Verfassungsrechtliche Grenzen von Umweltabgaben, in: ders. (Hrsg.), Umweltschutz im Abgaben- und Steuerrecht, DStJG 15 (1993), S. 3 ff.

–*:* Verwalten durch „mittelbares" Einwirken, Köln u. a. 1977.

Klement, Jan Hendrik: Die Kumulation von Grundrechtseingriffen im Umweltrecht, AöR 134 (2009), S. 35 ff.

Kloepfer, Michael: Umweltrecht, 4. Aufl., München 2016.

–*:* Umweltschutzrecht, 2. Aufl., München 2011.

–*:* Staatliche Informationen als Lenkungsmittel, Berlin/New York 1998.

Kluth, Winfried: Allgemeines Umweltrecht, in: ders./Smeddinck, Ulrich (Hrsg,), Umweltrecht – Ein Lehrbuch, Wiesbaden 2013, § 1.

Kment, Martin/Pleiner, Tom: Veröffentlichung von immissionsschutzrechtlichen Mängelberichten nach Umweltinspektionen, ZUR 2015, S. 330 ff.

König, Klaus/Dose, Nicolai: Instrumente und Formen staatlichen Handelns, Köln u.a. 1993.

Korobkin, Russel B.: Behavioral Economics, Contract Formation, and Contract Law, in: Sunstein, Cass R. (Hrsg), Behavioral Law & Economics, Cambridge University Press 2000, S. 116 ff.

Krainhöfner, Heinz: „Do ut des" – „Organgabe", ZRP 2015, S. 217 ff.

Krebs, Walter: Juristische Methode im Verwaltungsrecht, in: Schmidt-Aßmann, Eberhard/Hoffmann-Riem, Wolfgang (Hrsg.), Methoden der Verwaltungsrechtswissenschaft, Baden-Baden 2004, S. 209 ff.

–: Sozialwissenschaften im Verwaltungsrecht – Integration oder Multiperspektivität, in: Britz, Gabriele/Burgi, Martin/Fehling, Michael/Fisch, Stefan/Gärditz, Klaus Ferdinand/Masing, Johannes/Ruffert, Matthias/Schoch, Friedrich/Schulze-Fielitz, Helmuth (Hrsg.), Die Wissenschaft vom Verwaltungsrecht, DV Beiheft 2 (1999), S. 127 ff.

Krönke, Christoph: Datenpaternalismus – Staatliche Interventionen im Online-Datenverkehr zwischen Privaten, dargestellt am Beispiel der Datenschutz-Grundverordnung, Der Staat 2016, S. 319 ff.

Kron, Thomas: Zeitgenössische soziologische Theorien: zentrale Beiträge aus Deutschland, Wiesbaden 2010.

Kühling, Jürgen/Rasbach, Winfried: Kernpunkte des novellierten EnWG 2011 – Regulierungsabbau im Zeichen der Energiewende, RdE 2011, S. 332 ff.

Laband, Paul: Buchbesprechung – Otto Mayer, Theorie des französischen Verwaltungsrechts, Archiv für öffentliches Recht 2 (1887), S. 179 ff.

Lampe, Ernst-Joachim/Pauen, Michael/Roth, Gerhard (Hrsg.)*:* Willensfreiheit und rechtliche Ordnung, Frankfurt a. M. 2008.

Lange, Knut Werner: Verbraucherschutz im neuen EnWG, RdE 2012, S. 41 ff.

Lauth, Hans-Joachim/Thiery, Peter: Politikfeldanalyse, in: Lauth, Hans-Joachim/Wagner, Christian (Hrsg.), Politikwissenschaft – Eine Einführung, 9. Aufl., Paderborn 2019.

Lepsius, Oliver: Steuerungsdiskussion, Systemtheorie und Parlamentarismuskritik, Tübingen 1999.

Lindner, Josef Franz: „Grundrechtseingriff" oder „grundrechtswidriger Effekt"? – Plädoyer für einen grundrechtsdogmatischen Paradigmenwechsel, DÖV 2004, S. 765 ff.

Lübbe-Wolff, Gertrude: Instrumente des Umweltrechts – Leistungsfähigkeit und Leistungsgrenzen, NVwZ 2001, S. 481 ff.

–: Schluß-Folgerungen zur Rechtswirkungsforschung, in: Hof, Hagen/Lübbe-Wolff, Gertrude (Hrsg.), Wirkungsforschung zum Recht I – Wirkungen und Erfolgsbedingungen von Gesetzen, Baden-Baden 1999, S. 645 ff.

–: Die Grundrechte als Eingriffsabwehrrechte – Struktur und Reichweite der Eingriffsdogmatik im Bereich staatlicher Leistungen, Baden-Baden 1988.

–: Rechtsfolgen und Realfolgen – Welche Rolle können Folgenerwägungen in der juristischen Regel- und Begriffsbildung spielen?, Freiburg/München 1981.

Lücke, Jörg: Der additive Grundrechtseingriff sowie das Verbot der übermäßigen Gesamtbelastung des Bürgers, DVBl 2001, S. 1469 ff.

Lüdemann, Jörn: Edukatorisches Staatshandeln – Steuerungstheorie und Verfassungsrecht am Beispiel der staatlichen Förderung von Abfallmoral, Baden-Baden 2004.

Luhmann, Niklas: Soziale Systeme. Grundriss einer allgemeinen Theorie, 5. Aufl., Frankfurt am Main 1994.

–: Politische Steuerung – Ein Diskussionsbeitrag, PVS 30 (1989), S. 4 ff.

Manssen, Gerrit: Die Verfassungsmäßigkeit von EEG-Umlage und besonderer Ausgleichsregelung im Erneuerbare Energien Gesetz, WiVerw 2012, S. 170 ff.

Martens, Wolfgang: Grundrechte im Leistungsstaat, VVDStRL 30 (1972), S. 8 ff.

Masing, Johannes: Der Rechtsstatus des Einzelnen im Verwaltungsrecht, in: Hoffmann-Riem, Wolfgang/Schmidt-Aßmann, Eberhard/Voßkuhle, Andreas (Hrsg.), Grundlagen des Verwaltungsrechts, Bd. I, 2. Aufl., München 2012, § 7.

Masius, Patrick: Schlangenlinien: Eine Geschichte der Kreuzotter, Göttingen u. a. 2014.

Maunz, Theodor/Dürig, Günter (Begr.): Grundgesetz-Kommentar, Loseblatt, München (Stand: 86. EL, Januar 2019).

Mayer, Friedrich Franz: Grundsätze des Verwaltungs-Rechts mit besonderer Rücksicht auf gemeinsames deutsches Recht, sowie auf neuere Gesetzgebung und bemerkenswerthe Entscheidungen der obersten Behörden zunächst der Königreiche Preußen, Baiern und Württemberg , Tübingen 1862.

–: Grundzüge des Verwaltungs-Rechts und -Rechtsverfahrens, Tübingen 1857.

Mayer, Otto: Deutsches Verwaltungsrecht, Bd. 2, Leipzig 1896.

–: Deutsches Verwaltungsrecht, Bd. 1, Leipzig 1895.

Mayntz, Renate: Kausale Rekonstruktion: Theoretische Aussagen im akteurzentrierten Institutionalismus, in: Mayntz, Renate, Sozialwissenschaftliches Erklären: Probleme der Theoriebildung und Methodologie, Frankfurt am Main 2002.

–: Soziale Dynamik und politische Steuerung, Frankfurt am Main 1997.

–: Politische Steuerung und gesellschaftliche Steuerungsprobleme – Anmerkungen zu einem theoretischen Paradigma, in: Ellwein, Thomas/Hesse, Joachim Jens/Mayntz, Renate/Scharpf Fritz W. (Hrsg.), Jahrbuch zur Staats- und Verwaltungswissenschaft, Bd. 1/1987, 1. Aufl., Baden-Baden 1987, S. 89 ff.

Mayntz, Renate/Scharpf, Fritz W.: Der Ansatz des akteurzentrierten Institutionalismus, in: dies. (Hrsg.), Gesellschaftliche Selbstregulierung und politische Steuerung, Frankfurt am Main 1995.

Merten, Detlef: Grundrechtlicher Schutzbereich, in: Merten, Detlef/Papier, Hans-Jürgen (Hrsg.), Handbuch der Grundrechte in Deutschland und Europa, Bd. III, Heidelberg 2009, § 56.

Meßerschmidt, Klaus: Instrumente des Umweltrechts, in: Ehlers, Dirk/Fehling, Michael/Pünder, Herrmann (Hrsg.), Besonderes Verwaltungsrecht, Bd. 2 (Planungs-, Bau- und Straßenrecht, Umweltrecht, Gesundheitsrecht, Medien- und Informationsrecht), 3. Aufl., Heidelberg 2013, § 45.

Meyer-Hesemann, Wolfgang: Die paradigmatische Bedeutung Otto Mayers für die Entwicklung der deutschen Verwaltungsrechtswissenschaft, Rechtstheorie 1982, S. 496 ff.

–: Methodenwandel in der Verwaltungsrechtswissenschaft, Heidelberg 1981.

Möllers, Christoph: Methoden, in: Hoffmann-Riem, Wolfgang/Schmidt-Aßmann, Eberhard/Voßkuhle, Andreas (Hrsg.), Grundlagen des Verwaltungsrechts, Bd. I, 2. Aufl., München 2012, § 3.

–: Theorie, Praxis und Interdisziplinarität in der Verwaltungsrechtswissenschaft, VerwArch 93 (2002), S. 22 ff.

–: Braucht das öffentliche Recht einen neuen Richtungs- und Methodenstreit?, VerwArch 90 (1999), S. 187 ff.

Müller-Terpitz, Ralf: Die Bewältigung der Energiewende im Lichte des Grundgesetzes – wie viele Wendungen verträgt die Verfassung? –Betrachtungen aus Anlass des Inkrafttretens des EEG 2014, RdE 2015, S. 49 ff.

–: Vätermonate und Kindergartenpflicht – wie viel Staat verträgt die Familie, JZ 2006, S. 991 ff.

Noll, Peter: Gesetzgebungslehre, Hamburg 1973.

Oebbecke, Janbernd: Verwaltungsrechtswissenschaft und Verwaltungswissenschaft, in: Schulze-Fielitz, Helmuth (Hrsg.), Staatsrechtslehre als Wissenschaft, DV Beiheft 7 (2007), S. 211 ff.

Oeter, Stefan: Responsive Regulierung und das Verhältnis der Rechts-, Wirtschafts- und Sozialwissenschaften in der Politikberatung, in: Bizer, Kilian/Führ, Martin/Hüttig Christoph (Hrsg.), Responsive Regulierung – Beiträge zur interdisziplinären Institutionenanalyse und Gesetzesfolgenabschätzung, Tübingen 2002, S. 195 ff.

Ossenbühl, Fritz: Grundlagen des Verwaltungsrechts (Buchbesprechung), DV 40 (2007), S. 125 ff.

–: Die Handlungsformen der Verwaltung, JuS 1979, S. 681 ff.

Osterloh, Lerke: Lenkungsnormen im Einkommensteuerrecht, in: Ebling, Iris (Hrsg.), Besteuerung von Einkommen, DStJG 24 (2001), S. 383 ff.

Palandt, Otto (Begr.): Bürgerliches Gesetzbuch: BGB, 78. Aufl., München 2019.

Pauly, Walter: Deutschland, in: von Bogdandy, Armin/Cassese, Sabino/Huber, Peter M. (Hrsg.), Handbuch Ius Publicum Europaeum, Bd. IV (Verwaltungsrecht in Europa: Wissenschaft), Heidelberg 2011, § 58.

Peine, Franz-Joseph: Der Grundrechtseingriff, in: Merten, Detlef/Papier, Hans-Jürgen (Hrsg.), Handbuch der Grundrechte in Deutschland und Europa, Bd. III, Heidelberg 2009, § 57.

Pernice-Warnke, Silvia: Elterngeld und Betreuungsgeld im Spannungsfeld zwischen verfassungsrechtlichem Familienschutz und Gleichberechtigung, FamRZ 2014, S. 263 ff.

Petersen, Niels/Towfigh, Emanuel V.: Ökonomik in der Rechtswissenschaft, in: Towfigh, Emanuel V./Petersen, Niels (Hrsg.) Ökonomische Methoden im Recht – Eine Einführung für Juristen, 2. Aufl., Tübingen 2017, § 1.

Pichert, Daniel/Katsikopoulos, Konstantinos V.: Green Defaults – Information Presentation and Pro-environmental Behaviour, Journal of Environmental Psychology 28/1 (2008), S. 63 ff.

Pietzcker, Jost: Der Allgemeine Gleichheitssatz, in: Merten, Detlef/Papier, Hans-Jürgen (Hrsg.), Handbuch der Grundrechte in Deutschland und Europa, Bd. V, Heidelberg 2013, § 125.

Pitschas, Rainer: Maßstäbe des Verwaltungshandelns, in: Hoffmann-Riem, Wolfgang/Schmidt-Aßmann, Eberhard/Voßkuhle, Andreas (Hrsg.), Grundlagen des Verwaltungsrechts, Bd. II, 2. Aufl., München 2012, § 42.

Pünder, Hermann: Vergaberecht, in: Ehlers, Dirk/Fehling, Michael/Pünder, Hermann (Hrsg.), Besonderes Verwaltungsrecht, Bd. 1 (Öffentliches Wirtschaftsrecht), 4. Aufl., Heidelberg 2019, § 17.

–: Vergaberecht, in: Ehlers, Dirk/Fehling, Michael/Pünder, Hermann (Hrsg.), Besonderes Verwaltungsrecht, Bd. 1 (Öffentliches Wirtschaftsrecht), 3. Auflage, Heidelberg 2012, § 17.

Pünder, Hermann/Schellenberg, Martin: Vergaberecht, 3. Aufl., Baden-Baden 2019.

Pütz, Theodor: Theorie der allgemeinen Wirtschaftspolitik und Wirtschaftslenkung, Wien 1948.

Puhl, Thomas: Der Staat als Wirtschaftssubjekt und Auftraggeber, VVDStRL 60 (2001), S. 456 ff.

Raiser, Thomas: Grundlagen der Rechtssoziologie, 6. Aufl., Tübingen 2013.

Ramsauer, Ulrich: Allgemeines Umweltverwaltungsrecht, in: Koch, Hans-Joachim/Hofmann, Ekkehard/Reese, Moritz (Hrsg.), Handbuch Umweltrecht, 5. Aufl., München 2018, § 3.

Rehbinder, Eckard: Ziele, Grundsätze, Strategien und Instrumente, in: ders./Schink, Alexander (Hrsg.), Grundzüge des Umweltrechts, Berlin 2018, S. 145 ff.

Reimer, Franz: Juristische Methodenlehre, 1. Aufl., Baden-Baden 2016.

–: Adverse Publizität – Der Pranger im Verwaltungsrecht, JöR 58 (2010), S. 275 ff.

Reisch, Lucia A./Sandrini, Julia: Nudging in der Verbraucherpolitik – Ansätze verhaltensbasierter Regulierung, Baden-Baden 2015.

Reisch, Lucia A./Sunstein, Cass. R.: Automatically Green – Behavioral Economics and Environmental Protection, Harvard Environmental Law Review 38/1 (2014), S. 127 ff.

Remmert, Barbara: Handlungsformen der Verwaltung, in: Ehlers, Dirk/Pünder, Hermann (Hrsg.), Allgemeines Verwaltungsrecht, 15. Aufl., Berlin 2016, § 17.

Rixen, Stephan: Verfassungsgemäße Familienförderung nach dem Urteil zum Betreuungsgeld, NJW 2015, S. 3136 ff.

Rodi, Michael (Hrsg.)*:* Recht und Wirkung – Greifswalder Beiträge zur Rechtswirkungsforschung, Köln u. a. 2002.

–: Die Rechtfertigung von Steuern als Verfassungsproblem – Dargestellt am Beispiel der Gewerbesteuer, München 1994.

Rödig, Jürgen (Hrsg.)*:* Studien zu einer Theorie der Gesetzgebung, Berlin 1976.

Röhl, Hans Christian: Öffnung der öffentlich-rechtlichen Methode durch Internationalität und Interdisziplinarität – Erscheinungsformen, Chancen, Grenzen, VVDStRL 74 (2015), S. 7 ff.

Röhl, Klaus F./Röhl, Hans Christian: Allgemeine Rechtslehre, 3. Aufl., München 2008.

Rosenstock, Julika/Singelnstein, Tobias/Boulanger, Christian: Versuch über das Sein und Sollen der Rechtsforschung – Bestandsaufnahme eines interdisziplinären Forschungsfeldes, in: Boulanger, Christian/Rosenstock, Julika/Singelnstein, Tobias (Hrsg.), Interdisziplinäre Rechtsforschung – Eine Einführung in die geistes- und sozialwissenschaftliche Befassung mit dem Recht und seiner Praxis, Wiesbaden 2019, S. 3 ff.

Roth, Wolfgang: Faktische Eingriffe in Freiheit und Eigentum – Struktur und Dogmatik des Grundrechtstatbestandes und der Eingriffsrechtfertigung, Berlin 1994.

Ruffert, Matthias: Grundfragen der Wirtschaftsregulierung, in: Ehlers, Dirk/Fehling, Michael/Pünder, Hermann (Hrsg.), Besonderes Verwaltungsrecht, Bd. 1 (Öffentliches Wirtschaftsrecht), 4. Aufl., Heidelberg 2019, § 22.

Ruschemeier, Hannah: Der additive Grundrechtseingriff, Berlin 2019.

Sachs, Michael (Hrsg.)*:* Grundgesetz: GG, 8. Aufl., München 2018.

–: Allgemeine Handlungsfreiheit, in: Kube, Hanno/Mellinghoff, Rudolf/Morgenthaler, Gerd/Palm, Ulrich/Puhl, Thomas/Seiler, Christian (Hrsg.), Leitgedanken des Rechts – Paul Kirchhof zum 70. Geburtstag, Bd. I: Staat und Verfassung, Heidelberg 2013, § 47.

–: Vereinbarkeit von Tariftreueregelungen mit der Koalitionsfreiheit und der Berufsfreiheit, BVerfG, Beschluss vom 11.7.2006, 1 BvL 4/00, JuS 2007, S. 575 ff.

Sacksofsky, Ute: Anreize, in: Hoffmann-Riem, Wolfgang/Schmidt-Aßmann, Eberhard/Voßkuhle, Andreas (Hrsg.), Grundlagen des Verwaltungsrechts II, 2. Aufl., München 2012, § 40.

–: Verfassungsmäßigkeit des geplanten Betreuungsgeldes, Streit 2010, S. 167 ff.

–*:* Umweltschutz durch nicht-steuerliche Abgaben, Tübingen 2000.

–*:* Verfolgung ökologischer und anderer öffentlicher Zwecke durch Instrumente des Abgabenrechts, NJW 2000, S. 2619 ff.

Samuelson, William/Zeckhauser, Richard: Status quo bias in decision making, Journal of Risk and Uncertainty 1/1 (1988), S. 7 ff.

Sandel, Michael J.: Was man für Geld nicht kaufen kann – Die moralischen Grenzen des Marktes, 7. Aufl., Berlin 2012.

Scharpf, Fritz W.: Interaktionsformen – Akteurzentrierter Institutionalismus in der Politikforschung, Opladen 2000.

–*:* Verhandlungssysteme, Verteilungskonflikte und Pathologie der politischen Steuerung, in: Schmidt, Manfred G. (Hrsg.), Staatstätigkeit – International und historisch vergleichende Analysen, Opladen 1988, S. 61 ff.

–*:* Grenzen der institutionellen Reform, in: Ellwein, Thomas/Hesse, Joachim Jens/Mayntz, Renate/Scharpf, Fritz W. (Hrsg.), Jahrbuch zur Staats- und Verwaltungswissenschaft, Bd. 1/1987, 1. Aufl., Baden-Baden 1987, S. 111 ff.

Scheuner, Ulrich: Die staatliche Intervention im Bereich der Wirtschaft. Rechtsformen und Rechtsschutz, VVDStRL 11 (1954), S. 1 ff.

Schmehl, Arndt: Das Äquivalenzprinzip im Recht der Staatsfinanzierung, Tübingen 2004.

Schmidt, Reiner: Die Reform von Verwaltung und Verwaltungsrecht, VerwArch 91 (2000), S. 149 ff.

Schmidt-Aßmann, Eberhard: Verwaltungsrechtliche Dogmatik – Eine Zwischenbilanz zu Entwicklung, Reform und künftigen Aufgaben, Tübingen 2013.

–*:* Das allgemeine Verwaltungsrecht als Ordnungsidee, 2. Aufl., Berlin 2004.

–*:* Zur Reform des Allgemeinen Verwaltungsrechts – Reformbedarf und Reformansätze, in: Hoffmann-Riem, Wolfgang/Schmidt-Aßmann, Eberhard/Schuppert, Gunnar Folke (Hrsg.), Reform des Allgemeinen Verwaltungsrechts – Grundfragen, Baden-Baden 1993, S. 11 ff.

Schmidtchen, Dieter: Homo oeconomicus und das Recht, in: Haft, Fritjof/Hof, Hagen/Wesche, Steffen (Hrsg.), Bausteine zu einer Verhaltenstheorie des Rechts, Baden-Baden 2001, S. 449 ff.

Schmidt-De Caluwe, Reimund: Der Verwaltungsakt in der Lehre Otto Mayers – Staatstheoretische Grundlagen, dogmatische Ausgestaltung und deren verfassungsbedingte Vergänglichkeit, Tübingen 1999.

Schoch, Friedrich: Gemeinsamkeiten und Unterschiede von Verwaltungsrechtslehre und Staatsrechtslehre, in: Schulze-Fielitz, Helmuth (Hrsg.), Staatsrechtslehre als Wissenschaft, DV Beiheft 7 (2007), S. 177 ff.

–*:* Entformalisierung staatlichen Handelns, in: Isensee, Josef/Kirchhof, Paul (Hrsg.), Handbuch des Staatsrechts der Bundesrepublik Deutschland, Bd. III, 3. Aufl., Heidelberg 2005, § 37.

Schönberger, Sophie: Mehr Wissenschaft wagen! Die uneingelösten Versprechen der Neuen Verwaltungsrechtswissenschaft, JöR 65 (2017), S. 511 ff.

Schröder, Meinhard: Genehmigungsverwaltungsrecht, Tübingen 2016.

Schröder, Meinhard: Konsensuale Instrumente im Umweltschutzrecht, NVwZ 1998, S. 1011 ff.

Schröder, Rainer: Verwaltungsrechtsdogmatik im Wandel, Tübingen 2007.

Schulze, Werner: Tatbestand und Rechtsfolge – Ein Beitrag zur juristischen Erkenntnistheorie, Archiv für Rechts- und Wirtschaftsphilosophie, Beiheft 3 (1909), S. 2 ff.

Schulze-Fielitz, Helmuth: Staatsrechtslehre als Wissenschaft: Dimensionen einer nur scheinbar akademischen Fragestellung. Eine einführende Problemskizze, in: ders. (Hrsg.), Staatsrechtslehre als Wissenschaft, DV Beiheft 7 (2007), S. 11 ff.

Schumann, Eva: Edukatorisches Staatshandeln am Beispiel der Etablierung eines neuen Familienleitbildes, in: dies. (Hrsg.), Das erziehende Gesetz – 16. Symposion der Kommission „Die Funktion des Gesetzes in Geschichte und Gegenwart", Berlin/New York 2013, S. 1 ff.

Schuppert, Gunnar Folke: Governance und Rechtsetzung: Grundfragen einer modernen Regelungswissenschaft, Baden-Baden 2011.

–: Zwischen Freiheit und Bevormundung, in: Schliesky, Utz/Ernst, Christian/Schulz, Sönke E. (Hrsg.), Die Freiheit des Menschen in Kommune, Staat und Europa, Festschrift für Edzard Schmidt-Jortzig, Heidelberg 2011, S. 291 ff.

–: Verwaltungswissenschaft: Verwaltung, Verwaltungsrecht, Verwaltungslehre, Baden-Baden 2000.

–: Verwaltungsrechtswissenschaft als Steuerungswissenschaft – Zur Steuerung des Verwaltungshandelns durch Verwaltungsrecht, in: Hoffmann-Riem, Wolfgang/Schmidt-Aßmann, Eberhard/Schuppert, Gunnar Folke (Hrsg.), Reform des Allgemeinen Verwaltungsrechts – Grundfragen, Baden-Baden 1993, S. 65 ff.

–: Grenzen und Alternativen von Steuerung durch Recht, in: Grimm, Dieter (Hrsg.), Wachsende Staatsaufgaben – sinkende Steuerungsfähigkeit des Rechts, Baden-Baden 1990.

–: Recht als Steuerungsinstrument: Grenzen und Alternativen rechtlicher Steuerung, in: Ellwein, Thomas/Hesse, Joachim Jens (Hrsg.), Staatswissenschaften – Vergessene Disziplin oder neue Herausforderung, Baden-Baden 1990, S. 73 ff.

–: Verfassungsrechtliche Prüfungsmaßstäbe bei der verfassungsgerichtlichen Überprüfung von Steuergesetzen – Ein Beitrag zu den verfassungsrechtlichen Bindungen des Steuerrechts, in: Fürst, Walther/Herzog, Roman/Umbach, Dieter C. (Hrsg.), Festschrift für Wolfgang Zeidler, Bd. 1, Berlin 1987, S. 691 ff.

Schwarz, Kyrill-A./Bravidor, Christoph: Kunst der Gesetzgebung und Begründungspflichten des Gesetzgebers, JZ 2011, S. 653 ff.

Seckelmann, Margrit: Evaluation und Recht – Strukturen, Prozesse und Legitimationsfragen staatlicher, Wissensbeschaffung durch (Wissenschafts-)Evaluationen, Tübingen 2018.

Seer, Roman: Finanzverfassungsrechtliche Grundlagen der Steuerrechtsordnung, in: Tipke, Klaus/Lang, Joachim/Seer, Roman/Hey, Johanna/Montag, Heinrich/Englisch, Joachim/Hennrichs, Joachim (Hrsg.), Steuerrecht, 23. Aufl., Köln 2018, §2.

Seiler, Christian: Grundzüge eines öffentlichen Familienrechts, Tübingen 2008.

–: Das Elterngeld im Lichte des Grundgesetzes, NVwZ 2007, S. 129 ff.

–: Entwicklung der Bevölkerung und Familienpolitik, in: Isensee, Josef/Kirchhof, Paul (Hrsg.), Handbuch des Staatsrechts der Bundesrepublik Deutschland, Bd. IV, 3. Aufl., Heidelberg 2006, § 81.

Selmer, Peter: Steuerinterventionismus und Verfassungsrecht, Frankfurt am Main 1972.

Siegel, Thorsten: Sozial- und Umweltstandards im öffentlichen Beschaffungswesen, LKRZ 2011, S. 121 ff.

Smeddinck, Ulrich: Der Nudge-Ansatz – eine Möglichkeit, wirksam zu regieren?, ZRP 2014, S. 245 f.

Sodan, Helge (Hrsg.): Grundgesetz, 4. Aufl., München 2018.

Sodan, Helge/Ziekow, Jan: Grundkurs Öffentliches Recht – Staats und Verwaltungsrecht, 8. Aufl., München 2018.

Sommermann, Karl-Peter (Hrsg.): Folgen von Folgenforschung – Forschungssymposium anlässlich der Emeritierung von Universitätsprofessor Dr. Carl Böhret am 16./17. November 2001, Speyerer Forschungsbericht Bd. 225, Mai 2002, S. 39 ff.

Starck, Christian: Neue Verwaltungsrechtswissenschaft? (Buchbesprechung), JZ 2010, S. 1170 ff.

–: Empirie in der Rechtsdogmatik, JZ 1972, S. 609 ff.

Steinberg, Philipp: Vergaberechtliche Steuerung als Verbundaufgabe – Prozedurale und materielle Einwirkungsmöglichkeiten öffentlicher Auftraggeber im unvollkommenen Binnenmarkt, Baden-Baden 2005.

Stern, Klaus: Das Staatsrecht der Bundesrepublik Deutschland, Bd. III/2, München 1994.

–: Das allgemeine Verwaltungsrecht in der neuen Bundesgesetzgebung, JZ 1962, S. 265 ff.

Stolleis, Michael: Entwicklungsstufen der Verwaltungsrechtswissenschaften, in: Hoffmann-Riem, Wolfgang/Schmidt-Aßmann, Eberhard/Voßkuhle, Andreas (Hrsg.), Grundlagen des Verwaltungsrechts, Bd. I, 2. Aufl., München 2012, § 2.

–: Verwaltungsrechtswissenschaft und Verwaltungslehre 1866–1914, in: Jeserich, Kurt G. A./Pohl, Hans/von Unruh, Georg-Christoph (Hrsg.), Deutsche Verwaltungsgeschichte, Bd. 3 (Das Deutsche Reich bis zum Ende der Monarchie), Stuttgart 1984, S. 85 ff.

Storm, Peter-Christoph: Umweltrecht – Einführung, 10. Aufl., Berlin 2015.

Streit, Manfred E.: Theorie der Wirtschaftspolitik, 1. Aufl., Düsseldorf 1979.

Strickrodt, Georg: Steuergesetze als Instrumente staatspolitischer Maßnahmen, FR 1958, S. 448 ff.

Sunstein, Cass R.: The Ethics of Influence – Government in the Age of Behavioral Science, Cambridge University Press, Cambridge 2016.

–: Choosing not to choose – Understanding the value of choice, Oxford University Press, Oxford 2015.

–: Why Nudge? – The politics of libertarian paternalism, Yale University Press, New Haven/London 2014.

–: Nudges.gov: Behaviorally Informed Regulation, in: Zamir, Eyal/Teichman, Doron (Hrsg.), The Oxford Handbook of Behavioral Economics and the Law, Oxford University Press, Oxford 2014, S. 719 ff.

Teubner, Gunther: Die Episteme des Rechts, in: Grimm, Dieter (Hrsg.), Wachsende Staatsaufgaben – sinkende Steuerungsfähigkeit des Rechts, Baden-Baden 1990, S. 115 ff.

Teubner, Gunther/Wilke, Helmut: Kontext und Autonomie: Gesellschaftliche Selbststeuerung durch reflexives Recht, ZfRSoz 1984, S. 4 ff.

Thaler, Richard H./Sunstein, Cass R.: Nudge – Wie man kluge Entscheidungen anstößt, Berlin 2011.

–: Nudge – Improving Decisions About Health, Wealth, and Happiness, Yale University Press 2008.

–: Libertarian Paternalism Is Not an Oxymoron, University of Chicago Law Review 70 (2003), S. 1159 ff.

Thorun, Christian/Diels, Jana/Vetter, Max/Reisch, Lucia/Bernauer, Manuela/Micklitz, Hans-W./Rosenow, Jan/Forster, Daniel/Sunstein, Cass R.: Nudge-Ansätze beim nachhaltigen Konsum – Ermittlung und Entwicklung von Maßnahmen zum „Anstoßen" nachhaltiger Konsummuster, Abschlussbericht für den Umweltforschungsplan des Bundesministeriums für Umwelt und Naturschutz, Bau und Reaktorsicherheit, Studie im Auftrag des Umweltbundesamtes, Texte 69/2017, Dessau-Roßlau 2017. Abrufbar unter: www.umweltbundesamt.de/publikationen (zuletzt abgerufen am 1. Juli 2020).

Tipke, Klaus: Steuerrechtsordnung, Bd. 1 (Wissenschaftsorganisatorische, systematische und grundrechtlich-rechtsstaatliche Grundlagen), 2. Aufl., Köln 2000.

Towfigh, Emanuel V.: Das ökonomische Paradigma, in: Towfigh, Emanuel V./Petersen, Niels (Hrsg.), Ökonomische Methoden im Recht: Eine Einführung für Juristen, 2. Aufl. Tübingen 2017, § 2.

Treiber, Hubert: Verwaltungsrechtswissenschaft als Steuerungswissenschaft – eine „Revolution auf dem Papier"? (Teil 2), KJ 2008, S. 48 ff.

–: Verwaltungsrechtswissenschaft als Steuerungswissenschaft – eine „Revolution auf dem Papier"?, KJ 2007, S. 328 ff.

Trute, Hans-Heinrich: Verantwortungsteilung als Schlüsselbegriff eines sich ändernden Verhältnisses von öffentlichem und privatem Sektor, in: Schuppert, Gunnar Folke (Hrsg.), Jenseits von Privatisierung und „schlankem" Staat, Baden-Baden 1999, S. 13 ff.

Tuchtfeld, Egon: Wirtschaftspolitik, in: Albers, Willi/Born, Karl E./Dürr, Ernst/Hesse, Helmut/Kraft, Alfons/Lampert, Heinz/Rose, Klaus/Rupp, Hans-Heinrich/Scherf, Harald/Schmidt, Kurt (Hrsg.), Handwörterbuch der Wirtschaftswissenschaft, 9. Band, Stuttgart u. a. 1982.

Ulen, Thomas S.: The Importance of Behavioral Law, in: Zamir, Eyal/Teichman, Doron (Hrsg.), The Oxford Handbook of Behavioral Economics and the Law, Oxford University Press, Oxford 2014, S. 93 ff.

van Aaken, Anne: Constitutional Limits to Paternalistic Nudging – A Proportionality Assessment, in: Kemmerer, Alexandra/Möllers, Christoph/Steinbeis, Maximilian/Wagner, Gerhard (Hrsg.), Choice Architecture in Democracies – Exploring the Legitimacy of Nudging, Baden-Baden 2016, S. 161 ff.

–: Vom Nutzen der ökonomischen Theorie für das öffentliche Recht: Methode und Anwendungsmöglichkeiten, in: Bungenberg, Marc/Danz, Stefan/Heinrich, Helge/Hünemörder, Olaf/Schmidt, Christian/Schroeder, Romy/Sickert, Ariane/Unkroth Frank (Hrsg.), Recht und Ökonomik, 44. Assistententagung Öffentliches Recht, München 2004, S. 1 ff.

–: „Rational Choice" in der Rechtswissenschaft – Zum Stellenwert der ökonomischen Theorie im Recht, Baden-Baden 2003.

Voigt, Rüdiger: Staatliche Steuerung aus interdisziplinärer Perspektive, in: König, Klaus/Dose, Nicolai (Hrsg.), Instrumente und Formen staatlichen Handelns, Köln u. a. 1993, S. 289 ff.

–: Grenzen des Rechts – Eine Einleitung, in: Görlitz, Axel/Voigt, Rüdiger (Hrsg.), Grenzen des Rechts, Jahresschrift für Rechtspolitologie, Bd. 1, Pfaffenweiler 1987, S. 3 ff.

von Bogdandy, Armin/Huber, Peter M.: Deutschland, in: von Bogdandy, Armin/Cassese, Sabino/Huber, Peter M. (Hrsg.), Handbuch Ius Publicum Europaeum, Bd. III, (Verwaltungsrecht in Europa: Grundlagen), Heidelberg 2010, § 42.

von Gerber, Carl Friedrich: Grundzüge eines Systems des deutschen Staatsrechts, 2. Aufl., Leipzig 1869.

von Mangoldt, Hermann/Klein, Friedrich/Starck, Christian: Kommentar zum Grundgesetz: GG, Bd. 1, 7. Aufl., München 2018.

–: Kommentar zum Grundgesetz: GG, Bd. 2, 7. Aufl., München 2018.
von Münch, Ingo/Kunig, Philip: Grundgesetz-Kommentar, Bd. 1, 6. Aufl., München 2012.
von Sarwey, Otto: Allgemeines Verwaltungsrecht, in: Handbuch des Öffentlichen Rechts, 1. Band, Allgemeiner Teil, 2. Halbband, Freiburg i. Br. 1884.
Voß, Reimer: Der Karlsruher Entwurf – Ein Weg nach vorn oder ein Weg in die Vergangenheit? – Erwiderung zu Weber-Grellet (ZRP 2003, 279), ZRP 2003, S. 458 ff.
Voßkuhle, Andreas: Neue Verwaltungsrechtswissenschaft, in: Hoffmann-Riem, Wolfgang/Schmidt-Aßmann, Eberhard/Voßkuhle, Andreas (Hrsg.), Grundlagen des Verwaltungsrechts, Bd. I, 2. Aufl., München 2012, § 1.
–: Wie betreibt man offen(e) Rechtswissenschaft?, in: Hoffmann-Riem, Wolfgang (Hrsg.), Offene Rechtswissenschaft, Tübingen 2010, S. 153 ff.
–: „Schlüsselbegriffe" der Verwaltungsrechtsreform, VerwArch 92 (2001), S. 184 ff.
–: Die Reform des Verwaltungsrechts als Projekt der Wissenschaft, DV 32 (1999), S. 545 ff.
Voßkuhle Andreas/Kaiser, Anna-Bettina: Der Grundrechtseingriff, JuS 2009, S. 313 ff.
Wahl, Rainer: Herausforderungen und Antworten – Das Öffentliche Recht der letzten fünf Jahrzehnte, Berlin 2006.
Waldhoff, Christian: Abgabenrecht, in: Ehlers, Dirk/Fehling, Michael/Pünder, Herrmann (Hrsg.), Besonderes Verwaltungsrecht, Bd. 3 (Kommunalrecht, Haushalts- und Abgabenrecht, Ordnungs-, Sozial-, Bildungs- und Dienstrecht), 3. Aufl., Heidelberg 2013, § 67.
–: Grundzüge des Finanzrechts des Grundgesetzes, in: Isensee, Josef/Kirchhof, Paul (Hrsg.), Handbuch des Staatsrechts der Bundesrepublik Deutschland, Bd. V, 3. Aufl., Heidelberg 2007, § 116.
–: „Der Gesetzgeber schuldet nichts als das Gesetz", in: Depenheuer, Otto/Heintzen, Markus/Jestaedt, Matthias/Axer, Peter (Hrsg.), Staat im Wort, Festschrift für Josef Isensee, Heidelberg, 2007, S. 325 ff.
Waldhoff, Christian/Roßbach, Matthias: Das EEG zwischen Verfassungsrecht und Politik, WiVerw 2014, S. 1 ff.
Weber-Dürler, Beatrice: Der Grundrechtseingriff, VVDStRL 57 (1998), S. 57 ff.
Weber-Grellet, Heinrich: Der Karlsruher Entwurf – ein Weg in die steuerstaatliche Vergangenheit?, ZRP 2003, S. 279 ff.
–: Lenkungssteuern im Rechtssystem, NJW 2001, S. 3657 ff.
Wegener, Bernhard W.: Umweltschutz in der öffentlichen Auftragsvergabe, NZBau 2010, S. 273 ff.
Wellenhofer, Marina: Familienrecht, 5. Aufl., München 2019.
Weller, Marc-Philippe/Benz, Nina: Frauenförderung als Leitungsaufgabe, AG 2015, S. 467 ff.
Wernsmann, Rainer: Steuerlenkung, in: Kube, Hanno/Mellinghoff, Rudolf/Morgenthaler, Gerd/Palm, Ulrich/Puhl, Thomas/Seiler, Christian (Hrsg.), Leitgedanken des Rechts – Paul Kirchhof zum 70. Geburtstag, Bd. II: Staat und Bürger, Heidelberg 2013, § 152.
–: Verhaltenslenkung in einem rationalen Steuersystem, Tübingen 2005.
Wieland, Joachim: Gebühren, Beiträge und Sonderabgaben im System der Kommunalfinanzierung, in: ders. (Hrsg.), Kommunalsteuern und -abgaben, DStJG 35 (2012), S. 159 ff.

–: Die Konzessionsabgaben – Zur Belastung wirtschaftsverwaltungsrechtlicher Erlaubnisse mit Abgaben, Berlin 1992.

Windoffer, Alexander: Verfahren der Folgenabschätzung als Instrument zur rechtlichen Sicherung von Nachhaltigkeit, Tübingen 2011.

Wischmeyer, Thomas: Zwecke im Recht des Verfassungsstaates – Geschichte und Theorie einer juristischen Denkfigur, Tübingen 2015.

Wolff, Heinrich Amadeus: Die Willensfreiheit und die Grundrechte, JZ 2006, S. 925 ff.

Wolff, Johanna: Dreidimensionale Zebrastreifen, weinende Kinder und musikalische Mülleimer – Zur Unterstützung der Rechtsbefolgung durch verhaltenswissenschaftlich informierte Instrumente, in: Hilbert, Patrick/Rauber, Jochen (Hrsg.), Warum befolgen wir Recht? – Rechtsverbindlichkeit und Rechtsbefolgung in interdisziplinärer Perspektive, Tübingen 2019, S. 253 ff.

–: Familienrecht (staatlich), in: Hallermann, Heribert/Meckel, Thomas/Droege, Michael/de Wall, Heinrich (Hrsg.), Lexikon für Kirchen- und Religionsrecht (LKRR), Band 2, Paderborn 2019.

–: 'Partner Months' and the Fundamental Rights of Parents – Considerations on the Legitimacy of Nudges and 'Nudgy Legislation', in: Kemmerer, Alexandra/Möllers, Christoph/Steinbeis, Maximilian/Wagner, Gerhard (Hrsg.), Choice Architecture in Democracies – Exploring the Legitimacy of Nudging, Baden-Baden 2016, S. 255 ff.

–: Eine Annäherung an das Nudge-Konzept nach Richard H. Thaler und Cass R. Sunstein aus rechtswissenschaftlicher Sicht, Rechtswissenschaft – Zeitschrift für rechtswissenschaftliche Forschung 2015, S. 195 ff.

Wrase, Michael/Scheiwe, Kirsten: Rechtswirkungsforschung revisited, ZfRSoz 2018, S. 1 ff.

Ziekow, Jan: Öffentliches Wirtschaftsrecht, 4. Aufl., München 2016.

–: Stand und Perspektiven der Gesetzesfolgenabschätzung in Deutschland, in: Montoro Chiner, María Jesús/Sommermann, Karl-Peter (Hrsg.), Gute Rechtsetzung, Speyerer Forschungsberichte 281, Speyer 2015, S. 31 ff.

–: Soziale Aspekte in der Vergabe – Von der „Vergabefremdheit" zur europäischen Regelung, DÖV 2015, S. 897 ff.

Ziekow, Jan/Siegel, Thorsten: Das Vergabeverfahren als Verwaltungsverfahren, ZfBR 2004, S. 30 ff.

Ziekow, Jan/Völlink, Uwe-Carsten (Hrsg.)*:* Vergaberecht Kommentar, 3. Aufl., München 2018.

Stichwortregister

Jus Publicum

Beiträge zum Öffentlichen Recht

Die Schriftenreihe *Jus Publicum. Beiträge zum öffentlichen Recht* (JusPubl) soll den öffentlichrechtlichen Habilitationsschriften, aber auch Monographien der Ordinarien, eine ansprechende Heimstatt geben. Die Reihe deckt die „klassischen" Felder des öffentlichen Rechts ab, insbesondere also das Verfassungsrecht (einschließlich Grundrechtstheorie, Methodenlehre und Allgemeiner Staatslehre) und das Verwaltungsrecht. Das schließt fächerübergreifende, aber auch fachgebietsübergreifende Themenstellungen nicht aus, solange der Schwerpunkt der Arbeit im Öffentlichen Recht zu finden ist. Kaum eine Arbeit beschränkt sich auf das deutsche Recht, denn die Fragestellungen sind oft vom Europarecht beeinflusst und auch der rechtsvergleichende Blick in fremde Rechtsordnungen gewinnt zunehmend an Bedeutung; dies gilt auch für das Völkerrecht. Die anspruchsvolle und auch äußerlich ansprechende Reihe bietet mehr als nur einen zufälligen Ausschnitt gegenwärtiger Forschung im öffentlichen Recht: Sie spiegelt auch den Standard dessen wider, was (öffentlichrechtliche) Rechtswissenschaft gegenwärtig in Deutschland bedeutet und ist deshalb schon in kurzer Zeit im In- und Ausland zu einem Begriff geworden.

ISSN: 0941-0503
Zitiervorschlag: JusPubl

Alle lieferbaren Bände finden Sie unter *www.mohrsiebeck.com/juspubl*

Mohr Siebeck
www.mohrsiebeck.com